오직 스터디 카페 멤버에게만
주어지는 특별 혜택!

이기적 스터디 카페

이기적 스터디 카페

 합격을 위한 기적 같은 선물
또기적 합격자료집

 혼자 공부하기 외롭다면?
온라인 스터디 참여

 모든 궁금증 바로 해결!
전문가와 1:1 질문답변

 1년 내내 진행되는
이기적 365 이벤트

 도서 증정 & 상품까지!
우수 서평단 도전

 간편하게 한눈에
시험 일정 확인

합격까지 모든 순간 이기적과 함께!
이기적 365 EVENT

QR코드를 찍어 이벤트에 참여하고 푸짐한 선물 받아가세요!

1. 기출문제 복원하기
이기적 책으로 공부하고 시험을 봤다면 7일 내로 문제를 제보해 주세요!

2. 합격 후기 작성하기
당신만의 특별한 합격 스토리와 노하우를 전해 주세요!

3. 온라인 서점 리뷰 남기기
온라인 서점에서 책을 구매하고 평점과 리뷰를 남겨 주세요!

4. 정오표 이벤트 참여하기
더 완벽한 이기적이 될 수 있게 수험서의 오류를 제보해 주세요!

※ 이벤트별 혜택은 변경될 수 있으므로 자세한 내용은 해당 QR을 참고해 주세요.

도서 인증하면 고퀄리티 강의가 따라온다!
100% 무료 강의

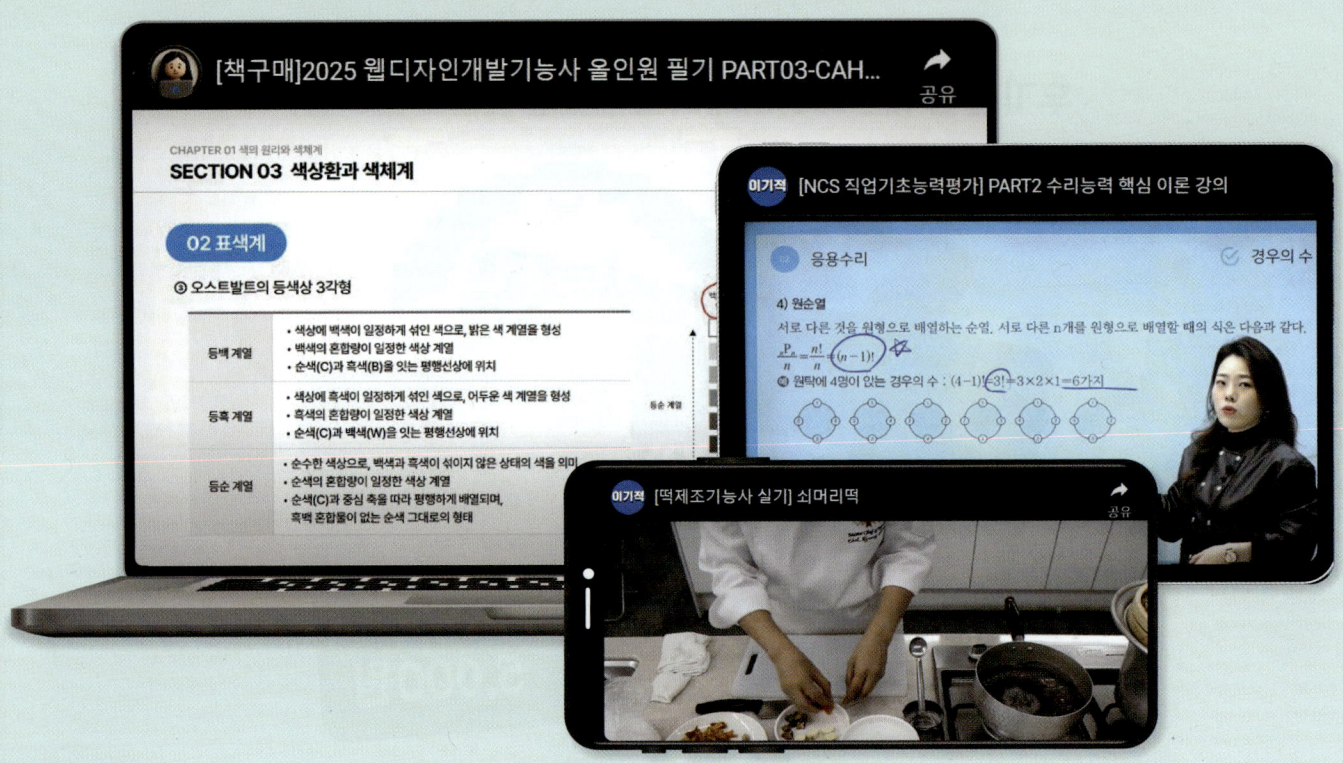

이용방법

STEP 1	STEP 2	STEP 3	STEP 4
		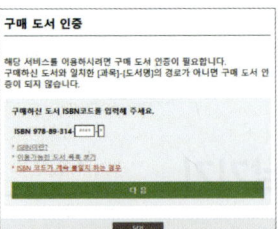	
이기적 홈페이지 (https://license.youngjin.com/) 접속	무료 동영상 게시판에서 도서와 동일한 메뉴 선택	책 바코드 아래의 ISBN 코드와 도서 인증 정답 입력	이기적 수험서와 동영상 강의로 학습 효율 UP!

※ 도서별 동영상 제공 범위는 상이하며, 도서 내 차례에서 확인할 수 있습니다.

◀ 이기적 홈페이지 바로가기

영진닷컴 이기적

책은 너무 무겁다면? 가볍게 만나자!
이기적 전자책(eBook)

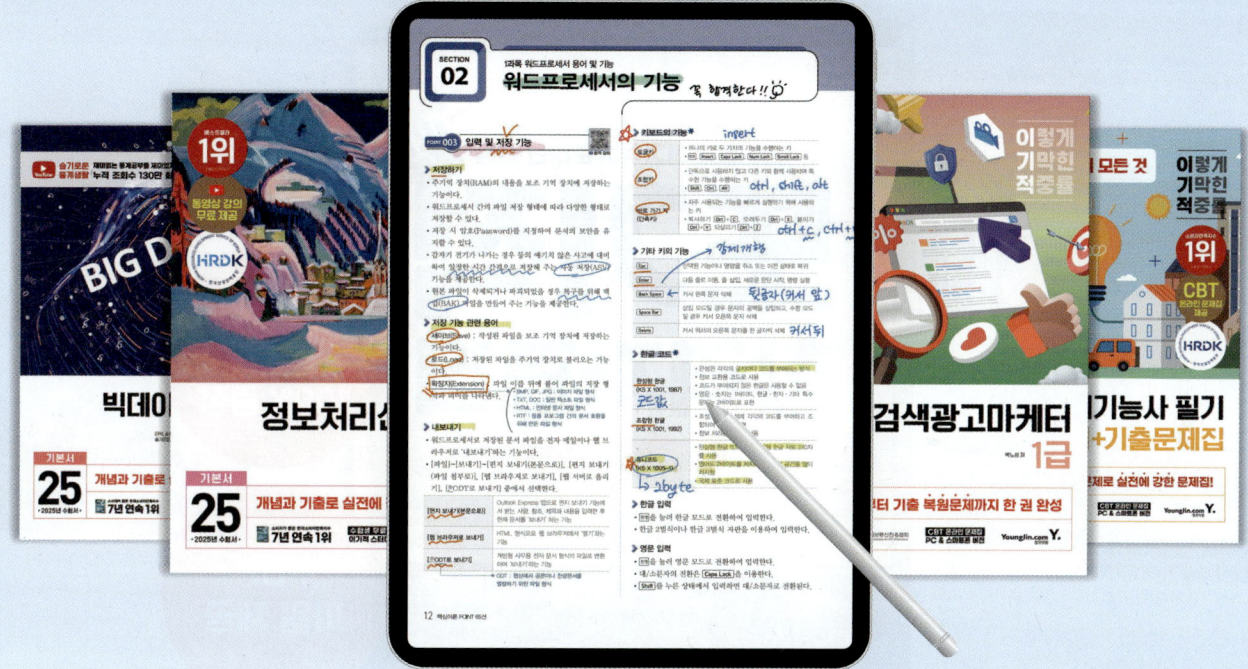

LIGHT
여러 권의 책도
eBook으로
구매하면 0.0g!

EASY
필요한 키워드
손쉽게 검색 &
무제한 필기 가능

FAST
배송 기다림 없이
즉시 다운받고
바로 학습 가능

이용방법

온라인 서점 접속 eBook 메뉴에서 이기적 도서 검색 [eBook] 상품 구매 서점별 eBook뷰어로 바로 이용 가능

※ eBook은 배송 과정이 없는 디지털 상품으로 온라인 서점별 앱에서 바로 이용 가능하며 이와 별개로 **도서 전체의 PDF 파일은 제공하지 않습니다.**

◀ 이기적 전자책 보러가기

또, 드릴게요! 이기적이 준비한 선물

또기적 합격자료집

1. **시험에 관한 A to Z 합격 비법서**
   책에 다 담지 못한 혜택은 또기적 합격자료집에서 확인

2. **편리하고 똑똑한 디지털 자료**
   PC · 태블릿 · 스마트폰으로 언제든 열람하고 필요한 부분만 출력 가능

3. **초보자, 독학러 필수 신청**
   혼자서도 충분한 학습 플랜과 수험생 맞춤 구성으로 한 번에 합격

※ 도서 구매 시 추가로 증정되는 PDF용 자료이며 실제 도서가 아닙니다.

◀ 또기적 합격자료집 받으러 가기

ITQ 파워포인트 도형 변형하기

01 기본 도형 + 사각형

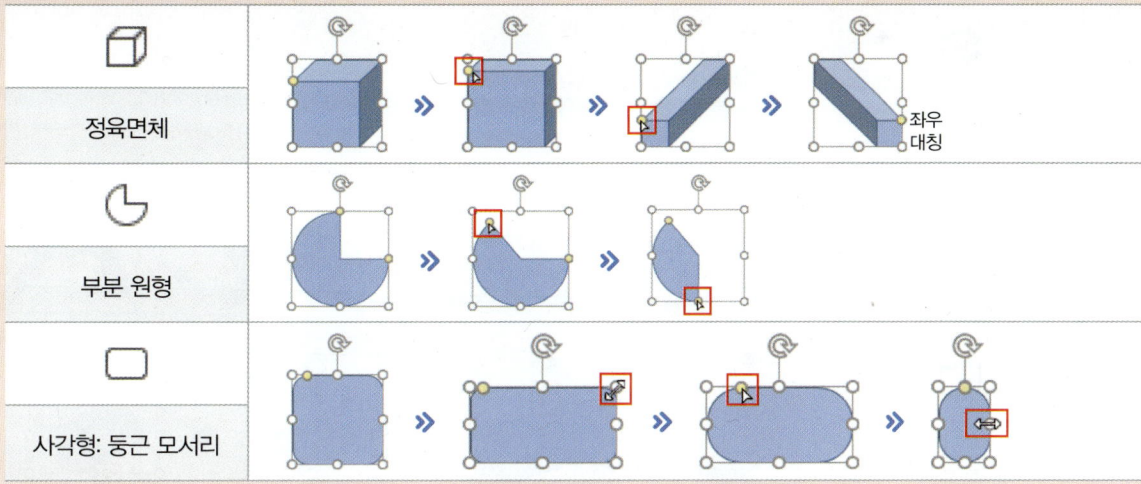

02 블록 화살표

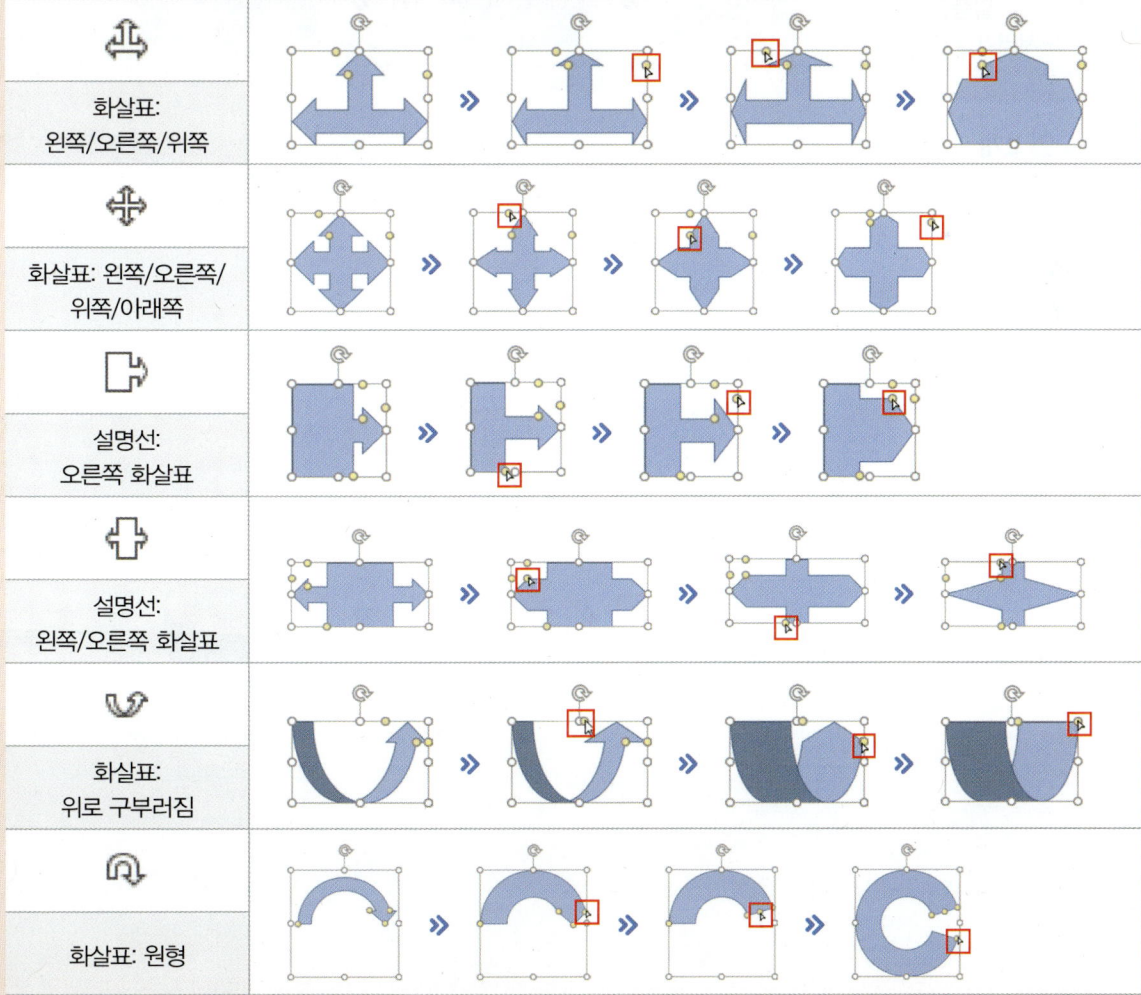

03 별 및 현수막 + 설명선

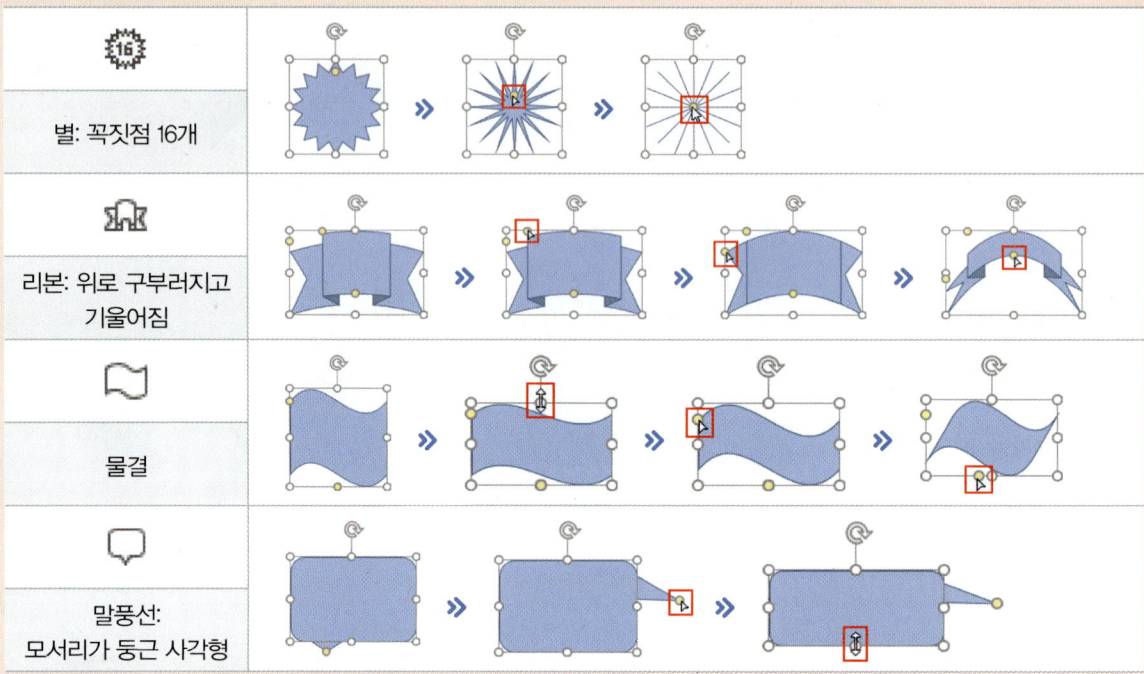

04 도형 2개 조합하기

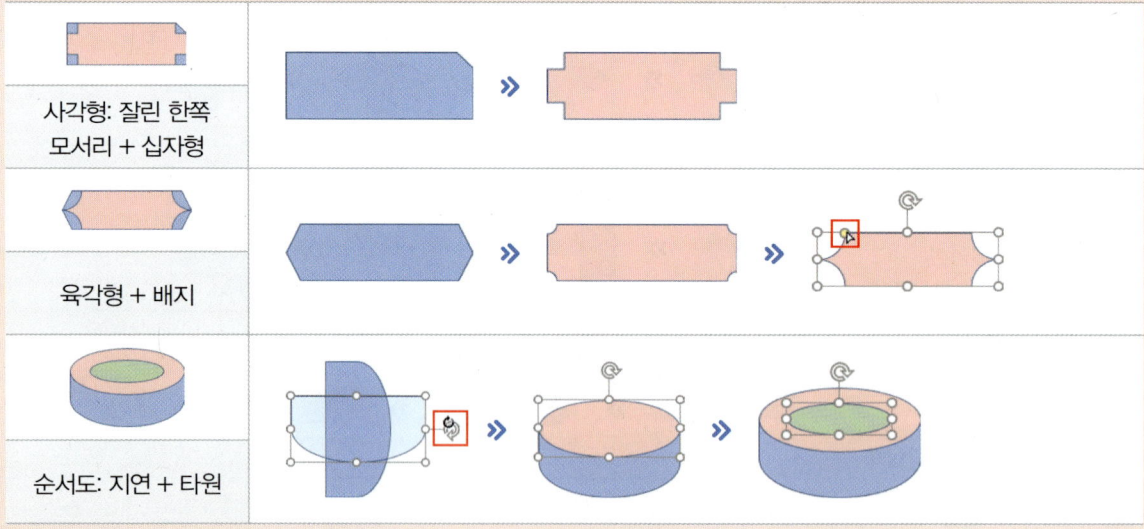

ITQ 파워포인트 한눈에 보는 출제 포인트

ITQ 파워포인트는 파워포인트의 주요 기능들을 두루 이해하고 활용할 수 있는지를 평가하는 시험입니다. 60분 동안 총 6개의 슬라이드를 여러 가지 기능을 이용하여 작성해야 하므로 시간 관리에 주의해야 합니다. 기능을 익힌 후 반복 숙달을 통해 시험유형에 대비하는 것이 고득점의 비법입니다.

전체구성 — 배점 60점

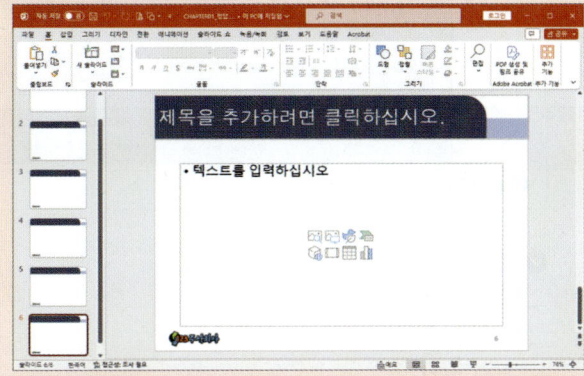
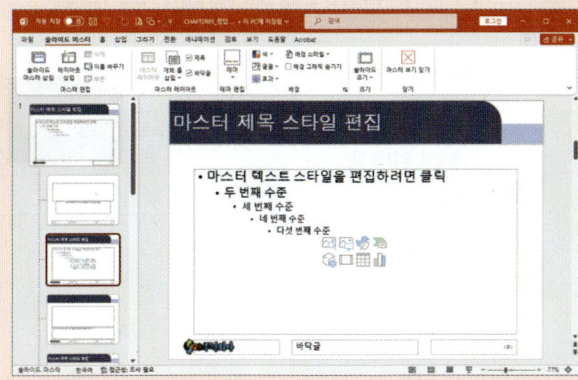

체크포인트
- 슬라이드 설정
- 슬라이드 마스터
- 그림 편집

슬라이드 1 표지 디자인 — 배점 40점

체크포인트
- 그림 삽입
- WordArt 삽입
- WordArt 스타일

슬라이드 2 목차 슬라이드 — 배점 60점

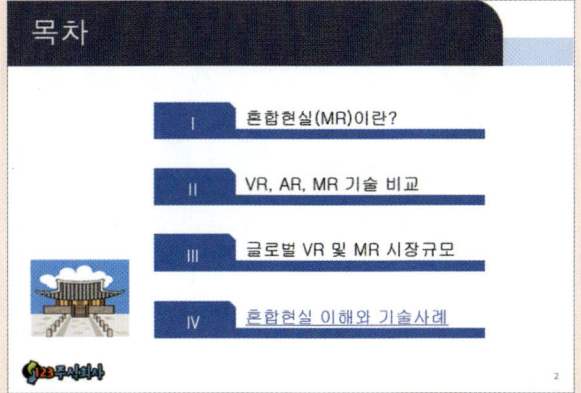

체크포인트
- 도형 편집 및 배치
- 그림 자르기
- 하이퍼링크

슬라이드 3 텍스트/동영상 슬라이드 ── 배점 60점

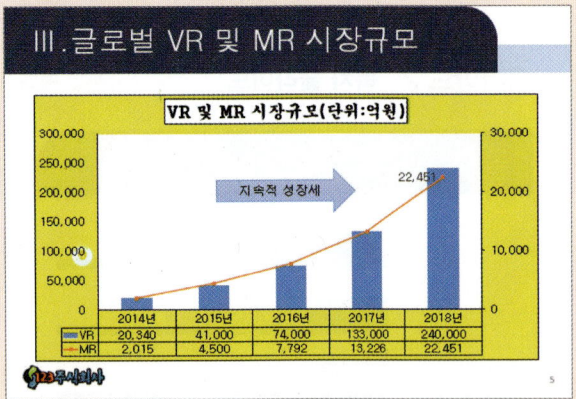

◆ 체크포인트
- 텍스트 입력
- 단락 설정
- 글머리 기호
- 동영상 삽입

슬라이드 4 표 슬라이드 ── 배점 80점

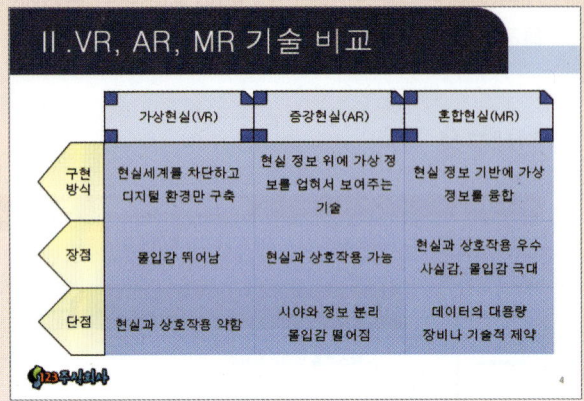

◆ 체크포인트
- 표 작성
- 표 스타일
- 도형 편집

슬라이드 5 차트 슬라이드 ── 배점 100점

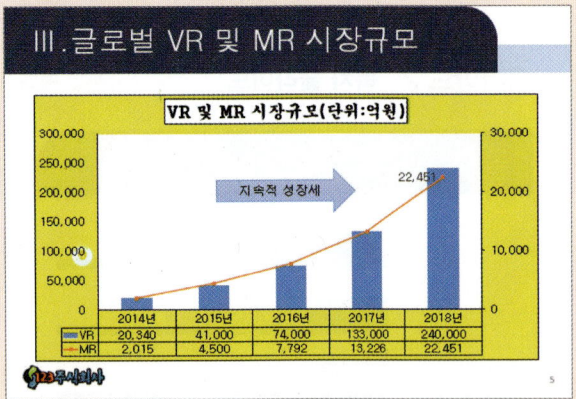

◆ 체크포인트
- 차트 작성
- 데이터 편집
- 차트 디자인
- 도형 편집

슬라이드 6 도형 슬라이드 ── 배점 100점

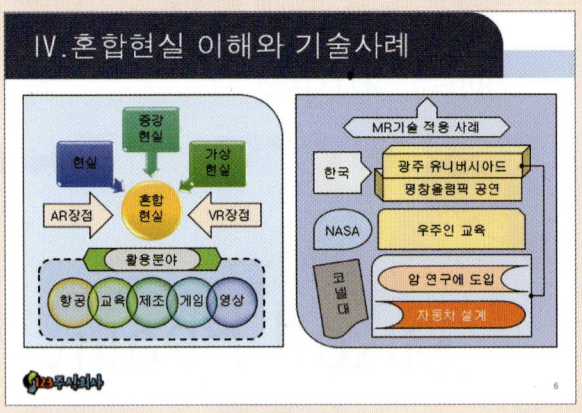

◆ 체크포인트
- 스마트아트 삽입
- 도형 삽입
- 그룹화
- 애니메이션

이렇게
기막힌
적중률

ITQ 파워포인트
ver.2021

"이" 한 권으로 합격의 "기적"을 경험하세요!

차례

난이도에 따라 분류하였습니다.
- 상 : 반드시 반복 연습해야 하는 기능
- 중 : 여러 차례 풀어보아야 하는 기능
- 하 : 수월하게 익힐 수 있는 기능

▶ **합격 강의**
동영상 강의가 제공되는 부분을 표시했습니다.
이기적 수험서 사이트(license.youngjin.com)에 접속하여 시청하세요.
▶ 본 도서에서 제공하는 동영상은 1판 1쇄 기준 2년간 유효합니다. 단, 출제기준안에 따라 내용은 변경될 수 있습니다.

PART 01 시험 유형 따라하기

하 CHAPTER 01 전체구성	24
하 CHAPTER 02 [슬라이드 1] 표지 디자인	40
하 CHAPTER 03 [슬라이드 2] 목차 슬라이드	52
중 CHAPTER 04 [슬라이드 3] 텍스트/동영상 슬라이드	66
중 CHAPTER 05 [슬라이드 4] 표 슬라이드	78
상 CHAPTER 06 [슬라이드 5] 차트 슬라이드	90
상 CHAPTER 07 [슬라이드 6] 도형 슬라이드	108

PART 02 대표 기출 따라하기

대표 기출 따라하기	128
대표 기출 따라하기 해설	132

PART 03 최신 기출문제

최신 기출문제 01회	191
최신 기출문제 02회	194
최신 기출문제 03회	197
최신 기출문제 04회	200
최신 기출문제 05회	203
최신 기출문제 06회	206
최신 기출문제 07회	209
최신 기출문제 08회	212
최신 기출문제 09회	215
최신 기출문제 10회	218

PART 04 실전 모의고사

실전 모의고사 01회	223
실전 모의고사 02회	226
실전 모의고사 03회	229
실전 모의고사 04회	232
실전 모의고사 05회	235
실전 모의고사 06회	238
실전 모의고사 07회	241
실전 모의고사 08회	244
실전 모의고사 09회	247
실전 모의고사 10회	250

부록 BONUS 이기적 합격자료집

- 시험장 스케치
- 비공개 구매 혜택(기출문제/모의고사 해설)
- 스터디 플래너

※ 참여 방법 : '이기적 스터디 카페' 검색 → 이기적 스터디카페(cafe.naver.com/yjbooks) 접속 → '구매 인증 PDF 증정' 게시판 → 구매 인증 → 메일로 자료 받기

실습 파일 사용법

ITQ 합격에 필요한 자료를 모두 모았습니다.

❶ PART 01~04 폴더
파트별 정답 및 실습 파일

❷ Picture 폴더
실습용 이미지 파일

❸ SETUP.EXE
답안 전송 프로그램 설치 파일

❹ 수험자답안작성 방법동영상.wmw
ITQ 답안작성 방법 동영상

다운로드 방법

① 이기적 영진닷컴(license.youngjin.com)에 접속한다.
② 상단 메인 메뉴에서 [자료실] – [ITQ]를 클릭한다.
③ '[2026] 이기적 ITQ 파워포인트 ver.2021 부록 자료' 게시글을 클릭하여 첨부파일을 다운로드한다.

사용 방법

① 다운로드한 '7946.zip' 압축 파일에서 마우스 오른쪽 버튼을 눌러 압축을 해제한다.
② 압축이 풀린 후 '7946' 폴더를 더블 클릭하여 모든 파일이 들어 있는지 확인한다.

※ ITQ 시험은 빈 문서에서 내용을 입력하는 것부터 시험 시작입니다. 처음 시험 공부를 하실 때에는 빈 문서에서 차근차근 연습해 주세요.

이 책의 구성

STEP 1 시험 유형 따라하기로 제대로 유형 학습

처음부터 끝까지 세심하게, 구체적 작업과정 수록

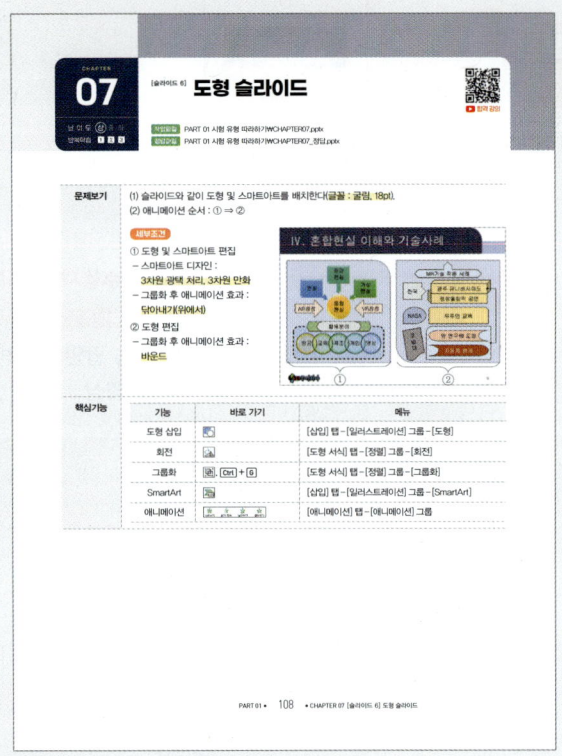

- 난이도별 집중 학습
- 실습에 편리한 작업/정답파일
- 다양한 팁으로 학습 능률 상승

STEP 2 대표 기출 따라하기로 실제 시험 정복

동영상 강의와 함께, 시험 내용 전체 학습

- QR 코드로 강의 바로 시청
- 단계별 풀이과정으로 쉬운 연습

STEP 3

최신 기출문제, 실전 모의고사로 마무리 학습

총 20회분 시험 문제로
막판 스퍼트

- 최신 기출문제로 출제경향 파악
- 실전과 동일한 모의고사로 완벽 마무리

+ BONUS

또기적 합격자료집

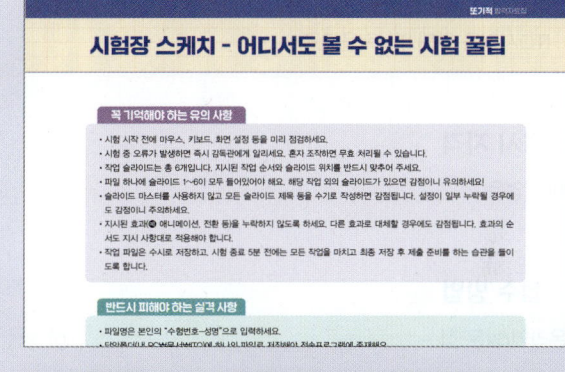

- 시험장 스케치
- 비공개 구매 혜택(기출문제/모의고사 해설)
- 스터디 플래너

시험의 모든 것

시험 알아보기

● **자격 소개 및 이슈**
- 정보화 시대의 구성원들에 대한 정보기술능력 또는 정보기술 활용능력을 객관적으로 평가하는 시험
- 정보기술 관리 및 실무능력 수준을 지수화, 등급화하여 객관성을 높인 과학기술정보통신부 공식 인증 자격 시험
- 산업인력의 정보경쟁력 강화를 통한 국가정보화 촉진을 목적으로 시행, 초등학생부터 노년층에 이르기까지 다양한 계층에서 ITQ시험을 통해 IT실력을 검증

● **응시 자격**
제한 없음

● **접수 방법**
온라인/방문 접수

● **시험 과목**

과목	이기적 도서
아래한글	✓
한셀	
한쇼	
MS워드	
한글엑셀	✓
한글액세스	✓
한글파워포인트	✓
인터넷	✓

● **응시 인원**

검정 연도	응시자 수
2024년	245,068명
2023년	247,460명
2022년	241,754명
2021년	242,868명
2020년	220,321명

활용 사례

● **학점은행제**
- 「학점인정 등에 관한 법률」에 의거, 전공학점 인정 가능
- 제27차 자격 학점인정 기준 참고
  (학점은행제 : https://www.cb.or.kr)
- 아래한글 · MS워드, 한글엑셀 · 한셀, 한글파워포인트 · 한쇼, 한글액세스, 인터넷 중 3개 과목을 각각 A 또는 B등급을 획득해야 학점 인정 가능

등급	대분류	중분류	인정학점
A	20. 공통/기초사무	기초사무	6
B			4

● **생활기록부**
- 「초 · 중등교육법」에 의거, 자격 취득상황을 고교생활기록부에 등재 가능
- 기술 관련 국가공인 민간자격 ※ 고등학교 재학 중 취득한 경우 '자격증 및 인증 취득상황' 기입 가능

● **기타 활용 사례**
- 군가산점제
- KPC자격 전문강사
- 마스터(MASTER) 제도
- 기업 채용우대, 인사고과, 내부직원 교육, 승진평가 등 HRM(D) 제도로 활용
- 대학교, 고등학교, 직업훈련기관의 인재양성제도

시험 기준

● 프로그램 버전
※ 2025년 기준

과목	버전
아래한글	한컴오피스 2022/2020 병행 (한셀, 한쇼 : 2022)
한셀	
한쇼	
MS워드	MS오피스 2021/2016 병행
한글엑셀	
한글액세스	
한글파워포인트	
인터넷	내장브라우저 IE8.0 이상

● 배점 및 시험 시간

시험 배점	과목당 500점
시험 방법	실무작업형 실기시험
시험 시간	과목당 60분

● 등급 점수 및 기준

500점 만점을 기준으로 200점 이상 취득자에게 등급별 자격을 부여하며, 200점 미만은 불합격 처리

등급	점수	수준
A	500~400	주어진 과제의 100~80%를 정확히 해결할 수 있는 능력 수준
B	399~300	주어진 과제의 79~60%를 정확히 해결할 수 있는 능력 수준
C	299~200	주어진 과제의 59~40%를 정확히 해결할 수 있는 능력 수준

출제 기준

● 아래한글/MS워드

문항	배점
스타일	50
표와 차트	100
수식편집기	40
그림/그리기	110
문서작성능력	200

● 한글엑셀/한셀

문항	배점
표작성	240
필터, 목표값찾기, 자동서식	80
부분합/피벗테이블	80
차트	100

● 한글파워포인트/한쇼

문항	배점
전체 구성	60
표지 디자인	40
목차 슬라이드	60
텍스트/동영상 슬라이드	60
표 슬라이드	80
차트 슬라이드	100
도형 슬라이드	100

고사장 및 시험 관련 문의

- 시행처 : 한국생산성본부(kpc)
- license.kpc.or.kr

📞 1577-9402

답안 전송 프로그램 설치법

답안 전송 프로그램이란?

ITQ 시험은 답안 작성을 마친 후 저장한 답안 파일을 감독위원 PC로 전송하여 제출해야 합니다. 시험장에서 당황하는 일이 없도록, 답안 전송 프로그램으로 미리 연습해 보세요.

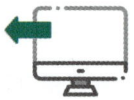

다운로드 및 설치법

01 이기적 홈페이지(license.youngjin.com)에 접속한 후 상단에 있는 [자료실]-[ITQ]를 클릭한다. '[2026] 이기적 ITQ 파워포인트 ver.2021 부록 자료'를 클릭하고 첨부 파일을 다운로드 받아 압축을 해제한다.

02 다음과 같은 폴더가 열리면 'SETUP.EXE'를 더블클릭하여 프로그램을 실행시킨다.

※ 운영체제가 Windows 7 이상인 경우는 마우스 오른쪽 버튼을 클릭해 '관리자 권한으로 실행'을 선택하여 실행시킨다.

03 다음과 같이 설치 화면이 나오면 [다음]을 클릭하고 설치를 진행한다.

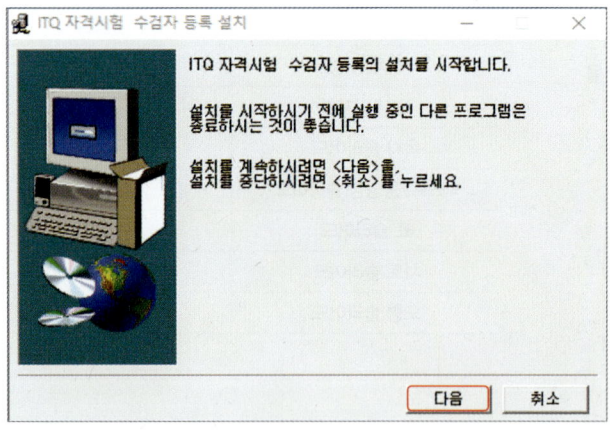

04 설치 진행이 완료되면 'ITQ 수험자용' 아이콘을 더블클릭하여 프로그램을 실행한다.

※ 여러 과목의 ITQ 시험을 함께 준비하는 수험생은 기존 과목의 프로그램을 삭제하지 마시고 그대로 사용하세요.

답안 전송 프로그램 사용법

시험 진행 순서

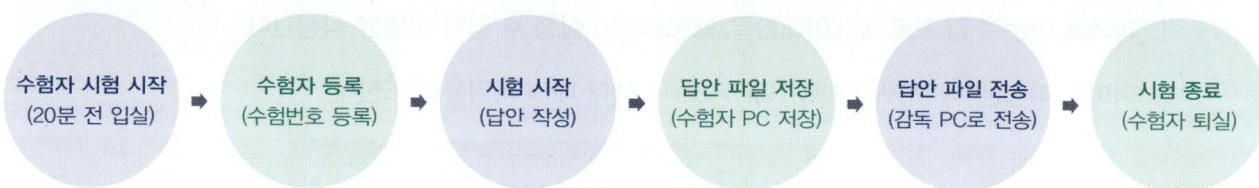

01 수험자 수험번호 등록

① 바탕화면에서 'ITQ 수험자용' 아이콘을 실행한다. [수험자 등록] 화면에 수험번호를 입력한 후 [확인]을 클릭한다.

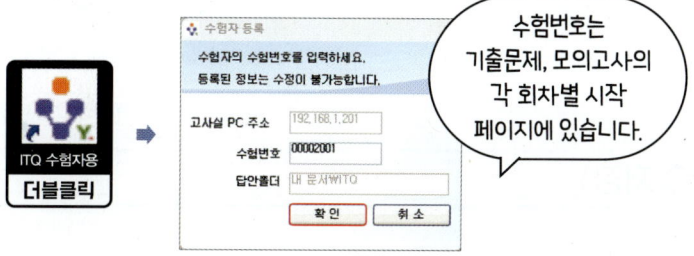

② 수험번호가 화면과 같으면 [예]를 클릭한다. 다음 화면에서 수험번호, 성명, 수험과목, 좌석번호를 확인한다.

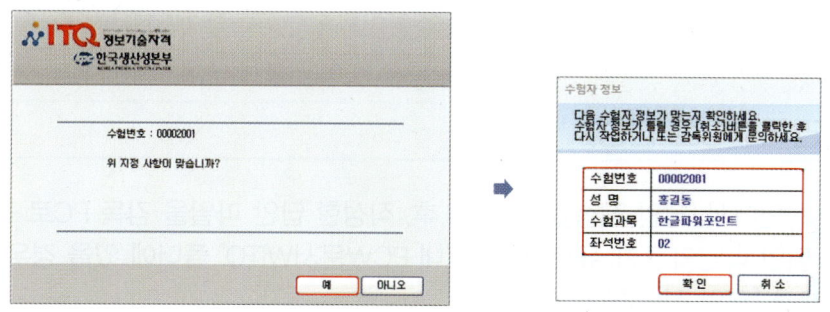

③ 다음과 같은 출력화면 확인 후 감독위원의 지시를 기다린다.

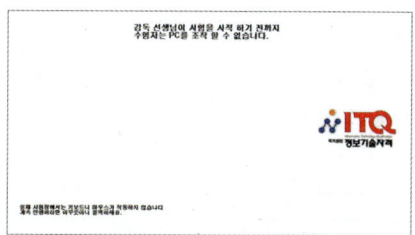

02 시험 시작(답안 파일 작성)

① 과목에 맞는 수검 프로그램(아래한글, MS오피스) 실행 후 답안 파일을 작성한다.

② 이미지 파일은 '내 PC₩문서₩ITQ₩Picture' 폴더 내의 파일을 참조한다.

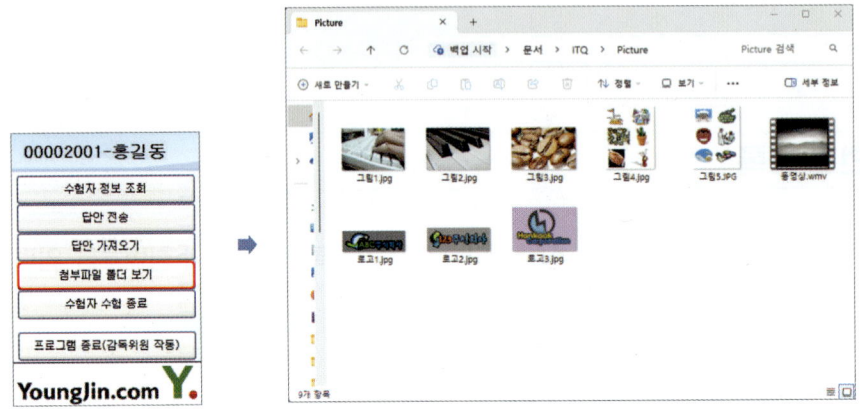

03 답안 파일 저장(수험자 PC 저장)

① 답안 파일은 '내 PC₩문서₩ITQ' 폴더에 저장한다.

② 답안 파일명은 '수험번호-성명'으로 저장해야 한다.
(단, 인터넷 과목은 '내 PC₩문서₩ITQ'의 '답안 파일-인터넷.hwp' 파일을 불러온 후 '수험번호-성명-인터넷.hwp'로 저장)

04 답안 파일 전송(감독 PC로 전송)

① 바탕화면의 실행 화면에서 [답안 전송]을 클릭한 후, 작성한 답안 파일을 감독 PC로 전송한다. 화면에서 작성한 답안 파일의 존재 유무(파일이 '내 PC₩문서₩ITQ' 폴더에 있을 경우 '있음'으로 표시됨)를 확인 후 [답안 전송]을 클릭한다.

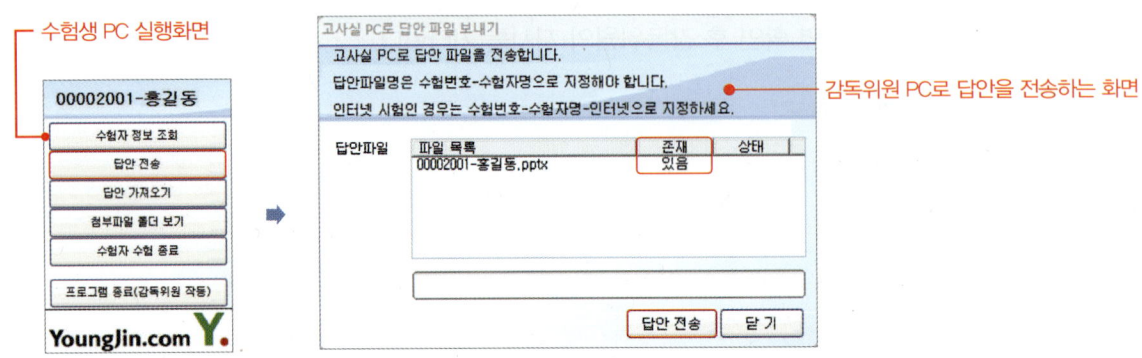

② 전송이 성공적으로 끝나면 상태 부분에 '성공'이라 표시된다.

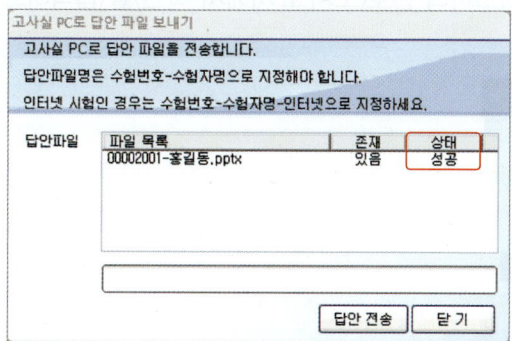

05 시험 종료

① 수험자 PC화면에서 [수험자 수험 종료]를 클릭한 후 감독위원의 지시를 기다린다.

② 감독위원의 퇴실 지시에 따라 퇴실한다.

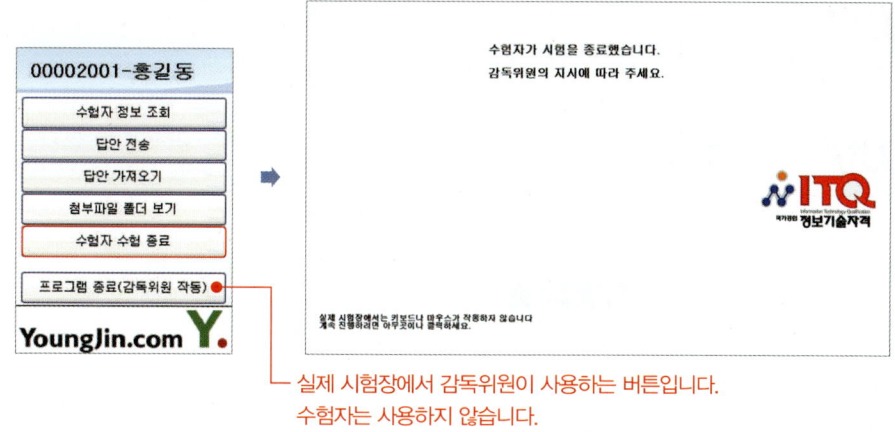

실제 시험장에서 감독위원이 사용하는 버튼입니다.
수험자는 사용하지 않습니다.

답안 전송 프로그램 안내

- **프로그램을 설치했는데 '339 런타임 오류가 발생하였습니다'라는 오류 메시지가 나타나는 경우**
  프로그램 설치 시 마우스 오른쪽 버튼을 클릭하여 '관리자 권한으로 실행'을 선택하여 설치하고, 설치 후 실행 시에도 '관리자 권한으로 실행'을 선택해주세요. mscomctl.ocx 오류 시 이기적 홈페이지의 ITQ 자료실 공지사항에서 첨부 파일을 다운로드 해주세요.

- **프로그램을 실행하는데 'vb6ko.dll' 파일 오류가 나타나는 경우**
  이기적 홈페이지의 ITQ 자료실 공지사항을 확인해주시고, 첨부 파일을 다운로드 받아 해당 폴더에 넣어주세요.
  - 윈도우 XP : C:\Windows\System
  - 윈도우 7/10 32bit : C:\Windows\System32
  - 윈도우 7/10 64bit : C:\Windows\System32와 C:\Windows\Syswow64

자동 채점 서비스 사용법

01 채점 서비스(itq.youngjin.com)에 접속한 후 ISBN 5자리 번호(도서 표지에서 확인)를 입력하고 [체크]를 클릭한다. 체크가 완료되면 [확인]을 클릭한다.

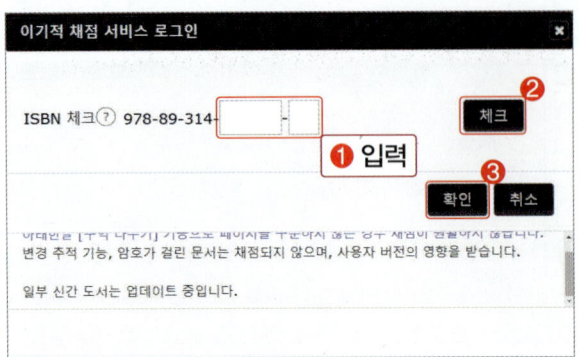

02 [작성한 파일 선택] 버튼을 클릭한다. 직접 작성하여 저장한 파일을 선택하고 '열기'를 클릭한다. 화면에 보이는 보안문자를 똑같이 입력하고 [실행]을 클릭한다.

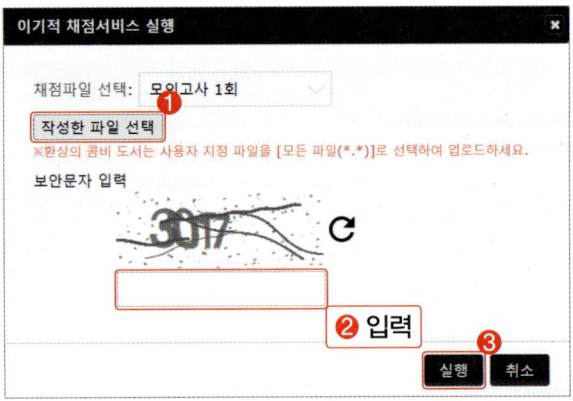

03 채점 결과를 확인한다(왼쪽 상단이 정답 파일, 하단이 사용자 작성 파일).

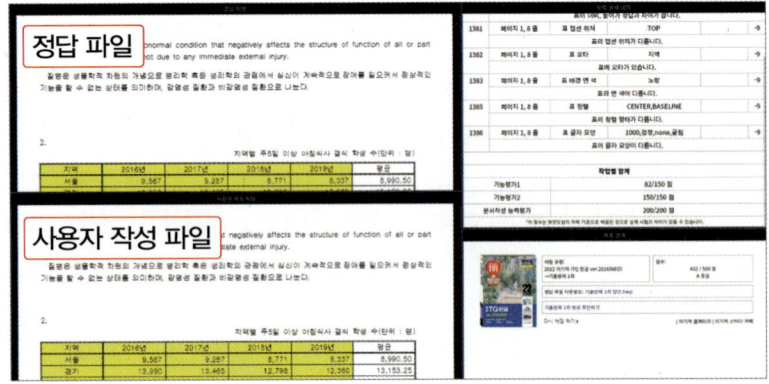

※ 현재 시범 서비스 중으로 답안의 일부 요소는 정확한 인식이 되지 않을 수 있습니다.
※ 본 서비스는 영진닷컴이 직접 설정한 기준에 의해 채점되므로 참고용으로만 활용 바랍니다.

Q&A

Q ITQ는 어떤 시험인가요?

A ITQ는 실기 시험으로만 자격을 평가하는 시험으로 아래한글(MS워드), 엑셀, 파워포인트, 액세스, 인터넷 등의 과목으로 이루어져 있습니다. 이 중 한 가지만 자격을 취득하여도 국가공인 자격으로 인정됩니다.

Q 언제, 어디서 시험이 시행되나요?

A 정기 시험은 매월 둘째 주 토요일에, 특별 시험은 2, 5, 8, 11월 넷째 주 일요일에 시행됩니다. 지역센터에서 시험을 응시할 수 있습니다.

※ 시험 시행일은 시행처 사정에 따라 변경될 수 있으므로, 응시 전 꼭 시행처에 확인하세요.

Q OA MASTER 자격 취득은 어떻게 하는 건가요?

A OA MASTER는 ITQ 시험에 응시하여 3과목 이상 A등급을 취득한 자로, 온라인으로 신청 가능하며 발급 비용 및 수수료는 별도로 부과됩니다.

Q 작성한 답안과 정답 파일의 작성 방법이 달라요.

A ITQ는 실무형 시험으로 작성 방법은 채점하지 않습니다. 정답 파일은 모범답안이며 꼭 똑같이 작성하지 않아도 됩니다. 문제의 지시사항대로 출력형태를 참고하여 작성하면 됩니다.

Q 채점기준 및 부분점수 기준은 어떻게 되나요?

A 주어진 지시사항에 따라 출력형태가 동일하게 작성된 경우 감점되지 않습니다. 또한 ITQ 인터넷을 제외한 모든 과목은 부분채점이 이루어지며 채점기준과 부분점수는 공개되지 않습니다.

Q MS오피스, 아래한글 버전별로 문제지가 다른가요?

A ITQ 시험은 과목별로 아래한글 2022/2020, MS오피스 2021/2016의 두 개 버전 중 선택 응시가 가능합니다. 각 과목의 문제지는 동일하며, 버전별로 조건이 다른 부분은 문제지에 표시되어 있습니다.

※ 소프트웨어 버전은 변경될 수 있으므로, 응시 전 꼭 시행처에 확인하세요.

Q 취득 시 어떻게 활용할 수 있나요?

A 공기업/공단과 사기업에서 입사 시 우대 및 승진 가점을 획득할 수 있으며, 대학교 학점인정을 받을 수 있습니다. 정부부처/지자체에서도 의무취득 및 채용 가점, 승진 가점이 주어집니다.

PART 01

시험 유형 따라하기

하 CHAPTER 01	전체구성	24
하 CHAPTER 02	[슬라이드 1] 표지 디자인	40
하 CHAPTER 03	[슬라이드 2] 목차 슬라이드	52
중 CHAPTER 04	[슬라이드 3] 텍스트/동영상 슬라이드	66
중 CHAPTER 05	[슬라이드 4] 표 슬라이드	78
상 CHAPTER 06	[슬라이드 5] 차트 슬라이드	90
상 CHAPTER 07	[슬라이드 6] 도형 슬라이드	108

유형분석 문항 ①

전체구성

배점 **60점** | A등급 목표점수 **55점**

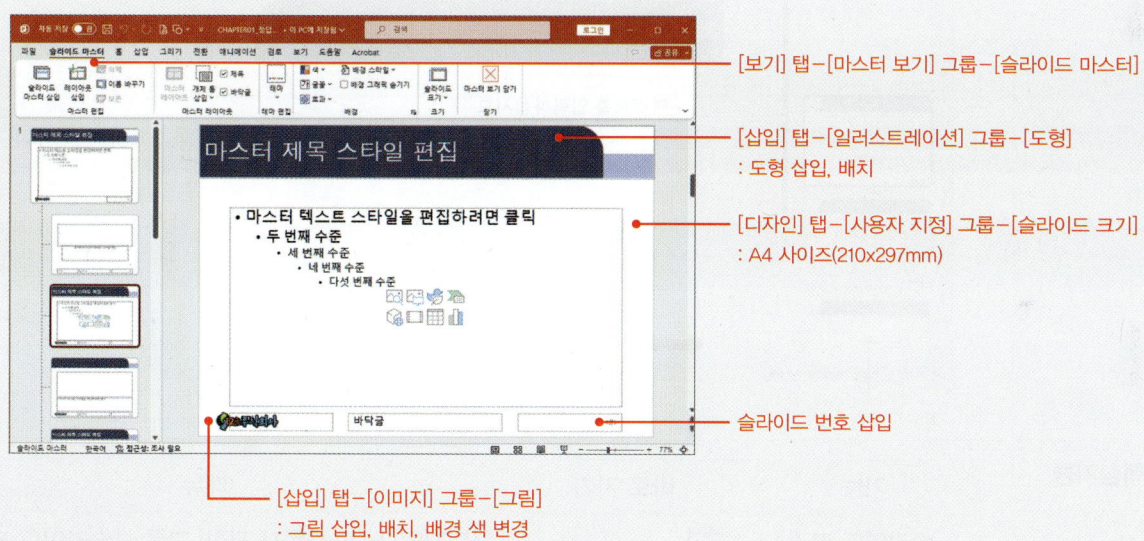

출제포인트
슬라이드 설정 · 슬라이드 마스터 · 그림 편집

출제기준
전체 슬라이드를 구성하는 능력을 평가하는 문항입니다.

A등급 TIP
앞으로 작성할 모든 슬라이드의 틀이 되는 부분이므로 실수 없이 꼼꼼히 작업해야 합니다. 슬라이드의 크기와 순서, 슬라이드 마스터의 제목, 로고, 번호 입력 방법을 반복적으로 연습하여 정확히 숙달하고 만점을 목표로 하세요.

CHAPTER 01 전체구성

정답파일 PART 01 시험 유형 따라하기\CHAPTER01_정답.pptx

문제보기

(1) 슬라이드 크기 및 순서 : 크기를 A4 용지로 설정하고 슬라이드 순서에 맞게 작성한다.
(2) 슬라이드 마스터 : 2~6슬라이드의 제목, 하단 로고, 슬라이드 번호는 슬라이드 마스터를 이용하여 작성한다.
　　- 제목 글꼴(돋움, 40pt, 흰색), 왼쪽 맞춤, 도형(선 없음)
　　- 하단 로고(「내 PC\문서\ITQ\Picture\로고2.jpg」, 배경(회색) 투명색으로 설정)

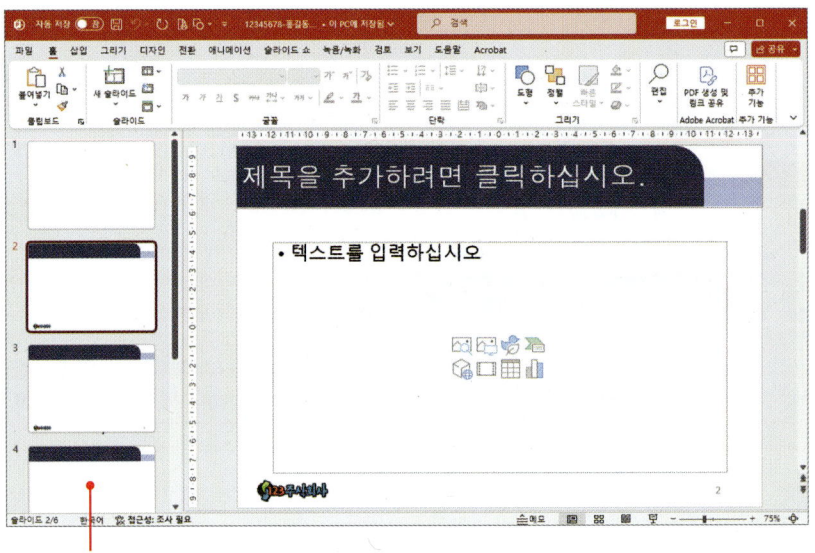

총 6개의 슬라이드

핵심기능

기능	바로 가기	메뉴
슬라이드 크기	▭	[디자인] 탭 – [사용자 지정] 그룹 – [슬라이드 크기]
슬라이드 마스터 보기	▭	[보기] 탭 – [마스터 보기] 그룹 – [슬라이드 마스터]
머리글/바닥글	▭	[삽입] 탭 – [텍스트] 그룹 – [머리글/바닥글]
슬라이드 삽입	▭, Ctrl + M	[삽입] 탭 – [슬라이드] 그룹 – [새 슬라이드]
저장	▭, Ctrl + S	[파일] 탭 – [저장]

SECTION 01　페이지 설정

① PowerPoint를 실행한다.

→ 새 프레젠테이션을 클릭한다.

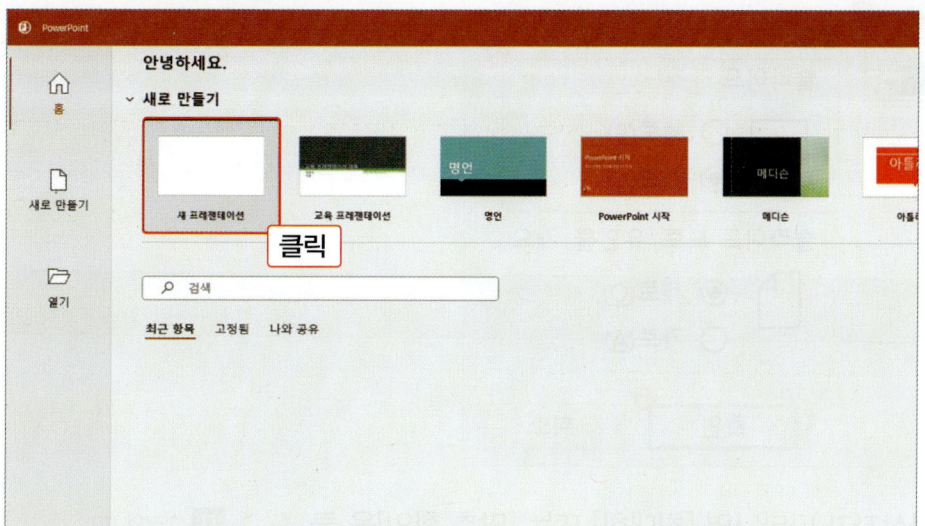

② [디자인] 탭-[슬라이드 크기](□)에서 [사용자 지정 슬라이드 크기]를 클릭한다.

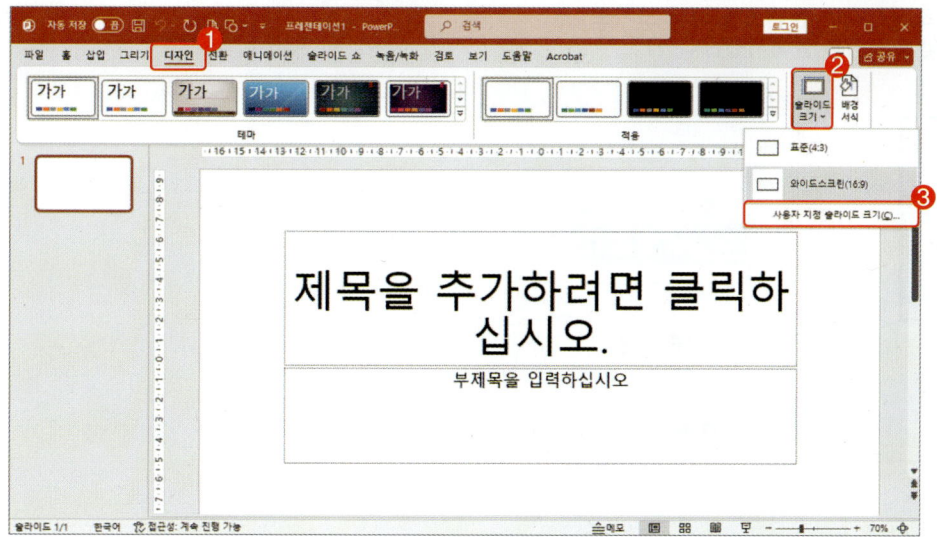

> 💡 해결 TIP
>
> **슬라이드를 크게 보고 싶어요!**
> 화면 오른쪽 하단에서 보이는 비율을 조절할 수 있다.
>
>

③ [슬라이드 크기] 대화상자에서 슬라이드 크기 'A4 용지(210x297mm)'를 설정한다. 기본값으로 슬라이드 시작 번호는 '1', 슬라이드 방향은 '가로'를 확인한다.

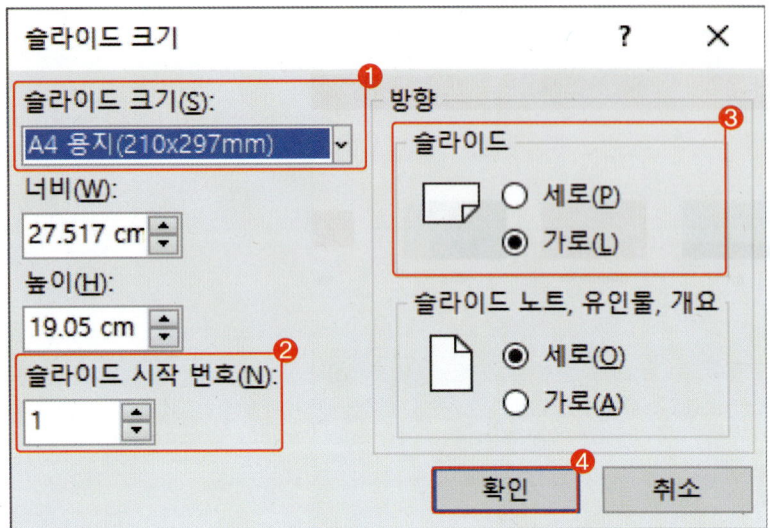

④ 슬라이드 크기 조정 대화상자가 나타나면 [최대화] 또는 [맞춤 확인]을 클릭한다.

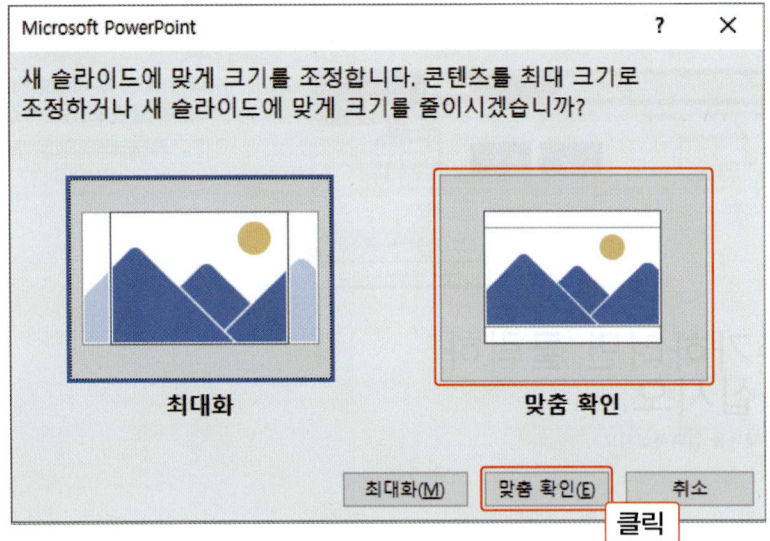

> 기적의 TIP
>
> 아직 작업을 하지 않은 상태이므로 '최대화'와 '맞춤 확인' 중 아무 것이나 선택해도 된다.

SECTION 02 슬라이드 마스터에서 로고 삽입

① [보기] 탭 – [마스터 보기] 그룹 – [슬라이드 마스터](📄)를 클릭한다.

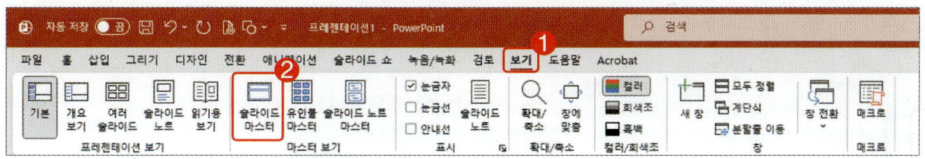

> **기적의 TIP**
> 슬라이드 마스터에서 변경한 디자인은 하위의 모든 레이아웃에 영향을 미친다.

② 왼쪽 창의 축소판 그림에서 제일 위의 [Office 테마 슬라이드 마스터]를 클릭한다.

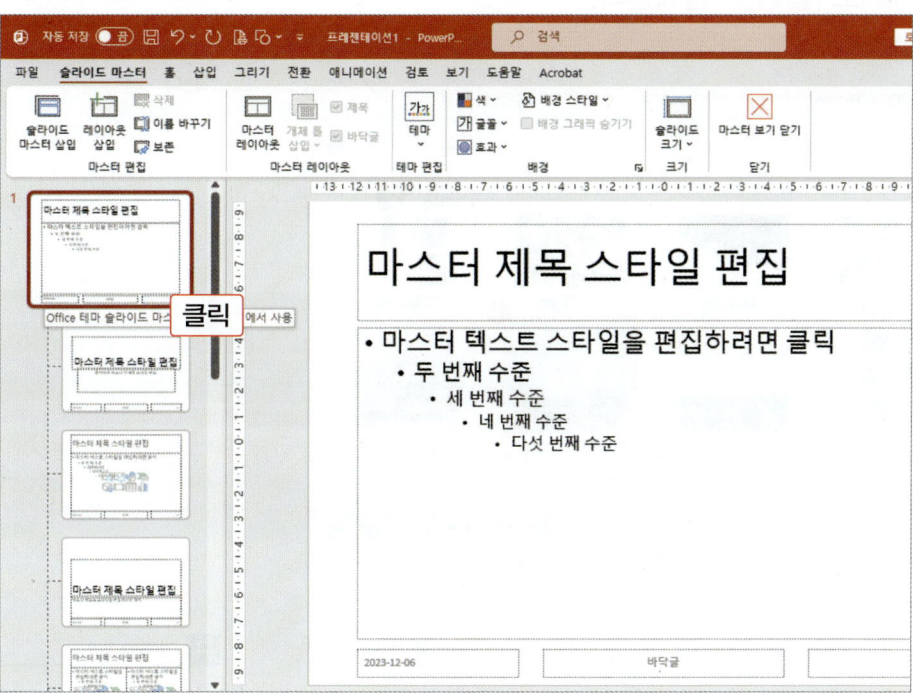

> **기적의 TIP**
> 슬라이드 마스터 작성은 지정된 레이아웃이 있는 것이 아니므로, 어떤 레이아웃에 작성하든 출력형태와 동일하게 작성하면 된다.

③ 하단의 [날짜 및 시간] 영역과 [바닥글] 영역을 클릭하고 Delete 로 삭제한다.

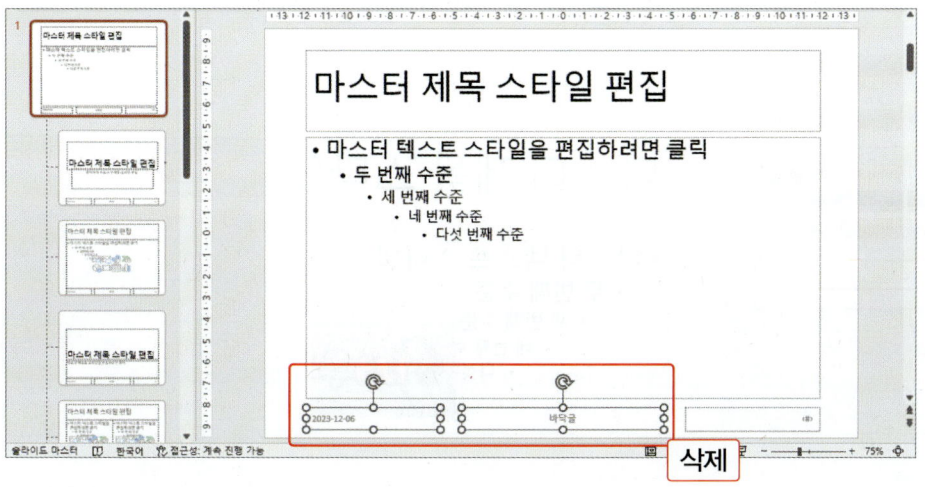

> **기적의 TIP**
> Ctrl 을 누른 상태에서 도형을 하나씩 클릭하면 한 번에 여러 개를 선택할 수 있다.

④ 로고 삽입을 위해 [삽입] 탭-[이미지] 그룹-[그림](🖼)에서 [이 디바이스](🖼)를 클릭한다.

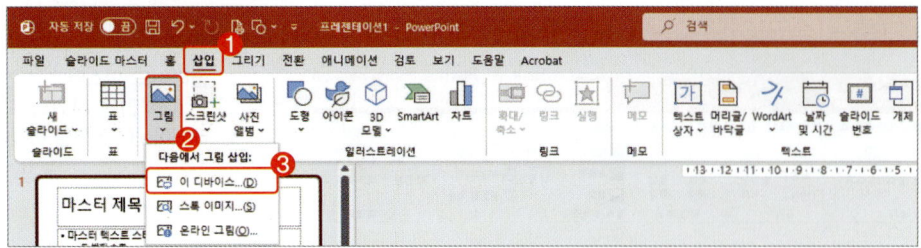

⑤ [그림 삽입] 대화상자가 나타나면 '내 PC₩문서₩ITQ₩Picture'에서 그림 파일 '로고2.jpg'를 선택하고 [삽입]을 클릭한다.

> 💡 해결 TIP
>
> 그림 파일은 어디서 받나요?
> 이기적 홈페이지 자료실에서 부록자료를 다운로드 받는다.

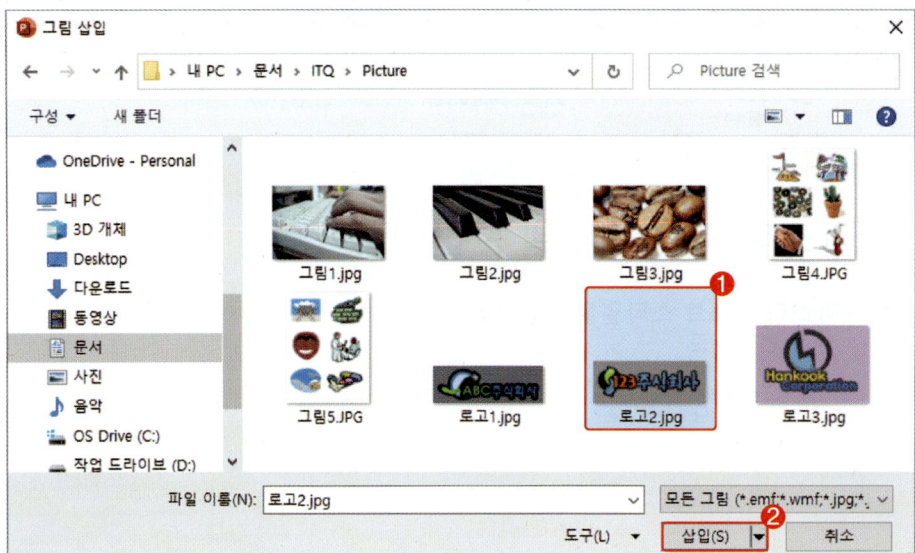

⑥ [그림 서식] 탭-[조정] 그룹-[색](🖼)에서 [투명한 색 설정](🖌)을 클릭한다.

> 📌 기적의 TIP
>
> [그림 서식] 탭은 그림이 선택될 때만 나타난다.

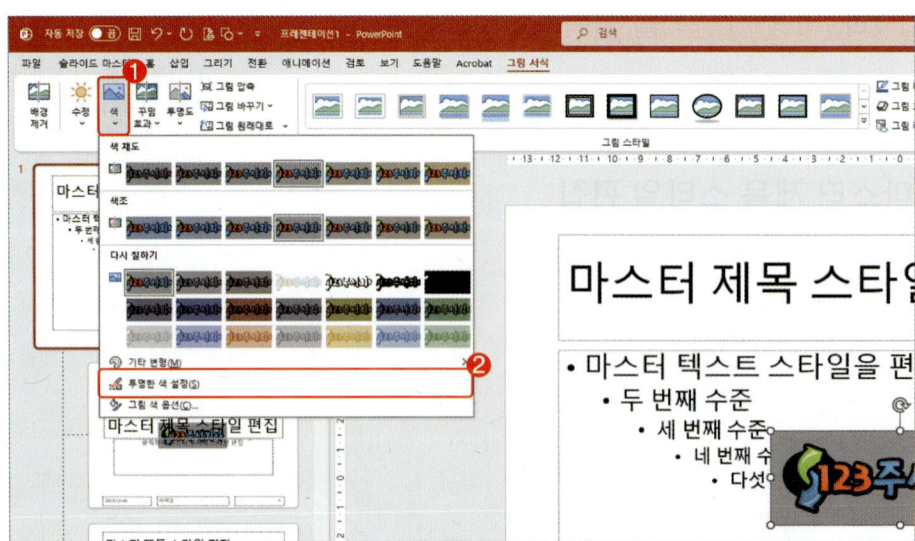

⑦ 마우스 포인터가 ▨로 변경되면 회색 부분을 클릭한다.

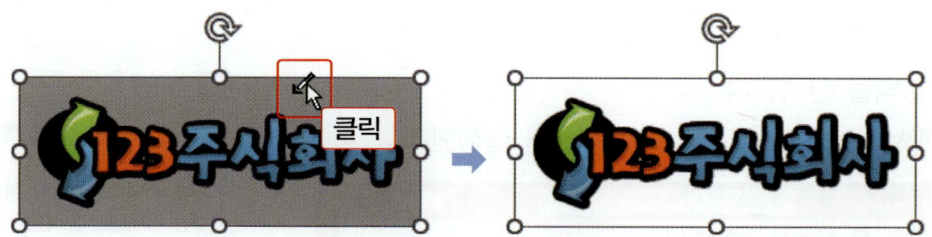

⑧ 그림 꼭짓점의 크기 조절점을 마우스 드래그하여 그림 크기를 조절한다.

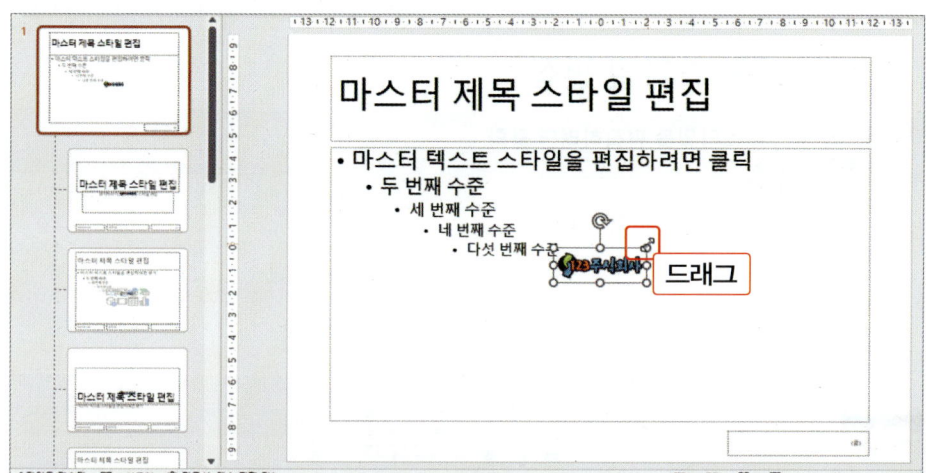

> **기적의 TIP**
>
> 그림 크기를 조절할 때 가로 세로 비율 고정이 되지 않으면, Shift 를 누른 채 꼭짓점의 크기 조절점을 드래그한다.

⑨ 그림을 마우스 드래그하여 제시된 위치로 이동한다.

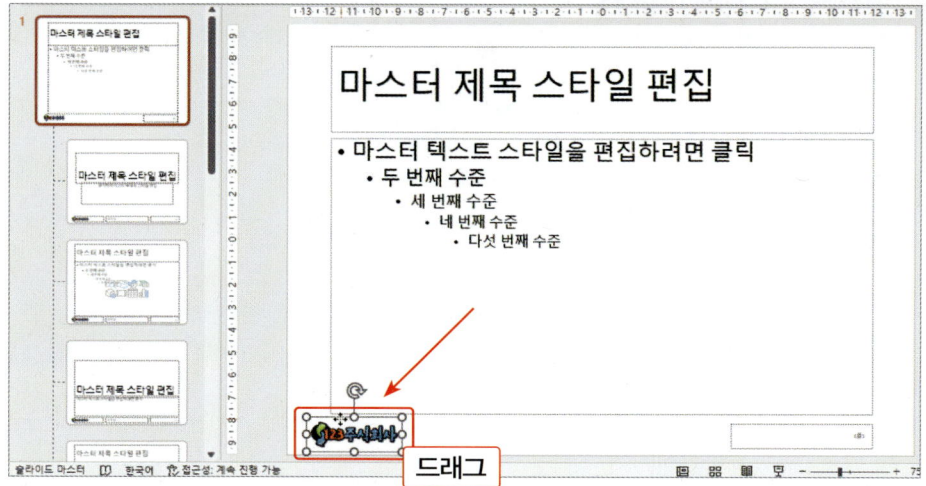

SECTION 03 슬라이드 마스터에서 슬라이드 번호 설정

① 하단의 [슬라이드 번호] 영역을 선택한다.
→ [홈] 탭 – [글꼴] 그룹에서 글꼴 '맑은 고딕', 크기 '16'을 설정한다.

> **기적의 TIP**
> 쪽 번호의 글꼴, 크기, 색상은 채점 대상이 아니다. 문제에서 명확한 지시사항이 없는 부분은 출력형태와 유사하게 임의로 설정하면 된다.

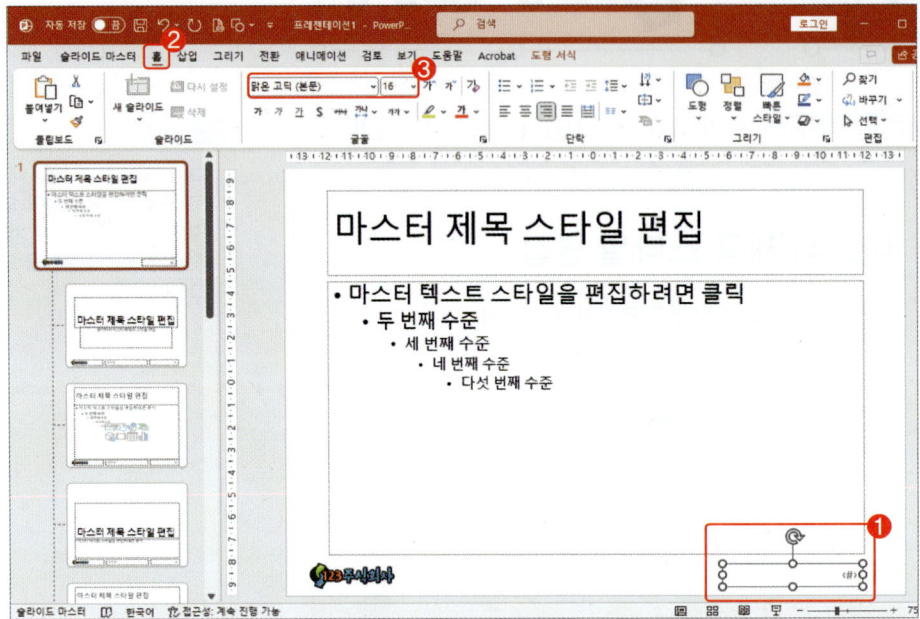

② [삽입] 탭 – [텍스트] 그룹 – [머리글/바닥글](📄)을 클릭한다.

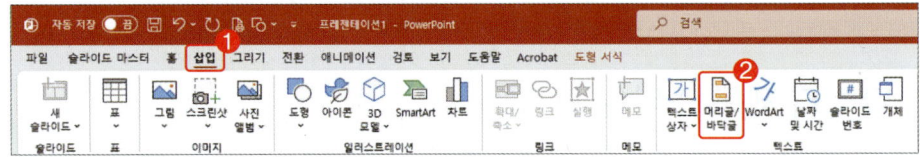

③ [머리글/바닥글] 대화상자에서 '슬라이드 번호', '제목 슬라이드에는 표시 안 함'에 체크하고 [모두 적용]을 클릭한다.

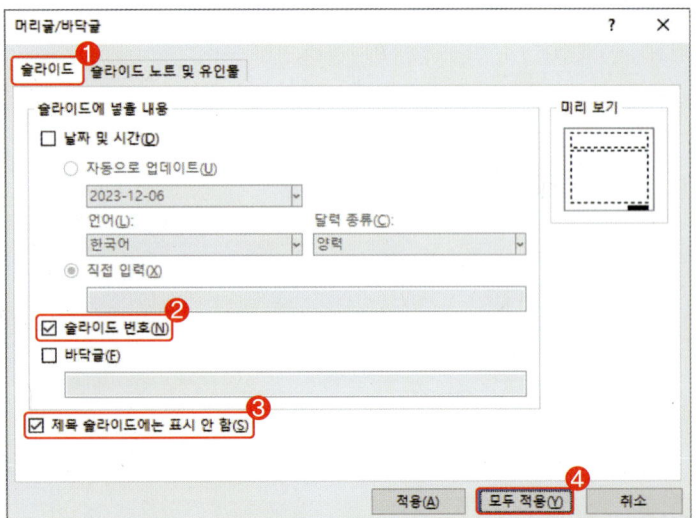

SECTION 04 슬라이드 마스터에서 제목 도형 작성

① [삽입] 탭 – [일러스트레이션] 그룹 – [도형]( )에서 [사각형: 둥근 한쪽 모서리]를 클릭한다.

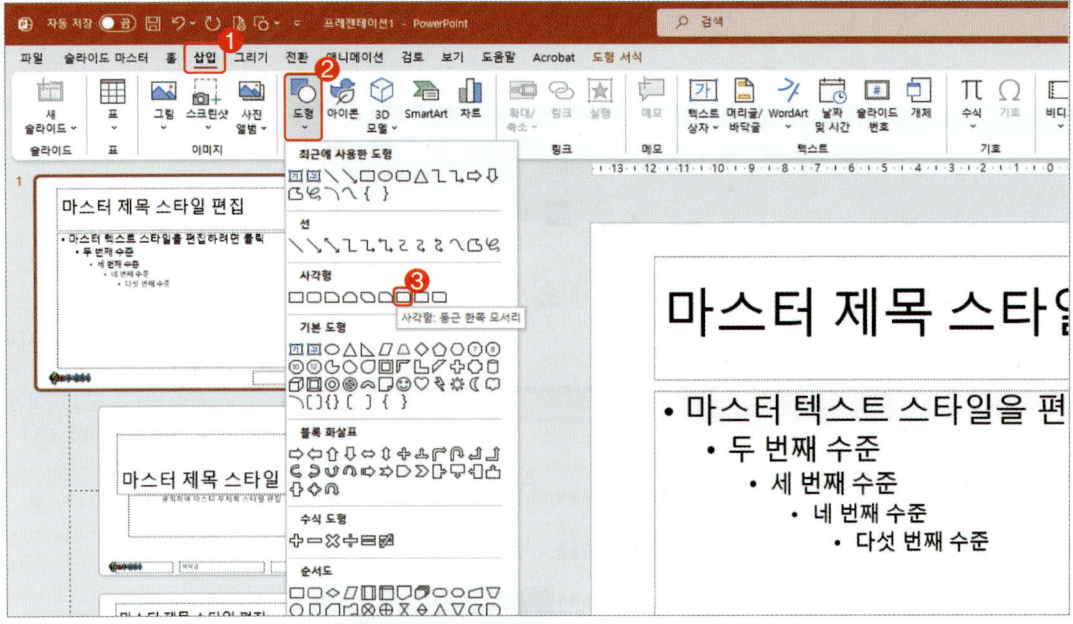

② 마우스를 대각선으로 드래그하여 도형을 그린다.

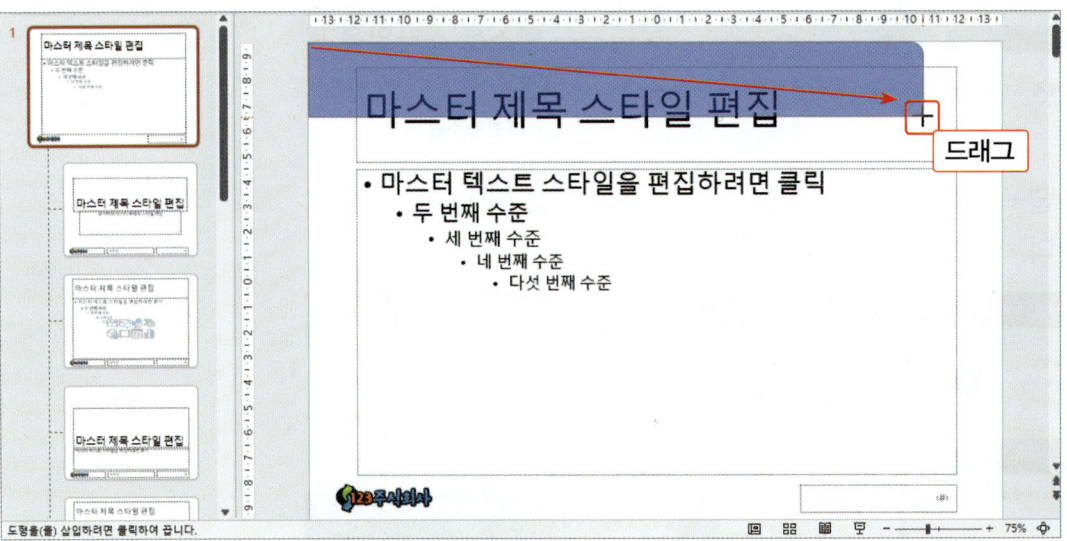

③ 도형이 선택된 상태에서 모양 조절 핸들(◌)을 드래그하여 곡선을 크게 한다.

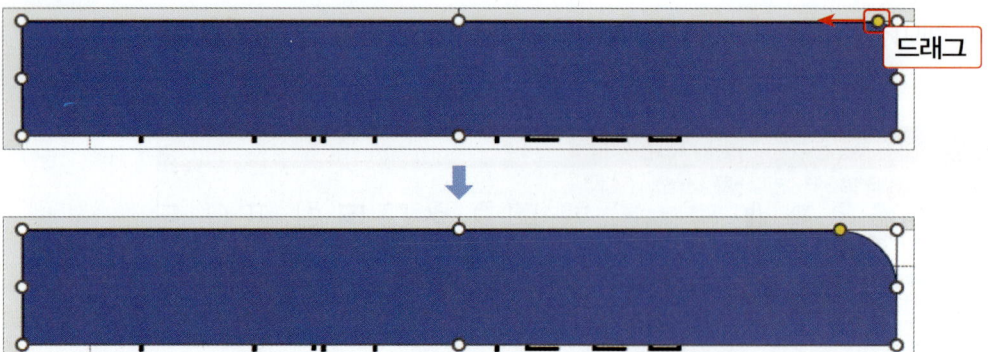

④ [도형 서식] 탭-[도형 스타일] 그룹-[도형 채우기](🎨)에서 [청회색, 텍스트 2]를 클릭한다.

> 💡 해결 TIP
>
> **도형 색에 대한 지시사항에 없어요!**
> 출력형태를 참고하여 임의의 색을 선택하면 된다.

⑤ [도형 서식] 탭-[도형 스타일] 그룹-[도형 윤곽선](✏)에서 [윤곽선 없음]을 클릭한다.

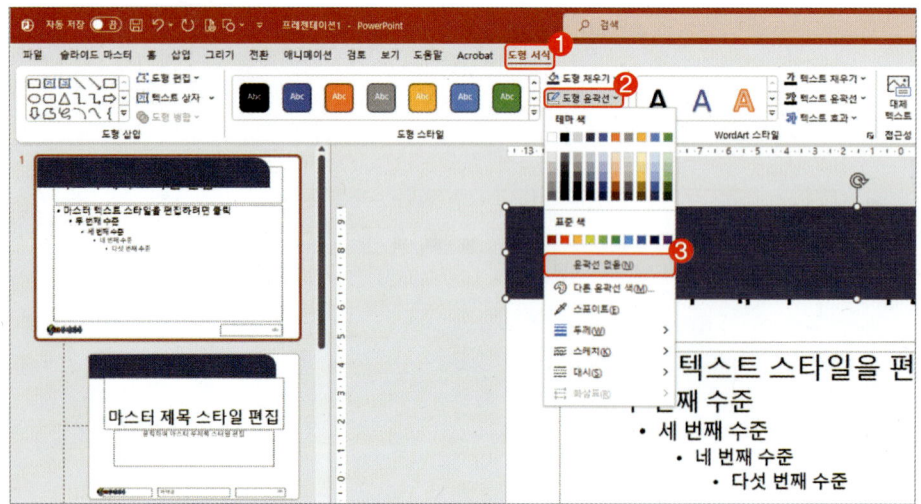

⑥ [삽입] 탭 – [일러스트레이션] 그룹 – [도형]( )에서 [직사각형]을 클릭한다.

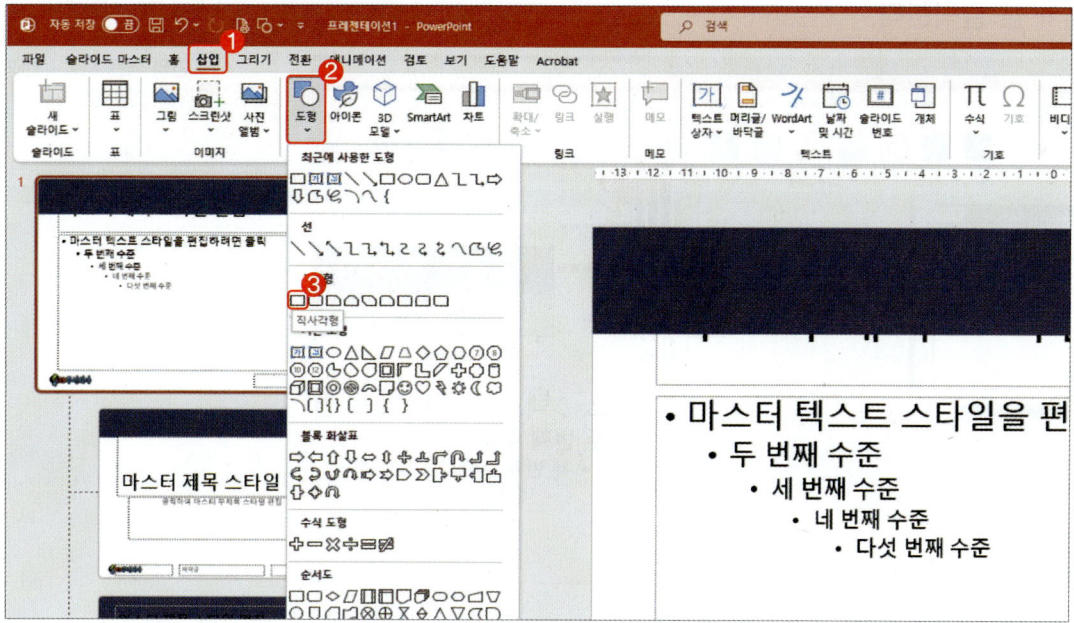

⑦ 마우스를 대각선으로 드래그하여 도형을 그린다.

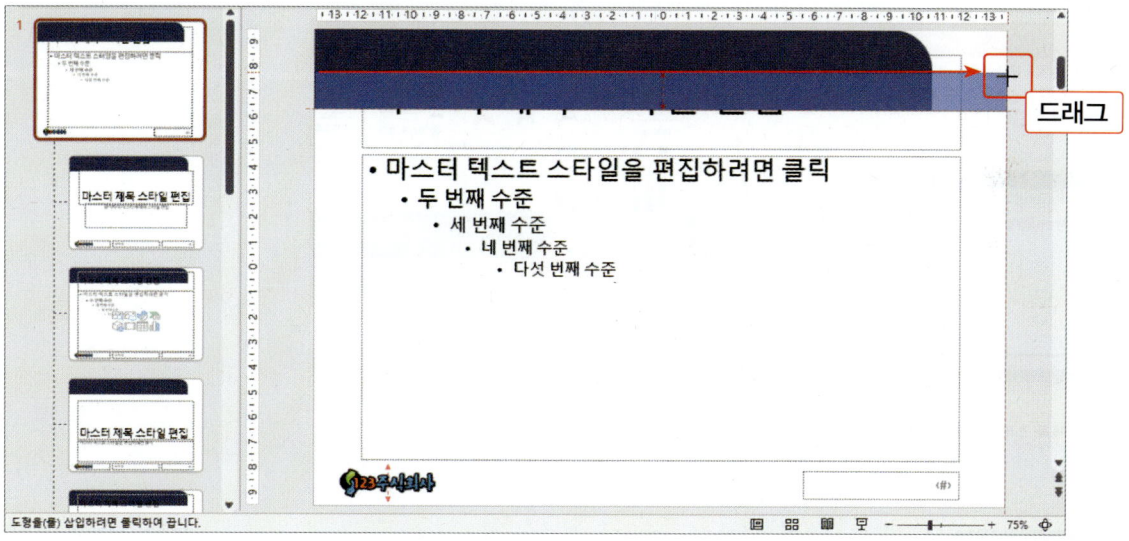

⑧ [도형 서식] 탭-[도형 스타일] 그룹-[도형 채우기]( )에서 [파랑, 강조 1, 60% 더 밝게]를 클릭한다.

> **기적의 TIP**
>
> 실제 ITQ 시험에서는 흑백 시험지가 주어진다. 따라서 도형의 색은 서로 구분되게 임의로 설정하면 된다.

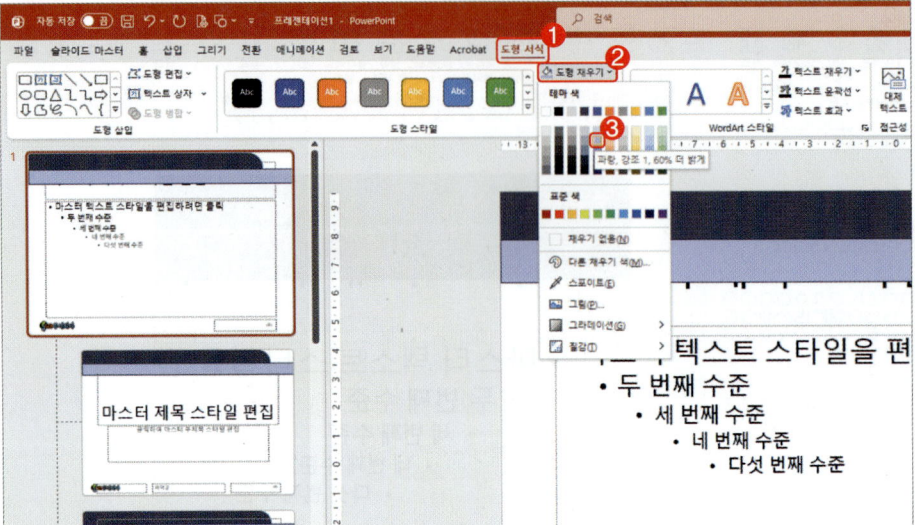

⑨ [도형 서식] 탭-[도형 스타일] 그룹-[도형 윤곽선]( )에서 [윤곽선 없음]을 클릭한다.

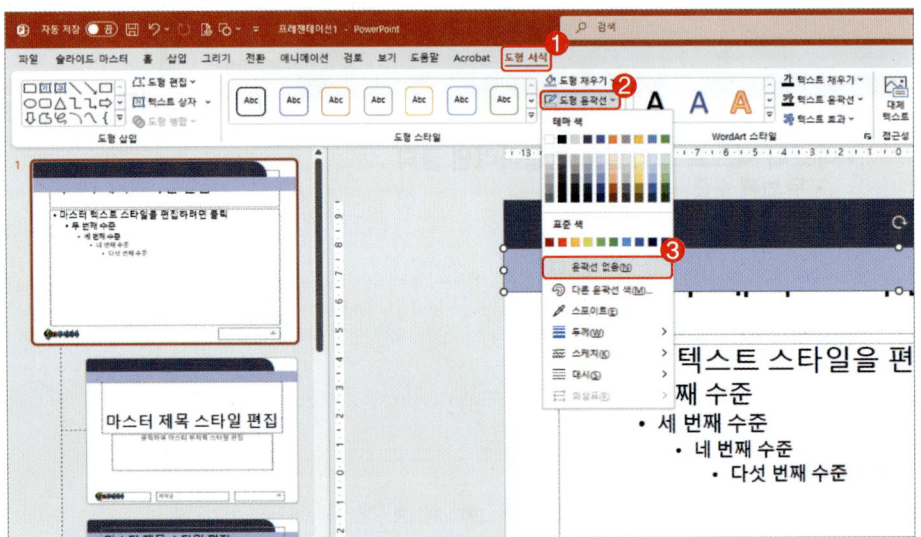

⑩ [도형 서식] 탭-[정렬] 그룹-[뒤로 보내기]( )에서 [맨 뒤로 보내기]( )를 클릭한다.

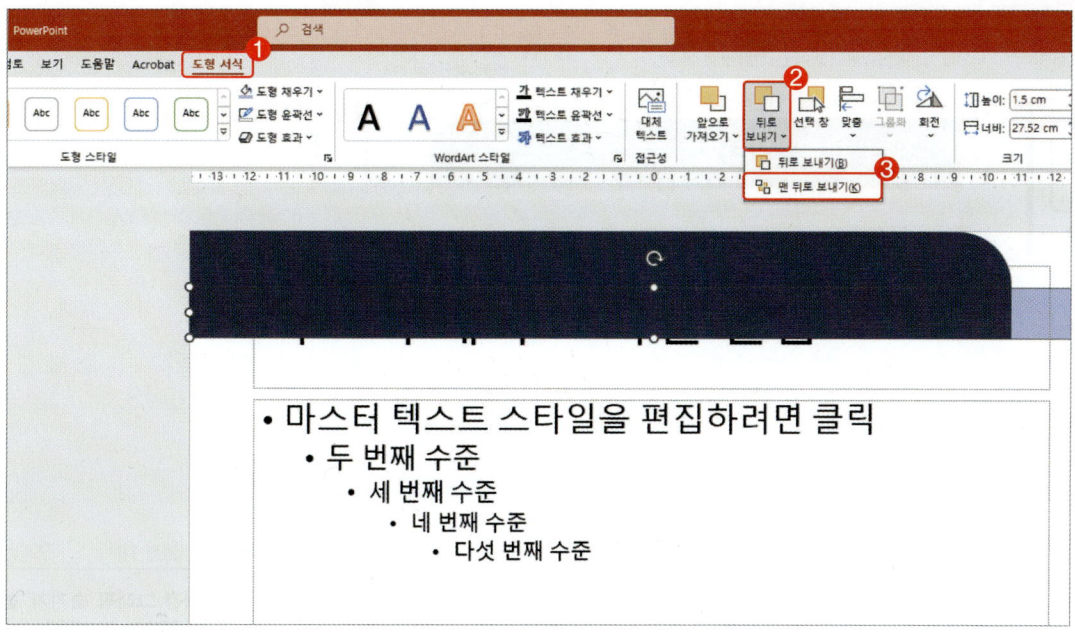

⑪ '마스터 제목 스타일 편집' 상자를 선택한다.
→ [도형 서식] 탭-[정렬] 그룹-[앞으로 가져오기]( )에서 [맨 앞으로 가져오기]( )를 클릭한다.

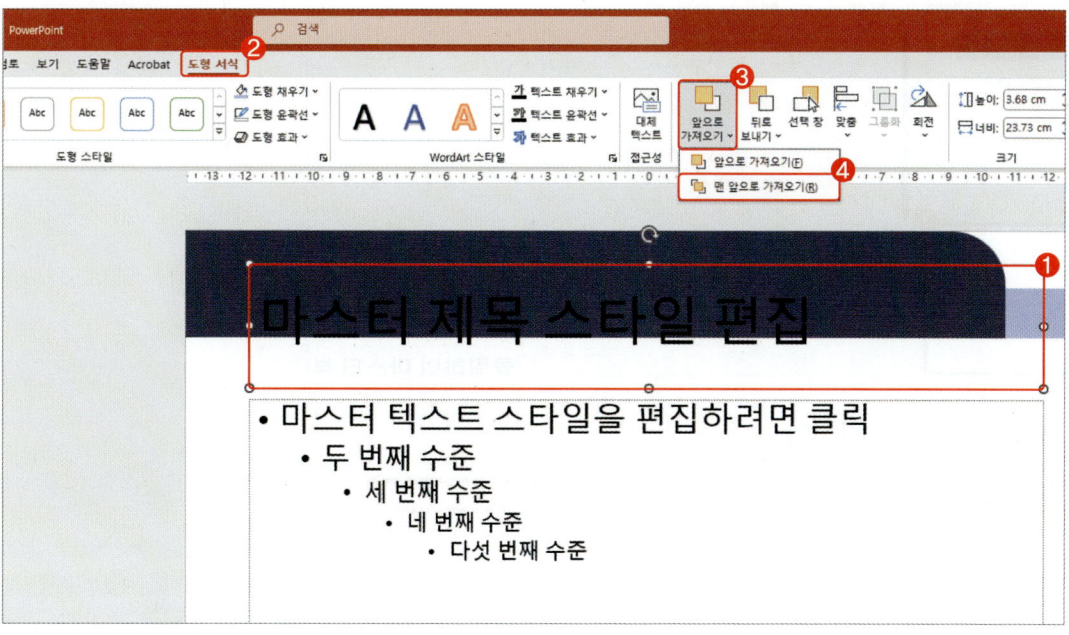

⑫ [홈] 탭-[글꼴] 그룹에서 글꼴 '돋움', 크기 '40', 글꼴 색 '흰색'을 설정한다.

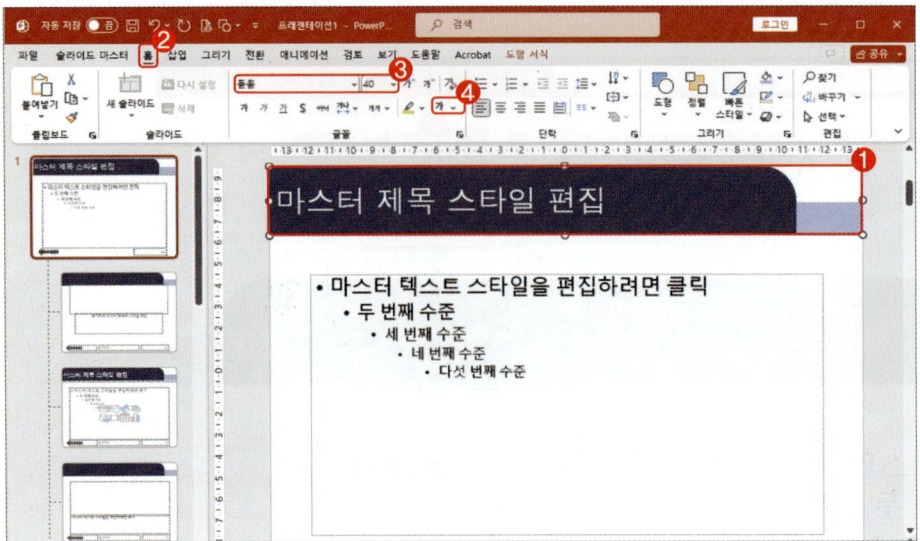

⑬ [제목 슬라이드 레이아웃]을 클릭한다.

→ 앞에 작성한 도형이 제목 슬라이드에 나타나지 않도록 [슬라이드 마스터] 탭-[배경] 그룹-'배경 그래픽 숨기기'에 체크한다.

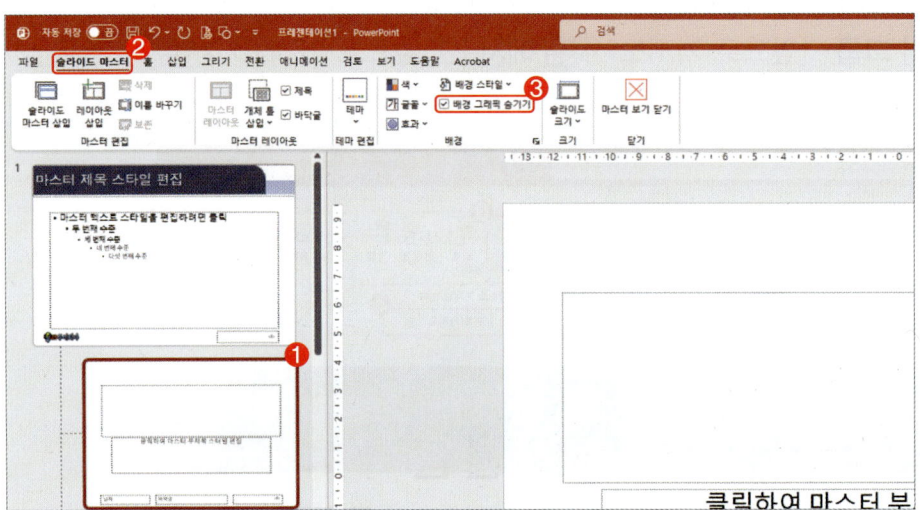

💡 해결 TIP

'배경 그래픽 숨기기' 옵션이 체크가 안 돼요!
[슬라이드 및 개요] 창에서 [제목 슬라이드 마스터]를 선택한다. [Office 테마 슬라이드 마스터]에서는 체크할 수 없다.

⑭ [마스터 보기 닫기](⊠)를 클릭한다.

SECTION 05 슬라이드 삽입

① [홈] 탭-[슬라이드] 그룹-[새 슬라이드](📄)에서 [제목 및 내용]을 클릭한다.

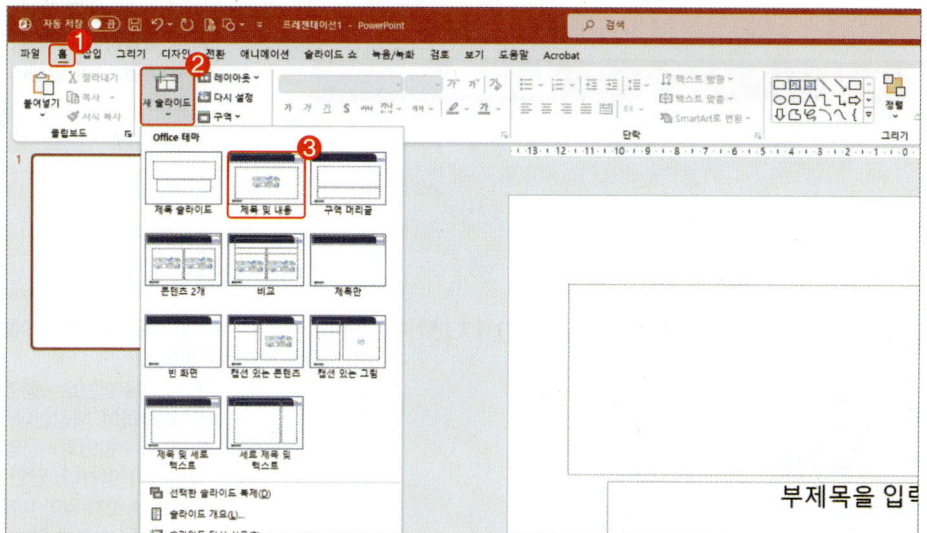

② 총 6개의 슬라이드가 되도록 Ctrl + M 을 눌러 슬라이드를 삽입한다.

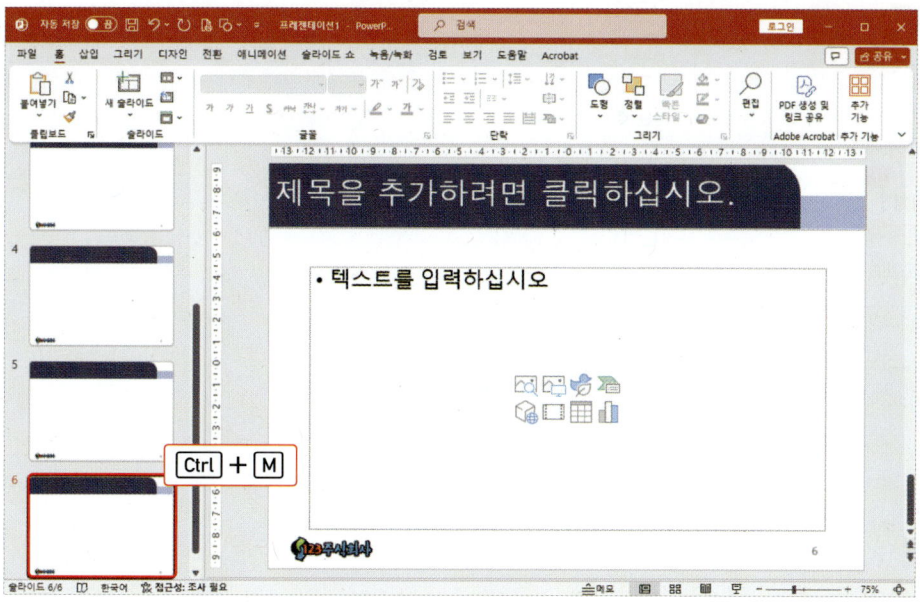

> 기적의 TIP
>
> Ctrl + M 대신 Enter 를 눌러도 된다.

SECTION 06 문서 저장

① 빠른 실행 도구 모음에서 [저장](🖫)을 클릭하거나 [파일] 탭-[저장]을 클릭한다.

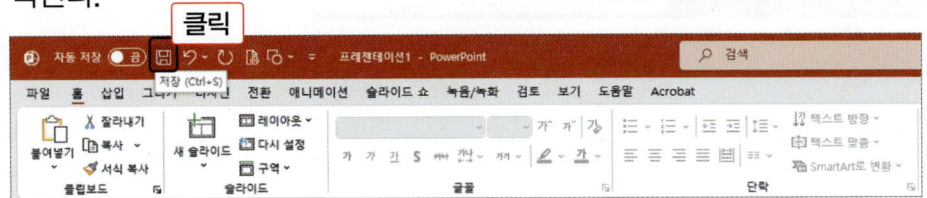

② [찾아보기]를 클릭한다.
→ '내 PC₩문서₩ITQ'로 이동하여 파일 이름을 입력하고 [저장]을 클릭한다.

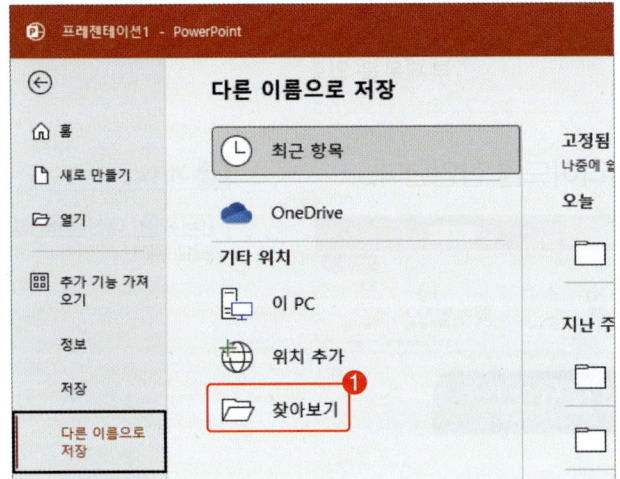

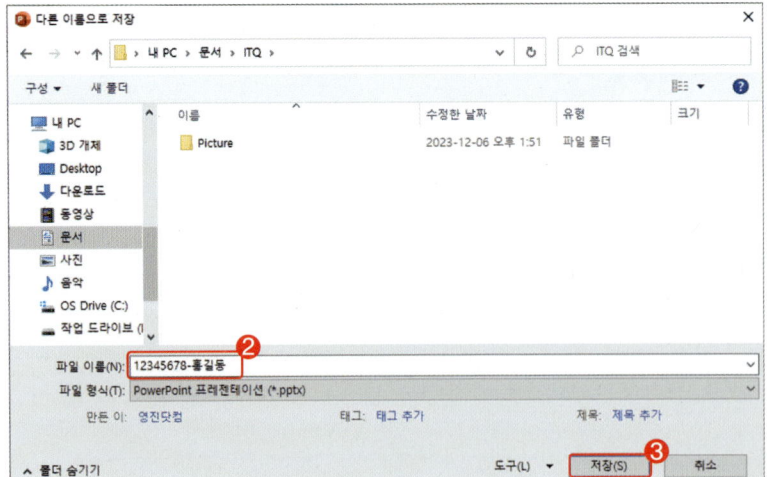

> **기적의 TIP**
> 저장 단축키 Ctrl+S를 자주 활용하여 작업 중 예상치 못한 문제 발생에 대비한다.

> **해결 TIP**
> **파일 저장 시 파일명은 어떻게 하나요?**
> 본인의 '수험번호-성명'으로 입력하여 저장한다. 파일명이 '수험번호-성명'과 일치하지 않거나, 답안 파일을 전송하지 않아 미제출이 될 경우 실격 처리된다.

유형분석 문항 ❷

슬라이드 1
표지디자인

배점 **40점** | A등급 목표점수 **30점**

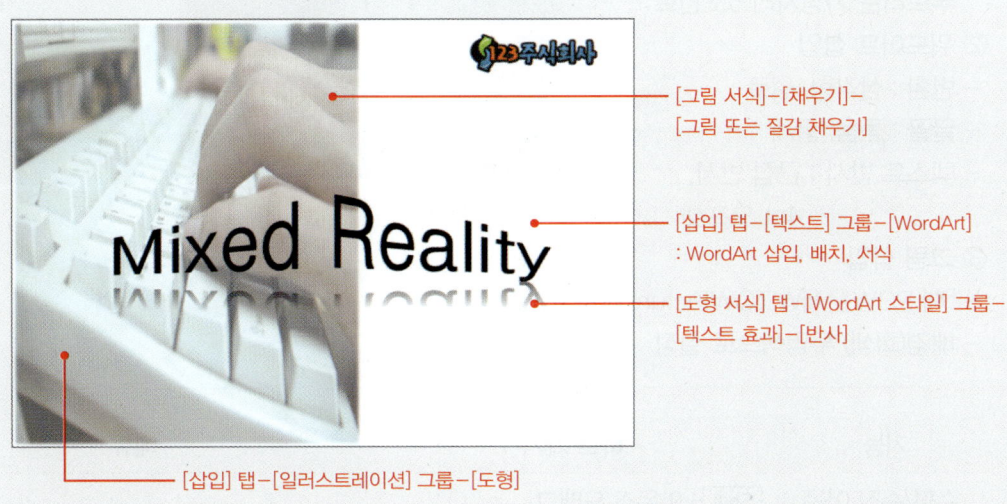

- [그림 서식]-[채우기]-[그림 또는 질감 채우기]
- [삽입] 탭-[텍스트] 그룹-[WordArt] : WordArt 삽입, 배치, 서식
- [도형 서식] 탭-[WordArt 스타일] 그룹-[텍스트 효과]-[반사]
- [삽입] 탭-[일러스트레이션] 그룹-[도형]

출제포인트
그림 삽입 · WordArt 삽입 · WordArt 스타일

출제기준
도형과 그림을 이용하여 표지 슬라이드를 작성하는 능력을 평가하는 문항입니다.

A등급 TIP
이 문항에서는 도형 채우기, 부드러운 가장자리 등 일정한 패턴이 고정적으로 출제됩니다. 반복 연습하여 감점을 피하는 것이 중요하며, 도형 모양과 워드아트 서식은 매번 다르게 주어지므로 신경 써서 작업해야 합니다.

CHAPTER 02

[슬라이드 1] **표지 디자인**

난이도 상 중 **하**
반복학습 1 2 3

작업파일 PART 01 시험 유형 따라하기₩CHAPTER02.pptx
정답파일 PART 01 시험 유형 따라하기₩CHAPTER02_정답.pptx

▶ 합격 강의

| 문제보기 | (1) 표지 디자인 : 도형, 워드아트 및 그림을 이용하여 작성한다. |

세부조건

① 도형 편집
- 도형에 그림 채우기 :
  「내 PC₩문서₩ITQ₩Picture₩
  그림1.jpg」, 투명도 50%
- 도형 효과 :
  부드러운 가장자리 5포인트

② 워드아트 삽입
- 변환 : 삼각형, 위로
- 글꼴 : 돋움, 굵게
- 텍스트 반사 : 근접 반사,
              4pt 오프셋

③ 그림 삽입
- 「내 PC₩문서₩ITQ₩Picture₩로고2.jpg」
- 배경(회색) 투명색으로 설정

핵심기능	기능	바로 가기	메뉴
	수평/수직 이동	Shift +마우스 드래그	
	세밀한 이동	방향키(←, ↑, →, ↓)	
	그림 삽입	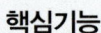	[삽입] 탭 – [이미지] 그룹 – [그림]
	WordArt 삽입		[삽입] 탭 – [텍스트] 그룹 – [WordArt]

SECTION 01 　 표지 디자인 도형 작성

① 슬라이드 1에서 '제목 텍스트 상자'와 '부제목 텍스트 상자'를 Delete 를 눌러 삭제한다.
   → [삽입] 탭 – [일러스트레이션] 그룹에서 [도형](📷) – [사각형] – [직사각형](□)을 클릭한다.

> **기적의 TIP**
> 표지 슬라이드는 워드아트와 도형을 이용하기 때문에 사용하지 않는 '제목 텍스트 상자'와 '부제목 텍스트 상자'를 삭제하는 것이 편하다.

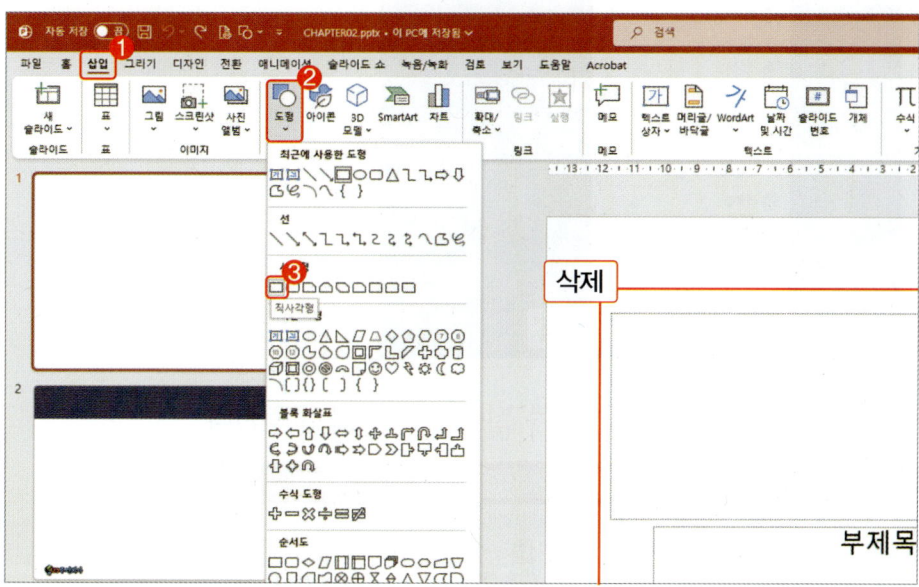

② 마우스 포인터 모양이 ┼로 바뀌면, 슬라이드 왼쪽 상단에서 적당한 크기로 마우스 드래그하여 도형을 삽입한다.

> **기적의 TIP**
> 문제에서는 도형의 크기에 대한 명확한 지시사항이 없다. 제시된 그림을 보고 적당한 크기로 도형을 삽입해야 한다.

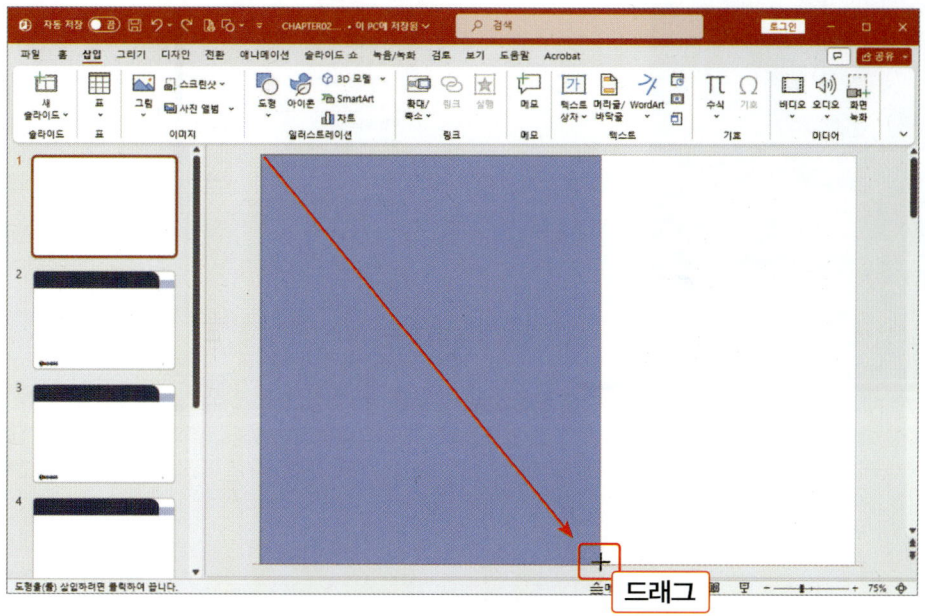

③ 도형을 선택한 후 마우스 오른쪽 클릭하고 [도형 서식]()을 클릭한다.

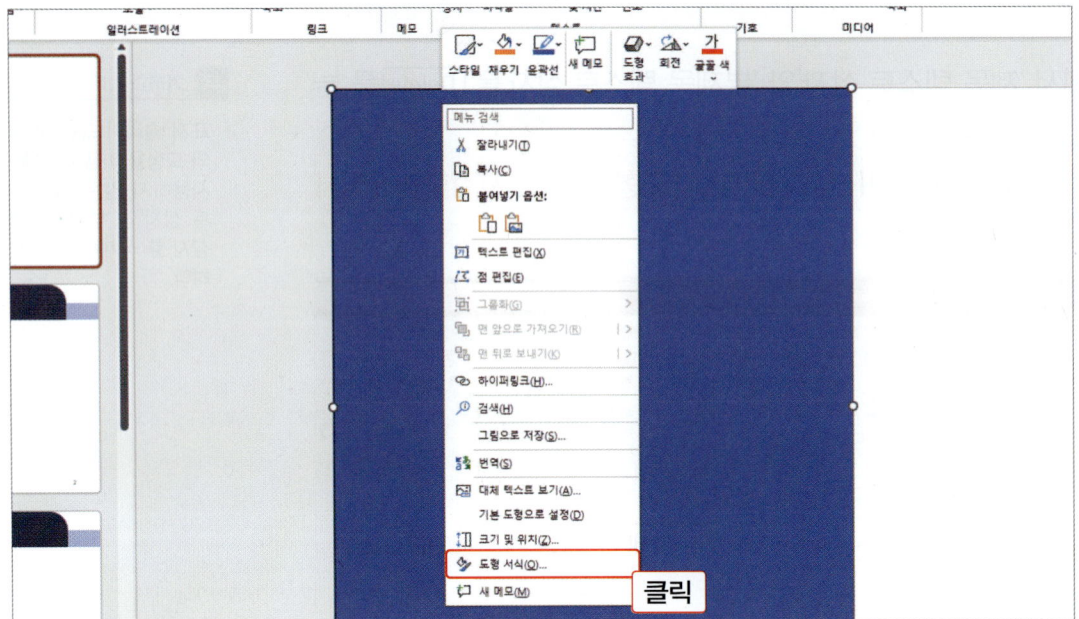

④ 도형 옵션의 [채우기 및 선]() – [채우기] – [그림 또는 질감 채우기]를 클릭한다.

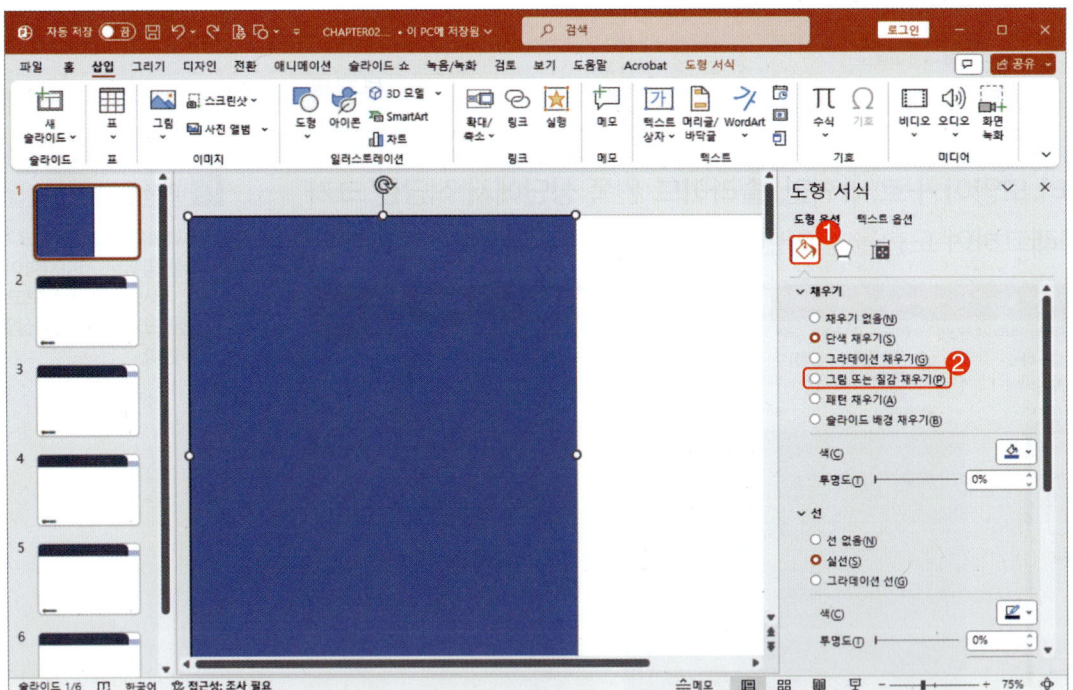

⑤ [그림 원본] – [삽입]을 클릭하고 [그림 삽입] 대화상자가 나타나면 [파일에서]를 클릭한다.
→ '내 PC₩문서₩ITQ₩Picture' 폴더에서 '그림1.jpg'를 선택해 삽입한다.

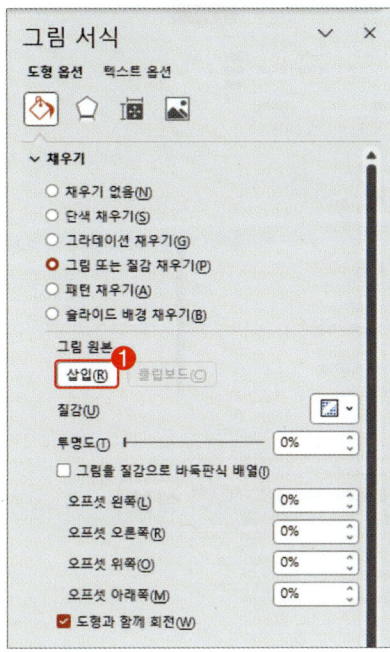

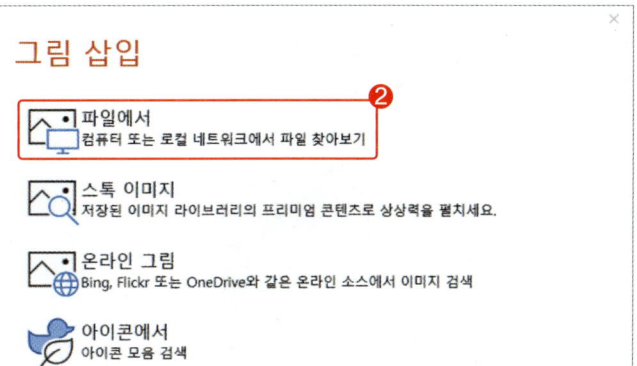

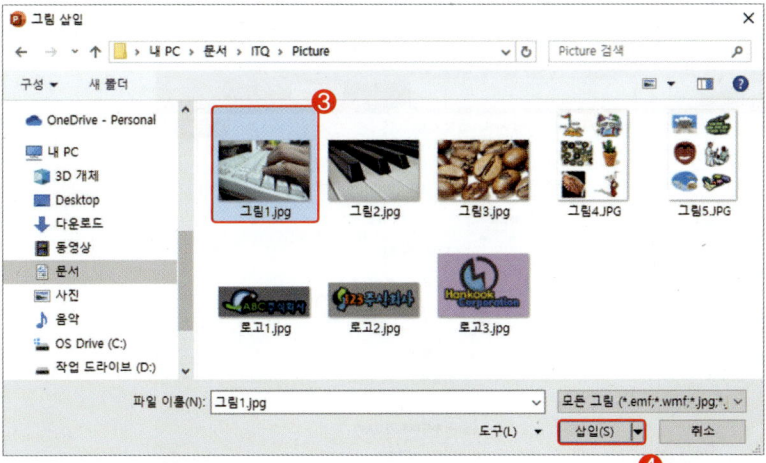

⑥ [그림 서식]에서 [투명도]를 『50%』로 설정한다.

⑦ [효과](⬠) – [부드러운 가장자리]에서 크기 『5pt』로 설정하고 닫기(✖)를 클릭한다.

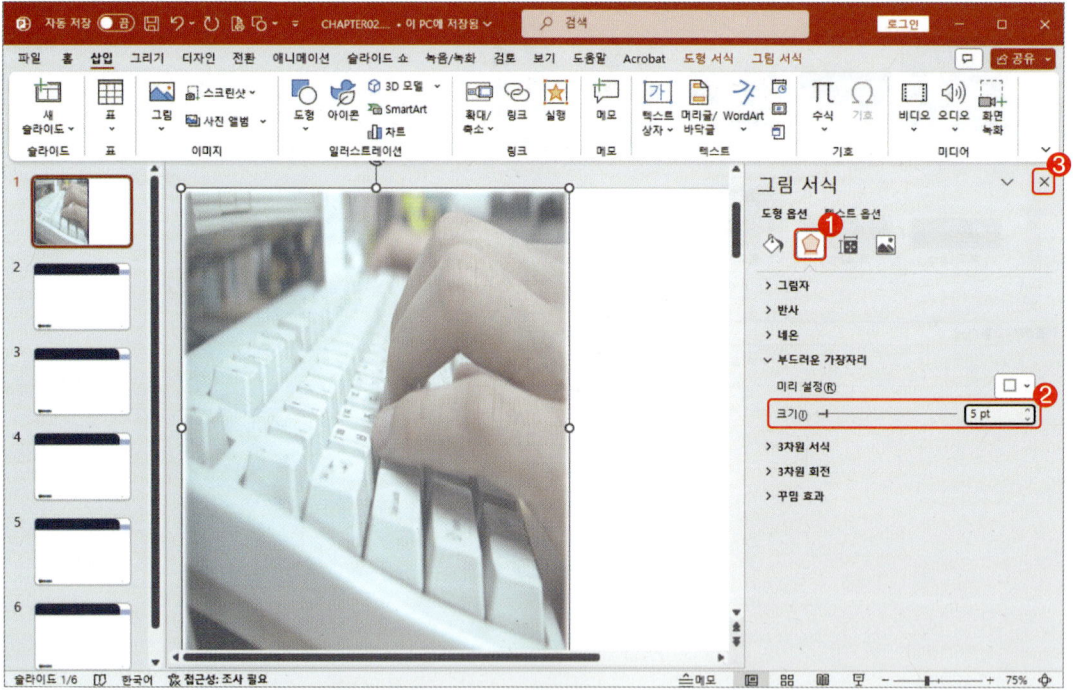

SECTION 02 워드아트 삽입

① [삽입] 탭 – [텍스트] 그룹에서 [WordArt](가) – [그라데이션 채우기 – 파랑, 강조색 5, 반사]를 클릭한다.

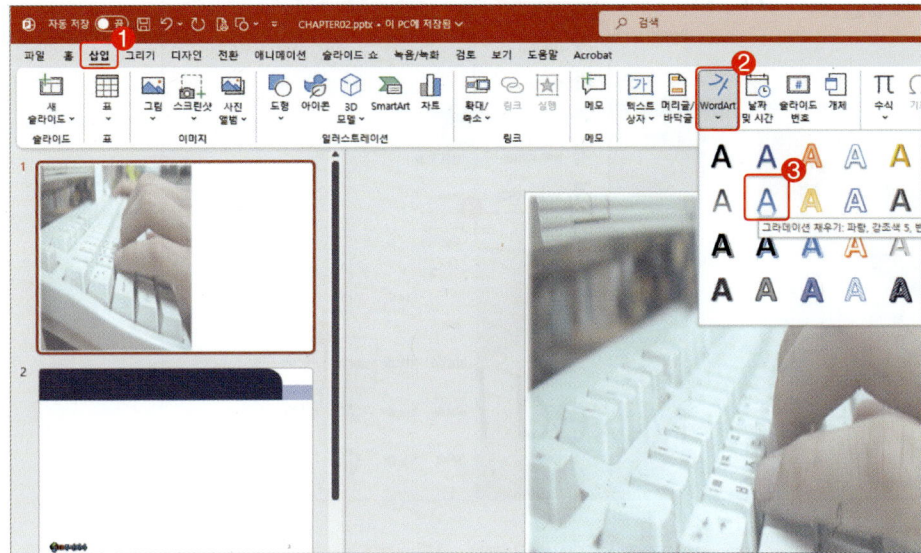

> **기적의 TIP**
>
> **WordArt 고르기**
> 시험에서는 WordArt 스타일에 대한 지시사항이 없으므로 문제지에 제시된 모양과 가장 유사한 것을 일단 선택한 다음 조건에 맞게 변경해야 한다.
> 채점은 최종적으로 만들어진 모양을 기준으로 한다.

② 워드아트 텍스트 입력상자에 『Mixed Reality』를 입력한다.

③ 워드아트 전체를 선택하고 [홈] 탭 – [글꼴] 그룹에서 글꼴 '돋움', '굵게', 글꼴 색 '검정, 텍스트 1'을 설정한다.

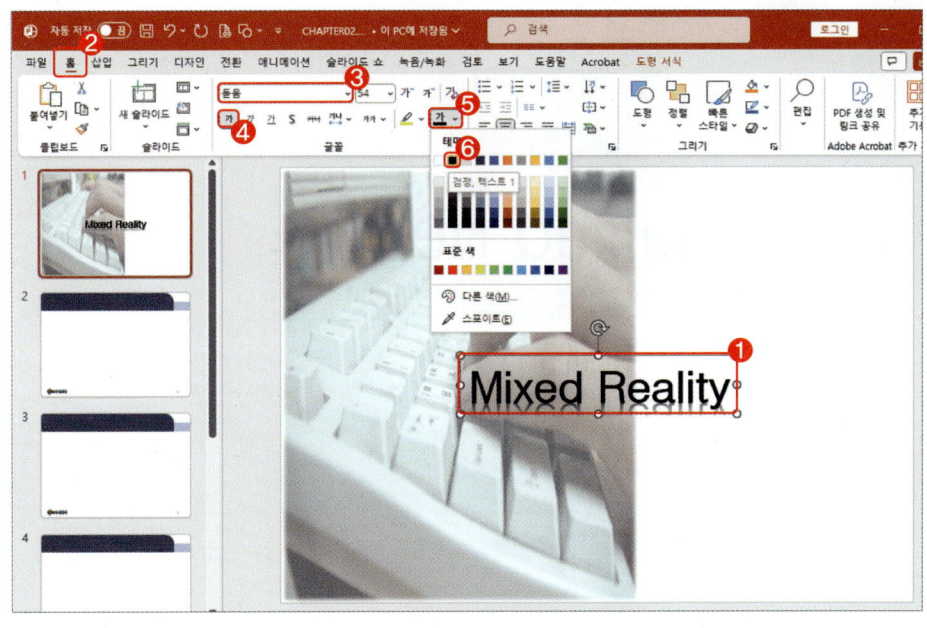

> **해결 TIP**
>
> **글꼴을 설정했는데 변화가 없어요!**
> 텍스트를 둘러싸고 있는 입력상자가 선택되게 하거나 입력한 내용을 블록 지정한 상태에서 설정한다.

④ [도형 서식] 탭 – [WordArt 스타일] 그룹에서 [텍스트 효과](가) – [변환](가) – [삼각형: 위로]를 클릭한다.

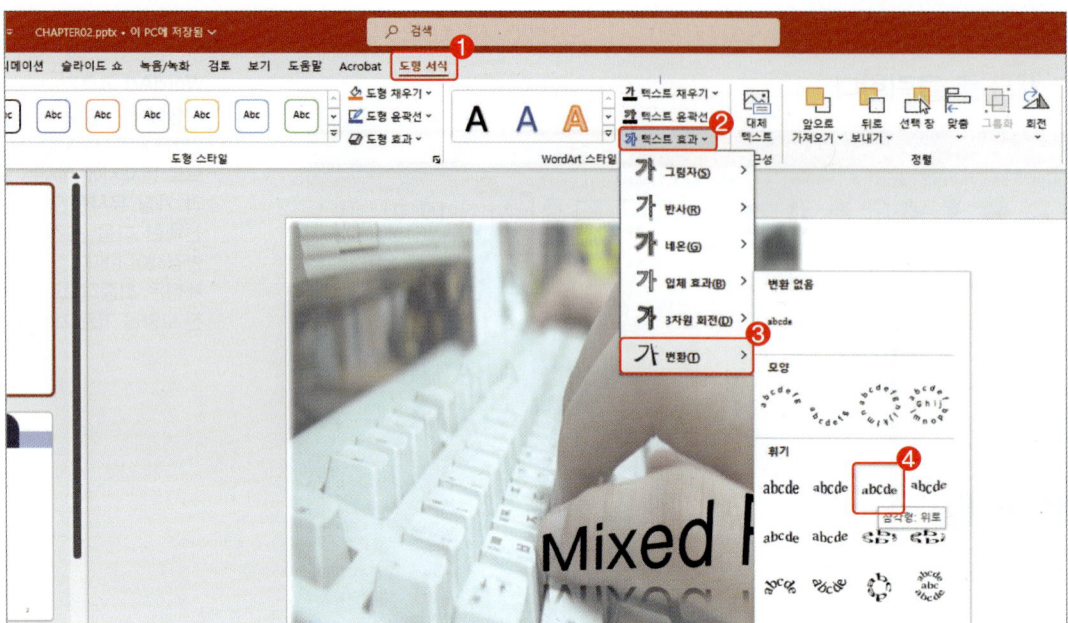

⑤ [WordArt 스타일] 그룹에서 [텍스트 효과](가) – [반사](가) – [근접 반사: 4pt 오프셋]을 클릭한다.

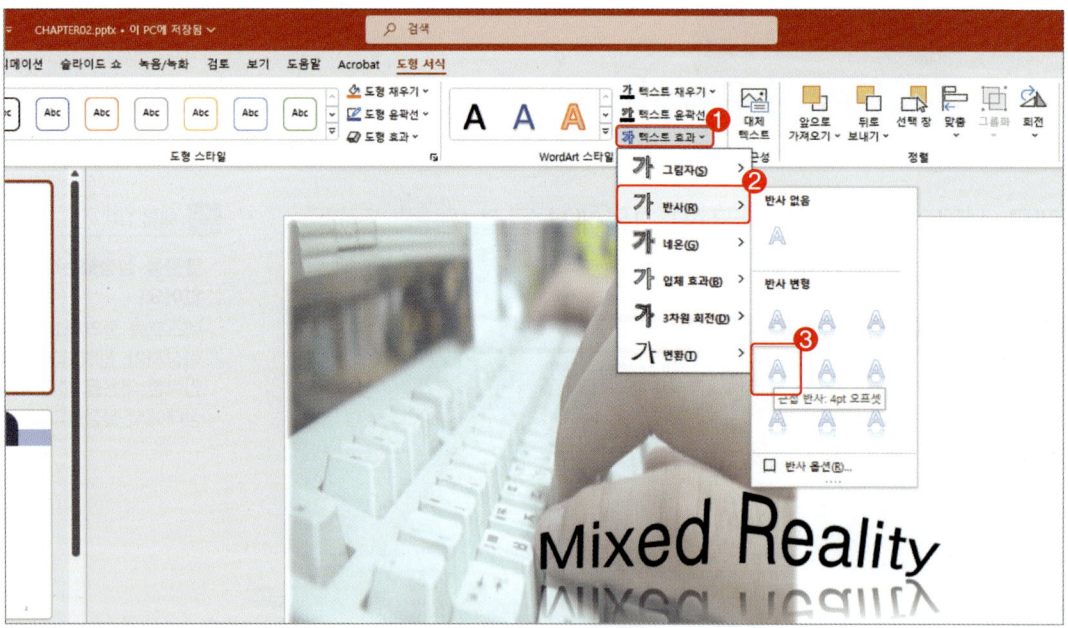

⑥ 출력형태와 비교하며 크기 조절점을 이용해 워드아트의 크기와 위치를 조절한다.

> 🚩 **기적의 TIP**
>
> 꼭짓점의 크기 조절점을 Shift를 누른 채 드래그하면 상하좌우 비율이 유지된 상태에서 크기가 조절된다.

SECTION 03 로고 그림 삽입

① [삽입] 탭 – [이미지] 그룹 – [그림](🖼)에서 [이 디바이스](🖥)를 클릭한다.
→ [그림 삽입] 대화상자가 나타나면 '내 PC₩문서₩ITQ₩Picture' 폴더에서 그림 파일 '로고2.jpg'를 선택하고 [삽입]을 클릭한다.

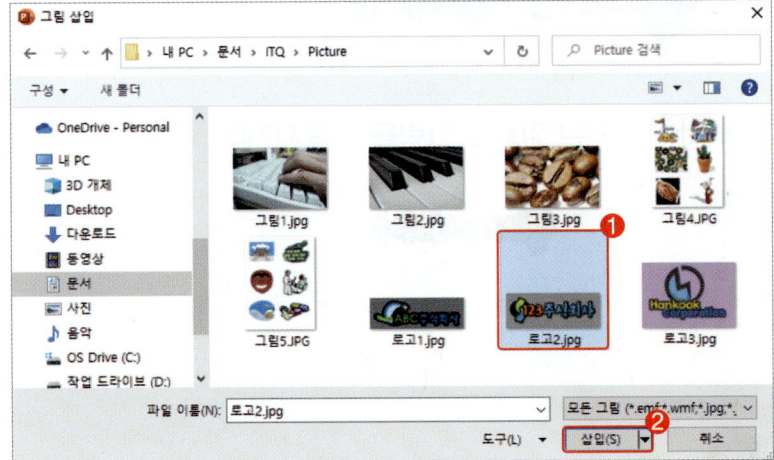

② [그림 서식] 탭-[조정] 그룹-[색]( )에서 [투명한 색 설정]( )을 클릭한다.

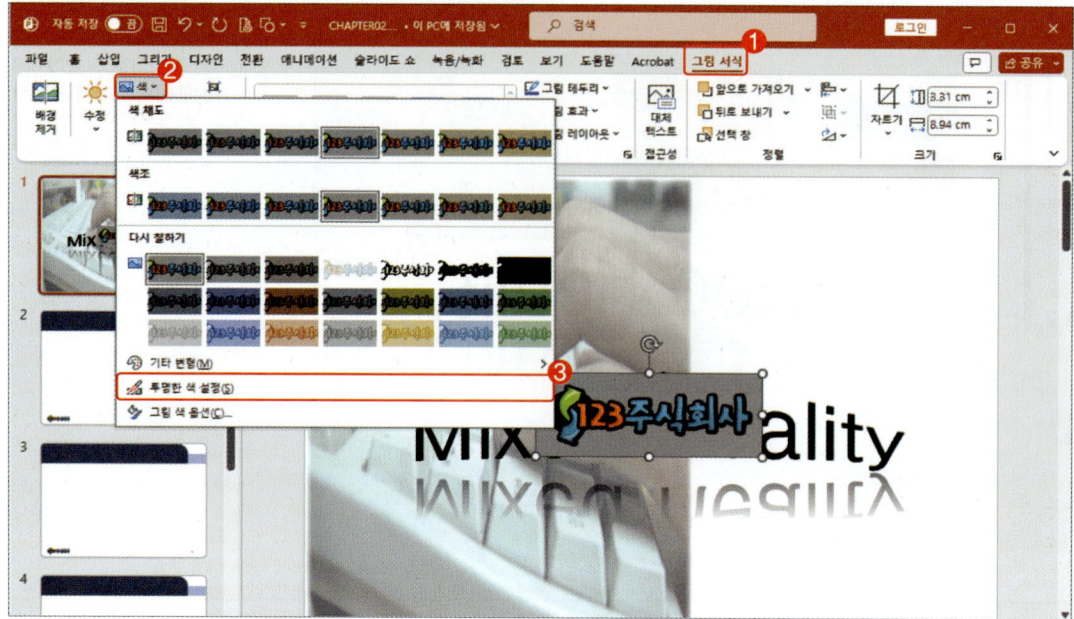

③ 마우스 포인터가 로 변경되면 회색 부분을 클릭하여 투명하게 만든다.

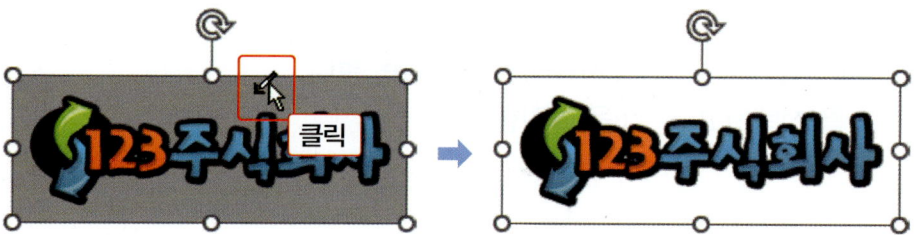

④ 그림의 크기를 조절점으로 조절하고, 문제지에 제시된 위치로 그림을 이동시킨다.

유형을 확인하는 기출문제

문제유형 ❶-1

정답파일 PART 01 시험 유형 따라하기₩유형1-1번_정답.pptx

세부조건

① 도형 편집
- 도형에 그림 채우기 : 「내 PC₩문서₩ITQ₩Picture₩그림1.jpg」, 투명도 50%
- 도형 효과 : 부드러운 가장자리 5포인트

② 워드아트 삽입
- 변환 : 페이드, 왼쪽
- 글꼴 : 돋움, 굵게
- 텍스트 반사 : 전체 반사, 터치

③ 그림 삽입
- 「내 PC₩문서₩ITQ₩Picture₩로고2.jpg」
- 배경(회색) 투명색으로 설정

문제유형 ❶-2

정답파일 PART 01 시험 유형 따라하기₩유형1-2번_정답.pptx

세부조건

① 도형 편집
- 도형에 그림 채우기 : 「내 PC₩문서₩ITQ₩Picture₩그림1.jpg」, 투명도 50%
- 도형 효과 : 부드러운 가장자리 5포인트

② 워드아트 삽입
- 변환 : 갈매기형 수장, 위로
- 글꼴 : 굴림, 굵게
- 텍스트 반사 : 근접 반사, 터치

③ 그림 삽입
- 「내 PC₩문서₩ITQ₩Picture₩로고1.jpg」
- 배경(회색) 투명색으로 설정

문제유형 ❶-3

정답파일 PART 01 시험 유형 따라하기₩유형1-3번_정답.pptx

세부조건

① 도형 편집
- 도형에 그림 채우기 : 「내 PC₩문서₩ITQ₩Picture₩그림1.jpg」, 투명도 50%
- 도형 효과 : 부드러운 가장자리 5포인트

② 워드아트 삽입
- 변환 : 갈매기형 수장, 아래로
- 글꼴 : 돋움, 굵게
- 텍스트 반사 : 1/2 반사, 터치

③ 그림 삽입
- 「내 PC₩문서₩ITQ₩Picture₩로고2.jpg」
- 배경(회색) 투명색으로 설정

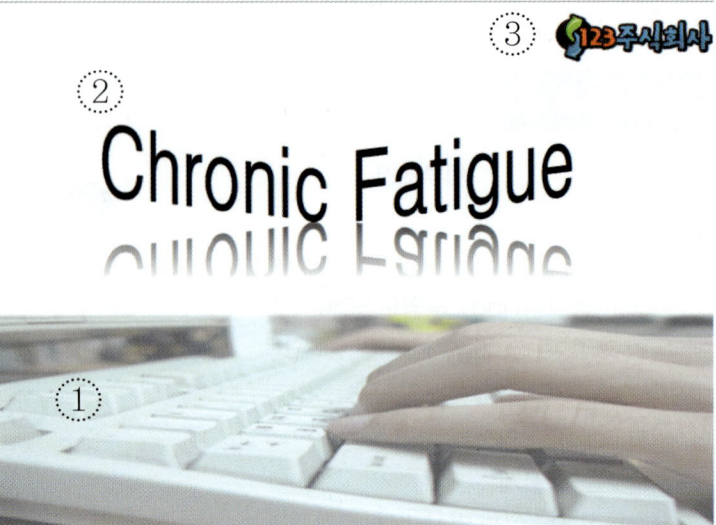

문제유형 ❶-4

정답파일 PART 01 시험 유형 따라하기₩유형1-4번_정답.pptx

세부조건

① 도형 편집
- 도형에 그림 채우기 : 「내 PC₩문서₩ITQ₩Picture₩그림3.jpg」, 투명도 50%
- 도형 효과 : 부드러운 가장자리 5포인트

② 워드아트 삽입
- 변환 : 기울기, 위로
- 글꼴 : 돋움, 굵게
- 텍스트 반사 : 근접 반사, 4pt 오프셋

③ 그림 삽입
- 「내 PC₩문서₩ITQ₩Picture₩로고2.jpg」
- 배경(회색) 투명색으로 설정

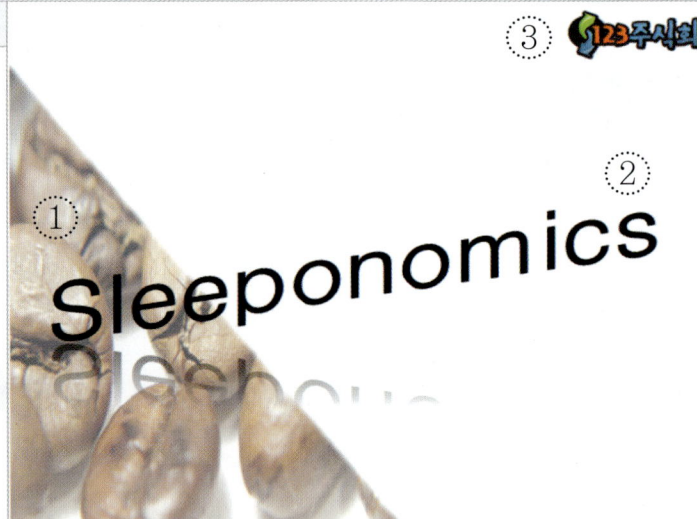

유형분석 문항 ③

슬라이드 2
목차 슬라이드

배점 **60점** | A등급 목표점수 **50점**

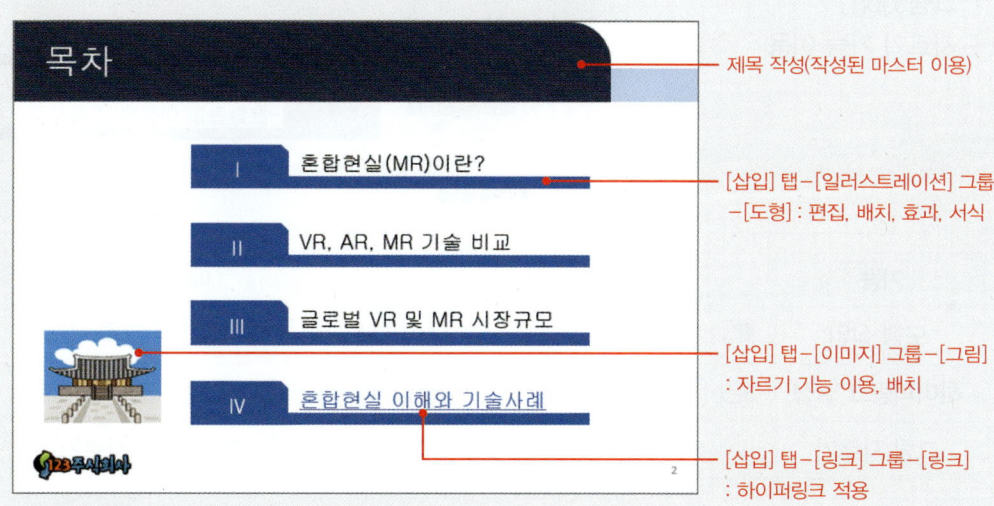

출제포인트
도형 편집 및 배치 · 그림 자르기 · 하이퍼링크

출제기준
도형을 편집하고 배치한 뒤 목차를 작성하는 능력과 하이퍼링크 설정, 그림 배치 능력을 평가하는 문항입니다.

A등급 TIP
전반적으로 어렵지 않지만, 목차의 도형을 일정하게 복사한 뒤 각각의 텍스트를 정확하게 입력할 수 있도록 유의해야 합니다. 하이퍼링크와 그림 자르기는 한 번만 제대로 익히면 어렵지 않은 기능이므로 꼭 숙지하세요.

CHAPTER 03

[슬라이드 2] **목차 슬라이드**

난이도 상 중 **하**
반복학습 1 2 3

작업파일 PART 01 시험 유형 따라하기₩CHAPTER03.pptx
정답파일 PART 01 시험 유형 따라하기₩CHAPTER03_정답.pptx

▶ 합격 강의

문제보기	(1) 출력형태와 같이 도형을 이용하여 목차를 작성한다(**글꼴 : 굴림, 24pt**). (2) **도형 : 선 없음** **세부조건** ① 텍스트에 **링크** 적용 → '슬라이드 6' ② 그림 삽입 – 「내 PC₩문서₩ITQ₩Picture₩그림5.jpg」 – 자르기 기능 이용	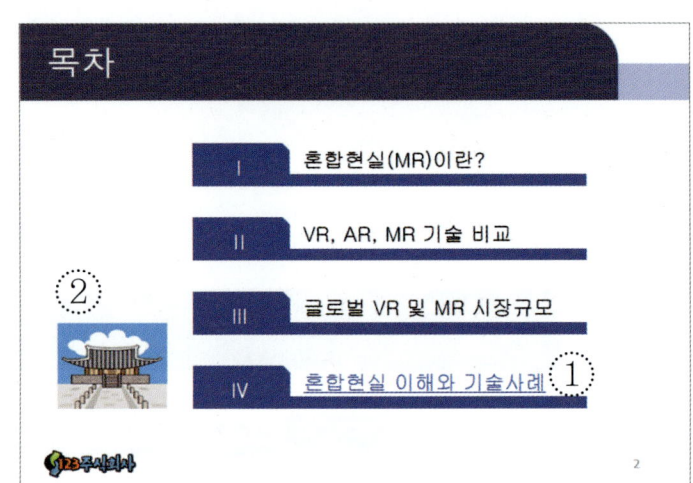

핵심기능	기능	바로 가기	메뉴
	도형 삽입	🖼	[삽입] 탭 – [일러스트레이션] 그룹 – [도형]
	하이퍼링크 설정	🔗, Ctrl + K	[삽입] 탭 – [링크] 그룹 – [링크]
	그림 자르기	⌶	[그림 서식] 탭 – [크기] 그룹 – [자르기]

SECTION 01 슬라이드 제목 입력

① [슬라이드 및 개요] 창에서 슬라이드 2를 선택하고 슬라이드 제목 『목차』를 입력한다.

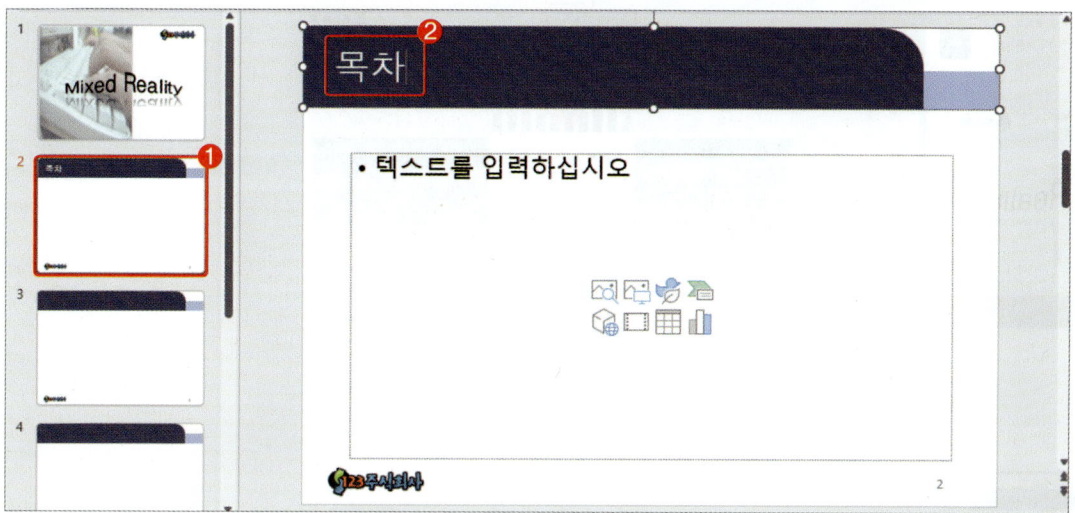

SECTION 02 도형으로 목차 작성

① 슬라이드에 있는 '텍스트를 입력하십시오' 상자를 삭제한다.
   → [삽입] 탭 – [일러스트레이션] 그룹에서 [도형]( ) – [사각형: 잘린 한쪽 모서리]를 선택하여 그린다.

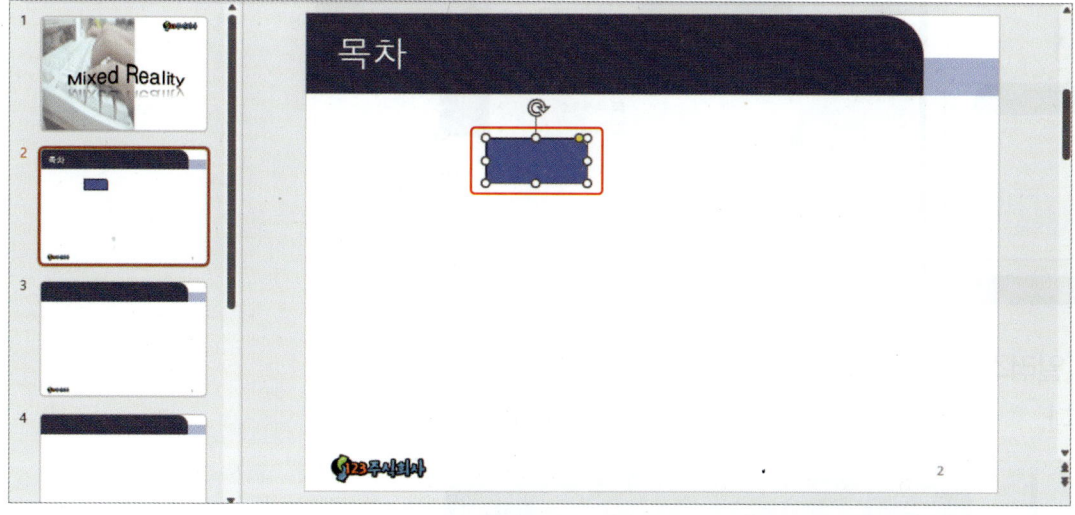

② [도형 서식] 탭 – [도형 스타일] 그룹에서 [도형 채우기]를 임의의 색으로 설정한다.

> **기적의 TIP**
>
> 시험에서는 도형 색에 대한 명확한 지시가 없기 때문에 다른 도형과 구별되는 색을 임의로 선택한다.

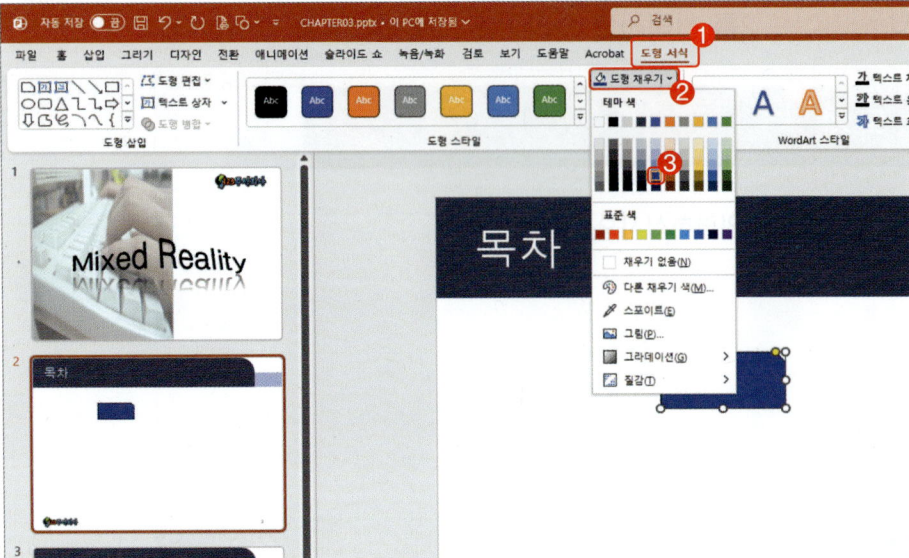

③ [도형 윤곽선] – [윤곽선 없음]으로 설정한다.

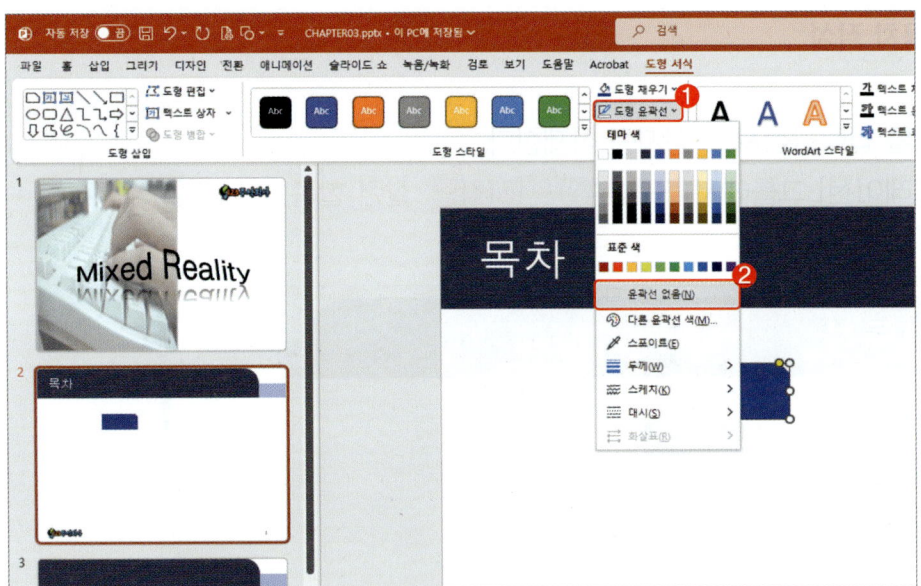

④ [삽입] 탭 – [일러스트레이션] 그룹에서 [도형](🔽) – [직사각형](□)을 선택하여 그린다.

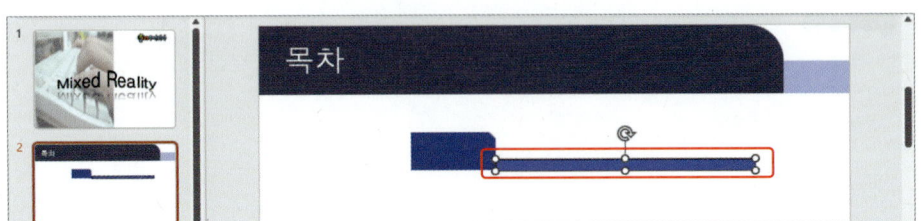

⑤ [도형 서식] 탭 – [도형 스타일] 그룹에서 [도형 채우기]를 먼저 그린 도형과 같은 색으로 설정한다.
→ [도형 윤곽선] – [윤곽선 없음]으로 설정한다.

⑥ 목차 번호가 들어갈 도형을 클릭한다.
→ [홈] 탭 – [글꼴] 그룹에서 글꼴 '굴림', '24pt', 글꼴 색 '흰색'을 설정한다.

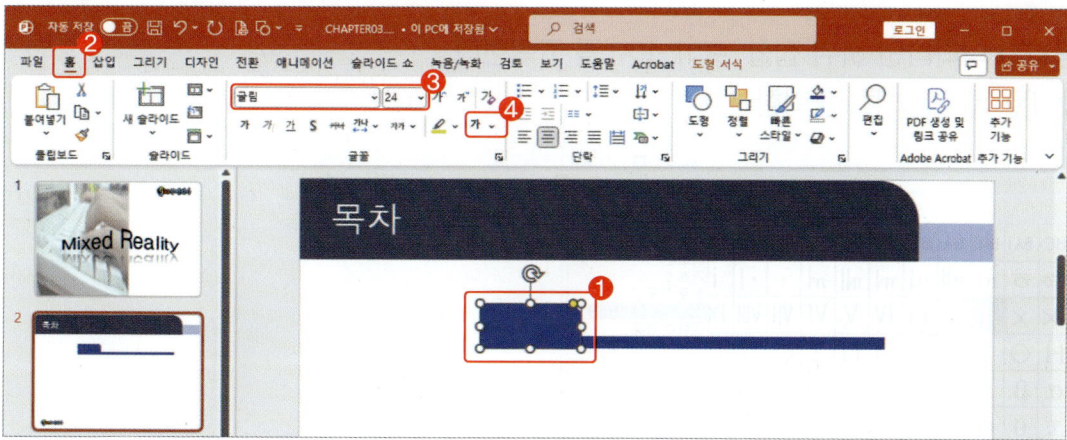

⑦ 목차 번호가 들어갈 도형에 마우스 오른쪽 버튼을 클릭하고 [텍스트 편집]을 클릭한다.

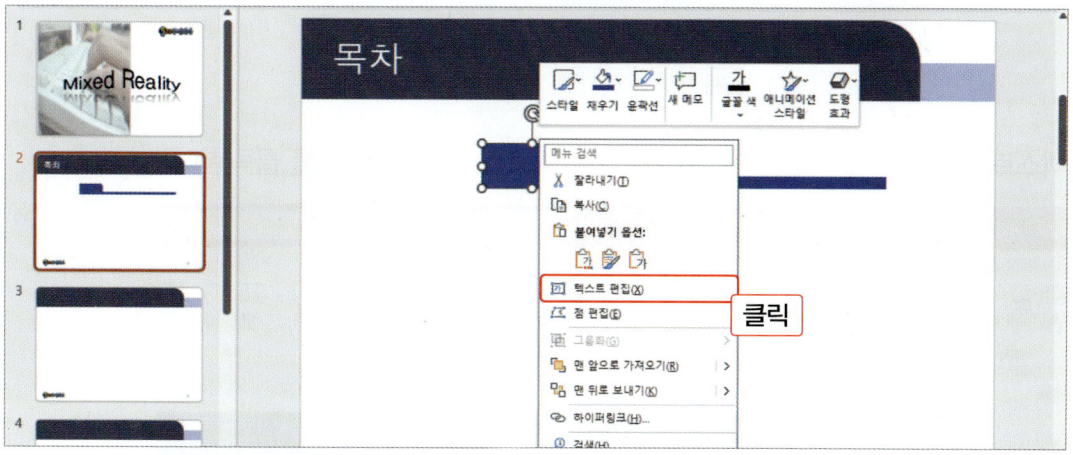

⑧ [삽입] 탭 – [기호] 그룹 – [기호](Ω)를 클릭한다.

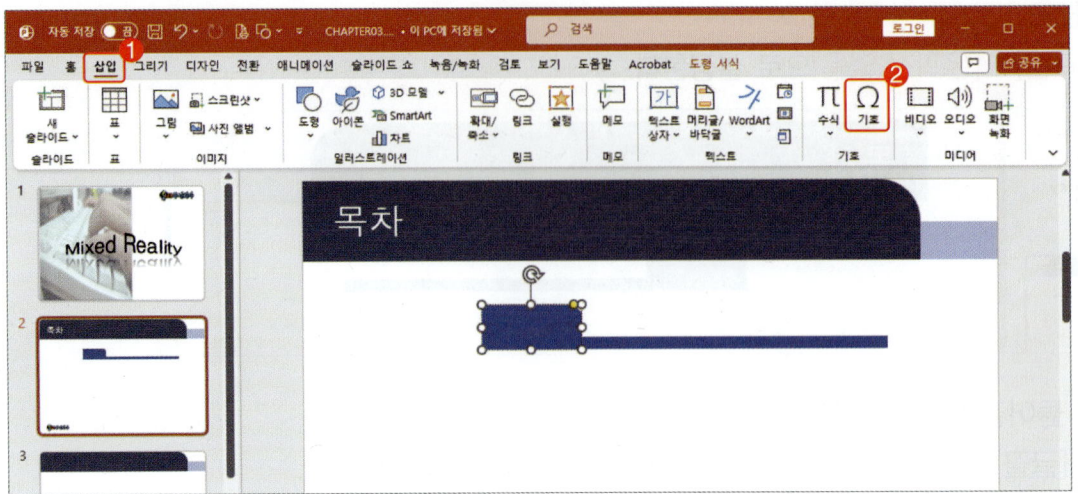

⑨ [기호] 대화상자가 나타나면 하위 집합 '로마 숫자'를 클릭한다.
→ 『Ⅰ』을 [삽입]한 후 [닫기]를 클릭한다.

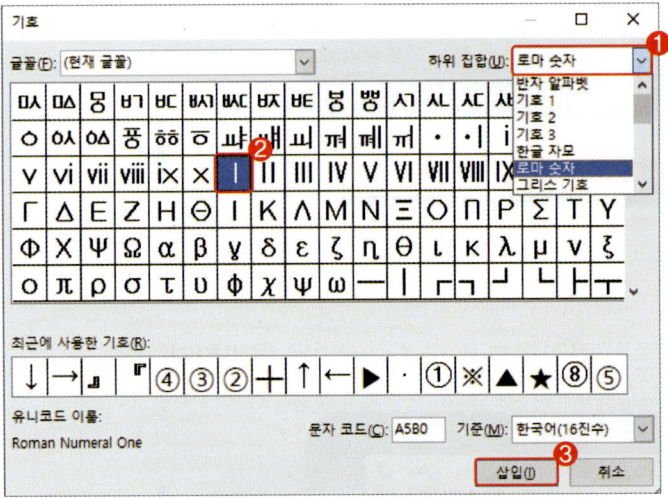

⑩ [삽입] 탭 – [텍스트] 그룹 – [텍스트 상자](가) – [가로 텍스트 상자 그리기]를 클릭한다.

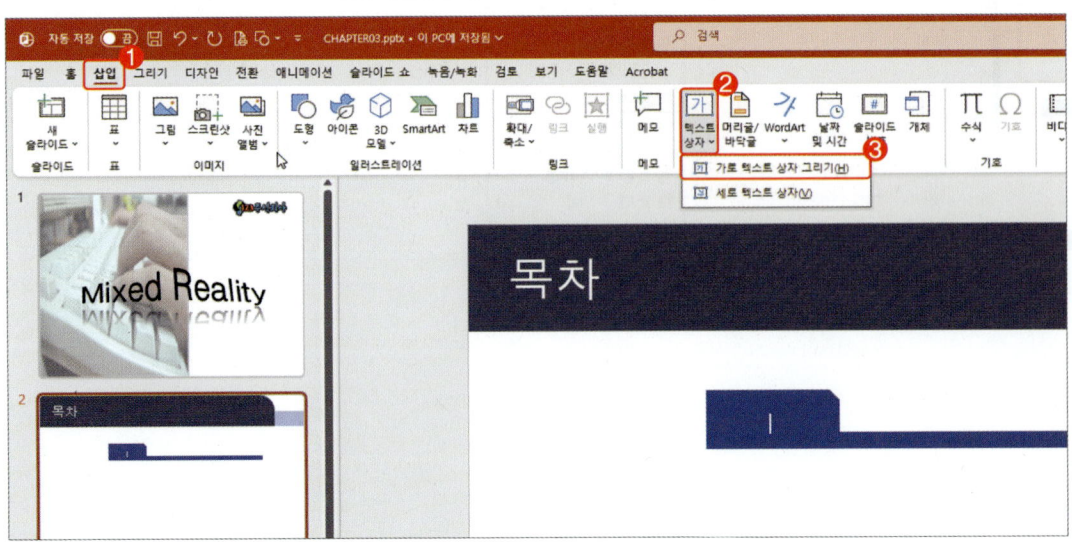

⑪ 출력형태를 참고하여 적당한 위치에 마우스 드래그하여 배치한다.
→ [홈] 탭 – [글꼴] 그룹에서 글꼴 '굴림', '24pt', 글꼴 색 '검정, 텍스트 1'을 설정한다.

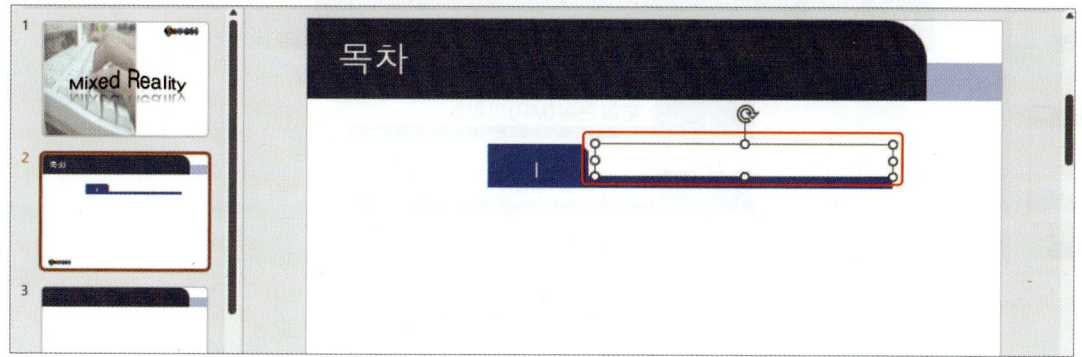

⑫ 텍스트 상자에 내용을 입력한다.
→ 마우스 드래그하여 도형들과 텍스트 상자를 모두 선택한다.

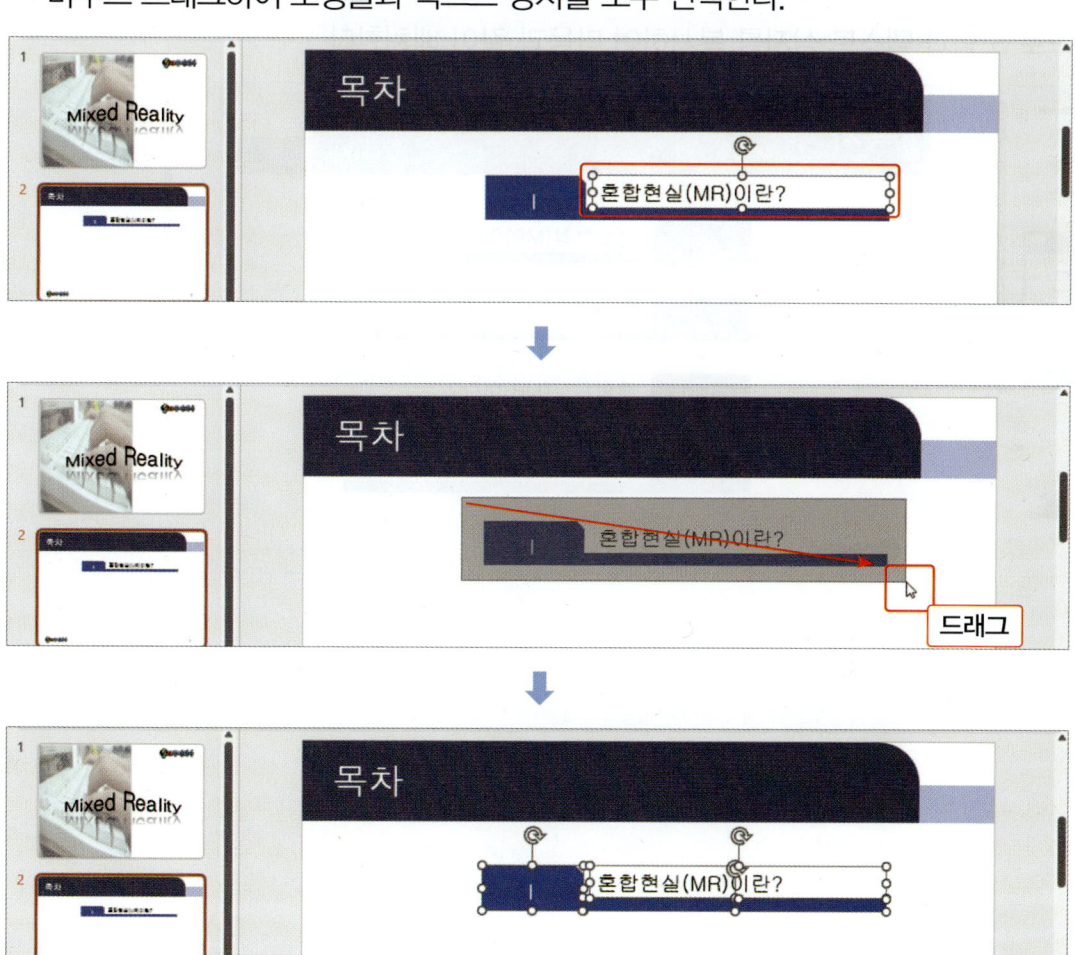

⑬ Ctrl + Shift 를 누른 채 아래로 드래그하여 복사한다.

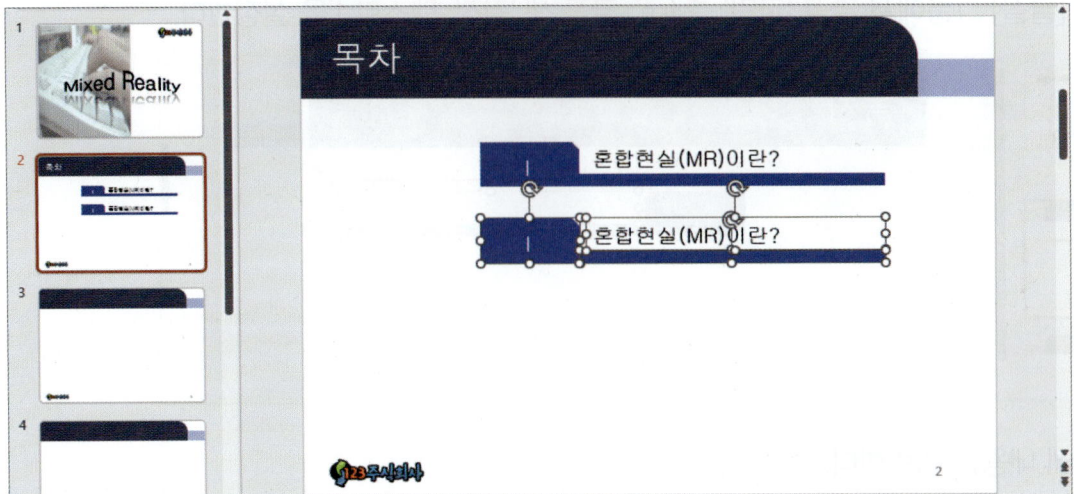

⑭ 동일한 방법으로 도형과 텍스트 상자를 복사하여 다음과 같이 배치한다.

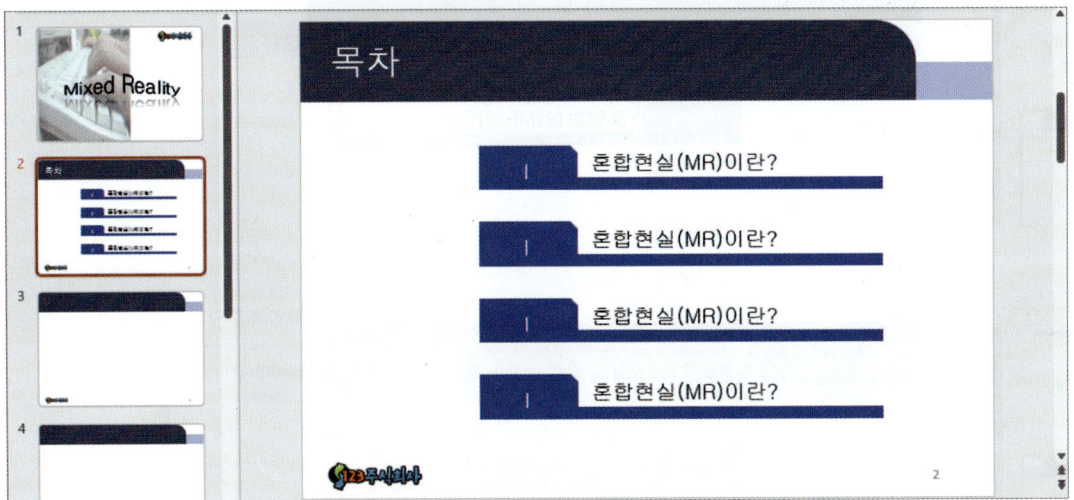

⑮ ⑧, ⑨와 같은 방법으로 다른 목차 도형에 『Ⅱ』, 『Ⅲ』, 『Ⅳ』를 순서대로 입력한다.

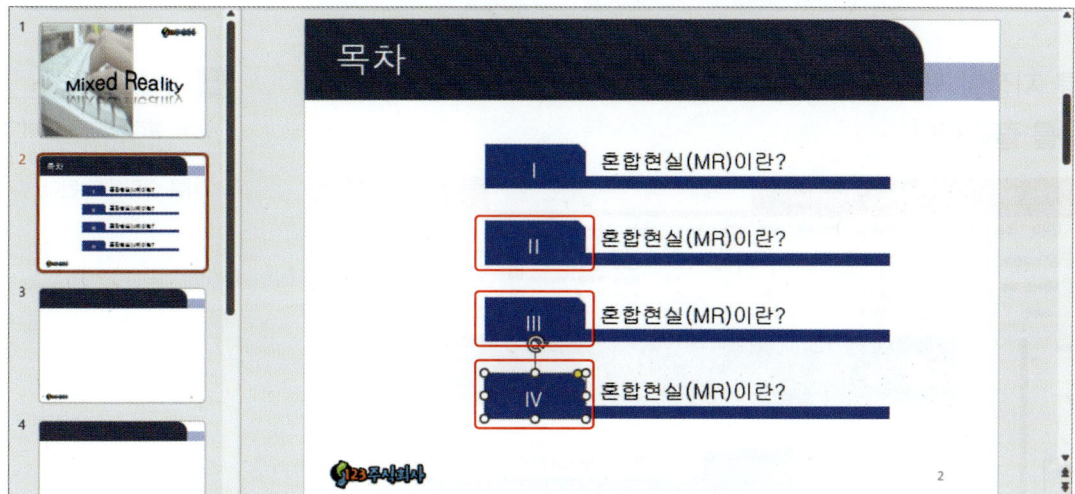

⑯ 나머지 텍스트 상자에 해당하는 내용을 모두 입력한다.

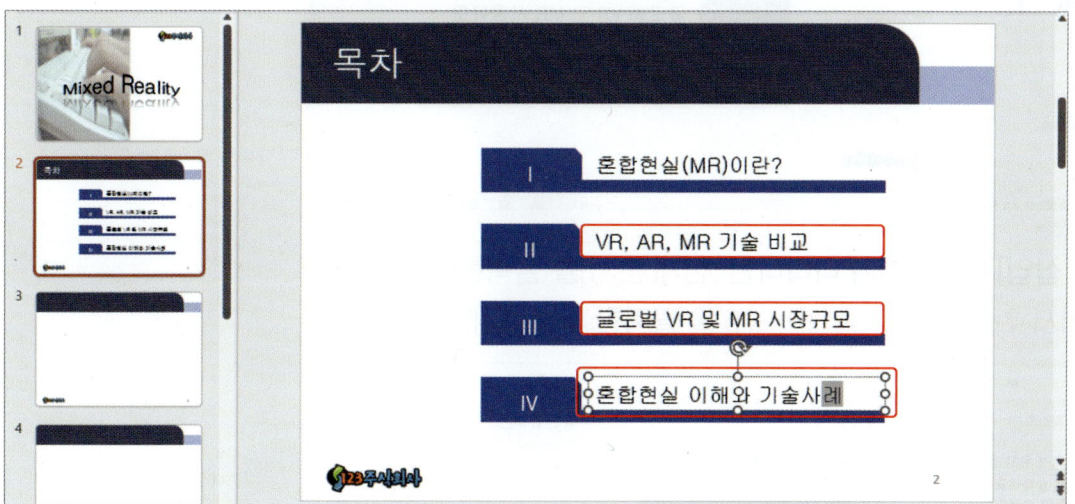

SECTION 03 하이퍼링크 설정

① 하이퍼링크를 지정할 텍스트를 블록 설정하고, [삽입] 탭 – [링크] 그룹
– [링크](🔗)를 클릭한다.

> **기적의 TIP**
> 블록 설정 상태에서 마우스 오른쪽 클릭하여 [하이퍼링크]를 클릭해도 된다.

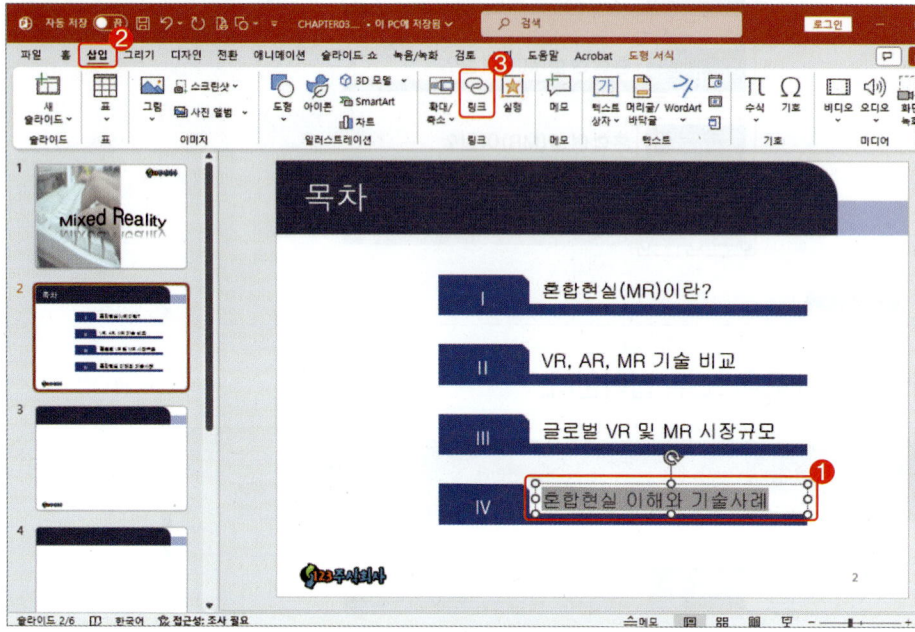

② [하이퍼링크 삽입] 대화상자가 나타나면 [현재 문서]를 클릭한다.
→ 이 문서에서 위치 선택 – '슬라이드 6'을 클릭한 후 [확인]을 클릭한다.

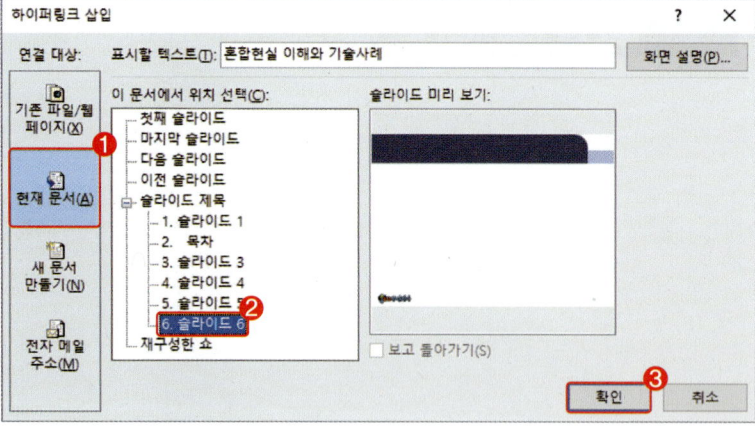

③ 하이퍼링크가 설정되면 블록 설정했던 텍스트 밑에 밑줄이 표시되고, 색상도 변한다.

> 기적의 TIP
> 설정한 하이퍼링크가 올바르게 작동하는지 확인하려면 Ctrl을 누른 상태에서 클릭해본다.

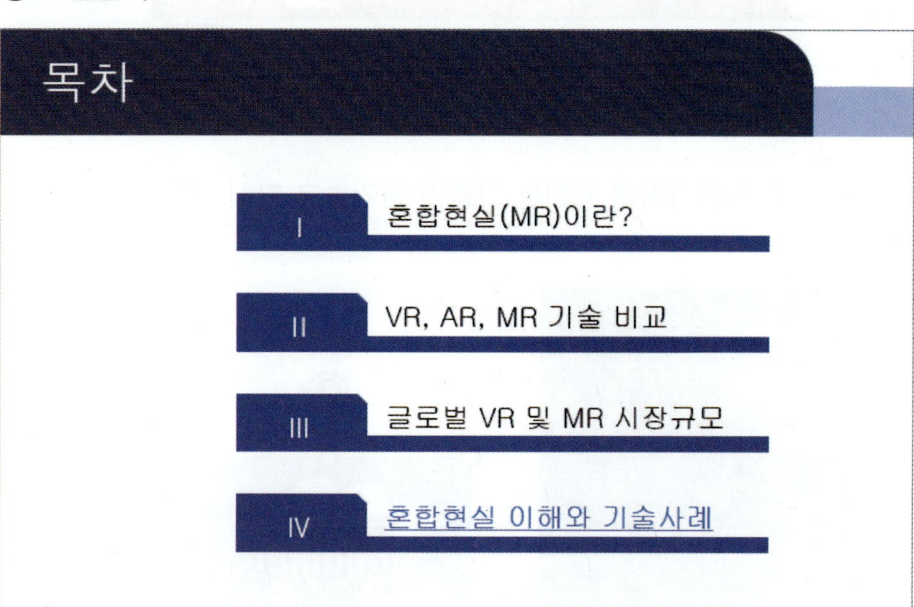

SECTION 04 그림 삽입 및 자르기

① [삽입] 탭 – [이미지] 그룹 – [그림](🖼)에서 [이 디바이스](🖥)를 클릭한다.
  → [그림 삽입] 대화상자가 나타나면 '내 PC₩문서₩ITQ₩Picture' 폴더에서 그림 파일 '그림5.jpg'를 선택하고 [삽입]을 클릭한다.

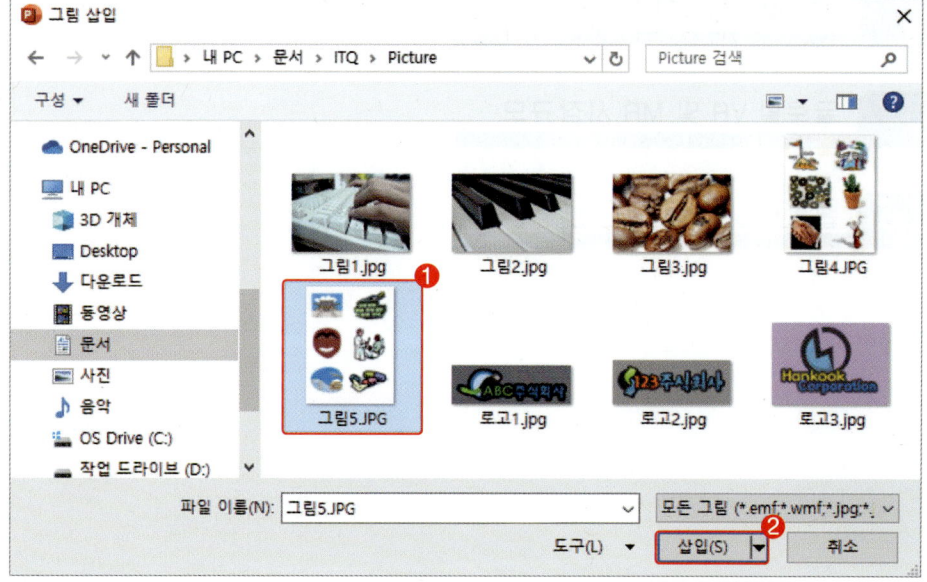

② 그림이 삽입되면 [그림 서식] 탭 – [크기] 그룹에서 [자르기](⤋)를 클릭한다.

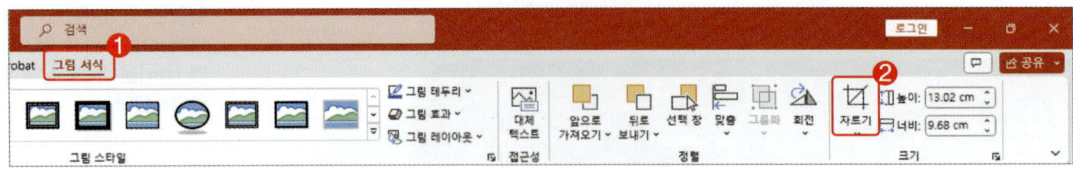

③ 그림의 모서리의 자르기 조절점들을 드래그하여 원하는 그림만 남겨놓고 다시 [자르기]를 클릭하여 그림을 자른다.

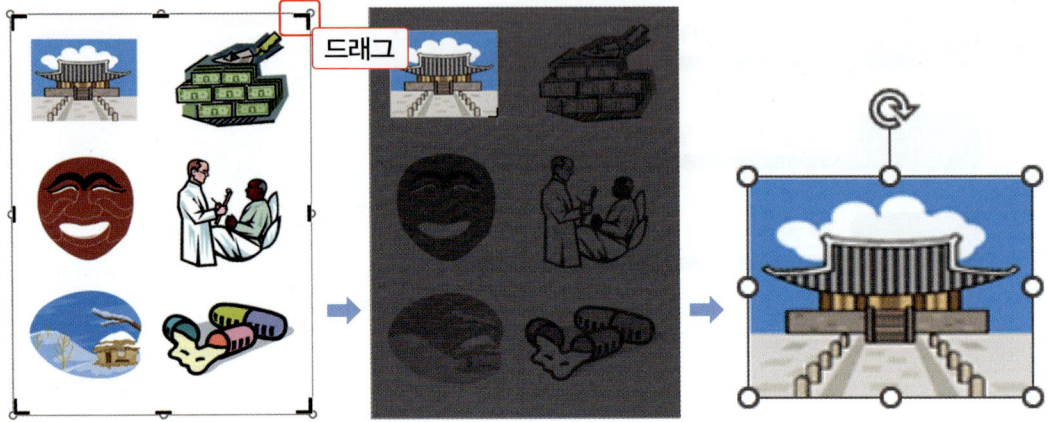

④ 그림의 크기와 위치를 조절한다.

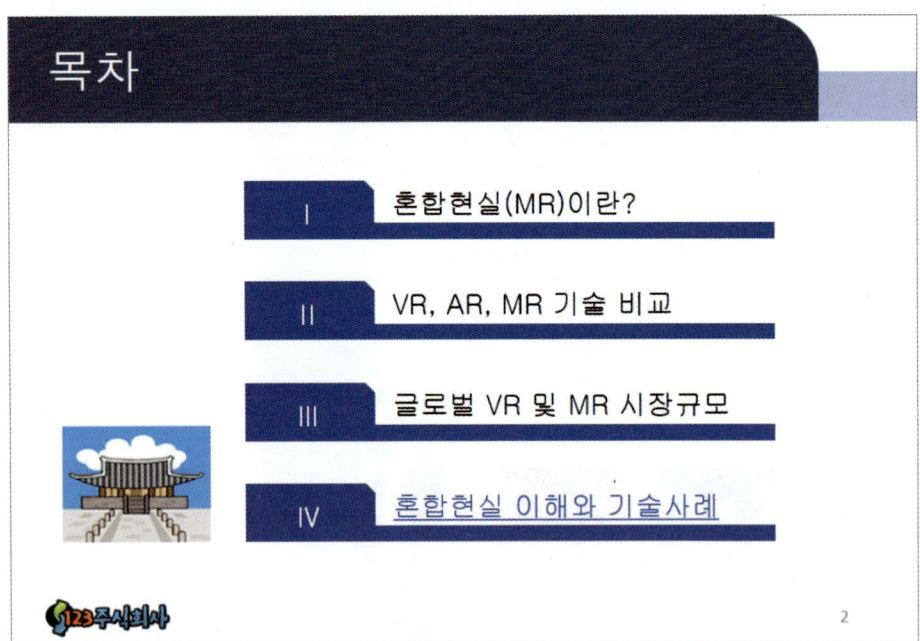

유형을 확인하는 기출문제

문제유형 ❷-1

정답파일 PART 01 시험 유형 따라하기\유형2-1번_정답.pptx

세부조건

글꼴(굴림, 24pt), 도형(선 없음)

① 텍스트에 링크 적용
→ '슬라이드 5'

② 그림 삽입
- 「내 PC\문서\ITQ\Picture\그림4.jpg」
- 자르기 기능 이용

문제유형 ❷-2

정답파일 PART 01 시험 유형 따라하기\유형2-2번_정답.pptx

세부조건

글꼴(돋움, 24pt), 도형(선 없음)

① 텍스트에 링크 적용
→ '슬라이드 4'

② 그림 삽입
- 「내 PC\문서\ITQ\Picture\그림5.jpg」
- 자르기 기능 이용

문제유형 ❷-3

정답파일 PART 01 시험 유형 따라하기₩유형2-3번_정답.pptx

세부조건

글꼴(굴림, 24pt), 도형(선 없음)

① 텍스트에 링크 적용
→ '슬라이드 6'

② 그림 삽입
- 「내 PC₩문서₩ITQ₩Picture₩그림5.jpg」
- 자르기 기능 이용

목차

1. 만성피로의 정의
2. 만성피로의 유발과 증상
3. 직장인의 만성피로
4. 만성피로의 치료 및 예방 ①

②

문제유형 ❷-4

정답파일 PART 01 시험 유형 따라하기₩유형2-4번_정답.pptx

세부조건

글꼴(돋움, 24pt), 도형(선 없음)

① 텍스트에 링크 적용
→ '슬라이드 6'

② 그림 삽입
- 「내 PC₩문서₩ITQ₩Picture₩그림5.jpg」
- 자르기 기능 이용

목차

1. 슬리포노믹스
2. 불면증 유형과 숙면 유도 제품
3. 수면 장애 환자 1인당 진료비
4. 수면 장애 원인과 부작용 ①

②

유형분석 문항 ④

슬라이드 3
텍스트/
동영상 슬라이드

배점 **60점** | A등급 목표점수 **50점**

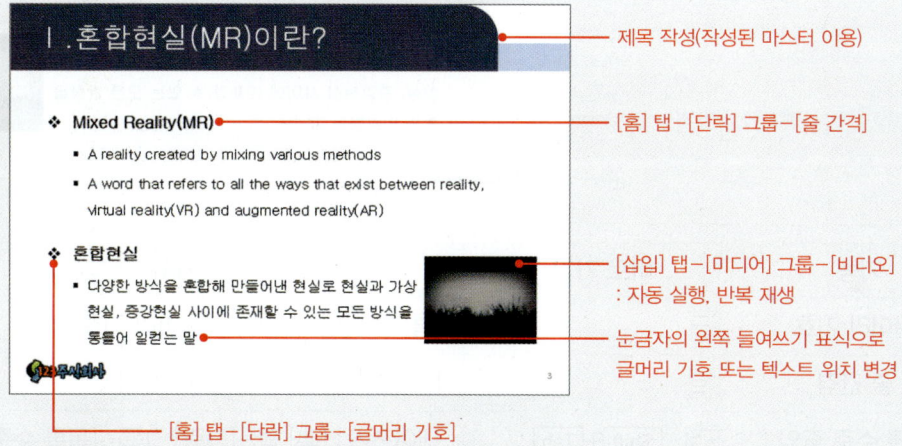

출제포인트
텍스트 입력 · 단락 설정 · 글머리 기호 · 동영상 삽입

출제기준
텍스트의 조화로운 배치 능력을 평가하는 문항으로, 단락 설정과 동영상 삽입 방법, 글머리 기호 작성법이 출제됩니다.

A등급 TIP
한글과 영문 텍스트를 직접 입력하는 문제이므로, 차분히 작성하여 오타가 나지 않도록 주의해야 합니다. 모의고사와 기출문제를 풀어보며 자주 나오는 글머리 기호를 익혀두고, 동영상 삽입과 설정 방법은 매번 고정적으로 출제되므로 정확히 숙지하세요.

CHAPTER 04 [슬라이드 3] 텍스트/동영상 슬라이드

난이도 상 **중** 하
반복학습 1 2 3

작업파일 PART 01 시험 유형 따라하기₩CHAPTER04.pptx
정답파일 PART 01 시험 유형 따라하기₩CHAPTER04_정답.pptx

문제보기

(1) 텍스트 작성 : 글머리 기호 사용(❖, ■)
  ❖문단(굴림, 24pt, 굵게, 줄간격 : 1.5줄), ■문단(굴림, 20pt, 줄간격 : 1.5줄)

세부조건

① 동영상 삽입 :
 -「내 PC₩문서₩ITQ₩Picture₩동영상.wmv」
 - 자동실행, 반복재생 설정

핵심기능

기능	바로 가기	메뉴
글머리 기호		[홈] 탭-[단락] 그룹-[글머리 기호]
줄 간격		[홈] 탭-[단락] 그룹-[줄 간격]
목록 수준 줄임	, Shift + Tab	내어쓰기 : [홈] 탭-[단락] 그룹-[목록 수준 줄임]
목록 수준 늘림	, Tab	들여쓰기 : [홈] 탭-[단락] 그룹-[목록 수준 늘림]
동영상 삽입		[삽입] 탭-[미디어] 그룹-[비디오]

SECTION 01   텍스트 입력 및 글머리 기호 지정

① 슬라이드 3을 선택하고 슬라이드 제목 『Ⅰ. 혼합현실(MR)이란?』을 입력한다.

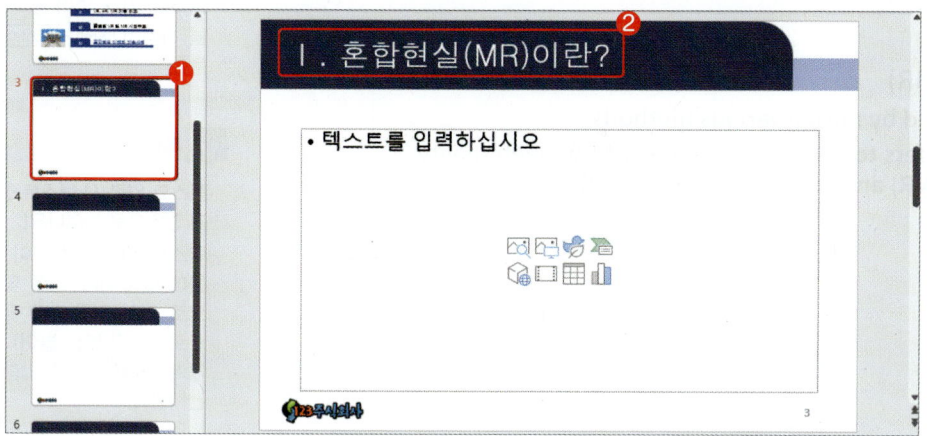

② 텍스트 상자에서 마우스 오른쪽 버튼을 클릭하여 [도형 서식] 탭을 연다.
→ [텍스트 옵션] – [텍스트 상자] – [자동 맞춤 안 함]에 체크하고 닫는다.

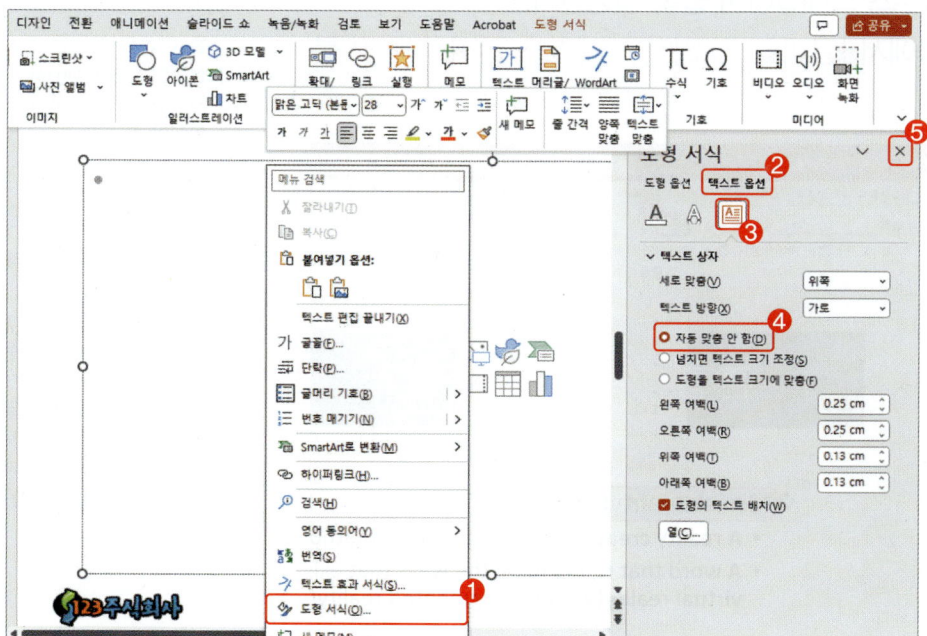

> **기적의 TIP**
>
> 텍스트 상자 크기에 따라 글씨 크기가 바뀌면 주어진 조건을 맞추기 어려울 수 있으므로 [자동 맞춤 안 함] 옵션을 이용하여 텍스트 크기를 고정시키는 것이 좋다.

③ 텍스트 상자에 첫 번째 문단의 내용을 입력하고 Enter 를 누른다.
→ Tab 을 눌러 그 다음 문단의 내용을 입력한다.

> **기적의 TIP**
>
> 목록 수준 늘림 : Tab
> 목록 수준 줄임 : Shift + Tab

> **기적의 TIP**
>
> 글머리 기호 없이 줄 바꿈을 하려면 Shift + Enter 를 누른다.

> **해결 TIP**
>
> **텍스트 입력 시 텍스트 상자가 양옆으로 늘어나요!**
> 텍스트 상자의 정렬이 '가운데 맞춤'이나 '양쪽 맞춤'으로 되어 있을 경우 양옆으로 늘어난다. 늘어나지 않게 하려면 '왼쪽 맞춤'을 선택한다.

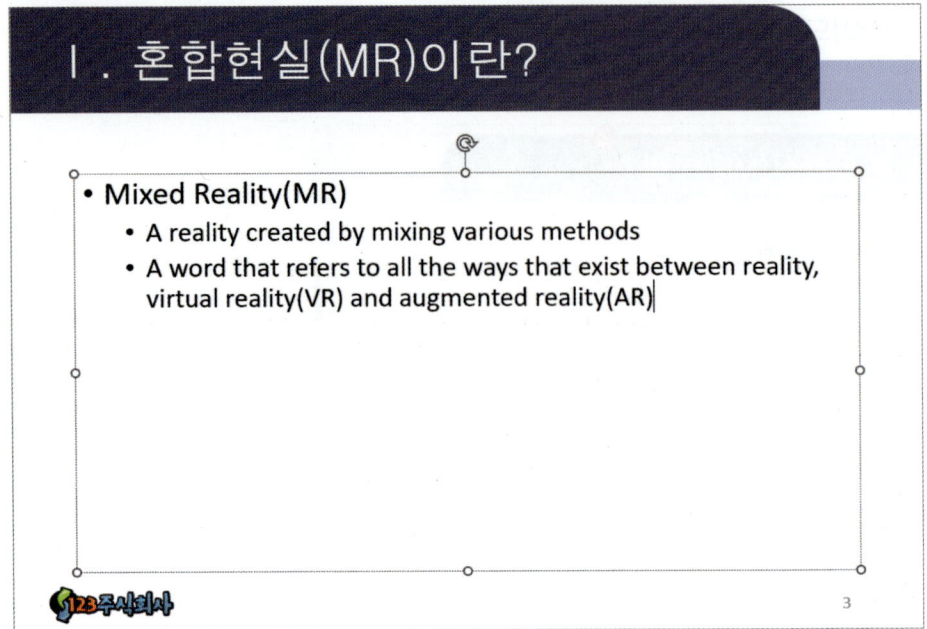

④ 『❖』이 들어갈 문단을 마우스 드래그하여 블록 설정한다.
→ [홈] 탭 – [단락] 그룹에서 [글머리 기호](☰) – [별표 글머리 기호]를 선택한다.

> **기적의 TIP**
>
> 둘 이상의 문단을 동시에 선택할 때는, Ctrl 을 누른 채 각각 드래그하여 블록 설정한다.

> **해결 TIP**
>
> **문제지와 동일한 글머리 기호를 못 찾겠어요!**
> [글머리 기호 및 번호 매기기] 대화상자에서 [사용자 지정]을 클릭하고 [기호] 대화상자가 나타나면 '글꼴'을 'Wingdings'로 선택한다. 대부분의 시험 문제는 'Wingdings'에서 출제된다.

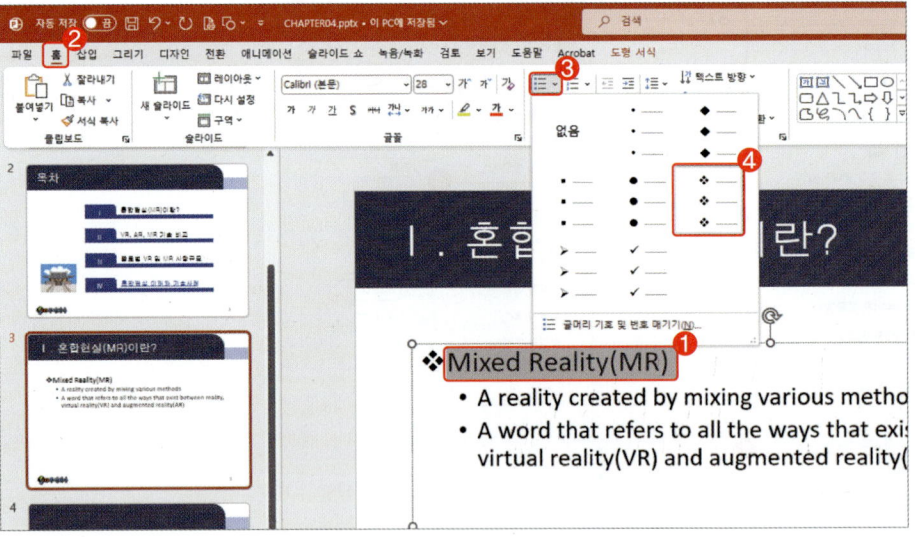

⑤ ❖ 문단이 블록 설정된 상태에서 [홈] 탭 – [글꼴] 그룹의 글꼴 '굴림', '24pt', '굵게'를 설정한다.

→ [단락] 그룹에서 [줄 간격](≣) – [1.5]를 클릭한다.

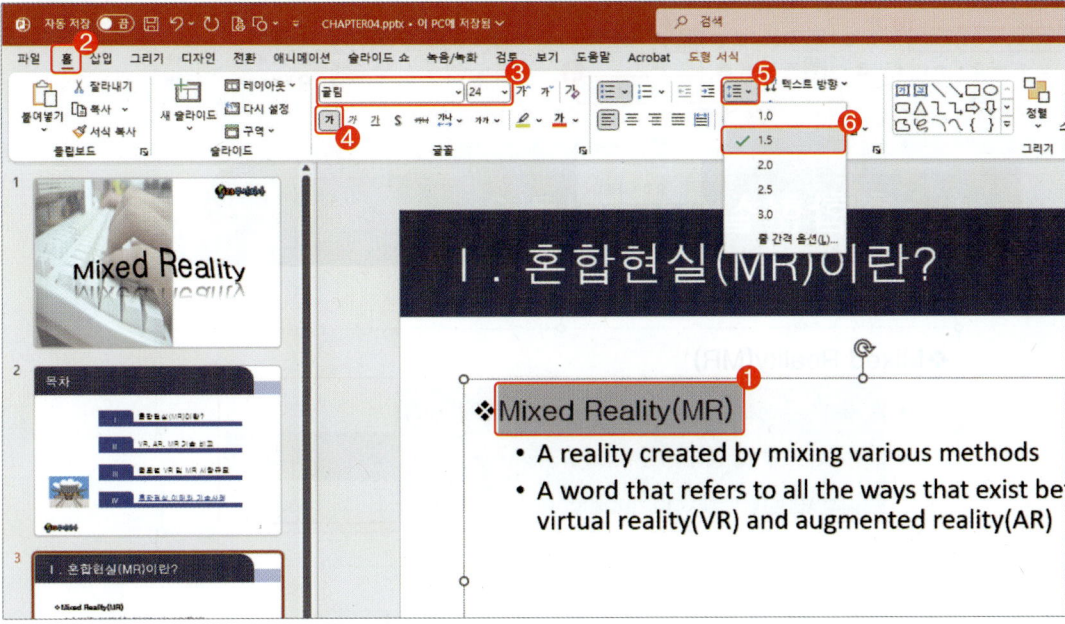

⑥ 나머지 문단을 블록 설정한다.

→ [홈] 탭 – [단락] 그룹에서 [글머리 기호](≣) – [속이 찬 정사각형 글머리 기호]를 설정한다.

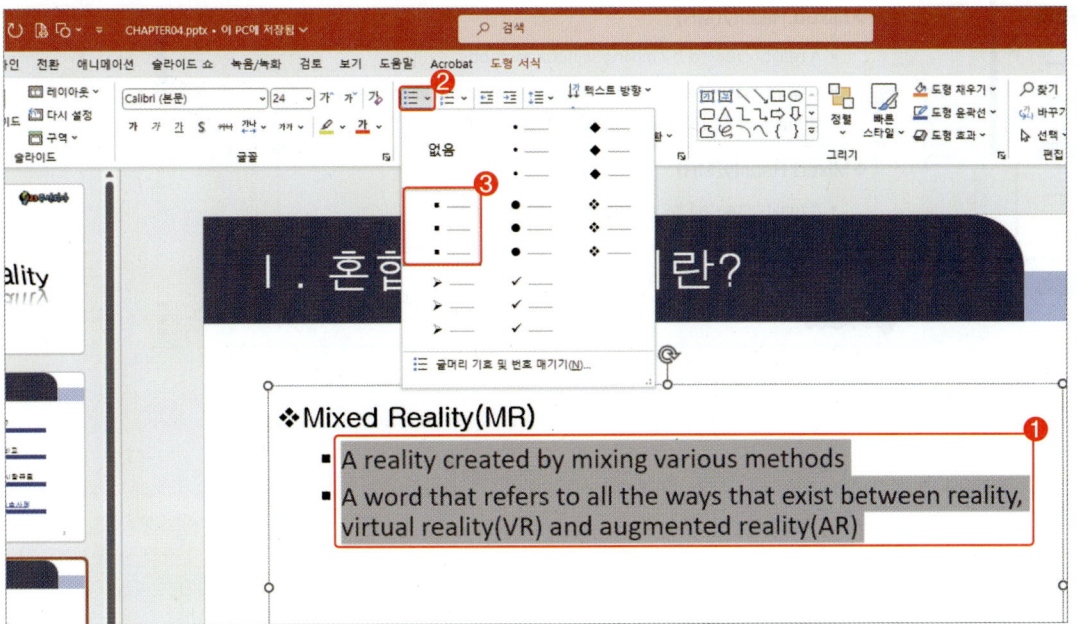

⑦ ■ 문단이 블록 설정된 상태에서 [홈] 탭 – [글꼴] 그룹의 글꼴 '굴림', '20pt'를 설정한다.
→ [단락] 그룹에서 [줄 간격](≡) – [1.5]를 클릭한 후 텍스트 상자의 크기를 조절한다.

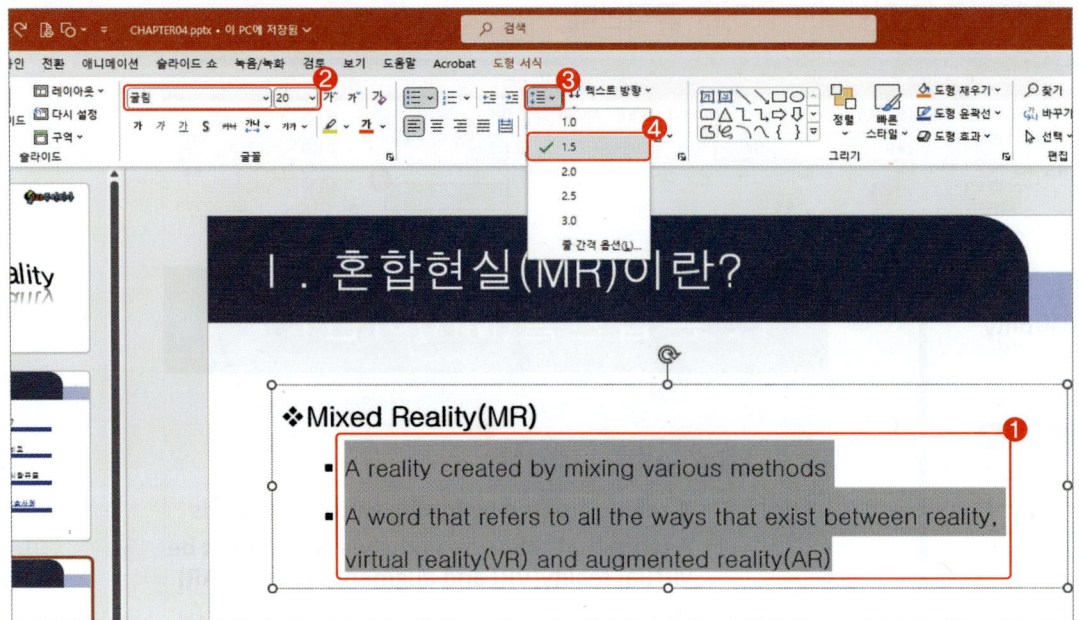

⑧ 텍스트 상자를 Ctrl + Shift 를 누른 채 아래로 드래그하여 복사한다.

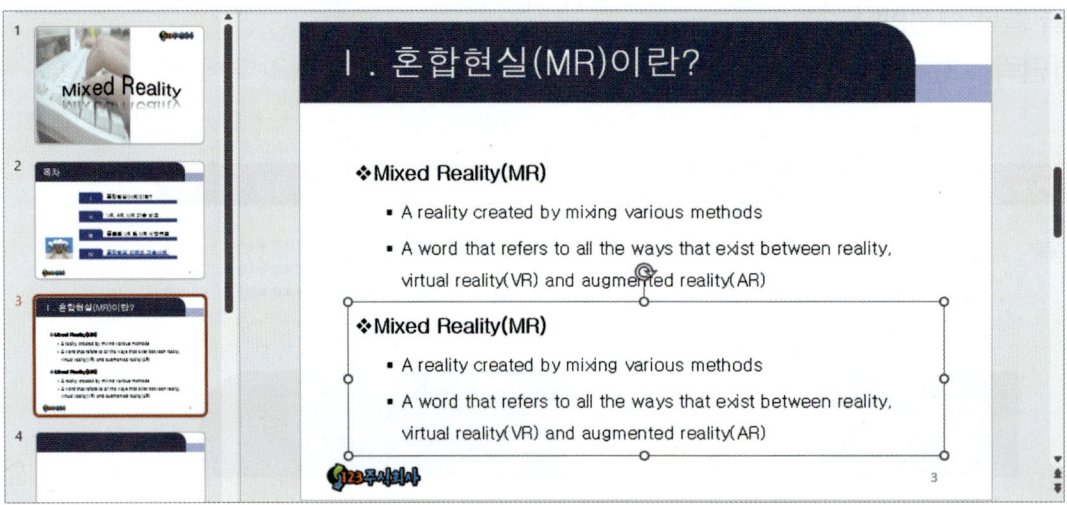

⑨ 복사된 텍스트 상자의 내용을 수정하고 출력형태와 같이 크기와 위치를 맞춘다.

> **기적의 TIP**
>
> 입력된 내용의 양쪽 끝 위치가 출력형태와 동일한지 확인하며 텍스트 상자의 위치와 너비를 조절해야 한다.

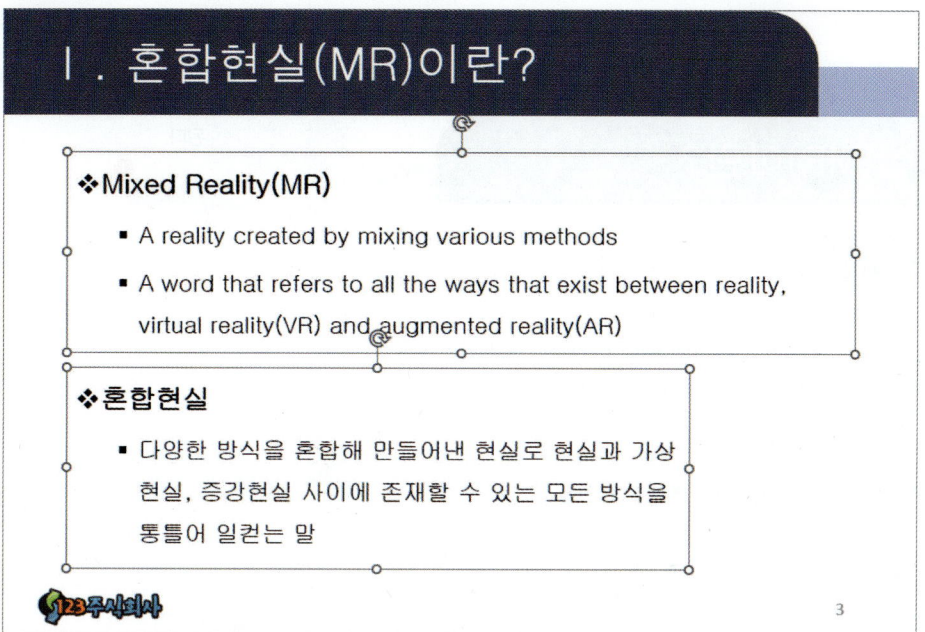

⑩ [보기] 탭 – [표시] 그룹에서 [눈금자]를 체크한다.

⑪ ❖ 문단에 해당하는 내용을 블록 설정한다.

→ 왼쪽 들여쓰기 표식의 뾰족한 부분을 드래그하여 텍스트의 시작 위치를 조정한다.

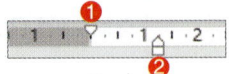

문단의 들여쓰기 조절 시 텍스트에 글머리 기호 항목이나 번호 매기기 항목이 두 수준 이상 포함되어 있으면 각 수준에 대한 들여쓰기 표식이 눈금자에 표시된다.

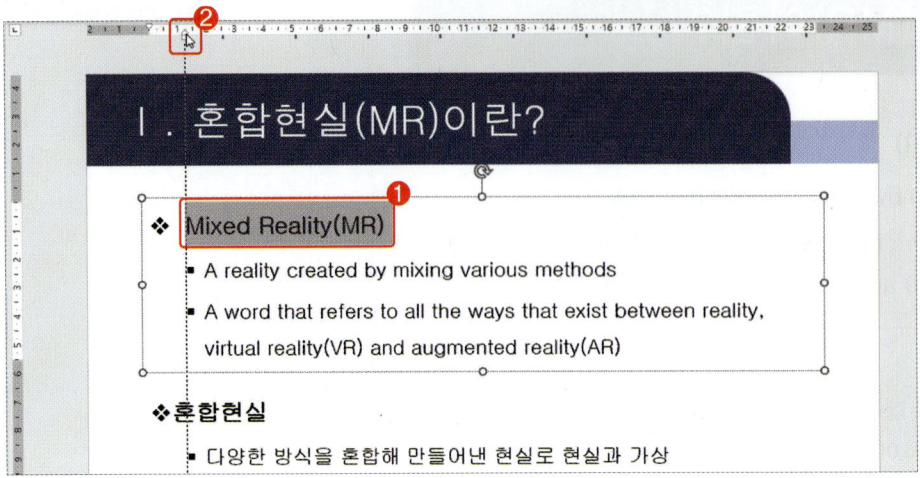

❶ 글머리 기호 또는 번호의 들여쓰기 위치
❷ 텍스트의 들여쓰기 위치

⑫ ■ 문단도 동일한 방법으로 시작 위치를 맞춘다.

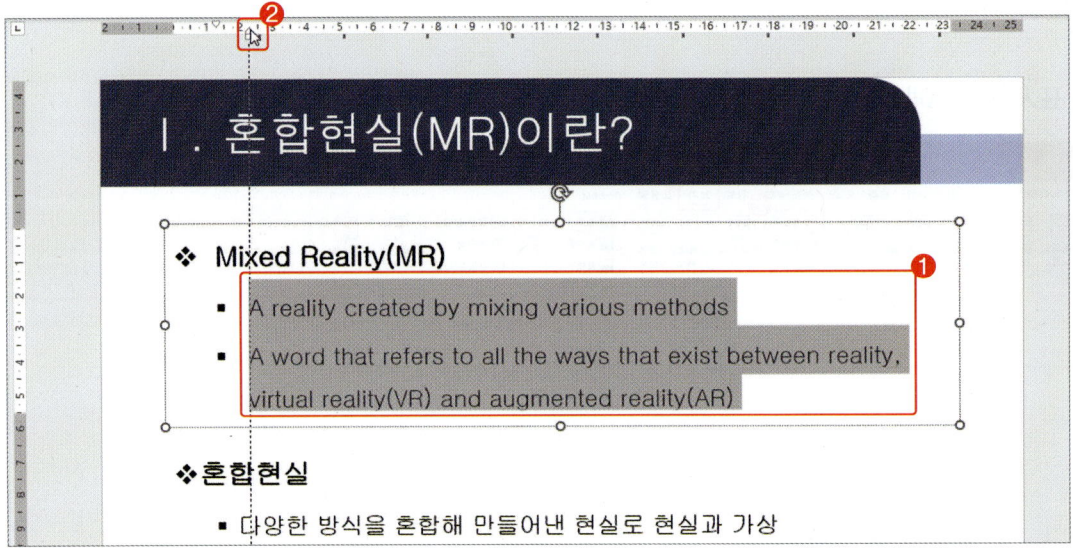

⑬ 두 번째 텍스트 상자의 문단들도 같은 방법으로 시작 위치를 맞춘다.
→ 작업을 마치면 [보기] 탭 – [표시] 그룹에서 [눈금자] 체크를 해제한다.

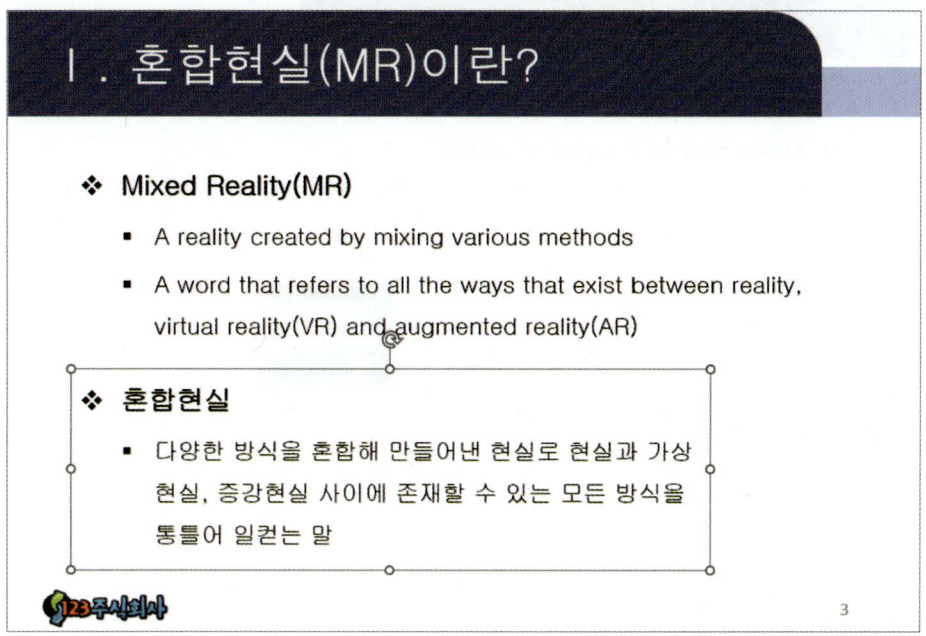

SECTION 02 동영상 삽입

① [삽입] 탭 – [미디어] 그룹에서 [비디오](▭) – [이 디바이스]를 클릭한다.
→ [비디오 삽입] 대화상자가 나타나면 '내 PC₩문서₩ITQ₩Picture' 폴더에서 '동영상.wmv'를 선택하고 [삽입]을 클릭한다.

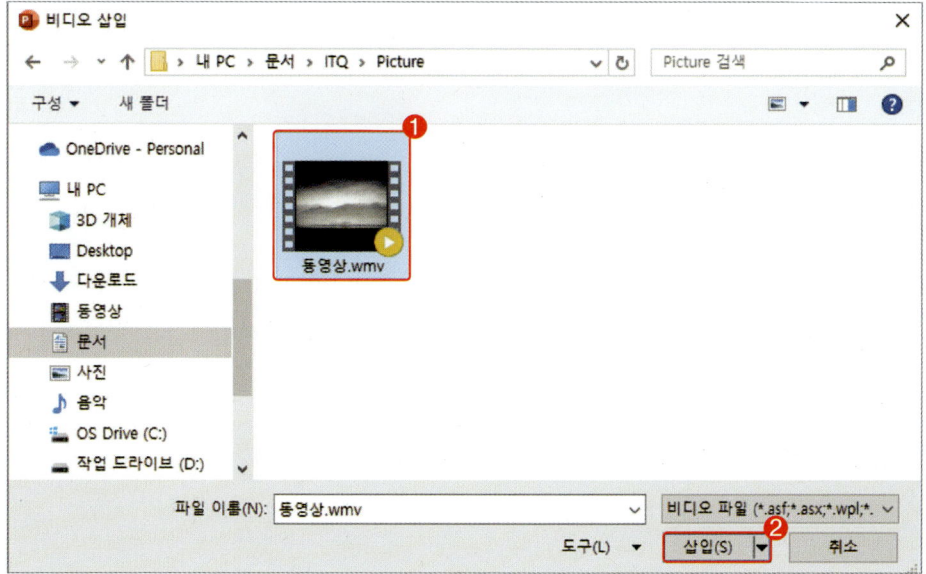

② 슬라이드에 삽입된 동영상의 크기와 위치를 조절한다.

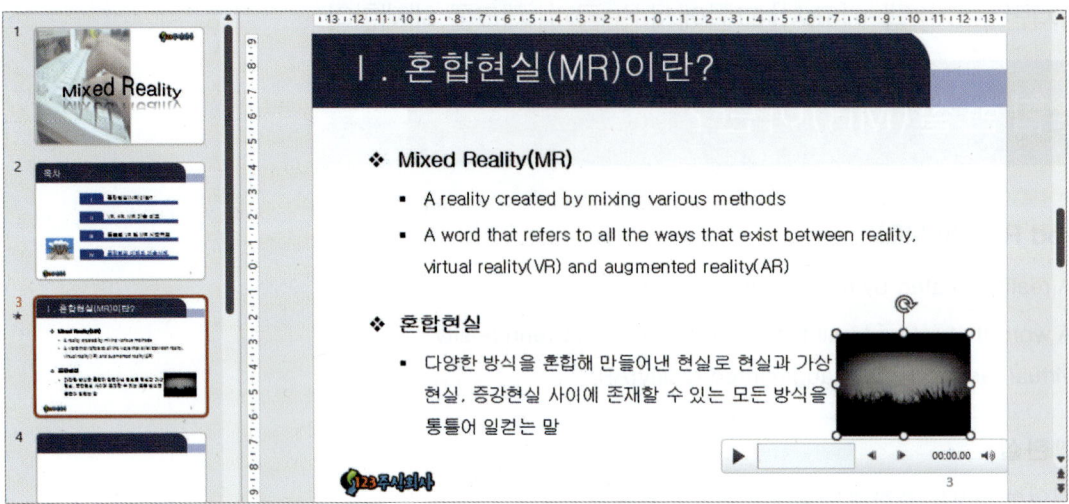

③ [재생] 탭 – [비디오 옵션] 그룹에서 [시작](▶) – [자동 실행]을 선택한다.
→ [반복 재생]에 체크한다.

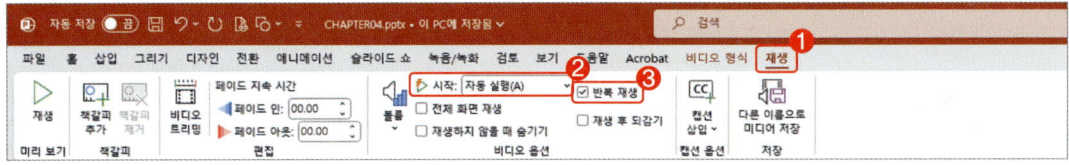

유형을 확인하는 기출문제

문제유형 ❸-1

정답파일 PART 01 시험 유형 따라하기₩유형3-1번_정답.pptx

세부조건

텍스트 작성 : 글머리 기호 사용(➤, ✓)
- ➤ 문단(돋움, 24pt, 굵게, 줄간격 : 1.5줄)
- ✓ 문단(돋움, 20pt, 줄간격 : 1.5줄)

① 동영상 삽입 :
- 「내 PC₩문서₩ITQ₩Picture₩동영상.wmv」
- 자동실행, 반복재생 설정

A. 자녀 교육

➤ Children education
- ✓ Children education develops humanity formation and social adaptability as a social being
- ✓ These include personality traits and knowledge transfer

➤ 자녀 교육
- ✓ 교육은 자녀를 사회적 존재로서 인간성 형성과 사회 적응성을 기르는 데 중점을 두고 있으며 여기에는 성격 특성과 지식 전달을 포함하고 있음

3

문제유형 ❸-2

정답파일 PART 01 시험 유형 따라하기₩유형3-2번_정답.pptx

세부조건

텍스트 작성 : 글머리 기호 사용(➤, ✓)
- ➤ 문단(굴림, 24pt, 굵게, 줄간격 : 1.5줄)
- ✓ 문단(굴림, 20pt, 줄간격 : 1.5줄)

① 동영상 삽입 :
- 「내 PC₩문서₩ITQ₩Picture₩동영상.wmv」
- 자동실행, 반복재생 설정

1. 건강 관리

➤ Health care
- ✓ In general, health care refers to physical health
- ✓ Regular health care satisfies one's desire for health and makes one mentally happy

➤ 건강 관리
- ✓ 일반적으로 신체적 건강을 가리키는 경우가 많으며 규칙적인 건강 관리는 자신의 건강을 향한 욕구를 충족시키는 동시에 정신적으로도 행복하게 함

3

문제유형 ❸-3

정답파일 PART 01 시험 유형 따라하기\유형3-3번_정답.pptx

세부조건

텍스트 작성 : 글머리 기호 사용(❖ , ✓)
- ❖ 문단(굴림, 24pt, 굵게, 줄간격 : 1.5줄)
- ✓ 문단(굴림, 20pt, 줄간격 : 1.5줄)

① 동영상 삽입 :
- 「내 PC\문서\ITQ\Picture\동영상.wmv」
- 자동실행, 반복재생 설정

1. 만성피로의 정의

❖ **Chronic fatigue syndrome**
- ✓ Self-reported impairment in short-term memory or concentration
- ✓ Tender cervical or axillary nodes
- ✓ Post-exertional malaise lasting more than 24 hours

❖ **만성피로증후군**
- ✓ 특별한 원인이 밝혀지지 않은 상태로, 일을 줄이고 휴식을 취해도 6개월 이상 지속되거나 반복되는 심한 피로 증상

문제유형 ❸-4

정답파일 PART 01 시험 유형 따라하기\유형3-4번_정답.pptx

세부조건

텍스트 작성 : 글머리 기호 사용(❖ , ■)
- ❖ 문단(굴림, 24pt, 굵게, 줄간격 : 1.5줄)
- ■ 문단(굴림, 20pt, 줄간격 : 1.5줄)

① 동영상 삽입 :
- 「내 PC\문서\ITQ\Picture\동영상.wmv」
- 자동실행, 반복재생 설정

1. 슬리포노믹스

❖ **Sleeponomics**
- ■ Sleeponomics is a compound word that combines 'sleep' and 'economy' and is a related industry that grows as it pays a lot of money for a good night's sleep

❖ **슬리포노믹스**
- ■ 수면과 경제를 합친 합성어로 숙면을 위해 많은 돈을 지불함에 따라 성장하는 관련 산업
- ■ 수면상태를 분석하는 슬립테크와 함께 성장

유형분석 문항 ⑤

슬라이드 4
표 슬라이드

배점 **80점** | A등급 목표점수 **70점**

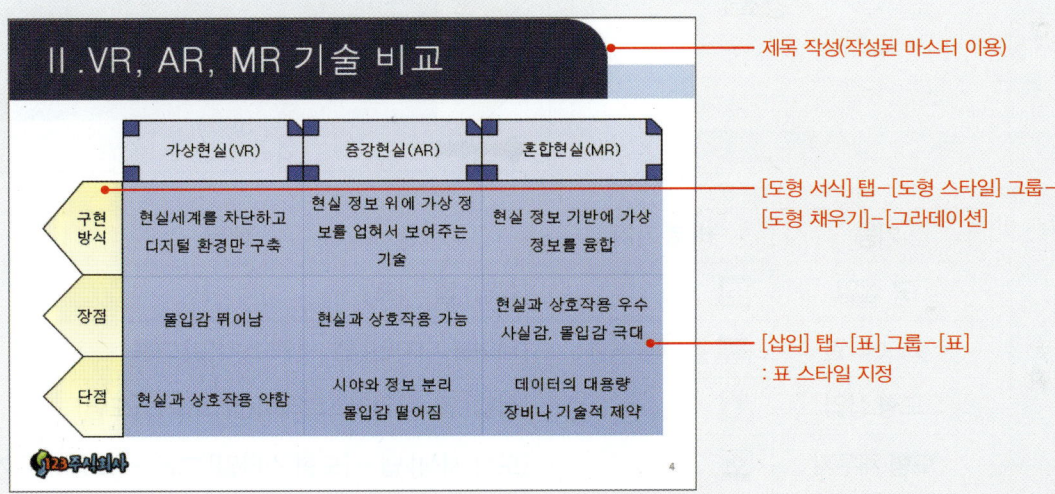

출제포인트
표 작성 · 표 스타일 · 도형 편집

출제기준
파워포인트 내에서의 표 작성능력과 도형 편집능력을 평가하는 문항입니다.

A등급 TIP
표 안의 텍스트를 직접 입력해야 하므로 오타가 나지 않도록 꼼꼼히 작성하세요. 도형의 경우 기본 형태에서 회전하거나, 두 가지 도형을 겹쳐서 작성하는 유형이 출제되므로 미리 다양한 도형을 연습해 보면서 형태를 익히도록 합니다.

CHAPTER 05

[슬라이드 4] 표 슬라이드

작업파일 PART 01 시험 유형 따라하기₩CHAPTER05.pptx
정답파일 PART 01 시험 유형 따라하기₩CHAPTER05_정답.pptx

문제보기

(1) 도형과 표 작성 기능을 이용하여 슬라이드를 작성한다(글꼴 : 돋움, 18pt).

세부조건
① 상단 도형 : 2개 도형의 조합으로 작성
② 좌측 도형 : 그라데이션 효과 (선형 아래쪽)
③ 표 스타일 : 테마 스타일 1 – 강조 1

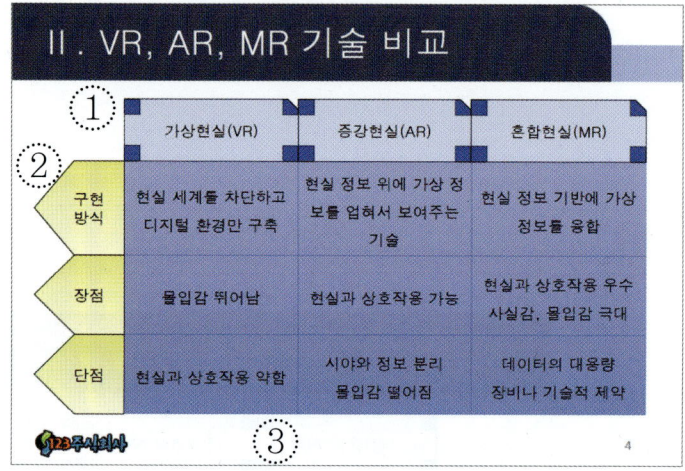

핵심기능

기능	바로 가기	메뉴
표 삽입		[삽입] 탭 – [표]
표 스타일		[테이블 디자인] 탭 – [표 스타일] 그룹
도형 삽입		[삽입] 탭 – [일러스트레이션] 그룹 – [도형]
도형 채우기		[도형 서식] 탭 – [도형 스타일] 그룹 – [도형 채우기]
도형 윤곽선		[도형 서식] 탭 – [도형 스타일] 그룹 – [도형 윤곽선]

SECTION 01 표 삽입

① 슬라이드 4를 선택하고 슬라이드 제목 『Ⅱ. VR, AR, MR 기술 비교』를 입력한다.

② 텍스트 상자에서 [표 삽입](🞘)을 클릭한다.
→ 표 삽입 대화상자가 나타나면 열 개수 『3』, 행 개수 『3』 입력 후 [확인]을 클릭한다.

③ 표를 선택하고 [테이블 디자인] 탭 – [표 스타일 옵션] 그룹에서 [머리글 행]과 [줄무늬 행]을 선택 해제한다.

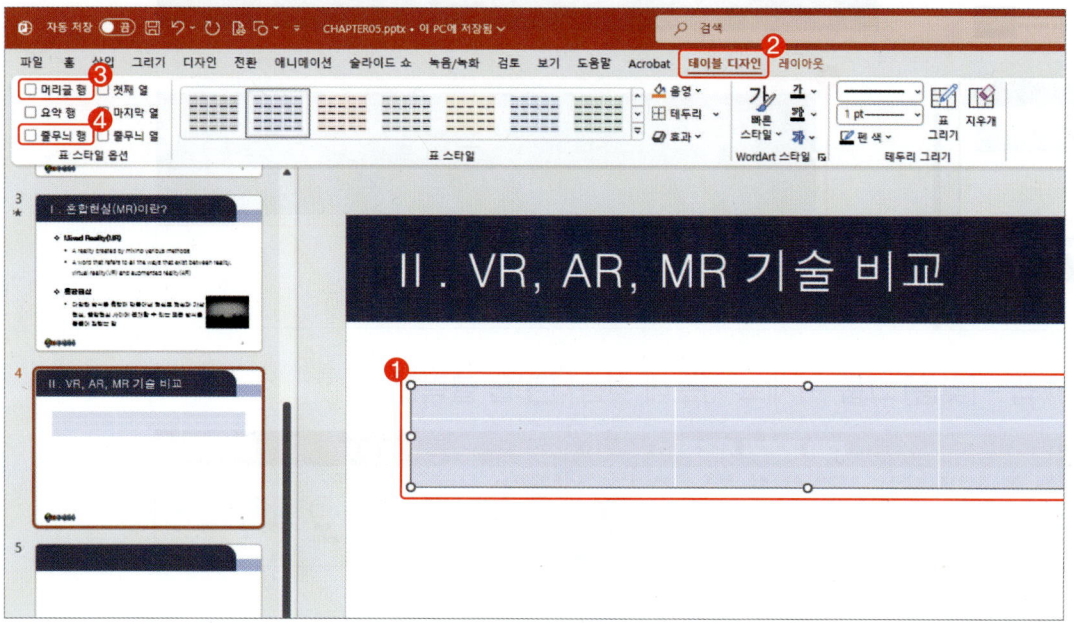

④ [테이블 디자인] 탭 – [표 스타일] 그룹에서 [빠른 스타일]( ) – [테마 스타일 1 – 강조 1]
을 선택한다.

⑤ 마우스 드래그로 표 전체를 블록 설정한다.
→ [홈] 탭 – [글꼴] 그룹의 글꼴 '돋움', '18pt'를 설정한다.
→ [단락] 그룹에서 [가운데 맞춤]( ), [줄 간격]( ) – [1.5]를 설정한다.

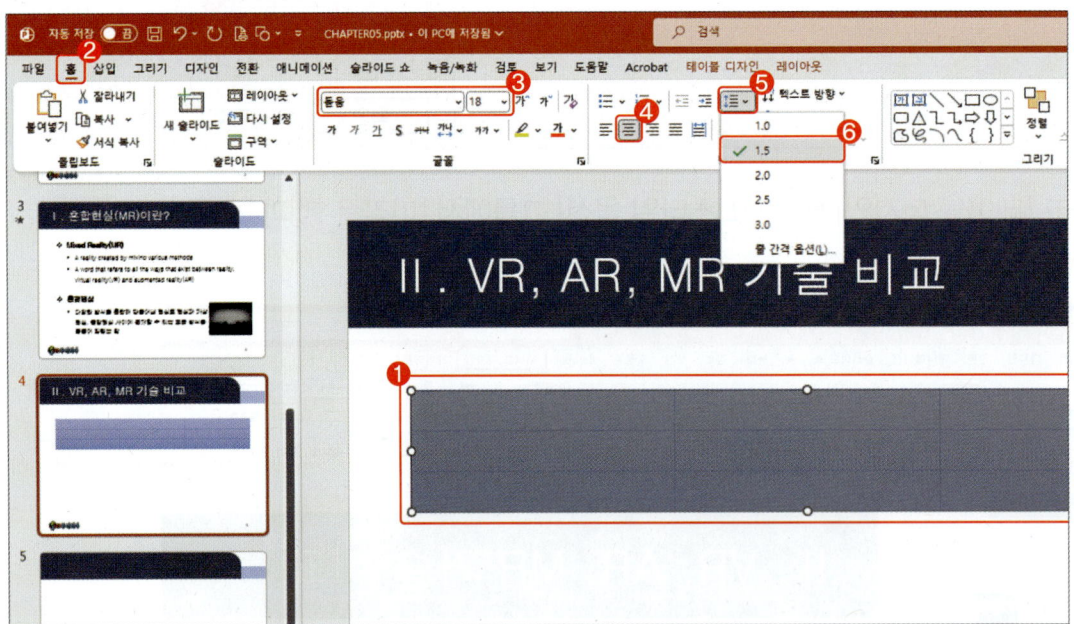

⑥ [표 레이아웃] 탭 – [맞춤] 그룹 – [세로 가운데 맞춤]( )을 클릭한다.

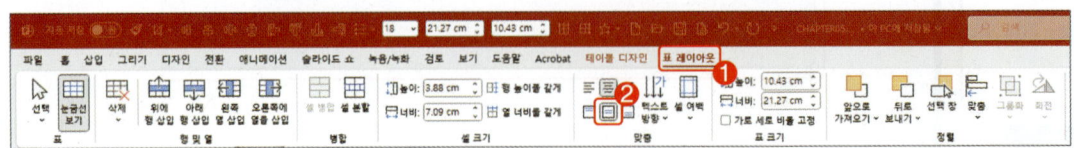

⑦ 출력형태를 참고하여 내용을 입력하고 마우스로 표의 크기와 위치를 조절한다.

> **기적의 TIP**
>
> 표 내용을 작성하며 Tab을 누르면 다음 셀로 이동한다. 마지막 행 오른쪽 끝 셀에서 Tab을 누르면 아래에 행이 새로 삽입된다.

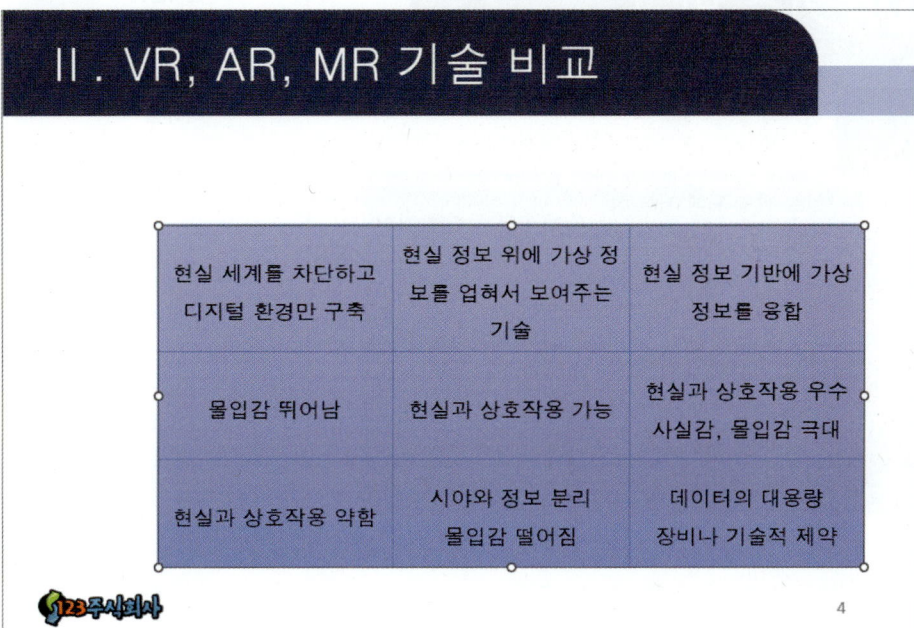

SECTION 02 상단 도형 작성

① [삽입] 탭 – [일러스트레이션] 그룹 – [도형](🔲)에서 [사각형: 잘린 한쪽 모서리]를 클릭한다.

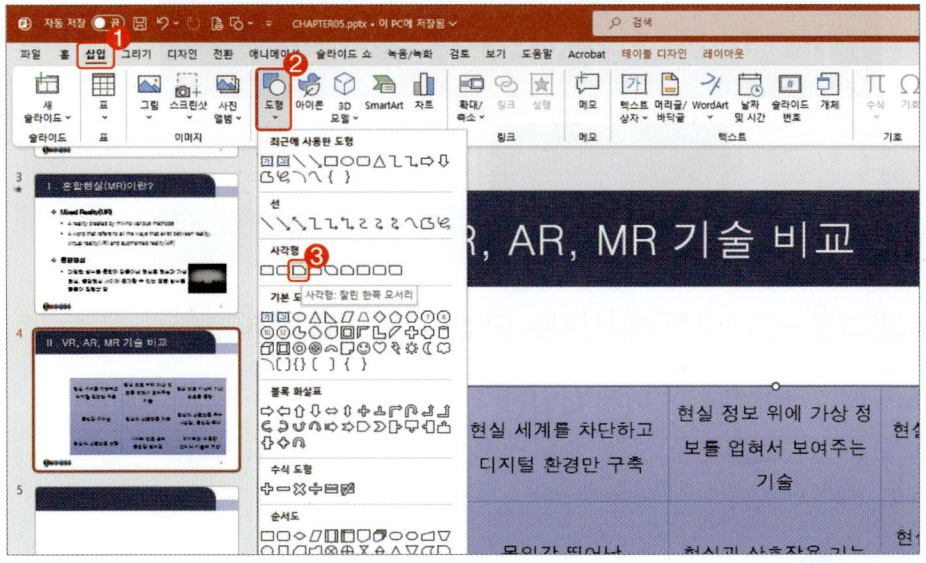

② 표 위쪽에 마우스를 드래그하여 도형을 그린다.

여러 개의 도형을 작성할 때 순서는?
뒤에 놓인 도형부터 작업하는 것이 좋으며, 비슷한 도형은 복사하여 사용하면 편리하다.

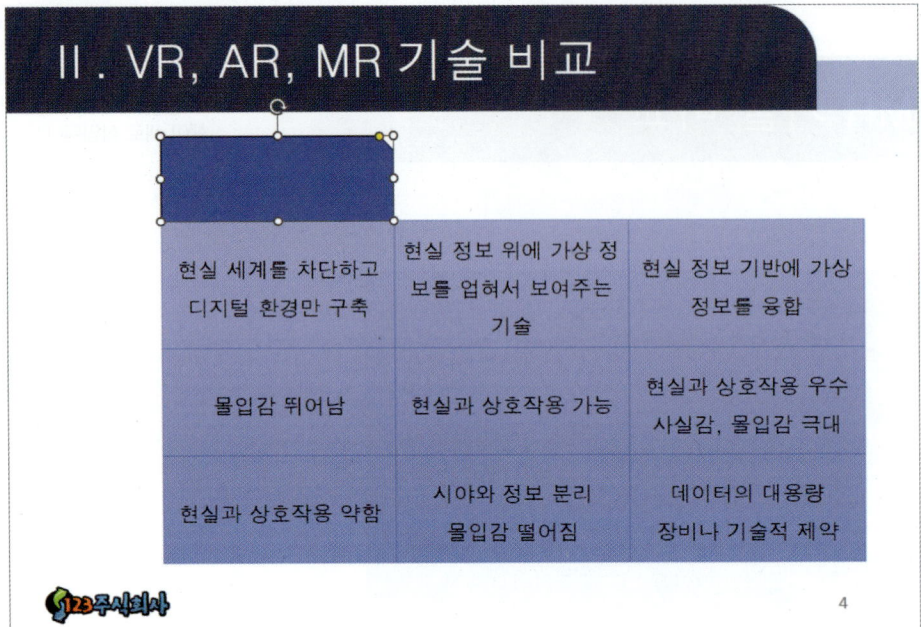

③ 도형이 선택된 상태에서 [도형 서식] 탭 – [도형 스타일] 그룹의 [도형 채우기]( )와 [도형 윤곽선]( )을 임의로 설정한다.

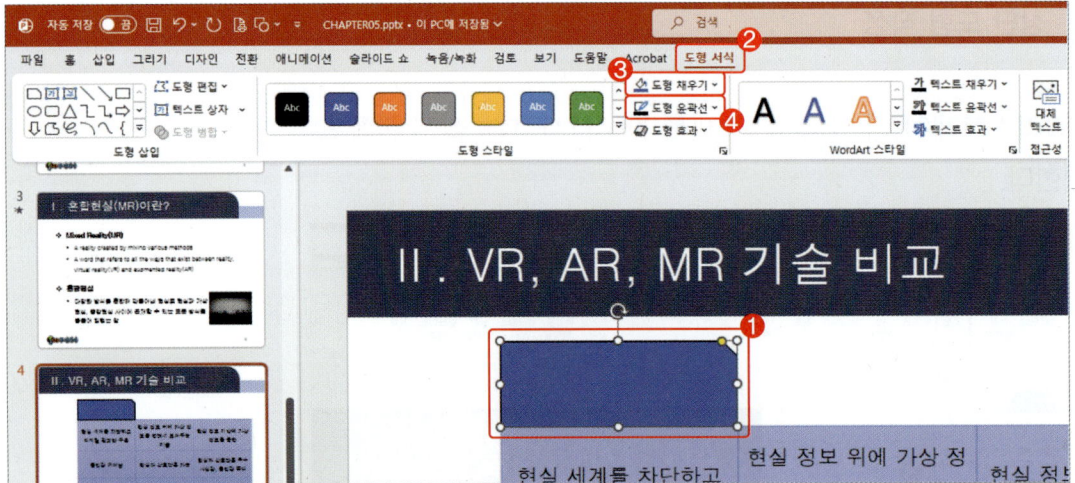

④ [삽입] 탭 – [일러스트레이션] 그룹 – [도형]( )에서 [기본 도형] – [십자형]을 클릭한다.

⑤ 첫 번째 도형 위에 마우스 드래그하여 겹쳐 보이게 삽입한다.
→ [도형 서식] 탭 – [도형 스타일] 그룹에서 [도형 채우기]와 [도형 윤곽선]을 임의로 설정한다.

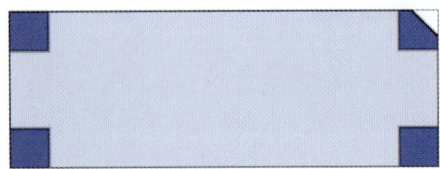

⑥ 도형을 선택한 상태에서 [홈] 탭 – [글꼴] 그룹의 글꼴 '돋움', '18pt'를 설정하고 『가상현실(VR)』을 입력한다.

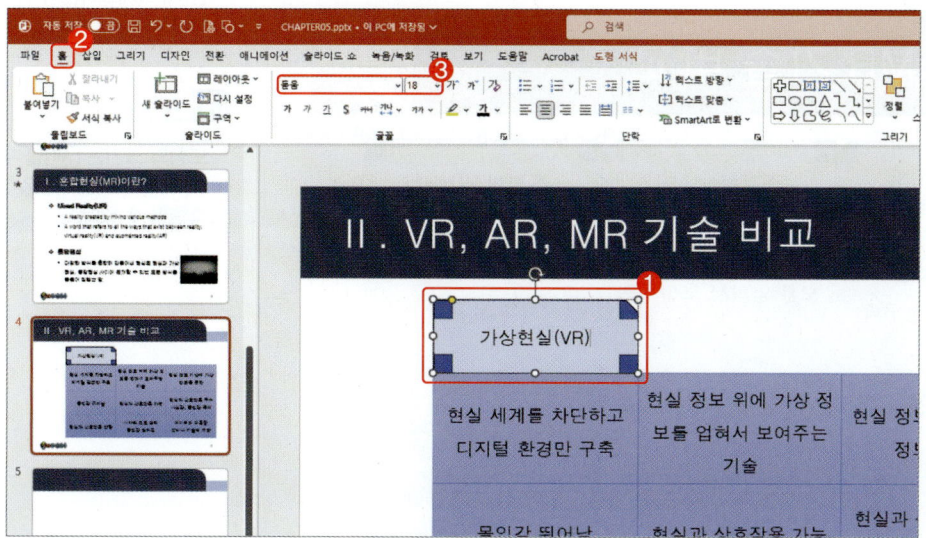

⑦ 2개의 도형을 모두 선택하고 마우스 오른쪽 클릭한다.
→ [그룹화] – [그룹](🖼)을 클릭한다.

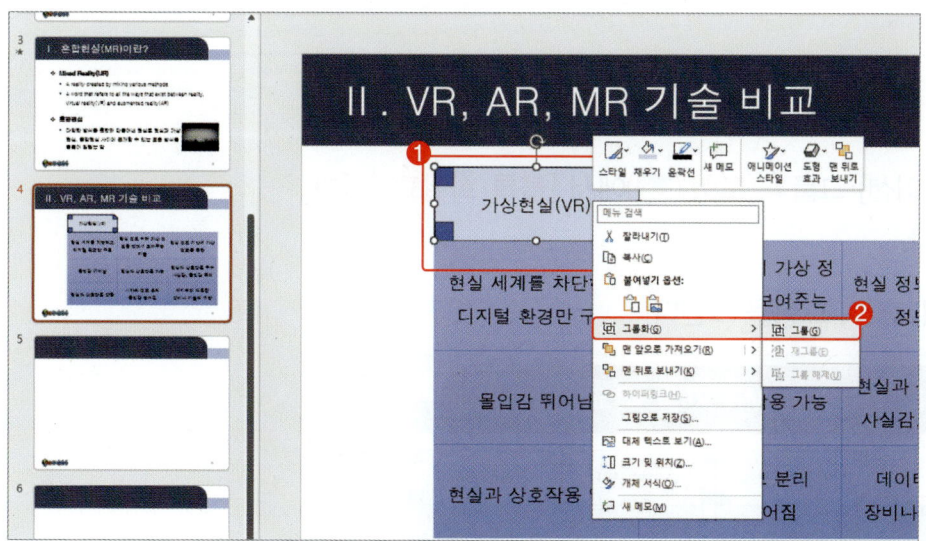

기적의 TIP

단축키 Ctrl + G 를 누르면 그룹화를 빠르게 할 수 있다.

⑧ 그룹화된 도형을 Ctrl+Shift를 누른 채 오른쪽으로 복사하고 텍스트 내용을 수정한다.

> **기적의 TIP**
> 도형을 Ctrl+Shift를 누른 채 드래그하면 수직·수평으로 복사할 수 있다.

> **기적의 TIP**
> 도형의 크기는 Alt를 누른 채 드래그하면 더 세밀하게 조절할 수 있다.

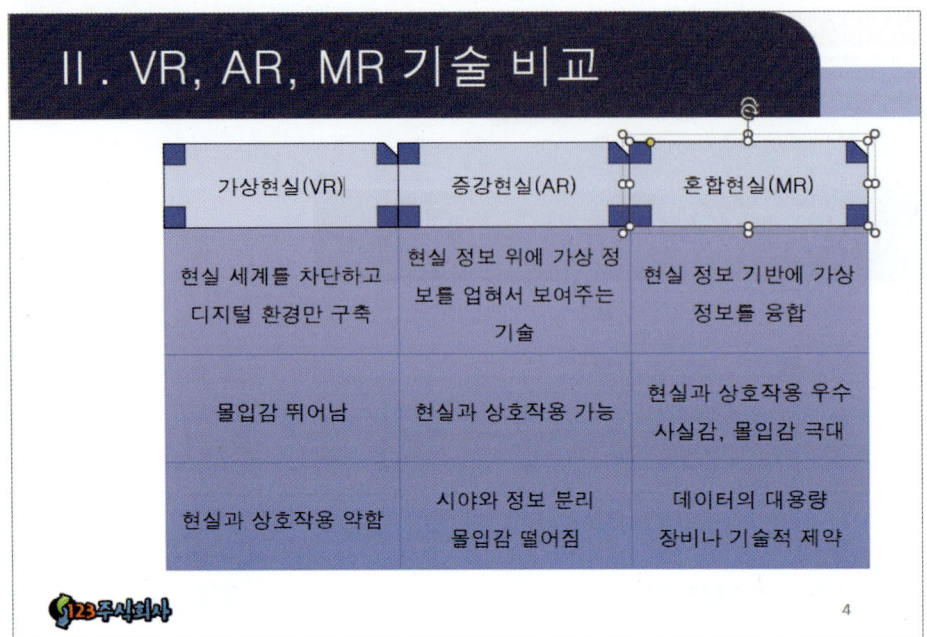

SECTION 03 　좌측 도형 작성

① [삽입] 탭 – [일러스트레이션] 그룹 – [도형]( )에서 [블록 화살표] – [화살표: 오각형]을 클릭한다.

② 왼쪽 공간에 마우스 드래그하여 도형을 그린다.

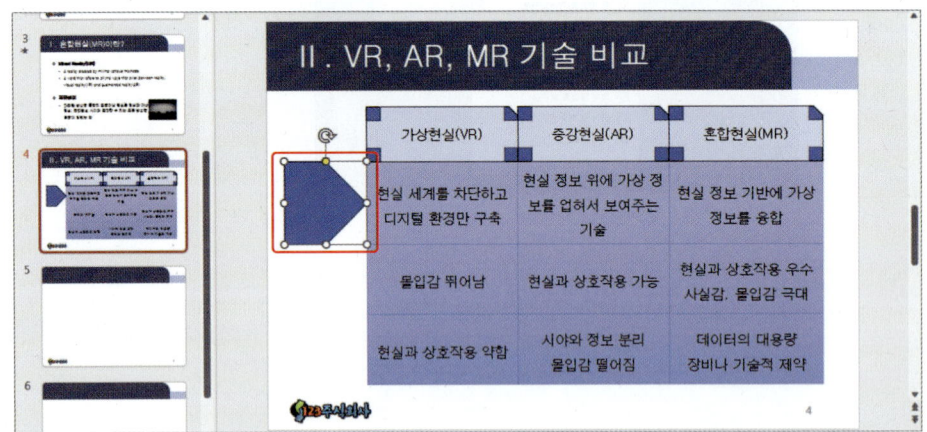

③ [도형 서식] 탭 – [정렬] 그룹에서 [회전](💠) – [좌우 대칭]을 클릭한다.

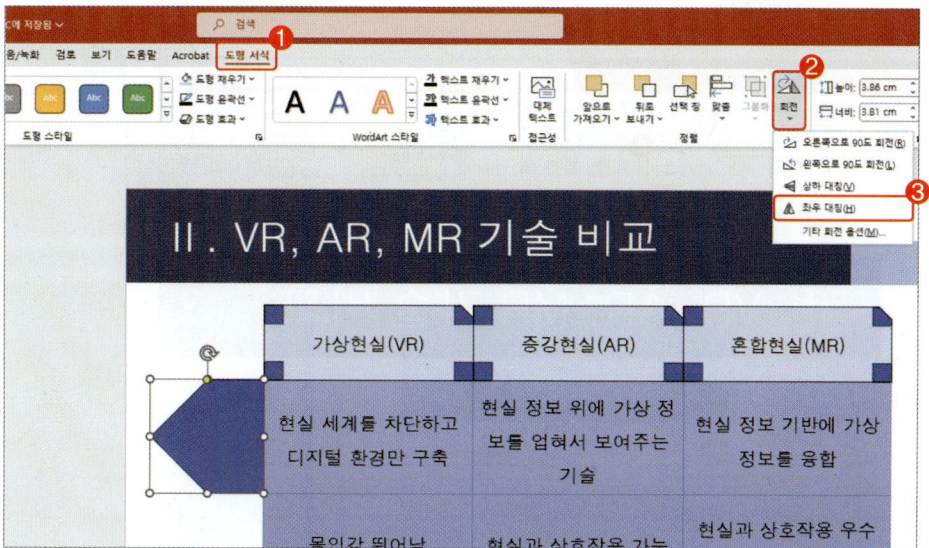

기적의 TIP

좌우, 상하 대칭을 생각하여 문제와 맞는 도형을 찾아 삽입한다.

④ [도형 서식] 탭 – [도형 스타일] 그룹에서 [도형 채우기]와 [도형 윤곽선]을 임의로 설정한다.

⑤ 다시 [도형 스타일] 그룹 – [도형 채우기]를 클릭하고 [그라데이션](🔲) – [선형 아래쪽]을 선택한다.

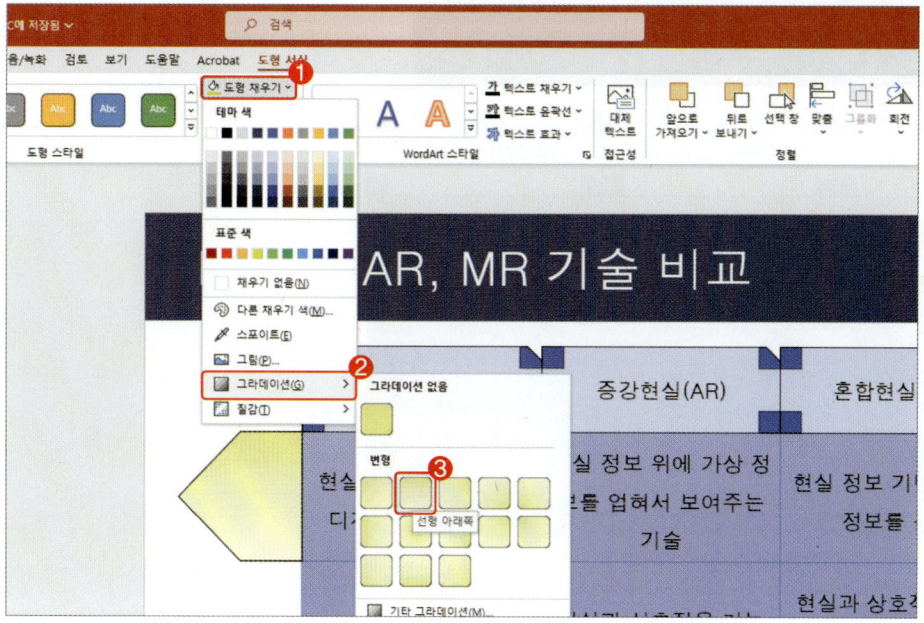

해결 TIP

그라데이션 스타일을 상세하게 변경하려면?
[도형 서식] 탭의 [채우기] 옵션에서 각각의 그라데이션 중지점을 선택하면 그라데이션 스타일을 더 세밀하게 적용할 수 있다.

⑥ 도형을 선택한 상태에서 [홈] 탭 – [글꼴] 그룹의 글꼴 '돋움', '18pt', 글꼴 색 '검정, 텍스트 1'을 설정하고 『구현방식』을 입력한다.

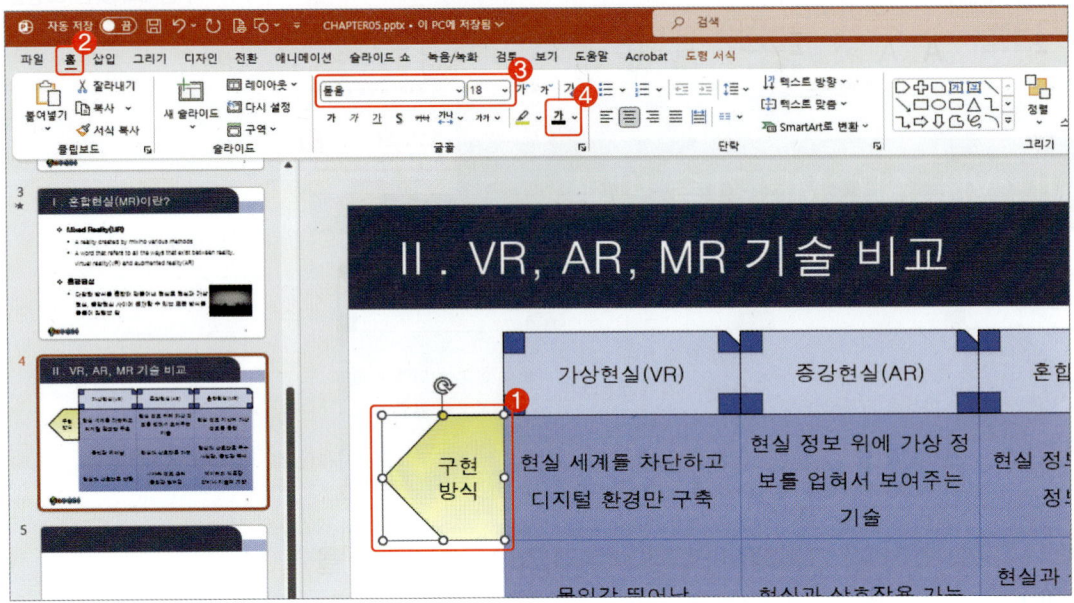

⑦ 도형을 선택한 후 Ctrl + Shift 를 누른 채 아래쪽으로 복사하고, 도형의 크기와 텍스트 내용을 수정한다.

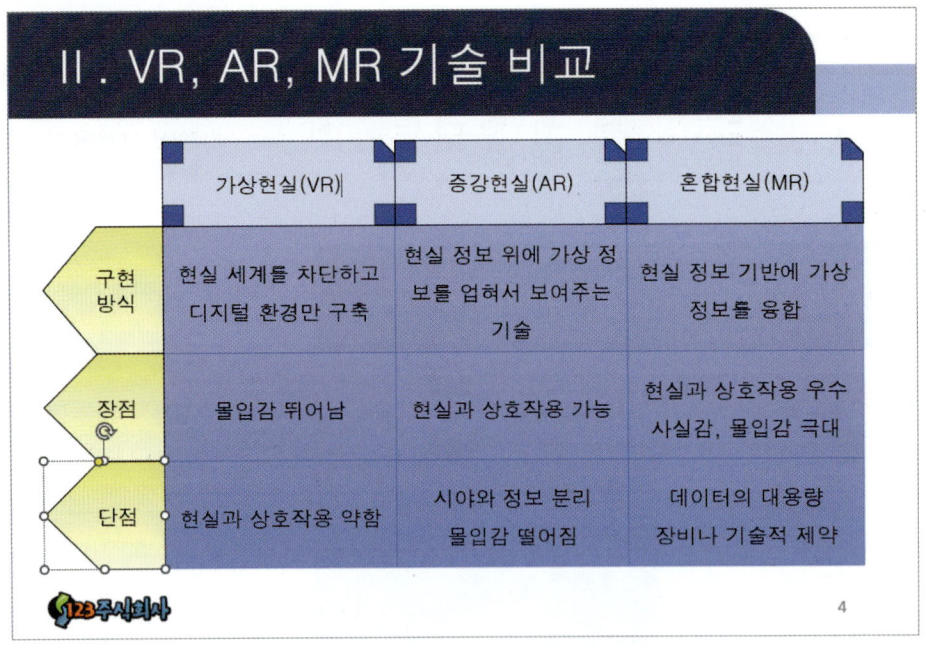

유형을 확인하는 기출문제

문제유형 ④-1

정답파일 PART 01 시험 유형 따라하기₩유형4-1번_정답.pptx

세부조건

글꼴 : 돋움, 18pt

① 상단 도형 : 2개 도형의 조합으로 작성
② 좌측 도형 : 그라데이션 효과(선형 아래쪽)
③ 표 스타일 : 테마 스타일 1 – 강조 6

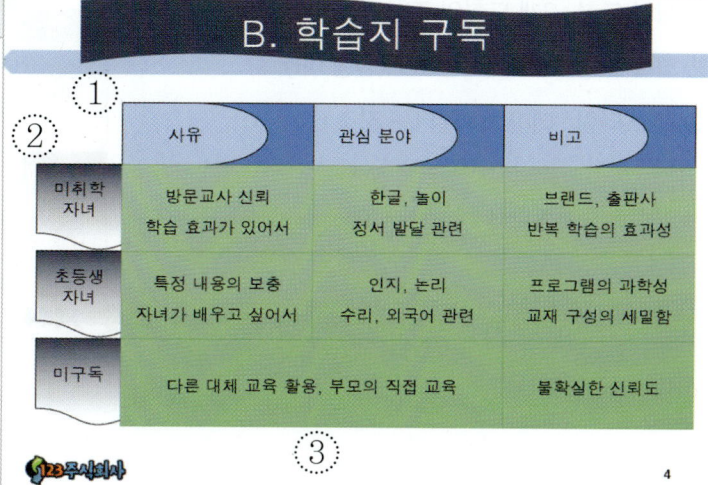

문제유형 ④-2

정답파일 PART 01 시험 유형 따라하기₩유형4-2번_정답.pptx

세부조건

글꼴 : 굴림, 18pt

① 상단 도형 : 2개 도형의 조합으로 작성
② 좌측 도형 : 그라데이션 효과(선형 아래쪽)
③ 표 스타일 : 테마 스타일 1 – 강조 5

문제유형 ❹-3

정답파일 PART 01 시험 유형 따라하기₩유형4-3번_정답.pptx

세부조건

글꼴 : 돋움, 18pt

① 상단 도형 : 2개 도형의 조합으로 작성

② 좌측 도형 : 그라데이션 효과(선형 아래쪽)

③ 표 스타일 : 테마 스타일 1 – 강조 6

2. 만성피로의 유발과 증상

	유발 가능 원인	증상
관련 장애	우울증, 불안증, 신체화 장애	운동 후 심한 피로
관련 장애	신경안정제 등 약물 부작용	집중력 저하, 기억력 장애
관련 질환	내분비 및 대사 질환	수면 장애, 위장 장애
관련 질환	결핵, 간염 등 감염 질환	두통, 근육통, 관절통, 전신 통증

문제유형 ❹-4

정답파일 PART 01 시험 유형 따라하기₩유형4-4번_정답.pptx

세부조건

글꼴 : 돋움, 18pt

① 상단 도형 : 2개 도형의 조합으로 작성

② 좌측 도형 : 그라데이션 효과(선형 아래쪽)

③ 표 스타일 : 테마 스타일 1 – 강조 5

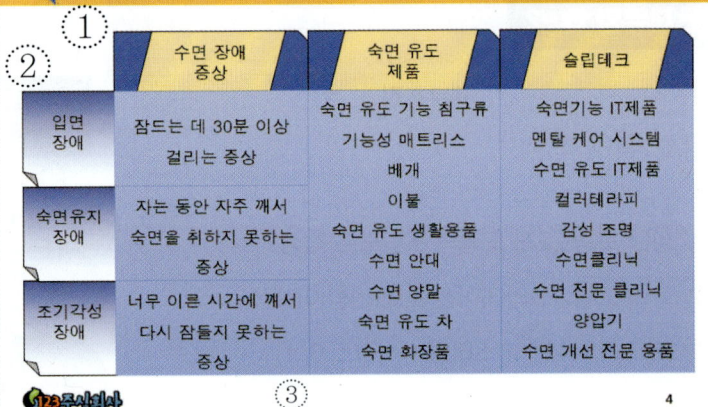

2. 불면증 유형과 숙면 유도 제품

	수면 장애 증상	숙면 유도 제품	슬립테크
입면 장애	잠드는 데 30분 이상 걸리는 증상	숙면 유도 기능 침구류 기능성 매트리스 베개	숙면기능 IT제품 멘탈 케어 시스템 수면 유도 IT제품
숙면유지 장애	자는 동안 자주 깨서 숙면을 취하지 못하는 증상	이불 숙면 유도 생활용품 수면 안대	컬러테라피 감성 조명 수면클리닉
조기각성 장애	너무 이른 시간에 깨서 다시 잠들지 못하는 증상	수면 양말 숙면 유도 차 숙면 화장품	수면 전문 클리닉 양압기 수면 개선 전문 용품

유형분석 문항 ❻

슬라이드 5
차트 슬라이드

배점 **100점** | A등급 목표점수 **80점**

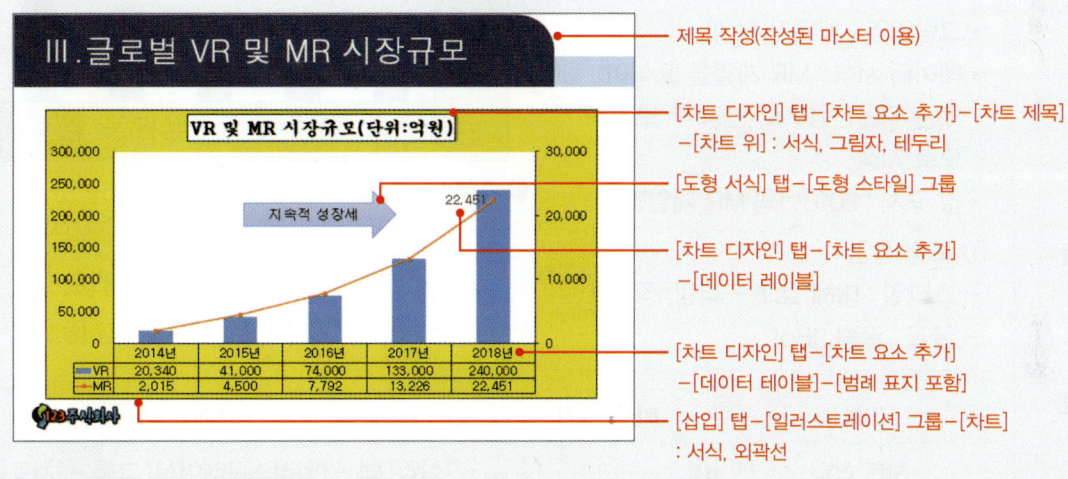

출제포인트
차트 작성 · 데이터 편집 · 차트 디자인 · 도형 편집

출제기준
프레젠테이션용 차트를 작성하는 능력을 평가하는 문항으로, 차트 삽입과 데이터 편집, 차트 디자인 편집 등 종합적인 기능이 출제됩니다.

A등급 TIP
차트 작성의 종합적인 능력을 평가하는 문제로, 배점도 가장 크고 난도도 높은 문항입니다. 지시사항을 충실히 따라야 할 뿐 아니라, 지시사항에 주어지지 않은 부분도 출력형태와 동일하게 표현될 수 있도록 꼼꼼히 작업해야 합니다. 풀이를 마친 후 출력형태와 비교해 보며 검토하는 것을 잊지 마세요.

CHAPTER 06

[슬라이드 5] **차트 슬라이드**

난 이 도 ㉠중하
반복학습 1 2 3

작업파일 PART 01 시험 유형 따라하기₩CHAPTER06.pptx
정답파일 PART 01 시험 유형 따라하기₩CHAPTER06_정답.pptx

문제보기

(1) 차트 작성 기능을 이용하여 슬라이드를 작성한다.
(2) 차트 : 종류(묶은 세로 막대형), 글꼴(돋움, 16pt), 외곽선

세부조건

※ 차트설명
- 차트제목 : 궁서, 24pt, 굵게, 채우기(흰색), 테두리, 그림자(오프셋 오른쪽)
- 차트영역 : 채우기(노랑)
- 그림영역 : 채우기(흰색)
- 데이터 서식 : MR 계열을 표식이 있는 꺾은선형으로 변경 후 보조축으로 지정
- 값 표시 : 2018년의 MR 계열만

① 도형 삽입
 – 스타일 : 미세 효과 – 파랑, 강조 1
 – 글꼴 : 굴림, 18pt

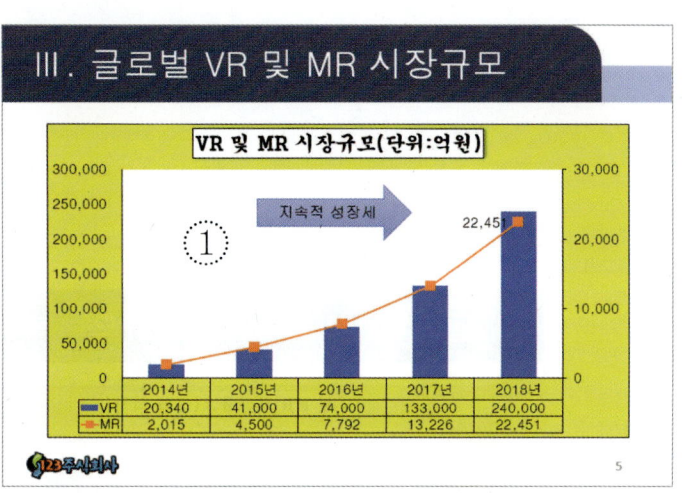

핵심기능

기능	바로 가기	메뉴
차트 삽입		[삽입] 탭 – [일러스트레이션] 그룹 – [차트]
데이터 레이블		[차트 디자인] 탭 – [차트 레이아웃] 그룹 – [차트 요소 추가] – [데이터 레이블]
데이터 표(테이블)		[차트 디자인] 탭 – [차트 레이아웃] 그룹 – [차트 요소 추가] – [데이터 테이블]

SECTION 01 　차트 작성

① 슬라이드 5를 선택하고 슬라이드 제목 『Ⅲ. 글로벌 VR 및 MR 시장규모』를 입력한다.

② 텍스트 상자에서 [차트 삽입](📊)을 클릭한다.
→ 차트 삽입 대화상자가 나타나면 [세로 막대형] – [묶은 세로 막대형]을 선택한 후 [확인]을 클릭한다.

> **기적의 TIP**
> 그림 영역, 데이터 계열 서식, 값, 데이터 테이블 등 차트를 구성하는 용어를 정확히 알고 있어야 한다.

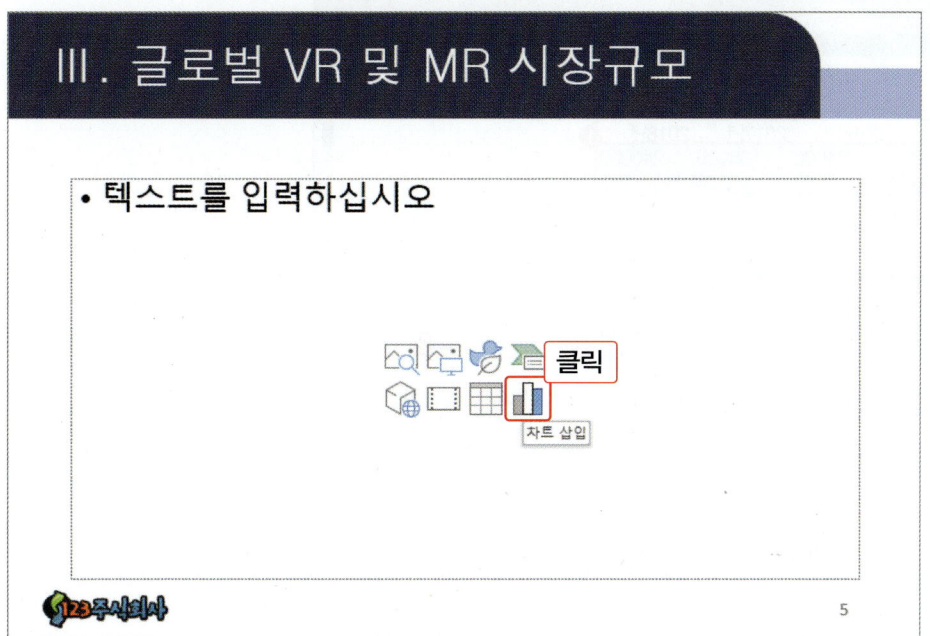

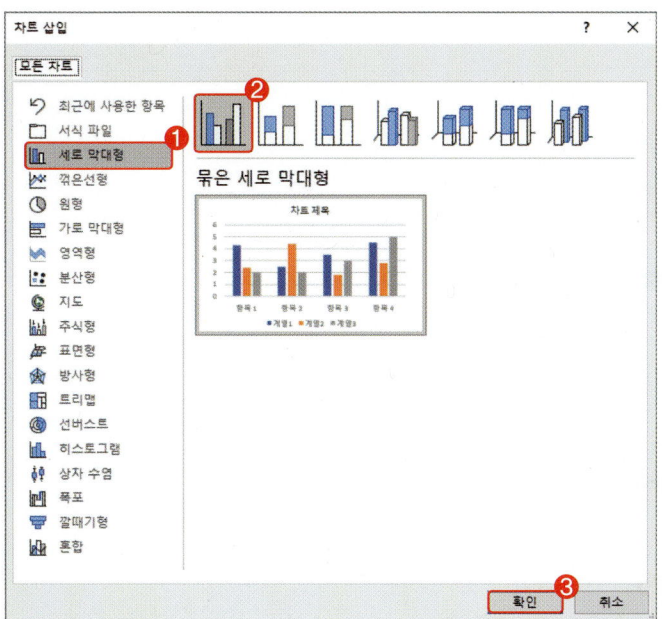

③ 데이터 시트 창이 열리면 내용을 입력한 후 데이터 범위를 지정한다.

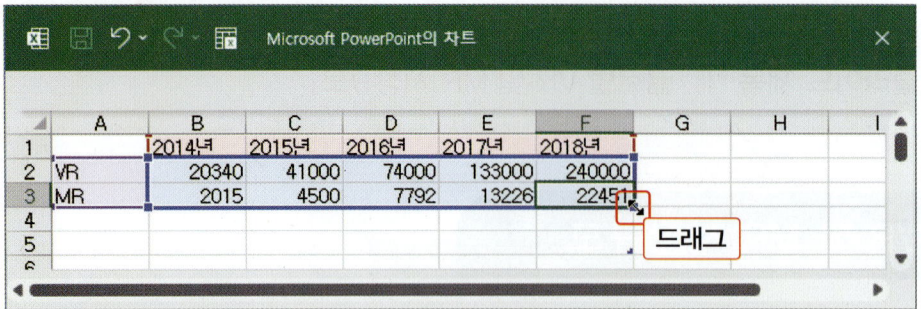

> **해결 TIP**
>
> **차트의 내용을 변경하려면?**
> 데이터 시트는 엑셀의 워크시트 사용 방법과 동일하다. 셀의 내용 일부를 변경할 때에는 해당 셀을 더블클릭하거나 F2를 누른다.

④ 숫자 데이터가 입력된 「B2:F3」 영역을 블록 설정한다.
  → 마우스 오른쪽 클릭하여 [셀 서식]을 클릭한다.

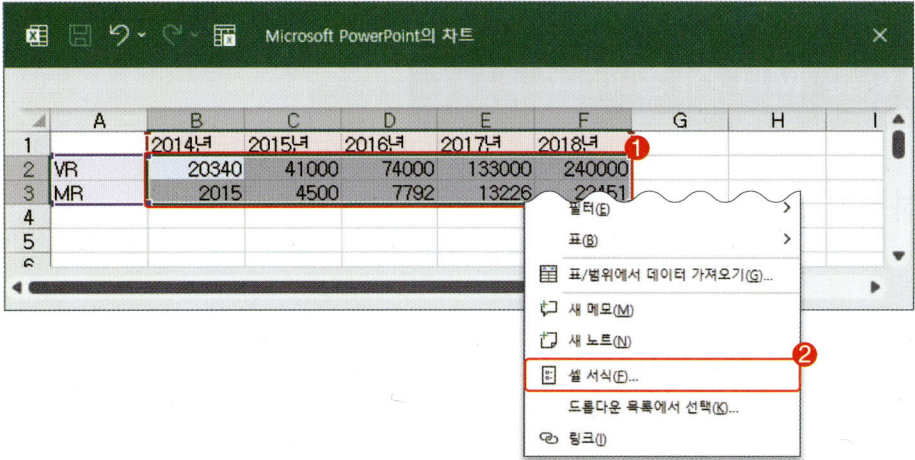

⑤ [셀 서식] 대화상자 – [표시 형식] 탭의 범주에서 '숫자'를 클릭한다.
  → 1000 단위 구분 기호(,) 사용에 체크한 후 [확인]을 클릭한다.

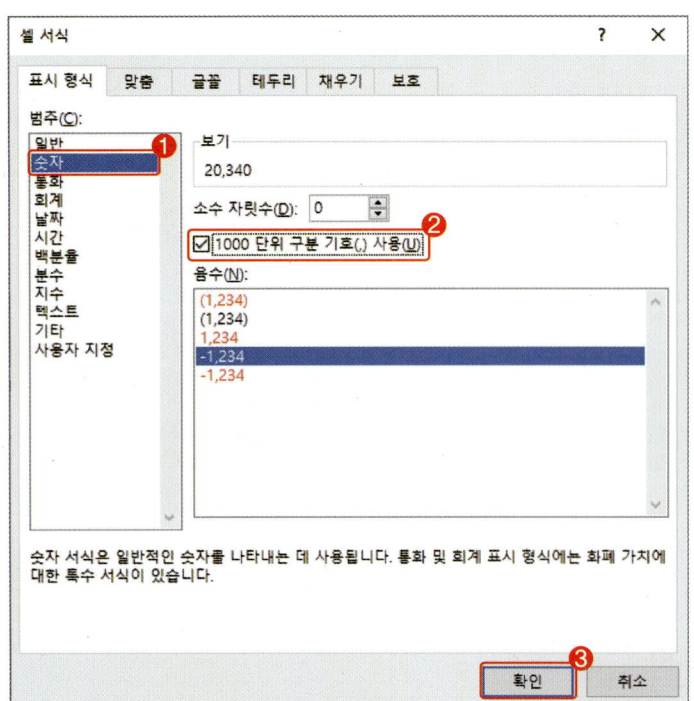

⑥ 데이터 시트를 닫고, [홈] 탭 – [글꼴] 그룹에서 글꼴 '돋움', '16pt', 글꼴 색 '검정'을 설정한다.

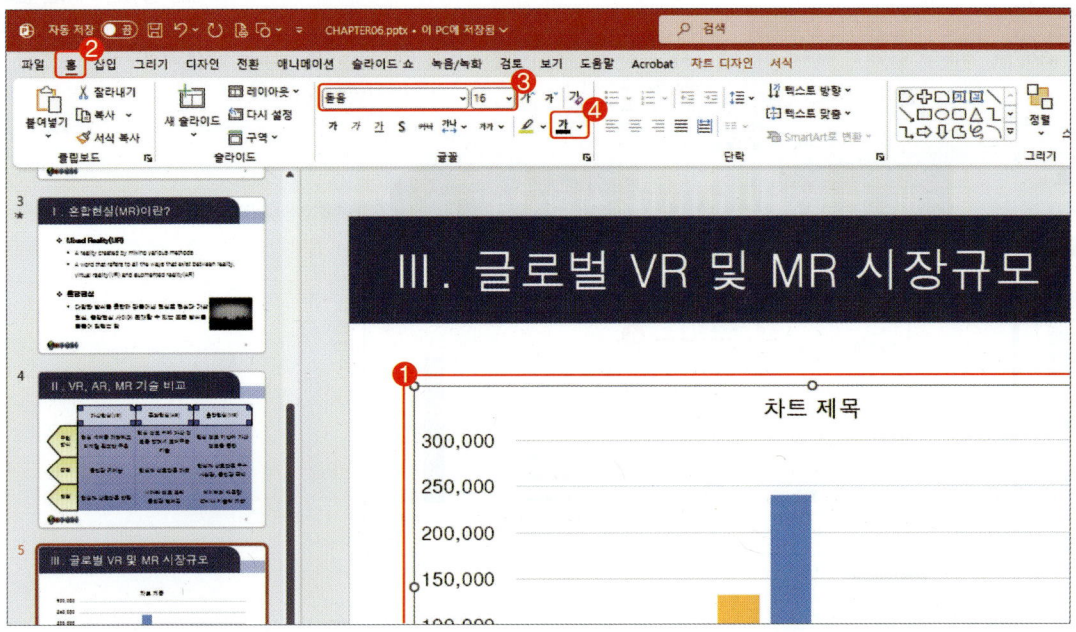

⑦ [차트 디자인] 탭 – [데이터] 그룹에서 [데이터 선택](📊)을 클릭한다.
  → [데이터 원본 선택] 대화상자가 나타나면 [행/열 전환](📊)을 클릭하고 [확인]을 클릭한다.
  → 데이터 시트를 닫는다.

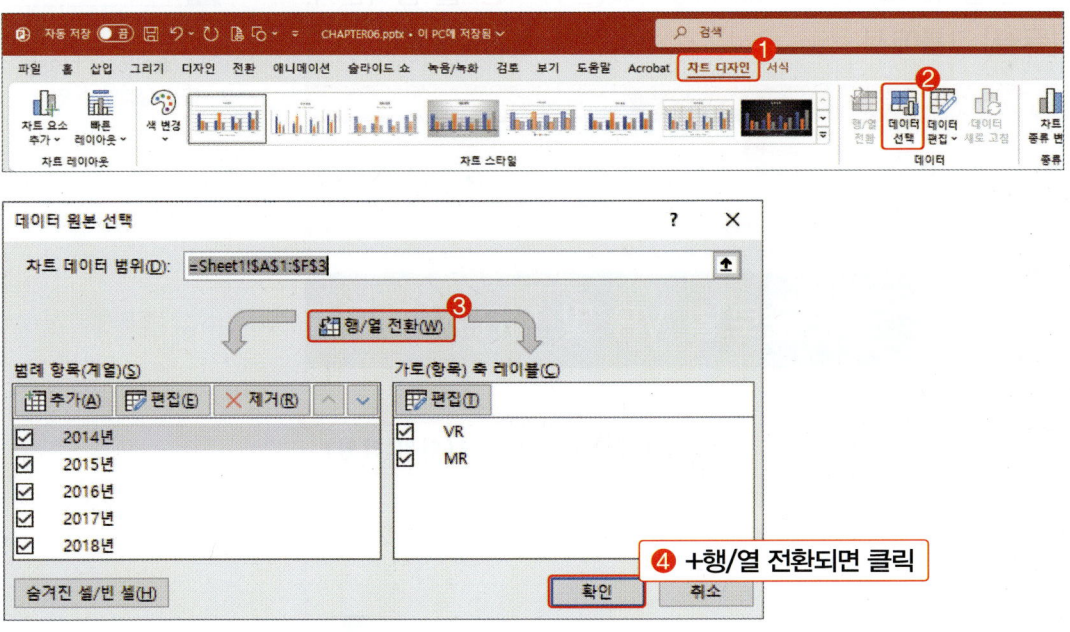

⑧ [서식] 탭 – [도형 스타일] 그룹 – [도형 윤곽선](🖌)을 클릭한다.
→ [색] – [검정], [두께] – [3/4pt]를 설정하여 외곽선을 지정해준다.

> **기적의 TIP**
> 도형 윤곽선의 색과 두께에 대한 명확한 지시는 없으므로 출력형태를 보고 비슷하게 설정한다.

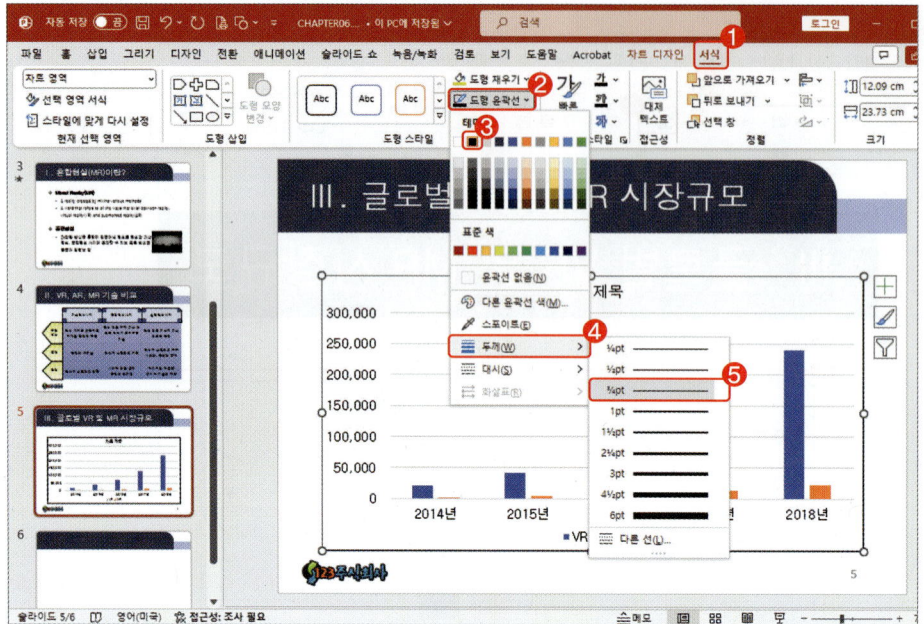

SECTION 02 차트 제목

① 차트 제목 상자를 클릭하고 『VR 및 MR 시장규모(단위:억원)』을 입력한다.
→ [홈] 탭 – [글꼴] 그룹에서 글꼴 '궁서', '24pt', '굵게' 설정을 한다.

> **기적의 TIP**
> [차트 디자인] 탭–[차트 요소 추가]에서 다양한 요소들을 설정할 수 있다.

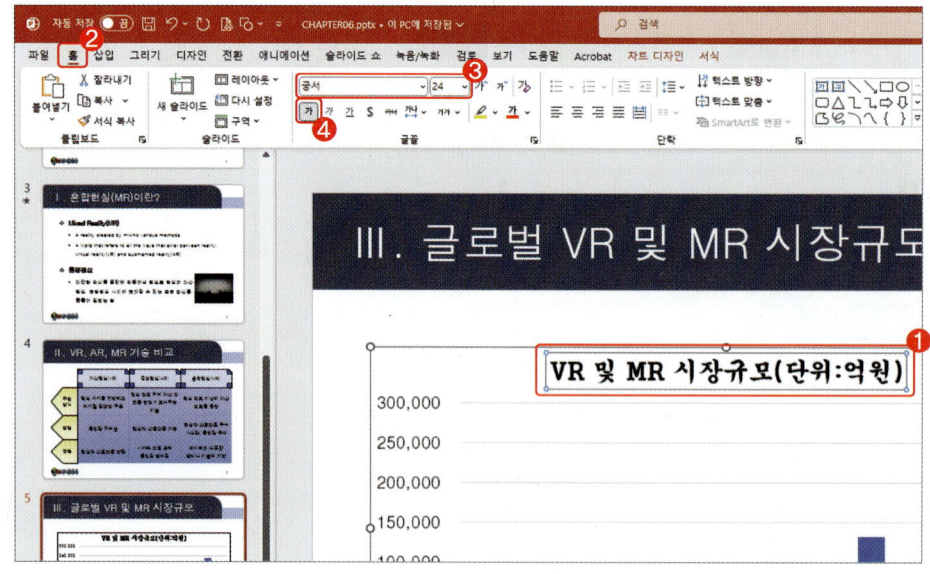

② [서식] 탭 – [도형 스타일] 그룹 – [도형 윤곽선](☐)을 클릭한다.
→ [색] – [검정], [두께] – [3/4pt]를 설정한다.
→ [도형 채우기](☐)를 클릭하여 '흰색'을 설정한다.

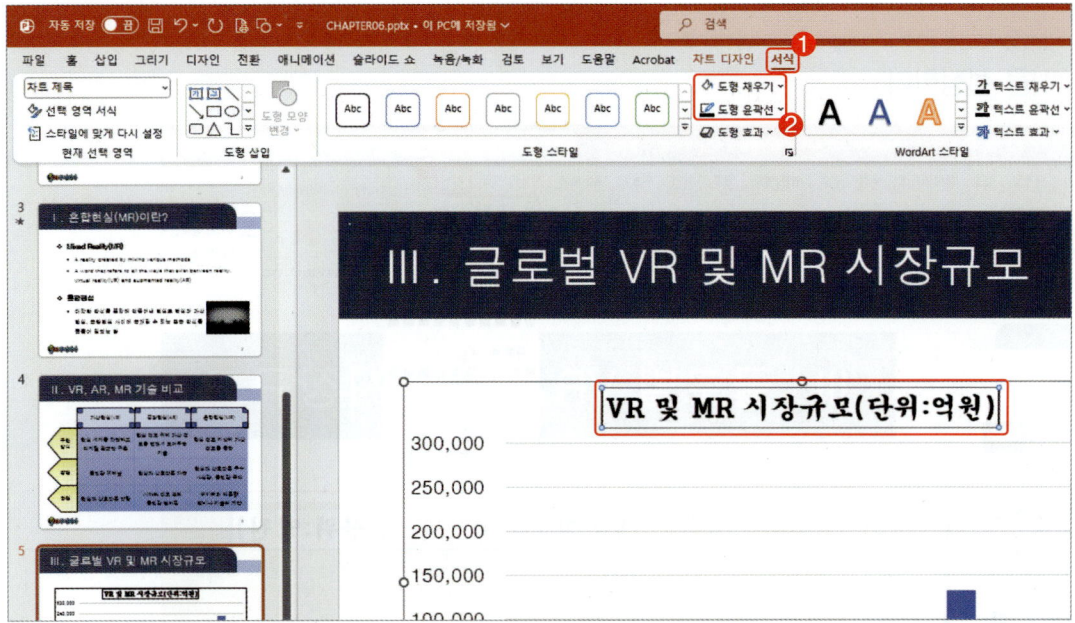

③ [도형 효과](☐)를 클릭하고 [그림자] – [바깥쪽] – [오프셋: 오른쪽]으로 설정한다.

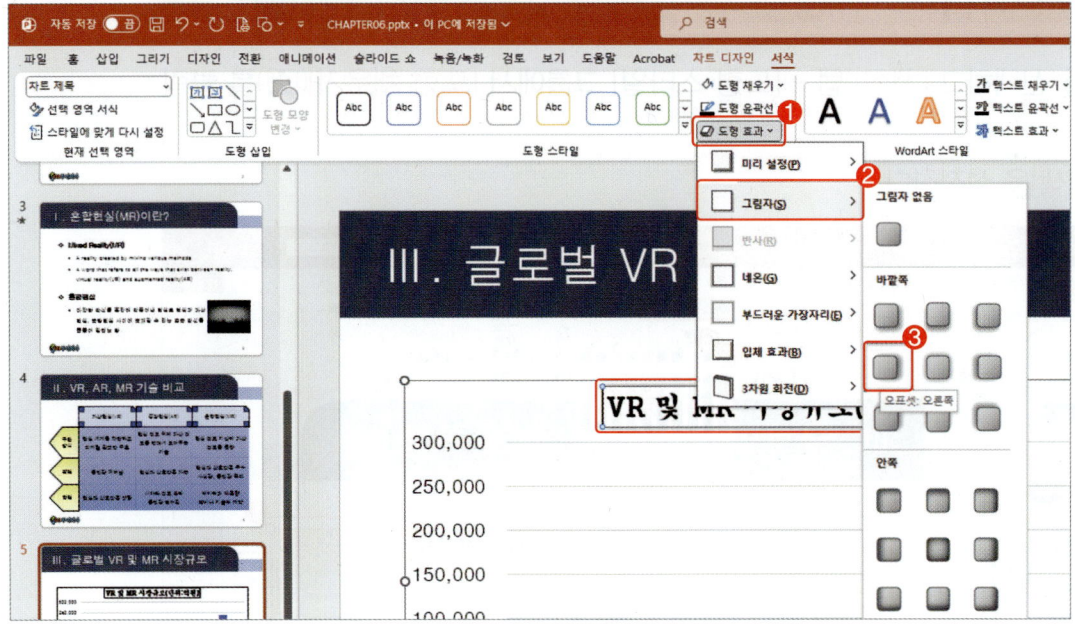

SECTION 03 　차트 영역, 그림 영역

① '차트 영역'을 선택하고 [서식] 탭 – [도형 스타일] 그룹에서 [도형 채우기](🎨)를 클릭한다.
　→ [색] – [노랑]을 설정한다.

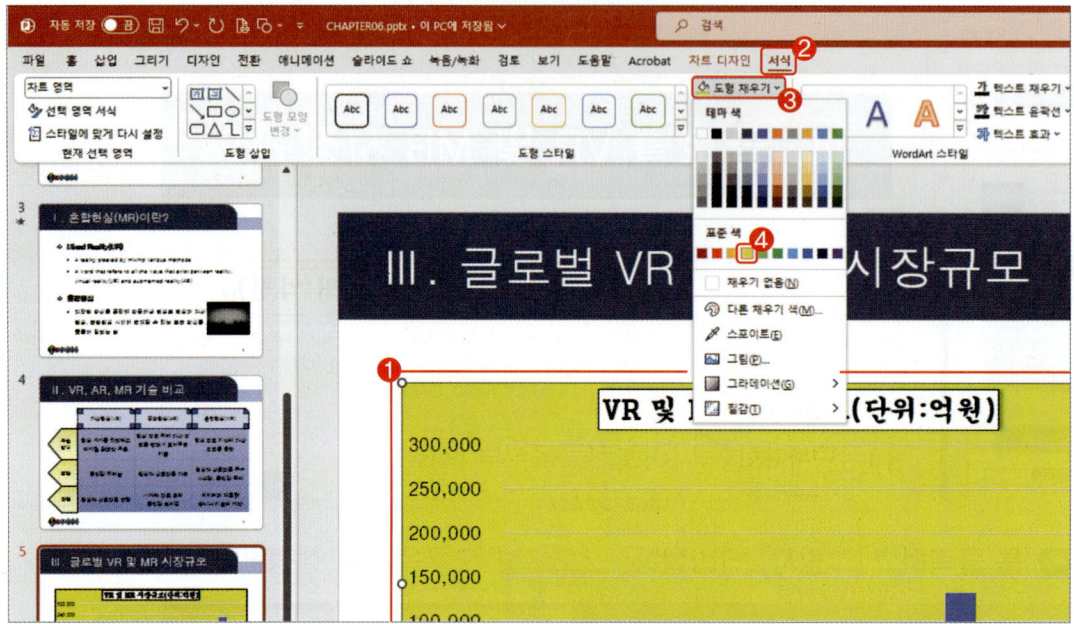

② '그림 영역'을 선택하고 [서식] 탭 – [도형 스타일] 그룹에서 [도형 채우기](🎨)를 클릭한다.
　→ [색] – [흰색]을 설정한다.

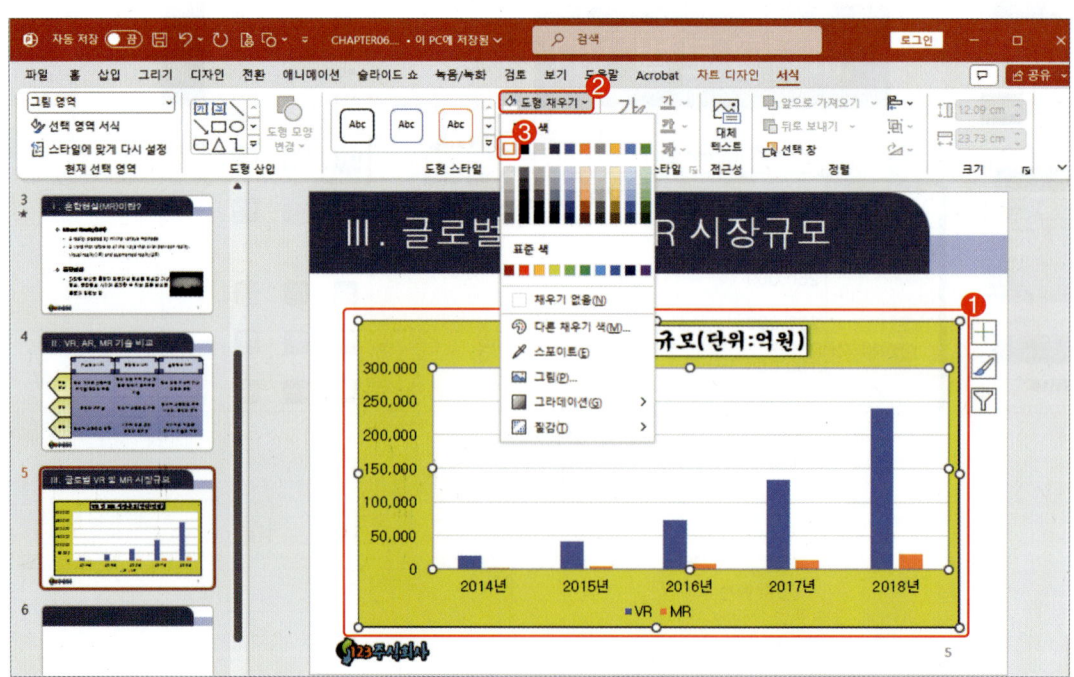

③ '차트 영역'을 선택하고 [차트 디자인] 탭 – [차트 레이아웃] 그룹 – [차트 요소 추가](📊)를 클릭한다.
   → [데이터 테이블](📊) – [범례 표지 포함]을 클릭한다.

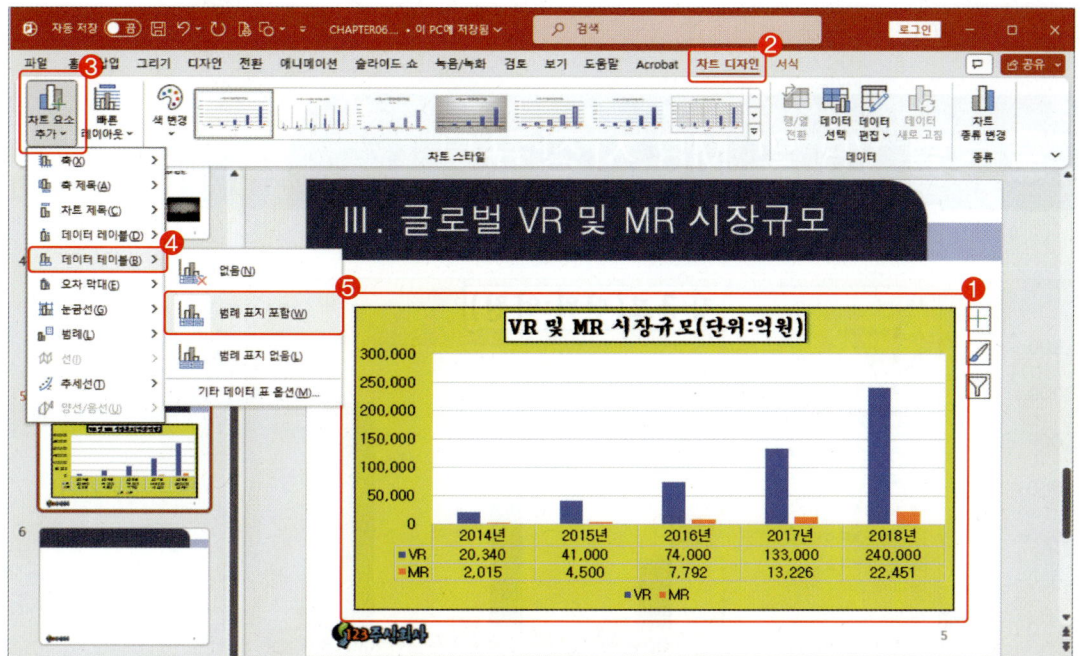

④ 차트 오른쪽 상단의 [차트 요소](➕) 아이콘을 클릭하여 [눈금선]과 [범례]를 체크 해제한다.

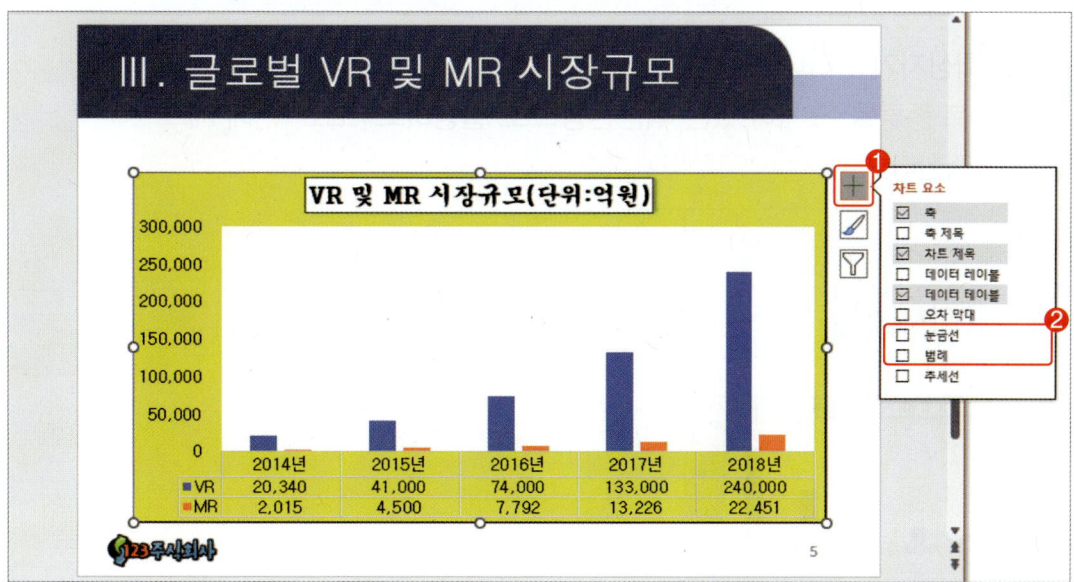

SECTION 04 데이터 서식, 값 표시

① 'MR' 계열을 꺾은선형으로 변경하기 위해 '차트 영역'에 마우스 오른쪽 클릭하여 [차트 종류 변경]을 클릭한다.

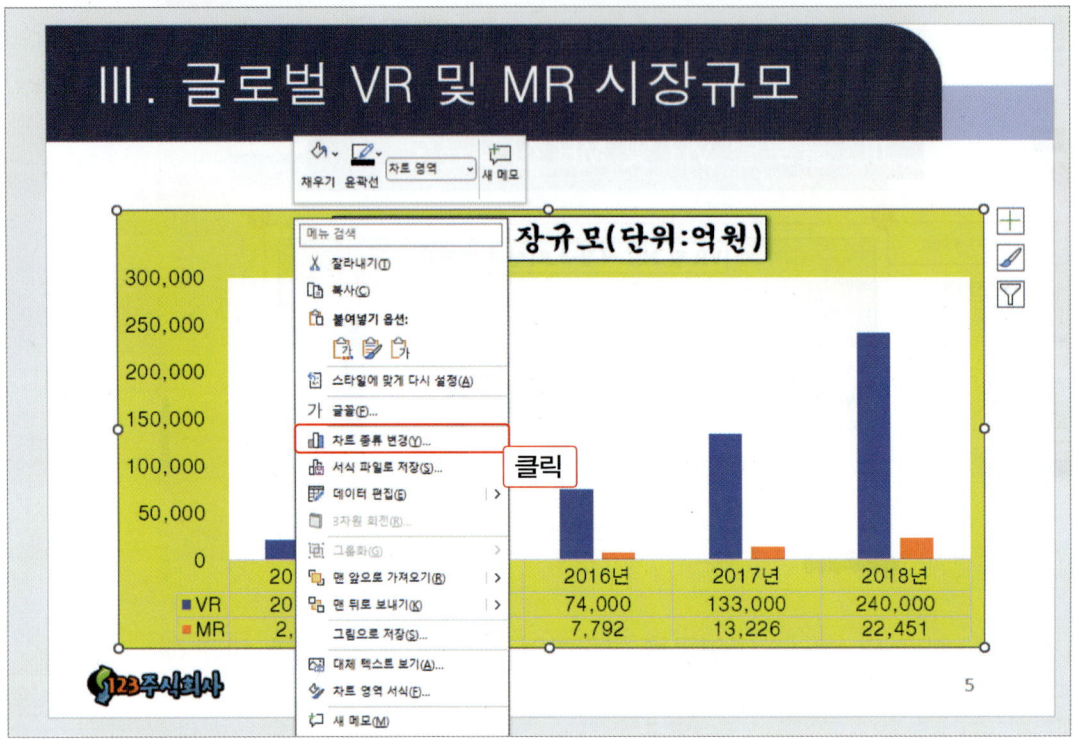

② [차트 종류 변경] 대화상자가 나타나면 [혼합]을 선택한다.
→ 'MR' 계열에서 차트 종류를 '표식이 있는 꺾은선형'으로 설정하고 [보조 축]에 체크한 후 [확인]을 클릭한다.

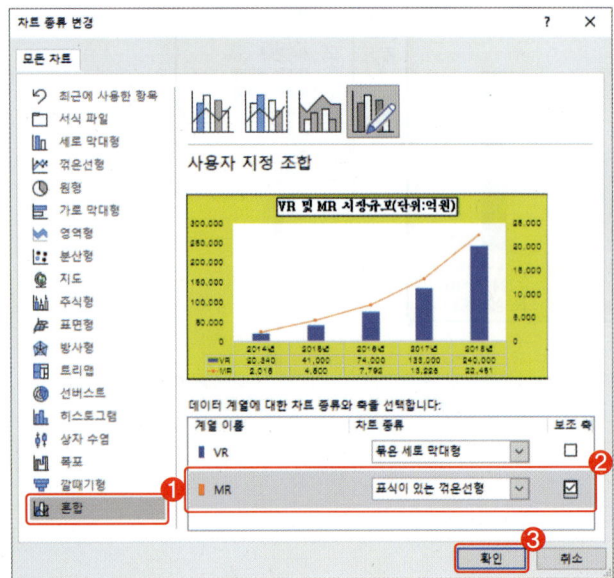

③ '차트 영역'에서 마우스 오른쪽 클릭하여 [차트 영역 서식]을 클릭한다.

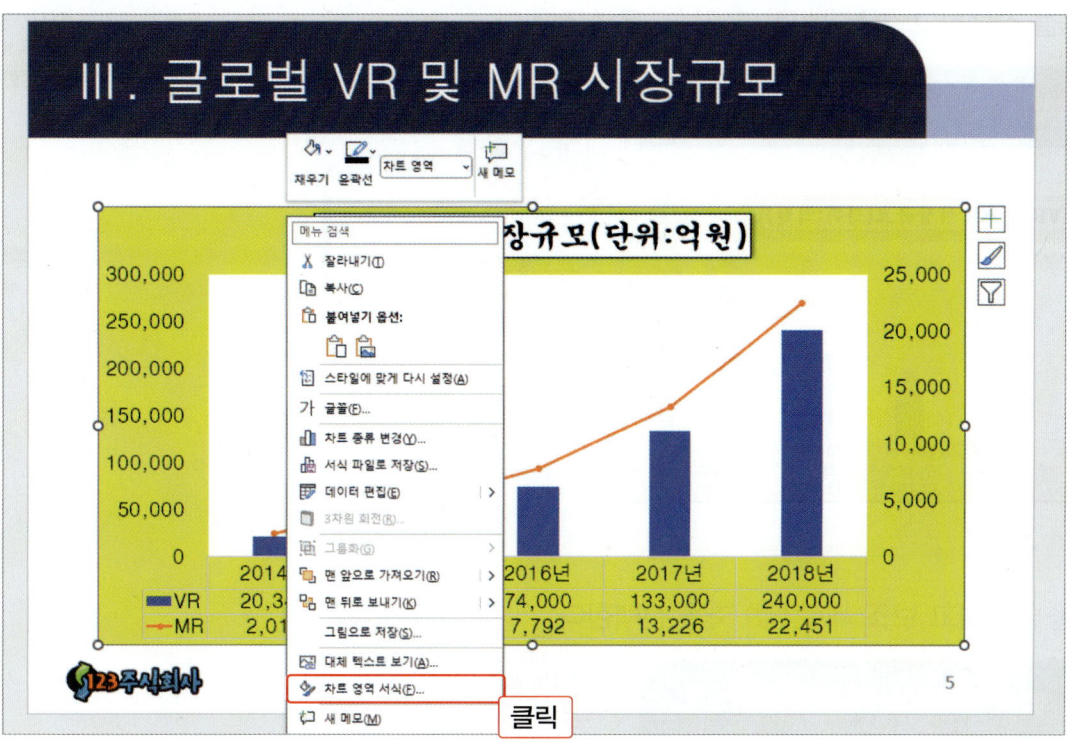

④ [차트 옵션]을 클릭하고 계열 "MR"을 선택한다.

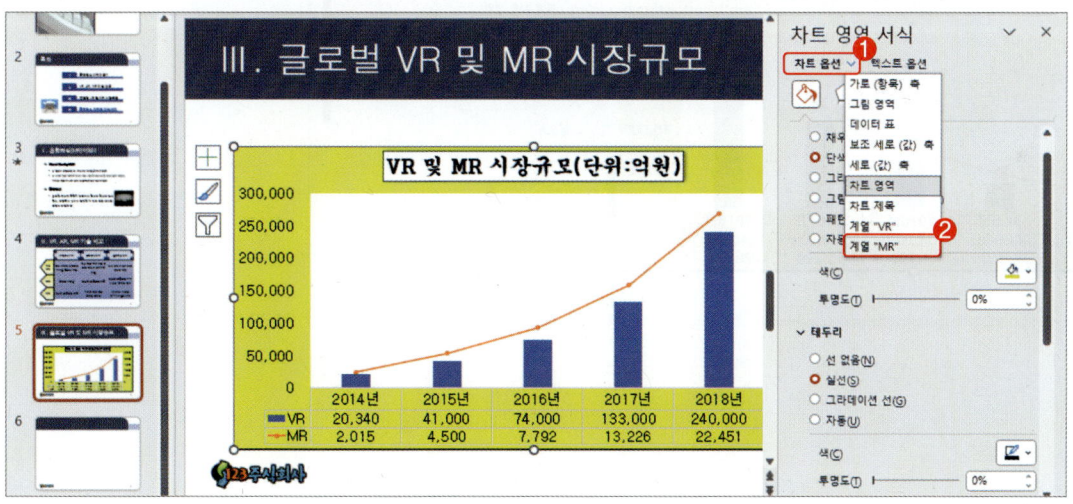

⑤ [데이터 계열 서식] 탭에서 [표식] – [표식 옵션]을 클릭한다.
→ 기본 제공을 선택하고 형식 '네모', 크기 '12'로 설정한다.

> 🚩 **기적의 TIP**
>
> 표식의 크기는 지시사항으로 주어지지 않을 경우 10~12 정도로 적당히 설정한다.

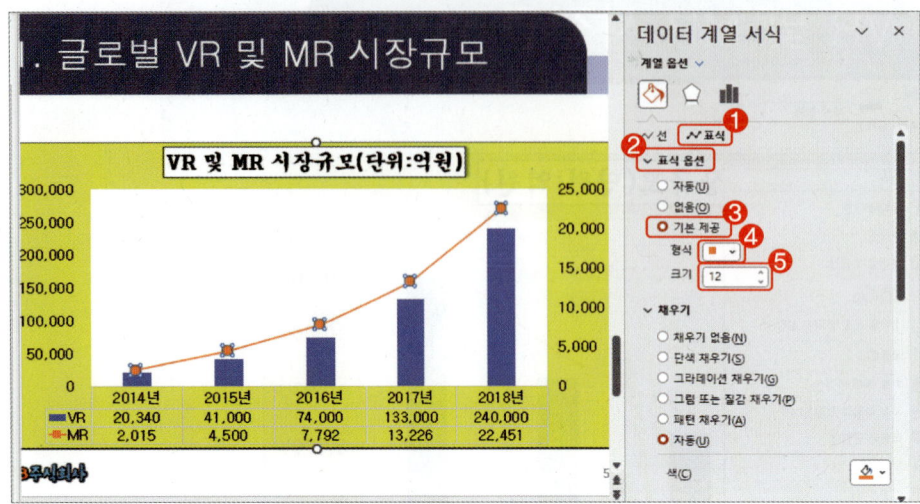

⑥ [계열 옵션]을 클릭하고 보조 세로 (값) 축을 선택한다.

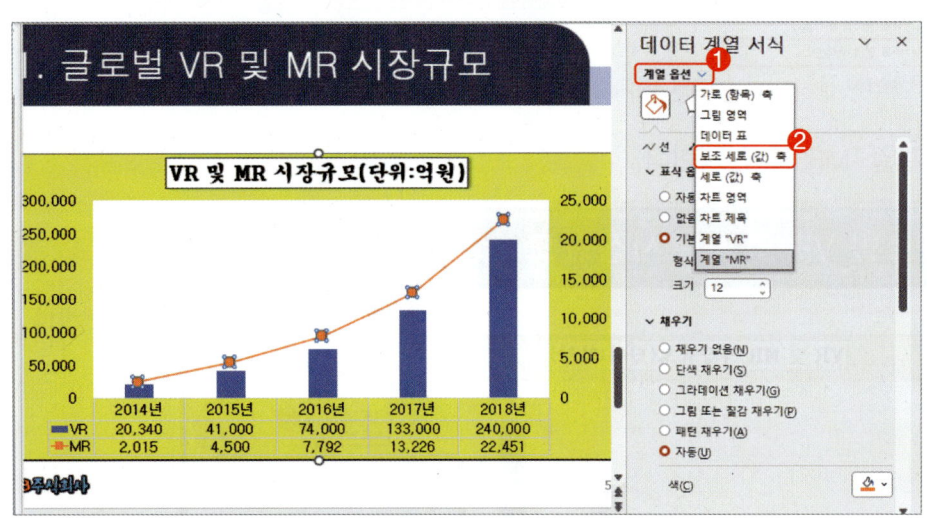

⑦ [축 옵션](■)을 클릭하고 [경계] – 최대값 『30000』, [단위] – 기본 『10000』을 입력한다.

→ [눈금] – 주 눈금 '바깥쪽', 보조 눈금 '없음'으로 설정한다.

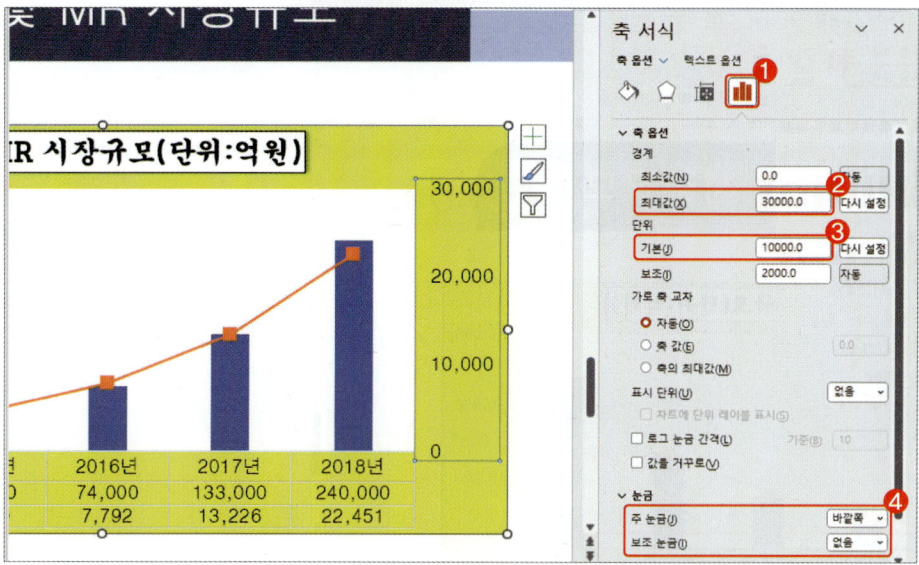

> 해결 TIP
>
> **축의 눈금 간격이 다를 경우 어떻게 조절하나요?**
> [축 서식] 탭의 [축 옵션]에서 최소값, 최대값, 기본 단위, 보조 단위를 수정하여 눈금 단위를 조절한다.

> 기적의 TIP
>
> **세로 (값) 축에서 '0' 대신 '-' 만드는 법**
> [축 서식] – [축 옵션]에서 [표시 형식] – 범주 '회계', 기호 '없음'으로 설정한다.

⑧ [서식] 탭 – [도형 스타일] 그룹 – [도형 윤곽선](☑)을 설정한다.

→ 마우스로 '세로 (값) 축'을 선택하여 같은 방법으로 [도형 윤곽선](☑)을 설정한다.

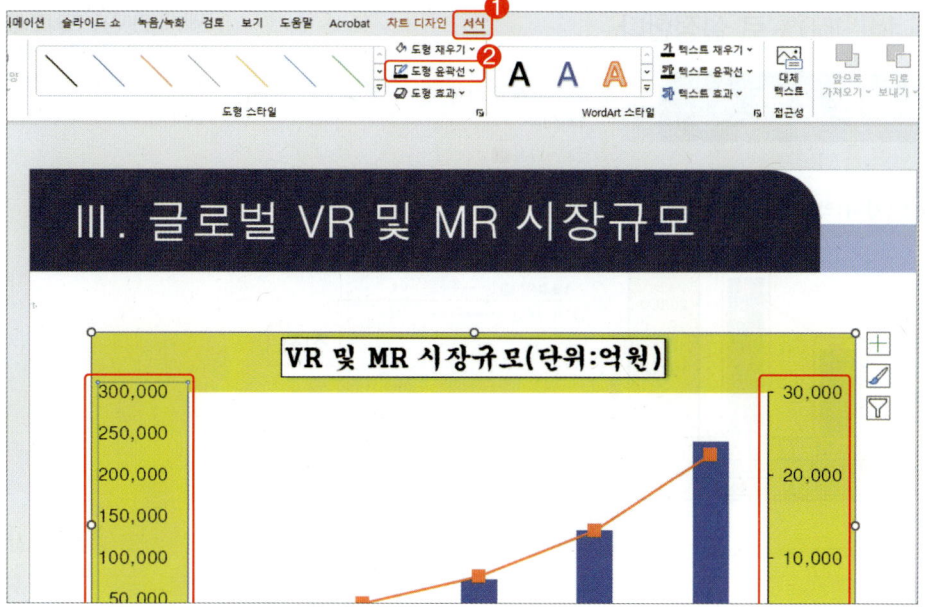

> 기적의 TIP
>
> 영역 선택은 마우스로 각 영역을 직접 클릭하거나 [서식] 탭의 [현재 선택 영역] 그룹에서 선택하면 된다.

⑨ 마우스로 '데이터 테이블'을 선택한다.

　→ [서식] 탭 – [도형 스타일] 그룹 – [도형 윤곽선](☐)을 설정한다.

> **기적의 TIP**
> 일반적으로 선 두께는 3/4pt를 설정하면 된다.

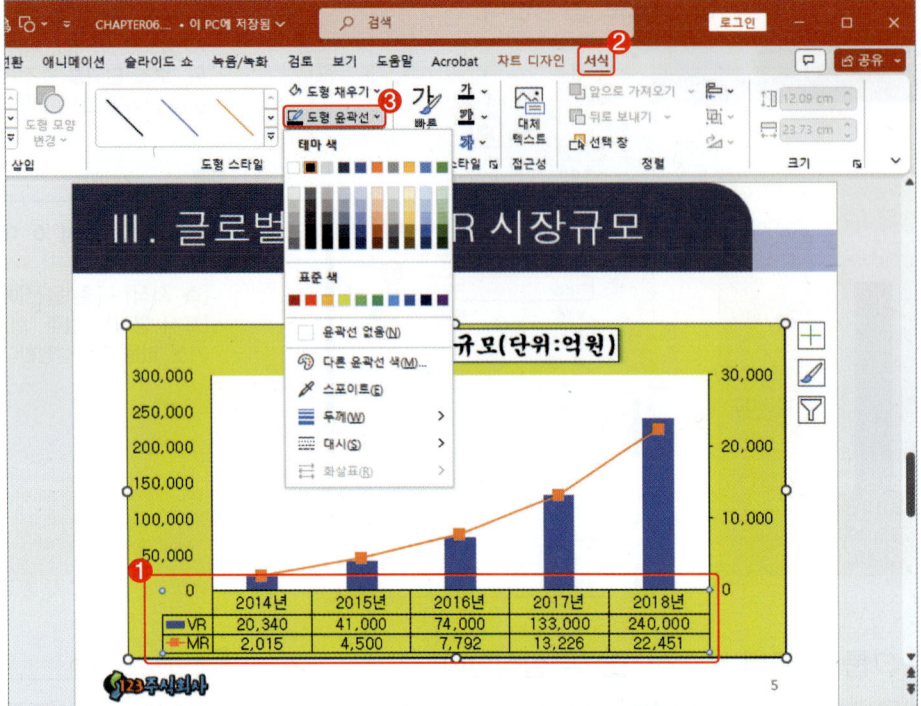

⑩ VR 계열 차트에 마우스 오른쪽 클릭하여 [데이터 계열 서식]을 클릭한다.

　→ [계열 옵션]에서 간격 너비 '150%'로 설정한다.

> **기적의 TIP**
> 세부조건에서 지시하지 않는 사항은 문제의 출력형태를 참고하여 비슷하게 설정한다.

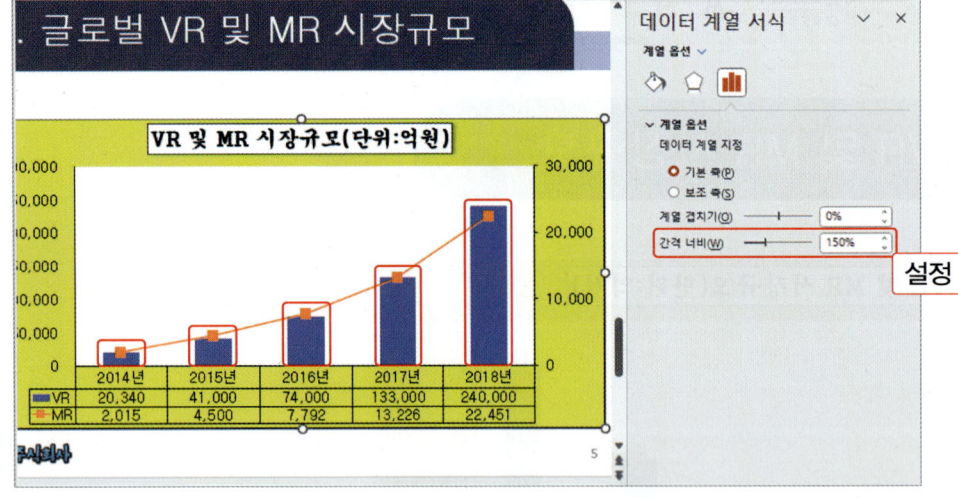

⑪ 값을 표시하기 위해 꺾은선형 차트인 'MR' 계열에서 '2018년 표식'만 마우스로 선택한다.

→ [차트 디자인] 탭의 [차트 요소 추가](📝) – [데이터 레이블] – [왼쪽]을 클릭한다.

> **기적의 TIP**
>
> **차트에서 하나의 요소만 선택**
> 마우스로 계열 차트를 한 번 클릭한 후 원하는 요소만 한 번 더 클릭한다.

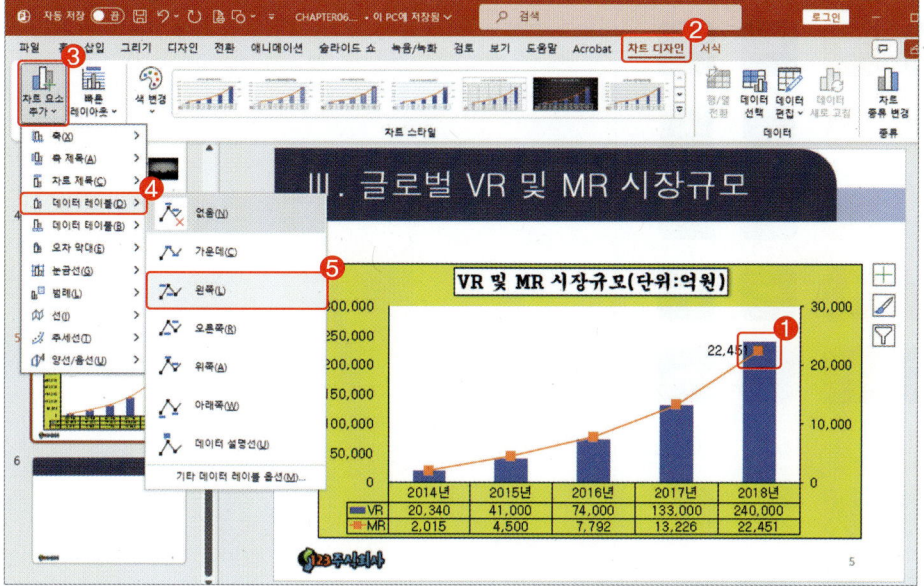

SECTION 05 도형 삽입

① [삽입] 탭 – [일러스트레이션] 그룹 – [도형](🔘)에서 [블록 화살표] – [화살표: 오른쪽]을 클릭한다.

→ 적당한 크기로 그린 후 [도형 스타일] 그룹에서 [빠른 스타일](▽)을 클릭한다.

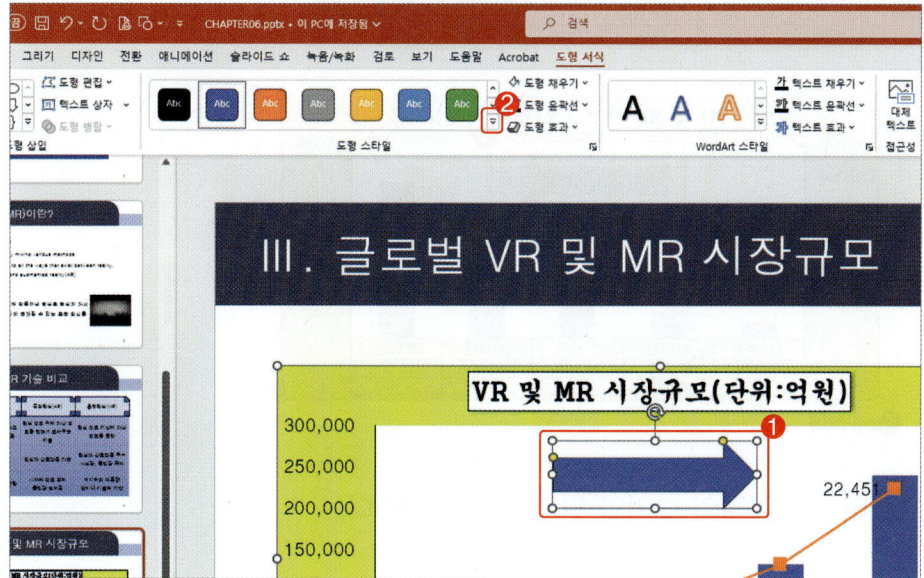

② [테마 스타일]에서 '미세 효과 – 파랑, 강조 1'을 선택한다.

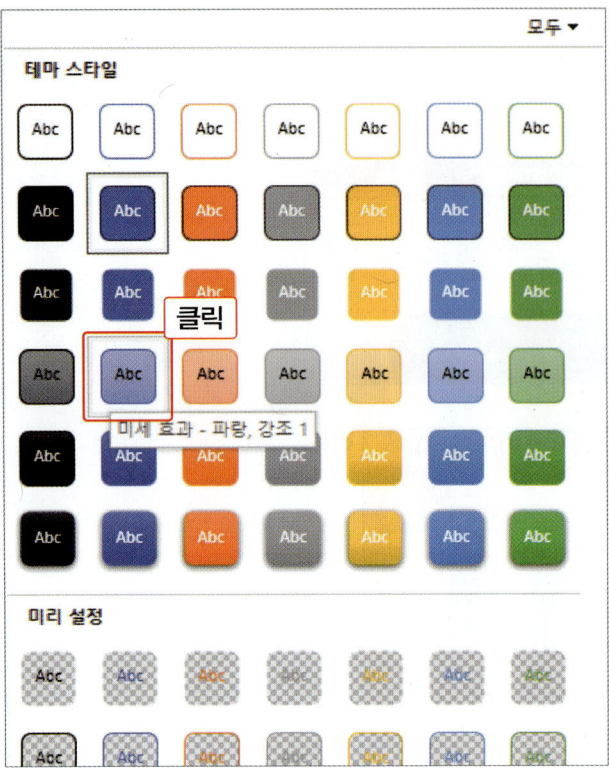

③ 도형에 『지속적 성장세』를 입력한다.
   → [홈] 탭 – [글꼴] 그룹에서 글꼴 '굴림', '18pt', [단락] 그룹에서 [가운데 맞춤](≡)을 설정한다.

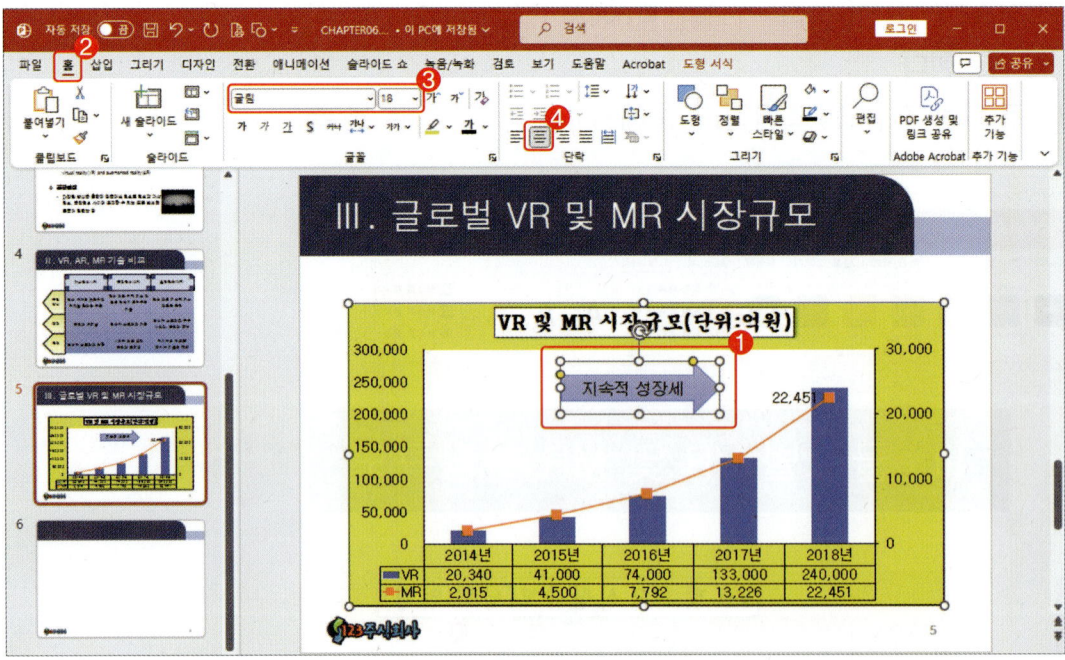

④ 문제지의 출력형태를 참고하며 차트영역의 크기와 위치 등을 조절한다.

유형을 확인하는 기출문제

문제유형 ❺-1

정답파일 PART 01 시험 유형 따라하기₩유형5-1번_정답.pptx

세부조건

종류(묶은 세로 막대형), 글꼴(돋움, 16pt), 외곽선

※ 차트설명
- 차트제목 : 궁서, 24pt, 굵게, 채우기(흰색), 테두리, 그림자(오프셋 아래쪽)
- 차트영역 : 채우기(노랑)
- 그림영역 : 채우기(흰색)
- 데이터 서식 : 여자아동 계열을 표식이 있는 꺾은선형으로 변경 후 보조축으로 지정
- 값 표시 : 국어의 남자아동 계열만
- ① 도형 삽입
  - 스타일 : 미세 효과 – 파랑, 강조1
  - 글꼴 : 굴림, 18pt

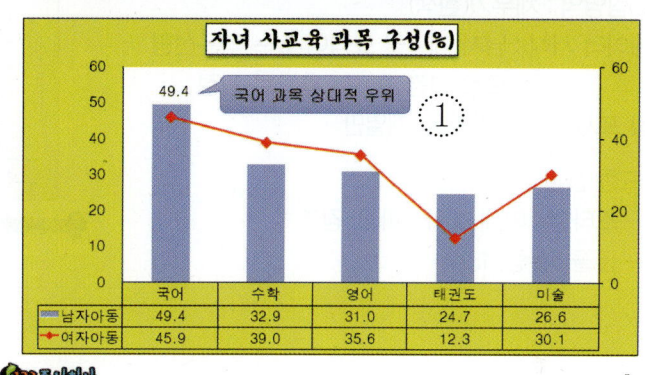

문제유형 ❺-2

정답파일 PART 01 시험 유형 따라하기₩유형5-2번_정답.pptx

세부조건

종류(묶은 세로 막대형), 글꼴(돋움, 16pt), 외곽선

※ 차트설명
- 차트제목 : 궁서, 24pt, 굵게, 채우기(흰색), 테두리, 그림자(오프셋 오른쪽)
- 차트영역 : 채우기(노랑)
- 그림영역 : 채우기(흰색)
- 데이터 서식 : 음주율 계열을 표식이 있는 꺾은선형으로 변경 후 보조축으로 지정
- 값 표시 : 20대의 음주율 계열만
- ① 도형 삽입
  - 스타일 : 미세 효과 – 파랑, 강조 1
  - 글꼴 : 굴림, 18pt

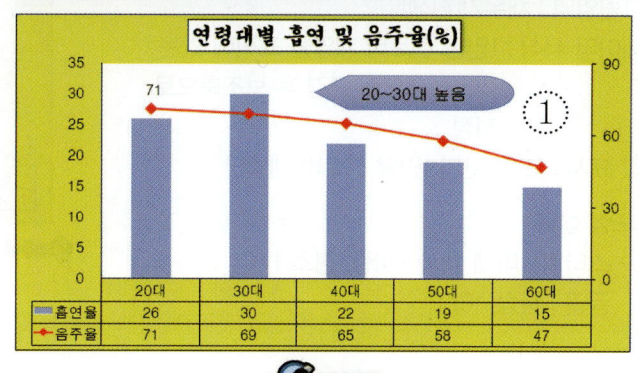

문제유형 ❺-3

세부조건

종류(묶은 세로 막대형), 글꼴(돋움, 16pt), 외곽선

※ 차트설명
- 차트제목 : 궁서, 24pt, 굵게, 채우기(흰색), 테두리, 그림자(오프셋 오른쪽)
- 차트영역 : 채우기(노랑)
- 그림영역 : 채우기(흰색)
- 데이터 서식 : 남자 계열을 표식이 있는 꺾은선형으로 변경 후 보조축으로 지정
- 값 표시 : 2022의 여자 계열만

① 도형 삽입
- 스타일 : 미세 효과 – 파랑, 강조 1
- 글꼴 : 굴림, 18pt

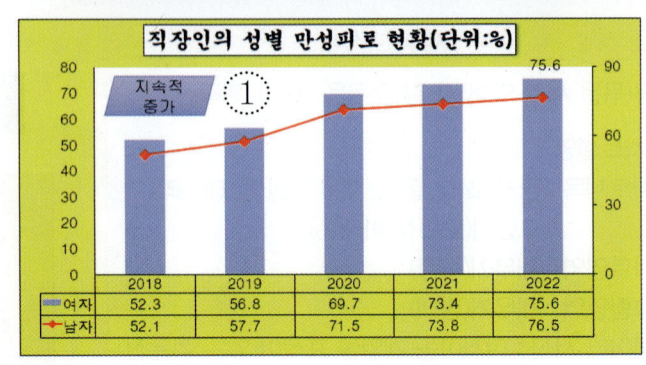

문제유형 ❺-4

세부조건

종류(묶은 세로 막대형), 글꼴(돋움, 16pt), 외곽선

※ 차트설명
- 차트제목 : 궁서, 24pt, 굵게, 채우기(흰색), 테두리, 그림자(오프셋 오른쪽)
- 차트영역 : 채우기(노랑)
- 그림영역 : 채우기(흰색)
- 데이터 서식 : 1인당 진료비 계열을 표식이 있는 꺾은선형으로 변경 후 보조축으로 지정
- 값 표시 : 2020년의 1인당 진료비 계열만

① 도형 삽입
- 스타일 : 미세 효과 – 파랑, 강조 1
- 글꼴 : 굴림, 18pt

유형분석 문항 7

슬라이드 6
도형 슬라이드

배점 **100점** | A등급 목표점수 **80점**

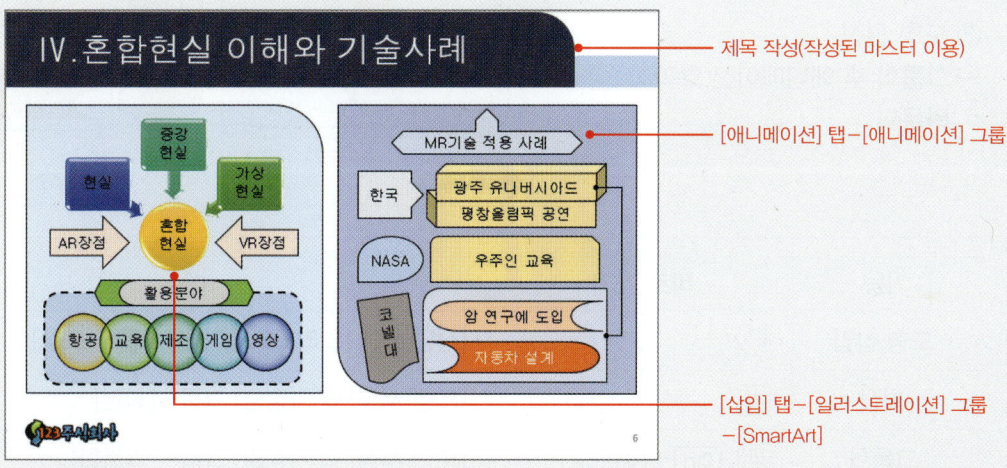

출제포인트
스마트아트 삽입 · 도형 삽입 · 그룹화 · 애니메이션

출제기준
다양한 도형을 이용한 슬라이드 작성 능력을 평가하는 문항입니다.

A등급 TIP
슬라이드 5와 함께 배점이 가장 크지만, 어려운 기능보다는 꼼꼼한 작성과 시간 관리를 요구하는 문항입니다. 삽입된 도형과 스마트아트의 이름이 주어지지 않으므로 기출문제와 모의고사를 통해 다양한 도형을 찾아보고 변형해 보는 것이 좋습니다. 그룹화와 애니메이션은 한 번만 제대로 익히면 어렵지 않은 기능이므로 꼭 숙지하세요.

CHAPTER 07 [슬라이드 6] 도형 슬라이드

작업파일 PART 01 시험 유형 따라하기₩CHAPTER07.pptx
정답파일 PART 01 시험 유형 따라하기₩CHAPTER07_정답.pptx

문제보기	(1) 슬라이드와 같이 도형 및 스마트아트를 배치한다(글꼴 : 굴림, 18pt). (2) 애니메이션 순서 : ① ⇒ ② **세부조건** ① 도형 및 스마트아트 편집 – 스마트아트 디자인 : 　3차원 광택 처리, 3차원 만화 – 그룹화 후 애니메이션 효과 : 　닦아내기(위에서) ② 도형 편집 – 그룹화 후 애니메이션 효과 : 　바운드 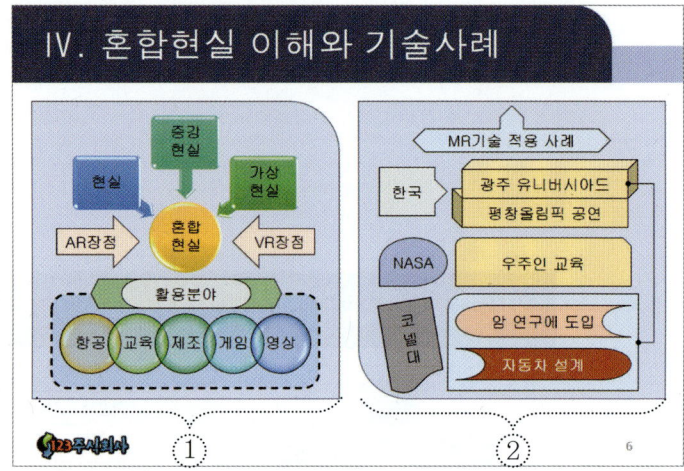

핵심기능	기능	바로 가기	메뉴
	도형 삽입		[삽입] 탭–[일러스트레이션] 그룹–[도형]
	회전		[도형 서식] 탭–[정렬] 그룹–[회전]
	그룹화	, Ctrl + G	[도형 서식] 탭–[정렬] 그룹–[그룹화]
	SmartArt		[삽입] 탭–[일러스트레이션] 그룹–[SmartArt]
	애니메이션		[애니메이션] 탭–[애니메이션] 그룹

SECTION 01 　왼쪽 도형 작성

① 슬라이드 6을 선택하고 슬라이드 제목에 『IV. 혼합현실 이해와 기술사례』를 입력한 후 '텍스트를 입력하십시오' 상자를 삭제한다.

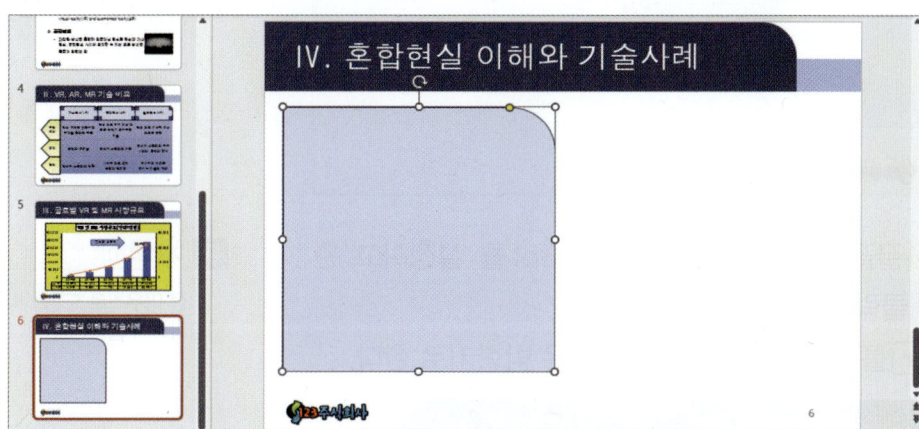

② [삽입] 탭 – [일러스트레이션] 그룹에서 [도형](　) – [사각형: 둥근 한쪽 모서리]를 선택하여 도형을 그린다.
→ [도형 서식] 탭 – [도형 스타일] 그룹에서 [도형 채우기](　)로 임의의 색을 지정한다.

> **기적의 TIP**
> 가장 뒤에 있는 도형부터 그려야 작업이 수월하다.

> **기적의 TIP**
> 도형 윤곽선의 두께는 문제에 명확한 지시사항이 없다면 출력형태와 유사하게 지정한다.

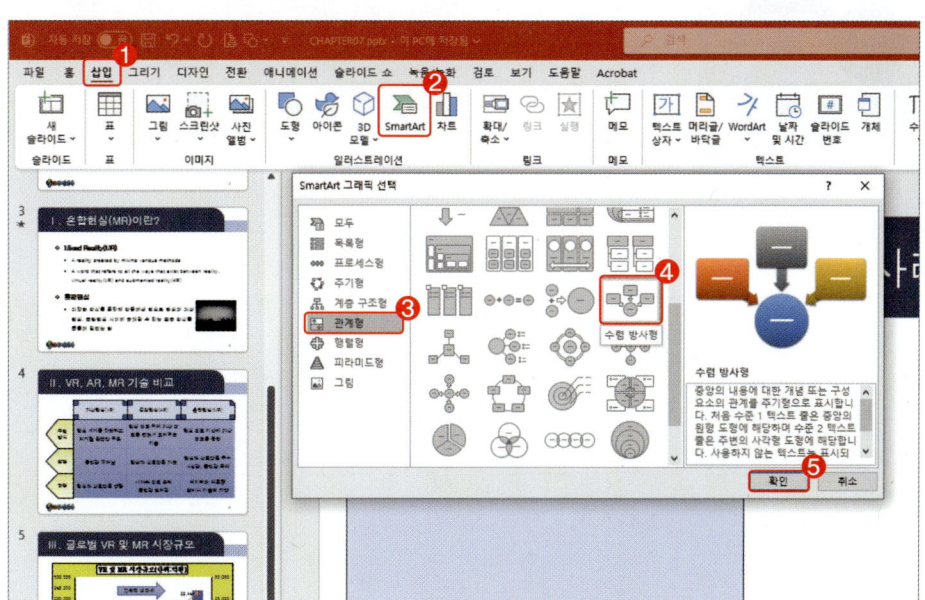

③ [삽입] 탭 – [일러스트레이션] 그룹 – [SmartArt](　)를 클릭한다.
→ [SmartArt 그래픽 선택] 대화상자가 나타나면 [관계형] – [수렴 방사형]을 선택하고 [확인]을 클릭한다.

> **기적의 TIP**
> **SmartArt 고르기**
> 시험에서 SmartArt 그래픽의 이름에 대한 지시사항이 없을 경우, 출력형태를 참고하여 그래픽을 선택한다.

④ 크기와 위치를 조절하고 [SmartArt 디자인] 탭 – [SmartArt 스타일] 그룹 – [빠른 스타일](▼)을 클릭한다.
→ [3차원] – [광택 처리]를 클릭한다.

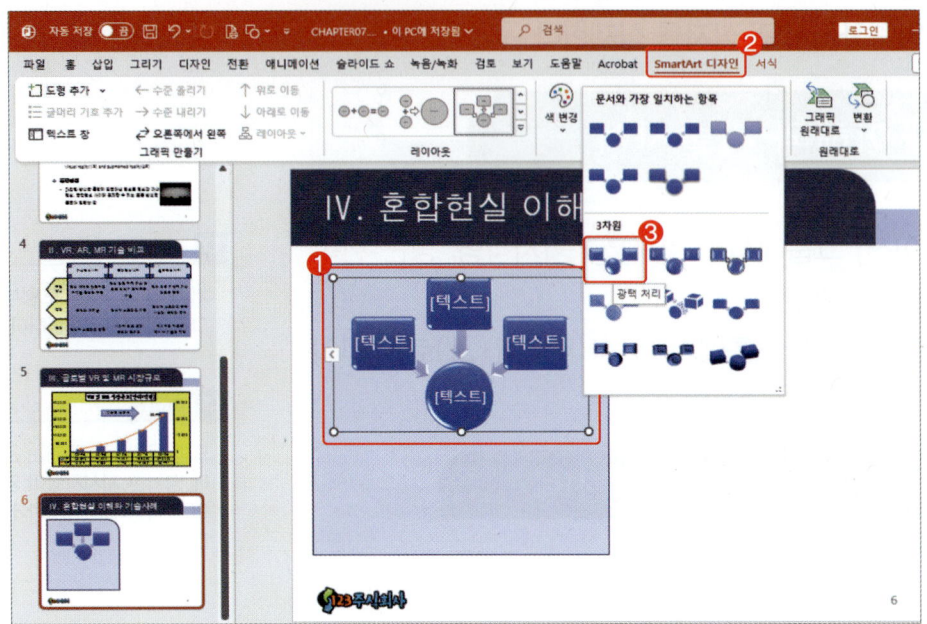

⑤ SmartArt에서 [홈] 탭 – [글꼴] 그룹의 글꼴 '굴림', '18pt'를 설정하고 왼쪽 모서리의 ◁ 아이콘을 클릭하여 내용을 입력한다.
→ 줄바꿈은 Shift + Enter 를 이용하고 도형 간 이동은 방향키로 한다.

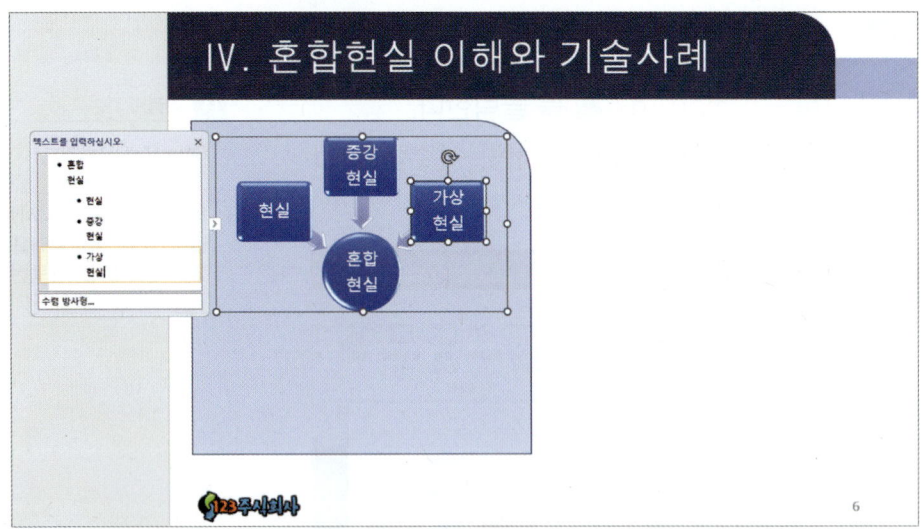

> 🚩 **기적의 TIP**
>
> 직접 마우스로 도형 하나씩 클릭하여 입력해도 된다.

⑥ [SmartArt 디자인] 탭 – [SmartArt 스타일] 그룹에서 [색 변경]을 클릭한다.
　→ [색상형] 중 도형들이 서로 구분되는 것을 선택해 적용한다.
　→ [홈] 탭에서 글꼴 색 '검정'으로 설정한다.

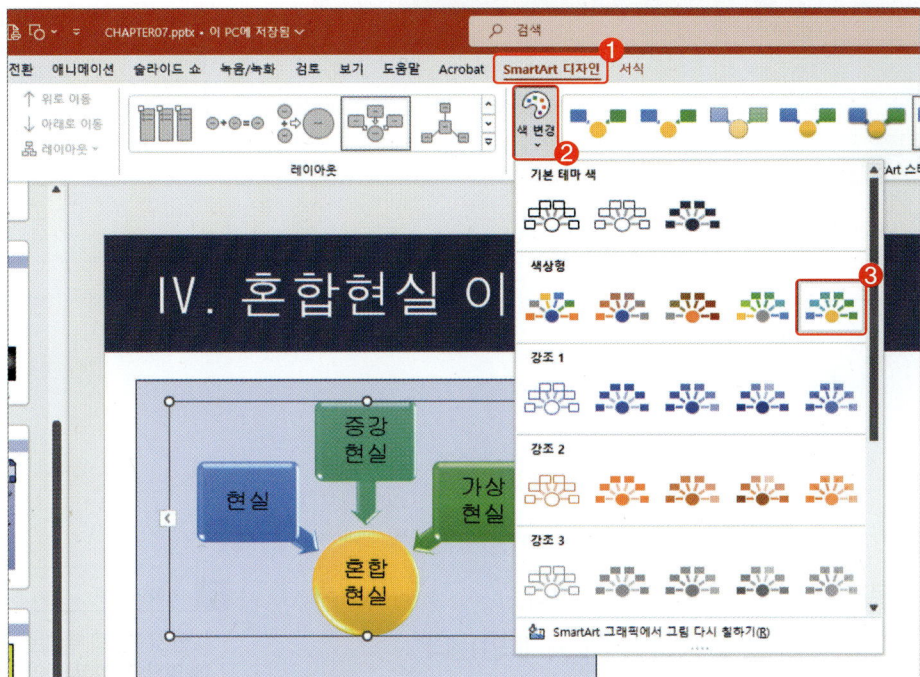

⑦ [삽입] 탭 – [일러스트레이션] 그룹에서 [도형](🔲) – [블록 화살표] – [화살표: 오른쪽], [화살표: 왼쪽]을 그리고 내용을 입력한다.
　→ [도형 서식] 탭 – [도형 스타일] 그룹에서 [도형 채우기](🎨)와 [도형 윤곽선](✏️)에 임의의 색을 설정한다.
　→ 글꼴은 '굴림', '18pt', '검정'으로 설정한다.

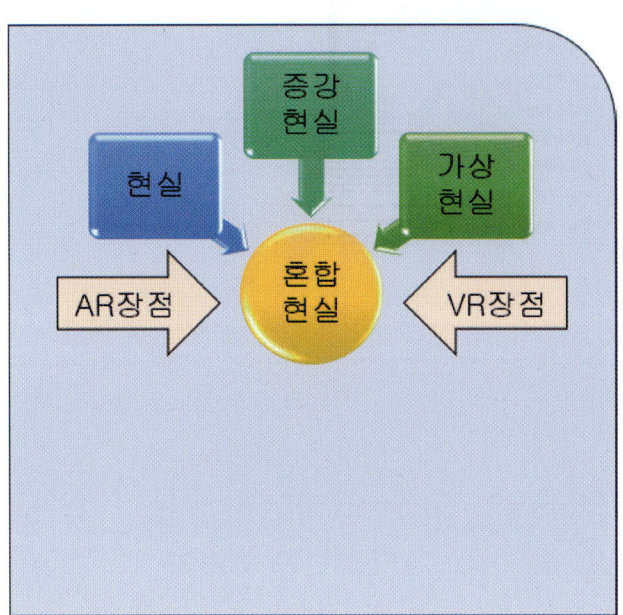

기적의 TIP

기본 도형 설정하기
도형에 마우스 오른쪽 클릭하여 [기본 도형으로 설정]을 선택하면 앞으로 삽입되는 다른 도형들의 기본값(색, 글꼴 등)이 기본 도형으로 설정한 도형과 같아진다.

기적의 TIP

도형에 들어갈 내용은 도형 안에 텍스트를 작성해도 되고, 텍스트 상자를 입력하여 작성해도 된다.

⑧ [삽입] 탭 – [일러스트레이션] 그룹에서 [도형](📷) – [사각형: 둥근 모서리]를 선택해 그린다.

> **기적의 TIP**
> 도형의 색은 서로 구분되게 임의로 설정한다.

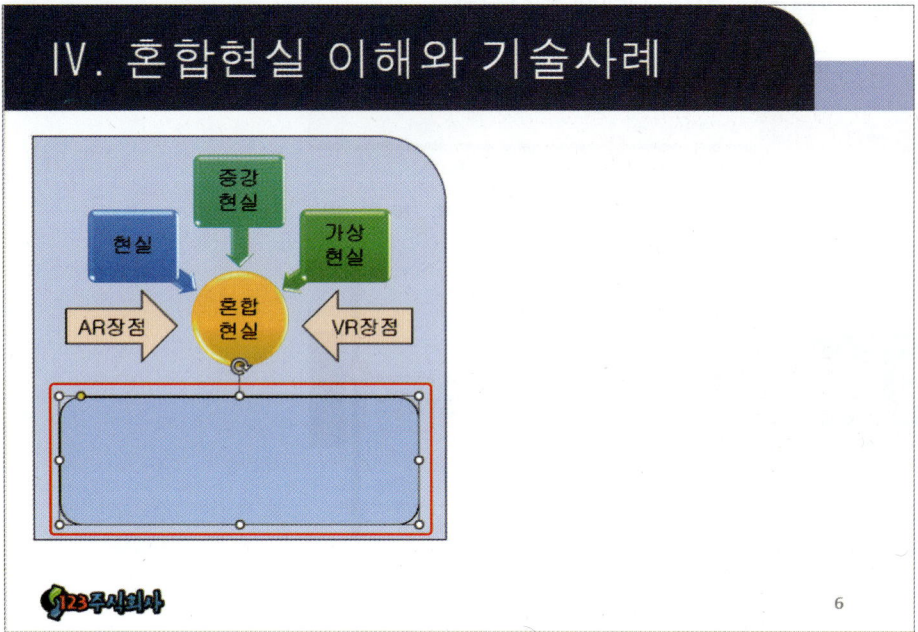

⑨ 도형에서 마우스 오른쪽 클릭하여 [도형 서식] 탭을 연다.
→ [선] – 대시 종류 '파선', 너비 '2pt'로 설정하여 더 굵게 만든다.

> **기적의 TIP**
> 도형 윤곽선의 두께는 문제에 명확한 지시사항이 없다면 출력형태와 유사하게 지정한다.

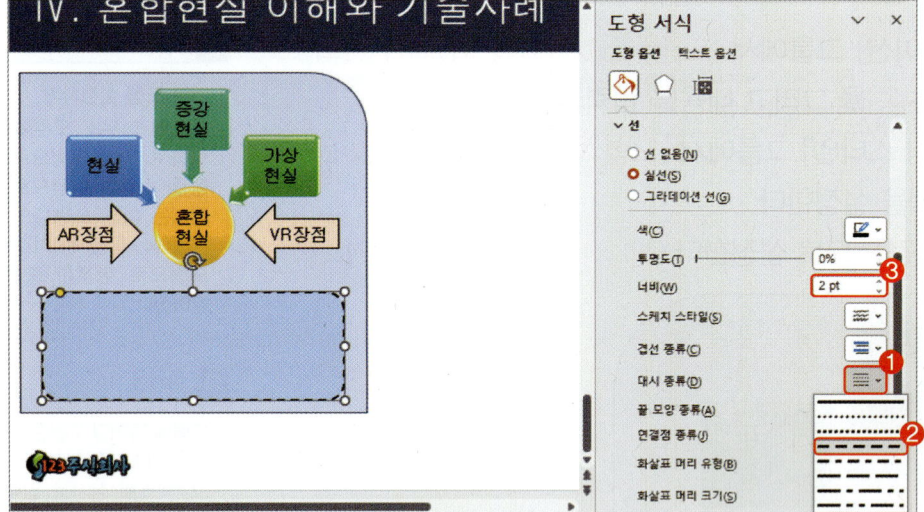

⑩ [삽입] 탭 – [일러스트레이션] 그룹에서 [도형](📷) – [기본 도형] – [육각형]을 선택해 그린다.
→ 그 위에 [순서도: 수행의 시작/종료]를 그리고 『활용분야』를 입력한다.

> **기적의 TIP**
>
> 도형들의 글꼴은 '굴림', '18pt'로 모두 동일해야 한다.

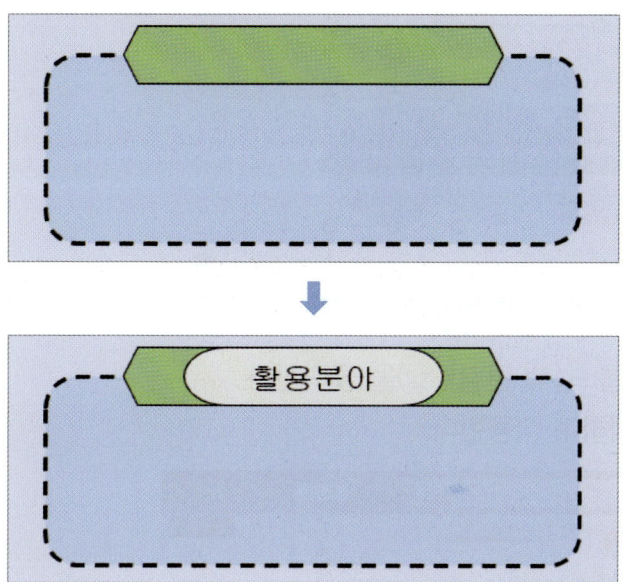

⑪ [삽입] 탭 – [일러스트레이션] 그룹 – [SmartArt](🖼)를 클릭한다.
→ [SmartArt 그래픽 선택] 대화상자가 나타나면 [관계형] – [선형 벤형]을 선택하고 [확인]을 클릭한다.

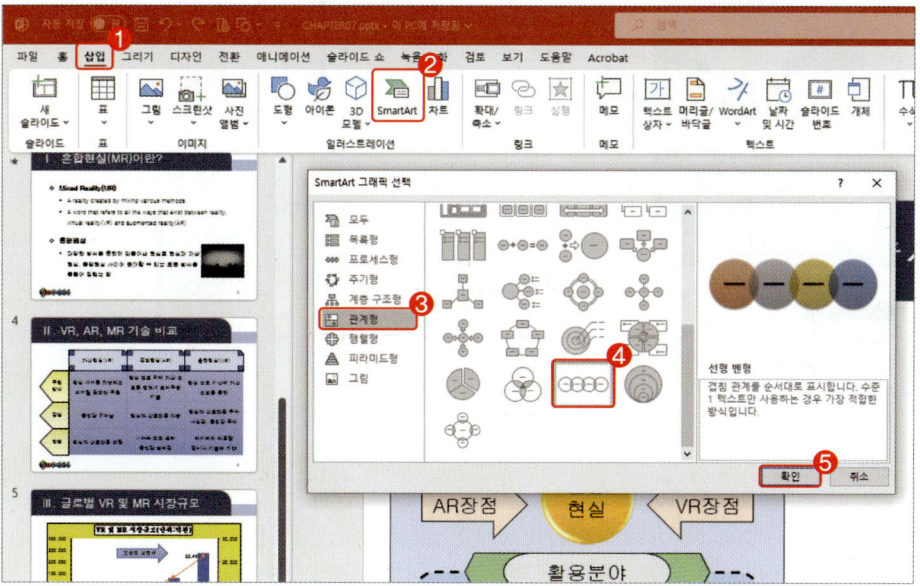

⑫ SmartArt에서 [홈] 탭 – [글꼴] 그룹의 글꼴 '굴림', '18pt'를 설정하고 왼쪽 모서리의
  아이콘을 클릭하여 내용을 입력한다.
   → Enter 를 누르면 도형이 하나 더 추가되며, 도형 간 이동은 방향키를 사용한다.

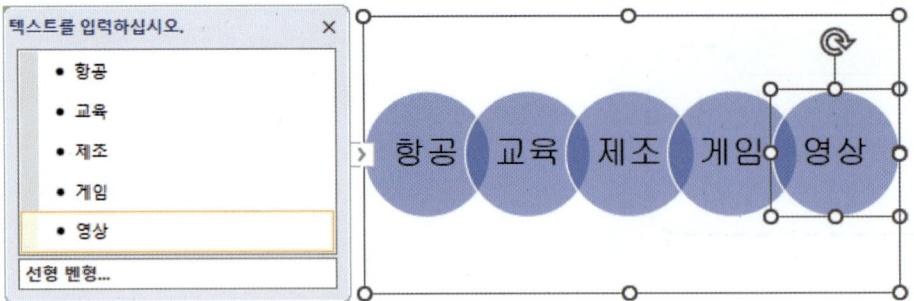

⑬ [SmartArt 디자인] 탭에서 [SmartArt 스타일] 그룹 – [색 변경](🎨)을 클릭한다.
   → [색상형] 중 도형들이 서로 구분되는 색을 선택하여 적용한다.

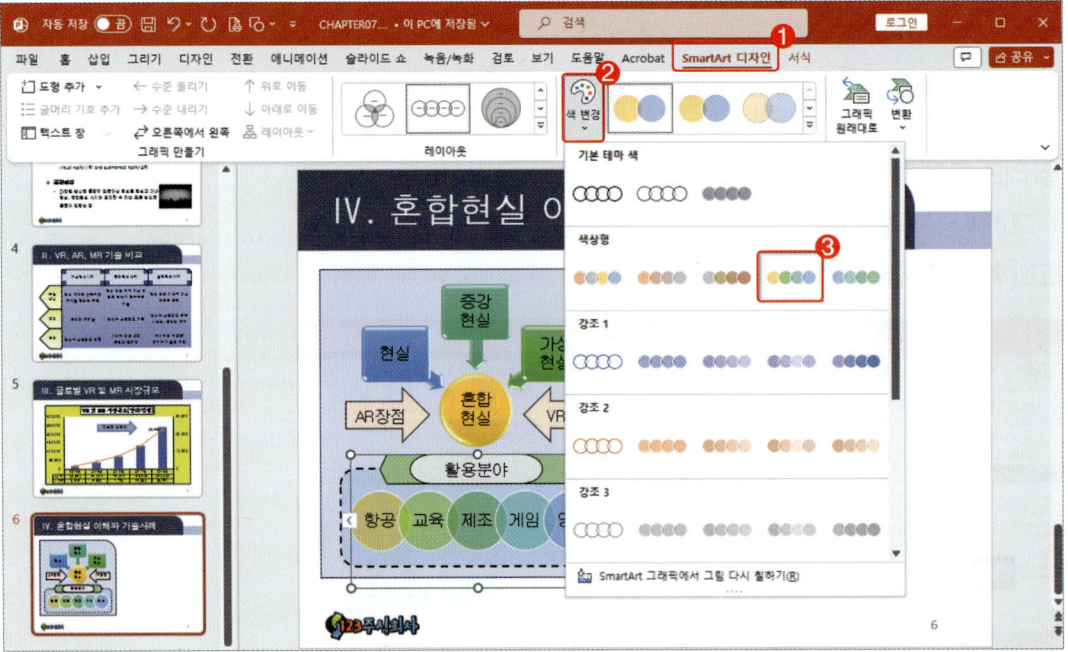

⑭ [SmartArt 디자인] 탭 – [SmartArt 스타일] 그룹 – [빠른 스타일](▾)을 클릭한다.

→ [3차원] – [만화]를 클릭한다.

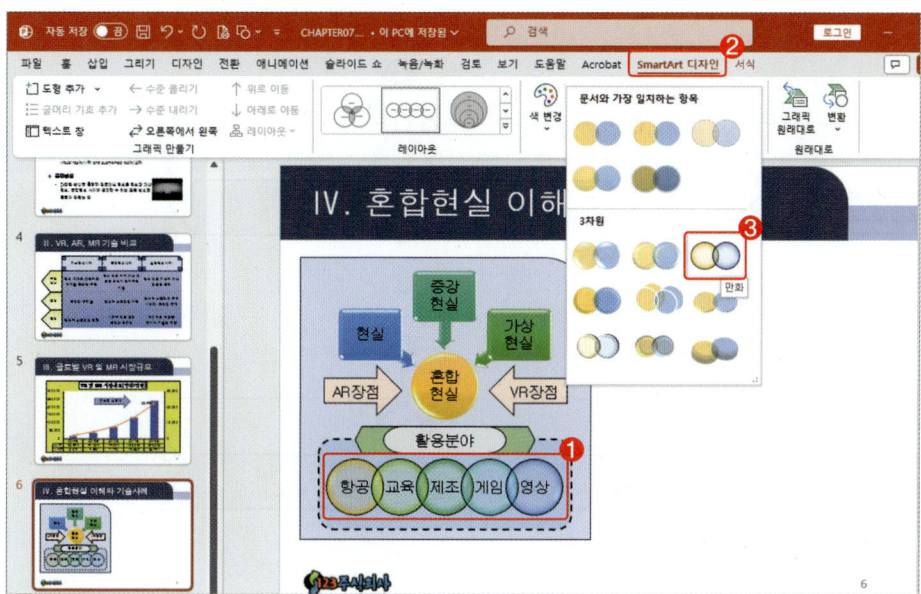

SECTION 02   오른쪽 도형 작성

① [삽입] 탭 – [일러스트레이션] 그룹에서 [도형]() – [사각형: 둥근 한쪽 모서리]를 선택하여 그린다.

→ [도형 서식] 탭 – [정렬] 그룹 – [회전](▾)에서 [상하 대칭]과 [좌우 대칭]을 한 번씩 클릭한다.

> **기적의 TIP**
> 왼쪽의 먼저 그린 도형을 복사해서 사용해도 된다.

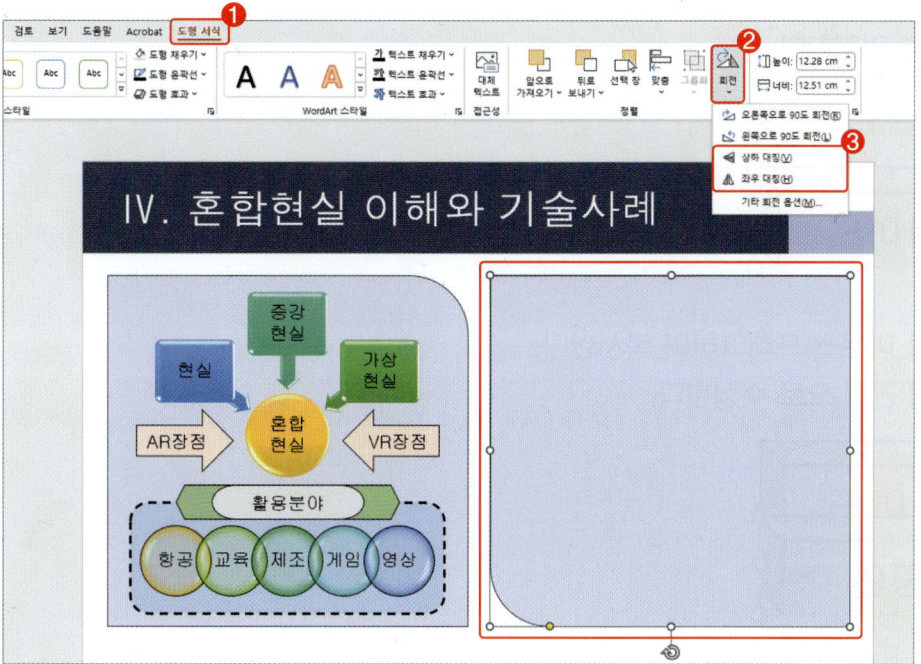

② [삽입] 탭 – [일러스트레이션] 그룹에서 [도형](🔳) – [블록 화살표] – [화살표: 왼쪽/오른쪽/위쪽]을 선택하여 그린다.
　→ '모양 조절 핸들'을 드래그하여 출력형태처럼 모양을 변경하고 『MR기술 적용 사례』를 입력한다.

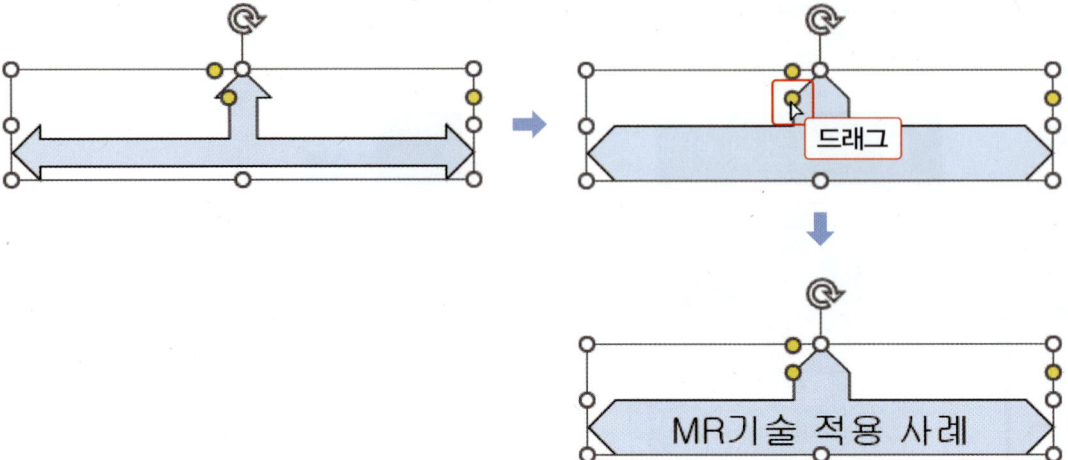

③ [도형](🔳) – [블록 화살표] – [설명선: 오른쪽 화살표]을 선택하여 그린다.
　→ '모양 조절 핸들'을 드래그하여 출력형태처럼 모양을 변경하고 『한국』을 입력한다.

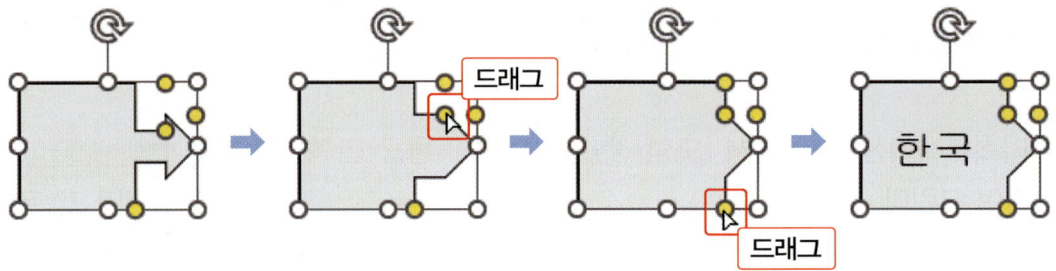

④ [도형](🔳) – [기본 도형] – [정육면체]를 선택하여 그린다.
　→ 『광주 유니버시아드』를 입력한다.

⑤ 도형을 Ctrl을 누른 채로 마우스 드래그하여 복사한다.
　→ 텍스트를 『평창올림픽 공연』으로 수정한다.

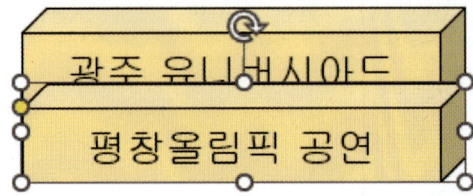

⑥ '평창올림픽 공연' 도형에 [도형 서식] 탭 – [정렬] 그룹에서 [뒤로 보내기]를 클릭한다.

→ [회전]( ) – [좌우 대칭]을 클릭하여 출력형태와 모양을 맞춘다.

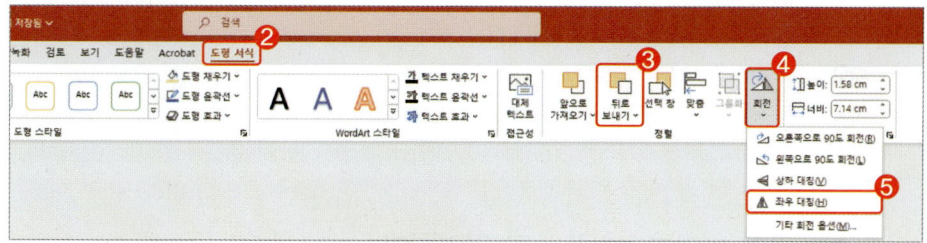

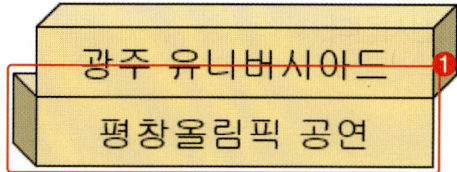

⑦ [삽입] 탭 – [일러스트레이션] 그룹에서 [도형]( ) – [기본 도형] – [눈물 방울]을 선택하여 그린다.

→ [도형 서식] 탭 – [정렬] 그룹 – [회전]( )에서 [상하 대칭]과 [좌우 대칭]을 한 번씩 클릭한다.

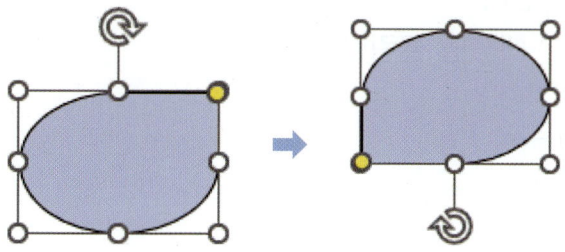

⑧ [삽입] 탭 – [텍스트] 그룹 – [텍스트 상자]( )를 클릭해 마우스 드래그하여 배치한다.

→ 『NASA』를 글꼴 '굴림', '18pt'로 입력하고 도형 위에 배치한다.

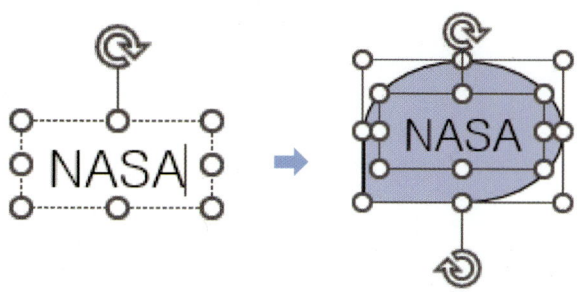

기적의 TIP

도형을 상하 또는 좌우로 대칭시켜서 텍스트의 방향이 바뀌는 경우에는 [텍스트 상자]를 도형 위에 배치한다.

⑨ [도형](📷) – [사각형: 위쪽 모서리의 한쪽은 둥글고 다른 한쪽은 잘림]을 선택하여 그린다.
→ 『우주인 교육』을 입력한다.

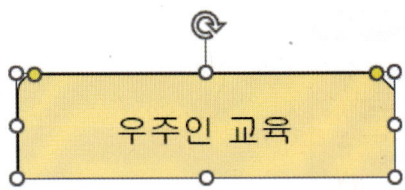

⑩ [도형](📷) – [순서도: 문서]를 선택하여 그리고 『코넬대』를 입력한다.
→ '회전 핸들'을 마우스 드래그하여 출력형태처럼 왼쪽으로 회전시킨다.

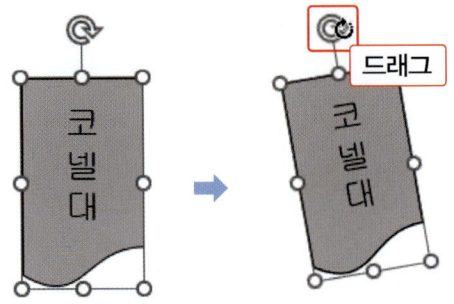

⑪ [도형](📷) – [사각형: 둥근 한쪽 모서리]를 선택하여 그린다.
→ [도형 서식] 탭 – [정렬] 그룹 – [회전](📷)에서 [좌우 대칭]을 클릭한다.

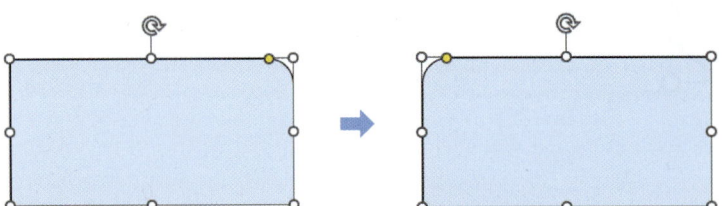

⑫ [도형](📷) – [순서도: 저장 데이터]를 선택하여 앞의 도형 위에 그린다.
→ 『암 연구에 도입』을 입력한다.

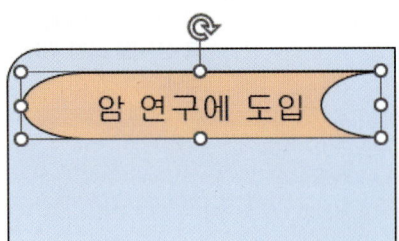

⑬ ⑫에서 그린 도형을 Ctrl+Shift를 누른 채 마우스 드래그하여 복사하고 [도형 채우기](🪣)로 임의의 색을 지정한다.

→ [도형 서식] 탭 – [정렬] 그룹 – [회전](🔄)에서 [좌우 대칭]을 클릭한다.

→ 텍스트를 『자동차 설계』로 수정하고 글꼴 색 '흰색'을 지정한다.

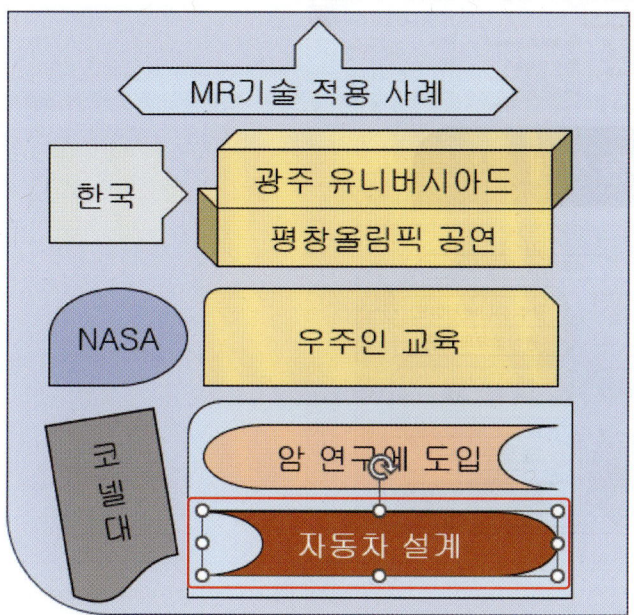

⑭ [도형](🔲) – [선] – [연결선: 꺾임]을 선택하여 연결하려는 도형에 마우스를 위치한다.

→ 연결점(●)이 생기면 클릭하고 연결하려는 다음 도형까지 드래그한다.

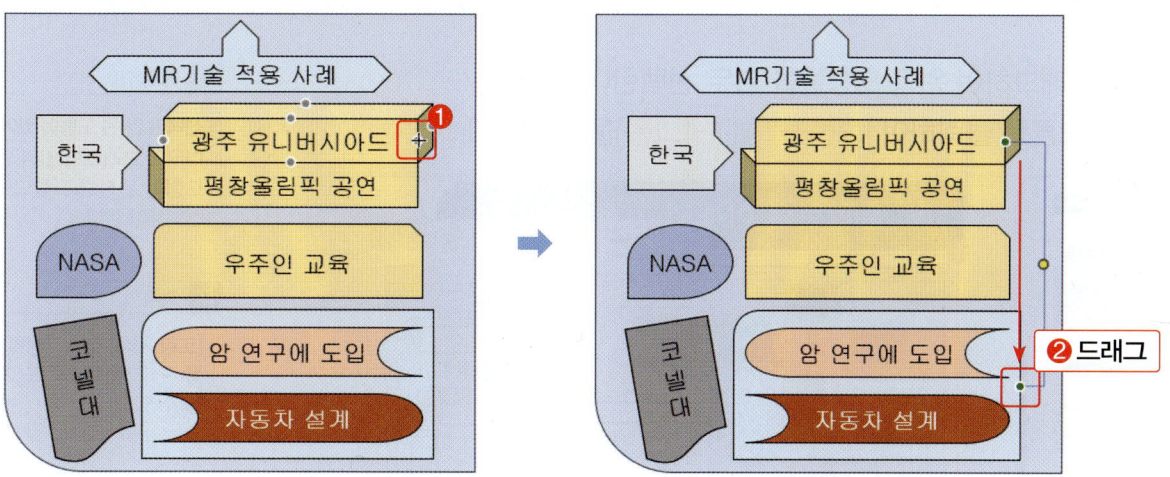

⑮ [도형 서식] 탭 – [도형 스타일] 그룹 – [도형 윤곽선](☑)을 클릭한다.
　→ 색과 두께는 출력형태와 가장 유사하게 설정하고 [화살표] – [화살표 스타일 11]을 설정한다.

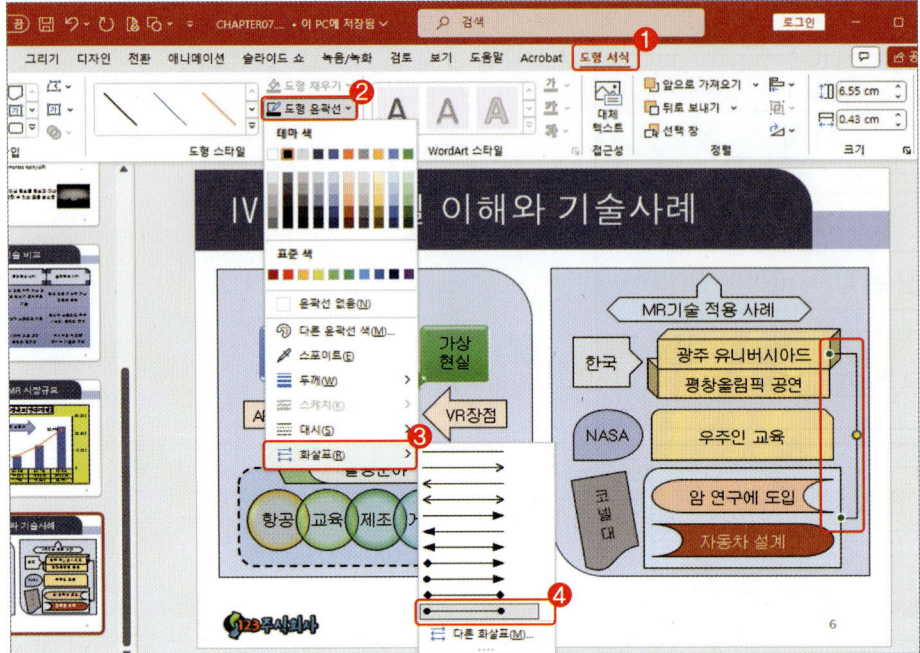

SECTION 03   그룹화 후 애니메이션 효과

① 마우스를 드래그하여 왼쪽 도형들을 모두 선택한다.
　→ 마우스 오른쪽 클릭하여 [그룹화](▦) – [그룹]을 클릭한다.

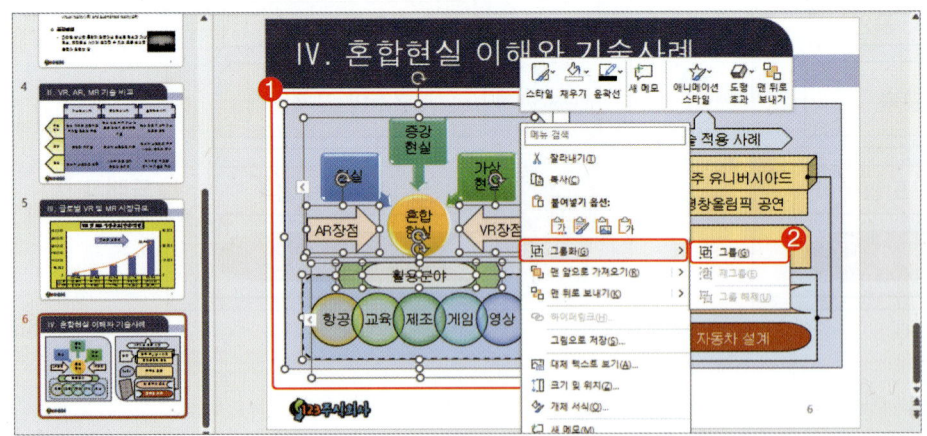

> 💡 **해결** TIP
> **선택이 안 된 도형이 있어요!**
> 마우스 드래그의 범위 안에 도형이 완전히 포함되도록 선택해야 한다.

> 🚩 **기적의** TIP
> [도형 서식] 탭 – [정렬] 그룹 – [그룹화]에서도 지정할 수 있다.

② 오른쪽 도형들도 같은 방법으로 그룹을 지정한다.

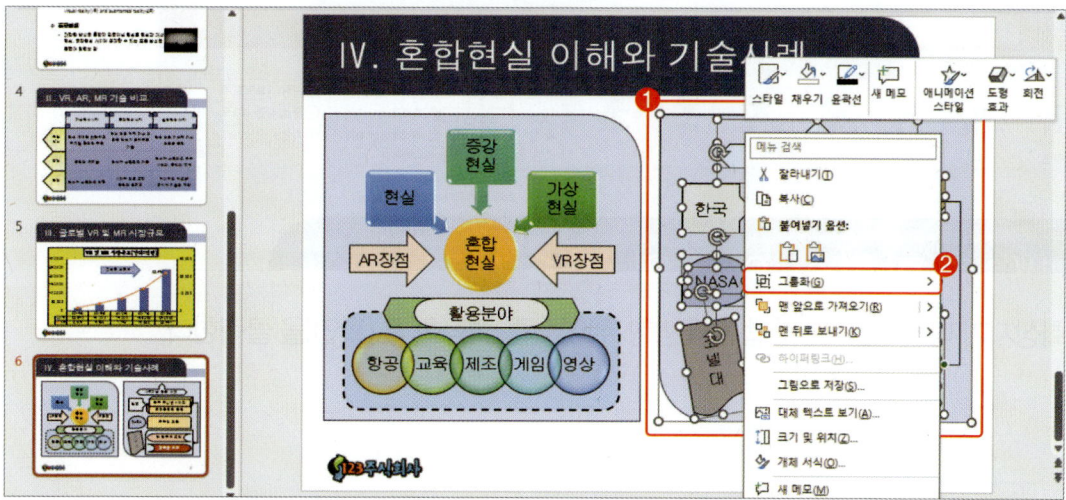

③ <u>왼쪽 도형 그룹</u>을 선택한 후 [애니메이션] 탭 – [닦아내기]를 클릭한다.

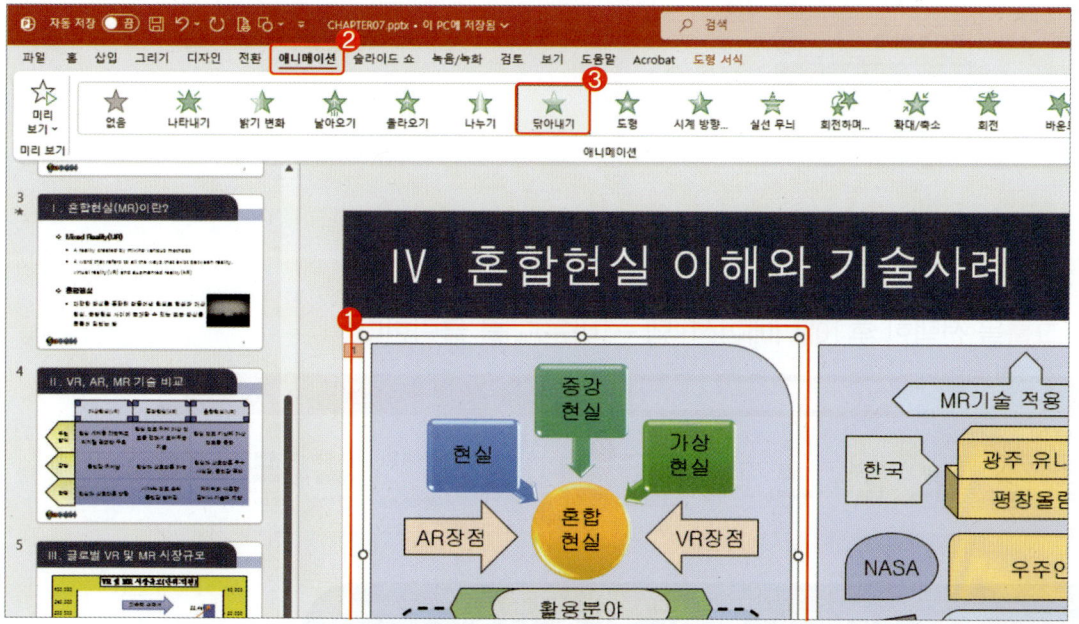

④ [애니메이션] 그룹의 오른쪽 하단에 [추가 효과 옵션 표시](🔲)가 활성화되면 클릭한다.

⑤ [닦아내기] 대화상자가 나타나면 [효과] 탭에서 방향 '위에서'를 설정한 후 [확인]을 클릭한다.

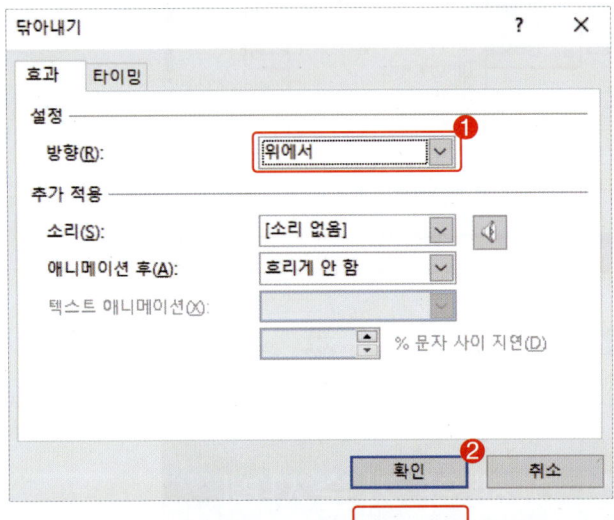

⑥ 오른쪽 도형 그룹을 선택한 후 [애니메이션] 탭 – [바운드]를 클릭한다.

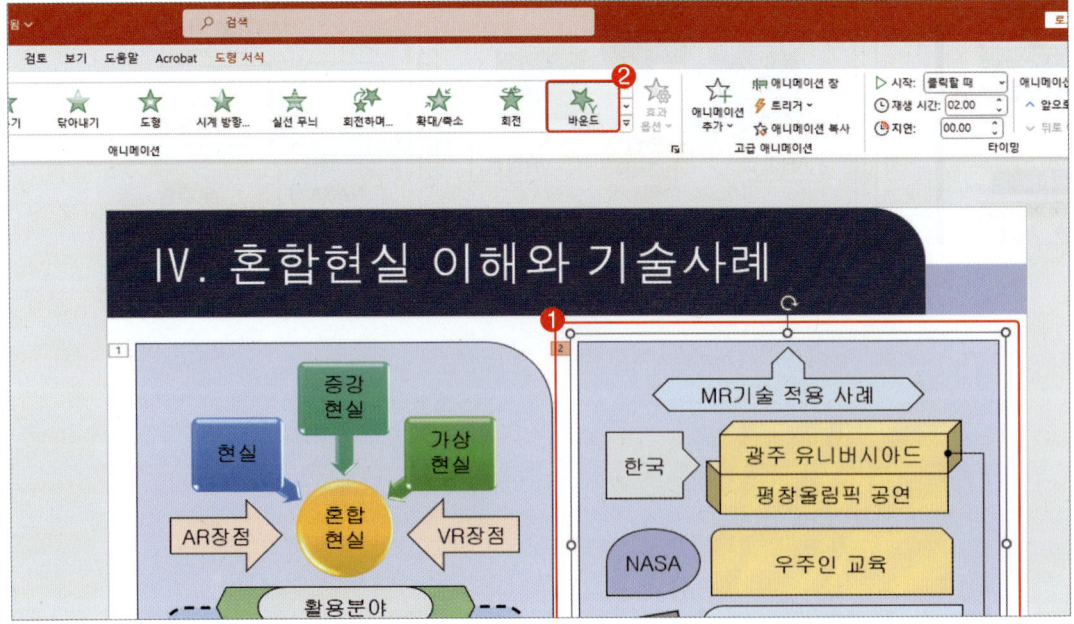

⑦ [미리 보기]를 클릭하여 적용한 애니메이션 효과를 확인해 본다.

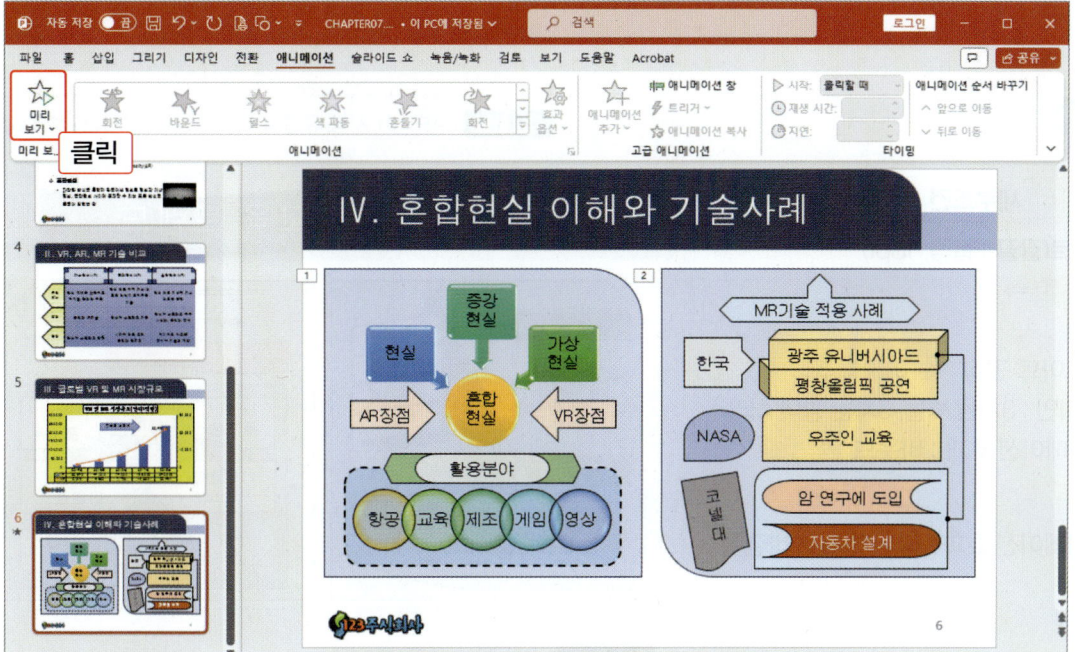

유형을 확인하는 기출문제

문제유형 ❻-1

정답파일 PART 01 시험 유형 따라하기₩유형6-1번_정답.pptx

세부조건

도형 및 스마트아트(글꼴 : 굴림, 18pt)
애니메이션 순서 : ① ⇒ ②

① 도형 및 스마트아트 편집
- 스마트아트 디자인 : 3차원 벽돌, 3차원 광택 처리
- 그룹화 후 애니메이션 효과 : 바운드

② 도형 편집
- 그룹화 후 애니메이션 효과 : 나누기(세로 바깥쪽으로)

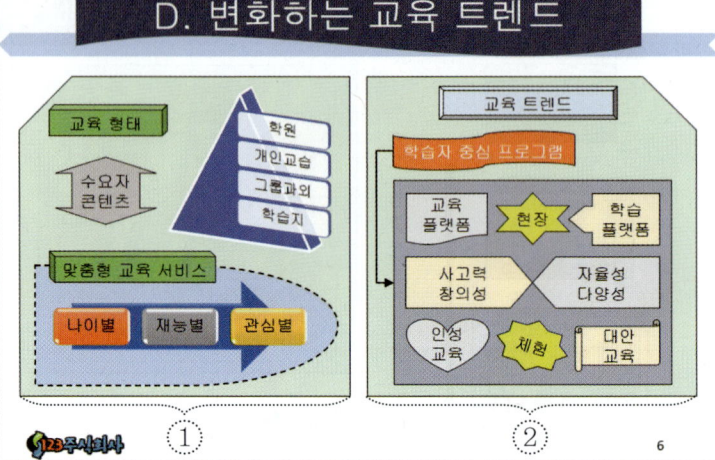

문제유형 ❻-2

정답파일 PART 01 시험 유형 따라하기₩유형6-2번_정답.pptx

세부조건

도형 및 스마트아트(글꼴 : 돋움, 18pt)
애니메이션 순서 : ① ⇒ ②

① 도형 및 스마트아트 편집
- 스마트아트 디자인 : 3차원 만화, 강한 효과
- 그룹화 후 애니메이션 효과 : 닦아내기(위에서)

② 도형 편집
- 그룹화 후 애니메이션 효과 : 회전

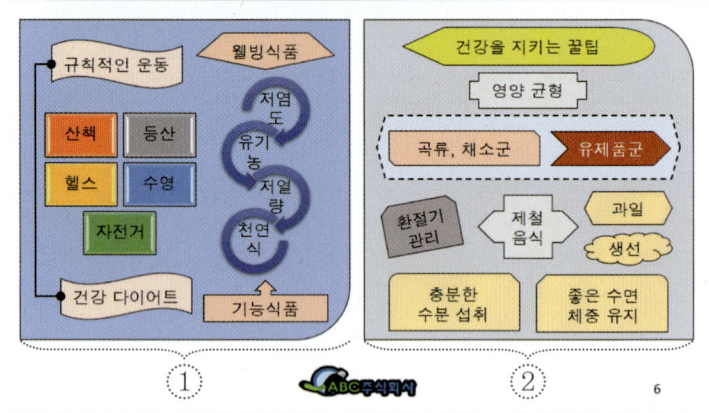

문제유형 ❻-3

정답파일 PART 01 시험 유형 따라하기\유형6-3번_정답.pptx

세부조건

도형 및 스마트아트(글꼴 : 굴림, 18pt)
애니메이션 순서 : ① ⇒ ②

① 도형 및 스마트아트 편집
- 스마트아트 디자인 : 3차원 경사, 3차원 만화
- 그룹화 후 애니메이션 효과 : 닦아내기(아래에서)

② 도형 편집
- 그룹화 후 애니메이션 효과 : 실선 무늬(가로)

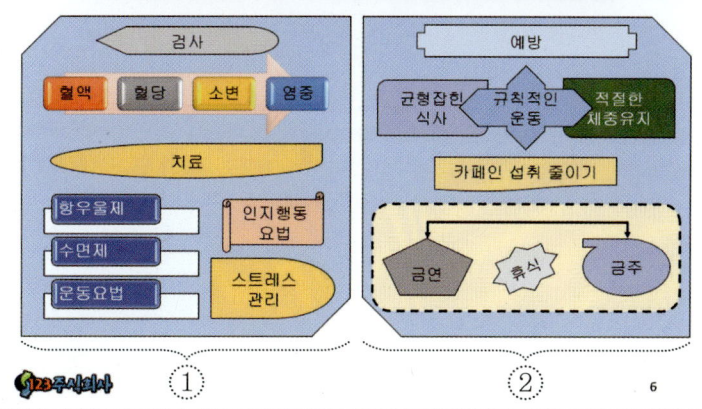

문제유형 ❻-4

정답파일 PART 01 시험 유형 따라하기\유형6-4번_정답.pptx

세부조건

도형 및 스마트아트(글꼴 : 굴림, 18pt)
애니메이션 순서 : ① ⇒ ②

① 도형 및 스마트아트 편집
- 스마트아트 디자인 : 3차원 경사, 3차원 벽돌
- 그룹화 후 애니메이션 효과 : 닦아내기(위에서)

② 도형 편집
- 그룹화 후 애니메이션 효과 : 올라오기(서서히 위로)

 삶은 시계태엽처럼 감겨 있고,
우리는 그것이 풀리는 동안 살아갈 뿐이다.
그 움직임의 동력은 의지다.

아르투어 쇼펜하우어

PART 02

대표 기출 따라하기

대표 기출 따라하기 128
대표 기출 따라하기 해설 132

대표 기출 따라하기

과목	코드	문제유형	시험시간	수험번호	성명
한글파워포인트	1142	A	60분		

수험자 유의사항

- 수험자는 문제지를 받는 즉시 문제지와 **수험표상의 시험과목(프로그램)이 동일한지 반드시 확인**하여야 합니다.
- 파일명은 본인의 "수험번호-성명"으로 입력하여 답안폴더(내 PC\문서\ITQ)에 하나의 파일로 저장해야 하며, 답안문서 파일명이 "수험번호-성명"과 일치하지 않거나, 답안파일을 전송하지 않아 미제출로 처리될 경우 실격 처리합니다(예: 12345678-홍길동.pptx).
- 답안 작성을 마치면 파일을 저장하고, '답안 전송' 버튼을 선택하여 감독위원 PC로 답안을 전송하십시오. 수험생 정보와 저장한 파일명이 다를 경우 전송되지 않으므로 주의하시기 바랍니다.
- 답안 작성 중에도 **주기적으로 저장하고, '답안 전송'**하여야 문제 발생을 줄일 수 있습니다. 작업한 내용을 저장하지 않고 전송할 경우 이전에 저장된 내용이 전송되니 이점 유의하시기 바랍니다.
- 답안문서는 지정된 경로 외의 다른 보조기억장치에 저장하는 경우, 지정된 시험 시간 외에 작성된 파일을 활용할 경우, 기타 통신수단(이메일, 메신저, 네트워크 등)을 이용하여 타인에게 전달 또는 외부 반출하는 경우는 부정 처리합니다.
- 시험 중 부주의 또는 고의로 시스템을 파손한 경우는 수험자가 변상해야 하며, 〈수험자 유의사항〉에 기재된 방법대로 이행하지 않아 생기는 불이익은 수험생 당사자의 책임임을 알려 드립니다.
- 문제의 조건은 MS오피스 2021 버전으로 설정되어 있으며 MS오피스 2016은 【 】에 표기되어 있습니다. 이와 관련하여 작성한 답안의 출력형태가 문제지와 다를 수 있습니다.
- 시험을 완료한 수험자는 답안파일이 전송되었는지 확인한 후 감독위원의 지시에 따라 문제지를 제출하고 퇴실합니다.

답안 작성요령

- 온라인 답안 작성 절차
  수험자 등록 ⇒ 시험 시작 ⇒ 답안파일 저장 ⇒ 답안 전송 ⇒ 시험 종료
- 슬라이드의 크기는 A4 Paper로 설정하여 작성합니다.
- 슬라이드의 총 개수는 6개로 구성되어 있으며 슬라이드 1부터 순서대로 작업하고 반드시 문제와 세부 조건대로 합니다.
- 별도의 지시사항이 없는 경우 출력형태를 참조하여 글꼴색은 검정 또는 흰색으로 작성하고, 기타사항은 전체적인 균형을 고려하여 작성합니다.
- 슬라이드 도형 및 개체에 출력형태와 다른 스타일(그림자, 외곽선 등)을 적용했을 경우 감점처리 됩니다.
- 슬라이드 번호를 작성합니다(슬라이드 1에는 생략).
- 2~6번 슬라이드 제목 도형과 하단 로고는 슬라이드 마스터를 이용하여 출력형태와 동일하게 작성합니다(슬라이드 1에는 생략).
- 문제와 세부조건, 세부조건 번호 ○(점선원)는 입력하지 않습니다.
- 각 개체의 위치는 오른쪽의 슬라이드와 동일하게 구성합니다.
- 그림 삽입 문제의 경우 반드시 「내 PC\문서\ITQ\Picture」 폴더에서 정확한 파일을 선택하여 삽입하십시오.
- 각 슬라이드를 각각의 파일로 작업해서 저장할 경우 실격 처리됩니다.

전체구성   60점

(1) 슬라이드 크기 및 순서 : 크기를 A4 용지로 설정하고 슬라이드 순서에 맞게 작성한다.
(2) 슬라이드 마스터 : 2~6슬라이드의 제목, 하단 로고, 슬라이드 번호는 슬라이드 마스터를 이용하여 작성한다.
 - 제목 글꼴(돋움, 40pt, 흰색), 가운데 맞춤, 도형(선 없음)
 - 하단 로고(「내 PC₩문서₩ITQ₩Picture₩로고3.jpg」, 배경(연보라) 투명색으로 설정)

슬라이드 ❶ 표지 디자인   40점

(1) 표지 디자인 : 도형, 워드아트 및 그림을 이용하여 작성한다.

세부조건	
① 도형 편집 - 도형에 그림 채우기 : 　「내 PC₩문서₩ITQ₩Picture₩그림3.jpg」, 　투명도 50% - 도형 효과 : 부드러운 가장자리 5포인트 ② 워드아트 삽입 - 변환 : 곡선, 위로【휘어 올라오기】 - 글꼴 : 돋움, 굵게 - 텍스트 반사 : 근접 반사, 터치 ③ 그림 삽입 -「내 PC₩문서₩ITQ₩Picture₩로고3.jpg」 - 배경(연보라) 투명색으로 설정	

슬라이드 ❷ 목차 슬라이드   60점

(1) 출력형태와 같이 도형을 이용하여 목차를 작성한다(글꼴 : 굴림, 24pt).
(2) 도형 : 선 없음

세부조건	
① 텍스트에 링크【하이퍼링크】적용 → '슬라이드 5' ② 그림 삽입 -「내 PC₩문서₩ITQ₩Picture₩그림4.jpg」 - 자르기 기능 이용	

슬라이드 ❸ 텍스트/동영상 슬라이드   60점

(1) 텍스트 작성 : 글머리 기호 사용(◆, ➢)
◆문단(돋움, 24pt, 굵게, 줄간격 : 1.5줄), ➢문단(돋움, 20pt, 줄간격 : 1.5줄)

세부조건	
① 동영상 삽입 : - 「내 PC₩문서₩ITQ₩Picture₩동영상.wmv」 - 자동실행, 반복재생 설정	**A. 재테크의 특징** ◆ Investment strategies 　➢ A value investor buys assets that they believe to be undervalued (and sells overvalued ones). 　➢ Warren Buffett and Benjamin Graham are notable examples of value investors. ◆ 수익률과 위험 　➢ 위험은 기대수익률보다 매우 작은 수익이 생기거나 손실이 발생할 가능성을 말한다.  3쪽

슬라이드 ❹ 표 슬라이드   80점

(1) 도형과 표 작성 기능을 이용하여 슬라이드를 작성한다(글꼴 : 굴림, 18pt)

세부조건	
① 상단 도형 : 　2개 도형의 조합으로 작성 ② 좌측 도형 : 　그라데이션 효과(선형 오른쪽) ③ 표 스타일 : 　테마 스타일 1 - 강조 6	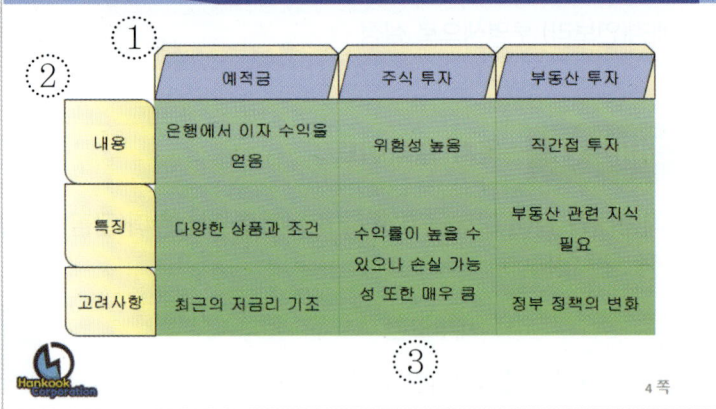

슬라이드 ❺ 차트 슬라이드 100점

(1) 차트 작성 기능을 이용하여 슬라이드를 작성한다.
(2) 차트 : 종류(묶은 세로 막대형), 글꼴(돋움, 16pt), 외곽선

세부조건
※ 차트설명 • 차트제목 : 궁서, 24pt, 굵게, 채우기(흰색), 　　　　　테두리, 그림자(오프셋 아래쪽) • 차트영역 : 채우기(노랑) • 그림영역 : 채우기(흰색) • 데이터 서식 : KOSPI 계열을 표식이 있는 꺾은선형 　　　　　　으로 변경 후 보조축으로 지정 • 값 표시 : 2020년 1월의 KOSPI 계열만 ① 도형 삽입 －스타일 : 미세 효과 － 파랑, 강조 1 －글꼴 : 굴림, 18pt

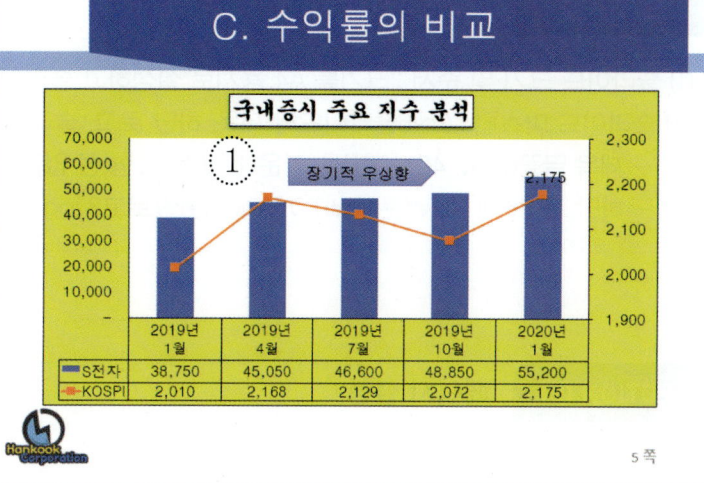

슬라이드 ❻ 도형 슬라이드 100점

(1) 슬라이드와 같이 도형 및 스마트아트를 배치한다(글꼴 : 굴림, 18pt)
(2) 애니메이션 순서 : ① ⇒ ②

세부조건
① 도형 및 스마트아트 편집 －스마트아트 디자인 : 　3차원 광택 처리 －그룹화 후 애니메이션 효과 : 　시계 방향 회전 ② 도형 및 스마트아트 편집 －스마트아트 디자인 : 　3차원 만화 －그룹화 후 애니메이션 효과 : 　실선 무늬(세로)

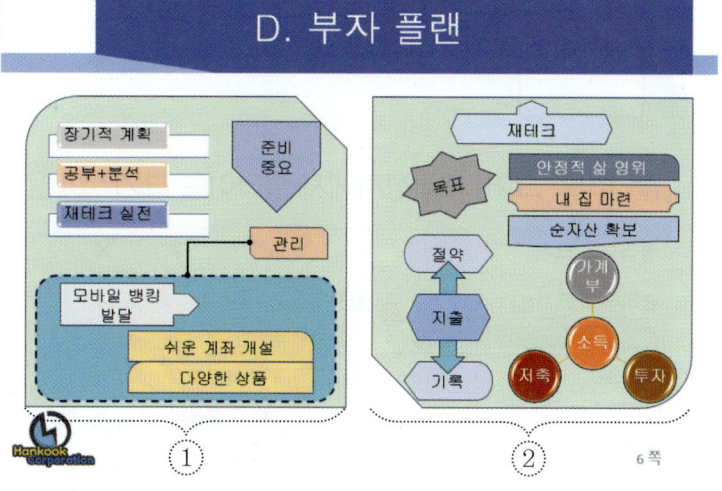

대표 기출 따라하기 해설

정답파일 PART 02 대표 기출 따라하기₩대표기출_정답.pptx

전체구성   60점

(1) 슬라이드 크기 및 순서 : 크기를 A4 용지로 설정하고 슬라이드 순서에 맞게 작성한다.
(2) 슬라이드 마스터 : 2~6슬라이드의 제목, 하단 로고, 슬라이드 번호는 슬라이드 마스터를 이용하여 작성한다.
 – 제목 글꼴(돋움, 40pt, 흰색), 가운데 맞춤, 도형(선 없음)
 – 하단 로고(「내 PC₩문서₩ITQ₩Picture₩로고3.jpg」, 배경(연보라) 투명색으로 설정)

SECTION 01 페이지 설정

① PowerPoint를 실행하고 새 프레젠테이션을 클릭한다.

② [디자인] 탭–[슬라이드 크기](□)에서 [사용자 지정 슬라이드 크기]를 클릭한다.

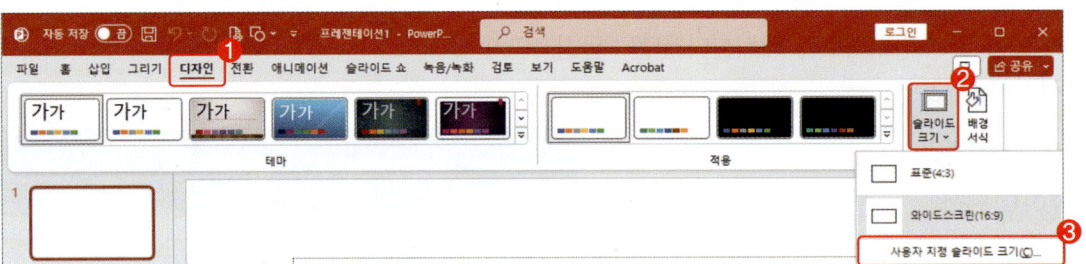

③ [슬라이드 크기] 대화상자에서 슬라이드 크기 'A4 용지(210x297mm)'를 설정한다.

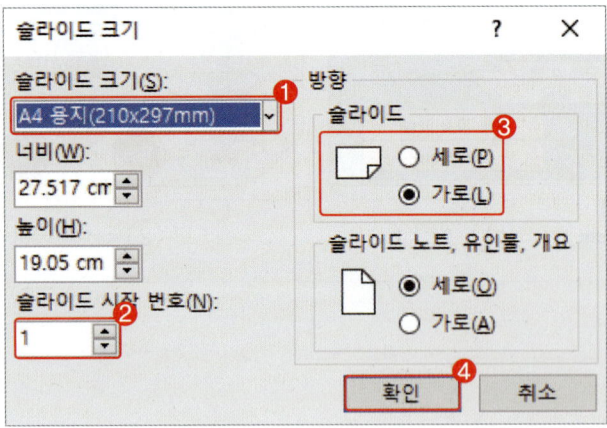

④ 슬라이드 크기 변경 안내 창이 나오면 [최대화] 또는 [맞춤 확인]을 클릭한다.

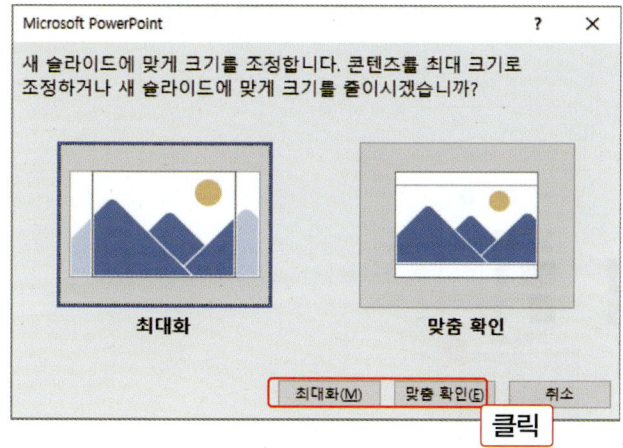

SECTION 02　마스터에서 로고 및 슬라이드 번호 삽입하기

① [보기] 탭 – [마스터 보기] 그룹 – [슬라이드 마스터](🗔)를 클릭한다.

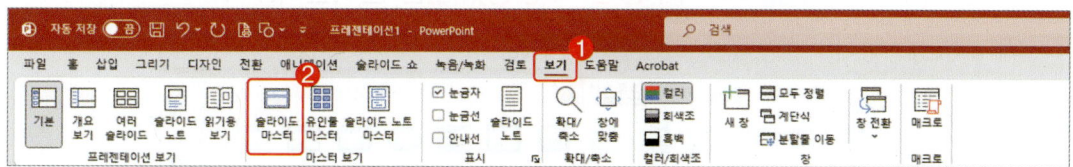

② 왼쪽 창의 축소판 그림에서 제일 위의 [Office 테마 슬라이드 마스터]를 클릭한다.

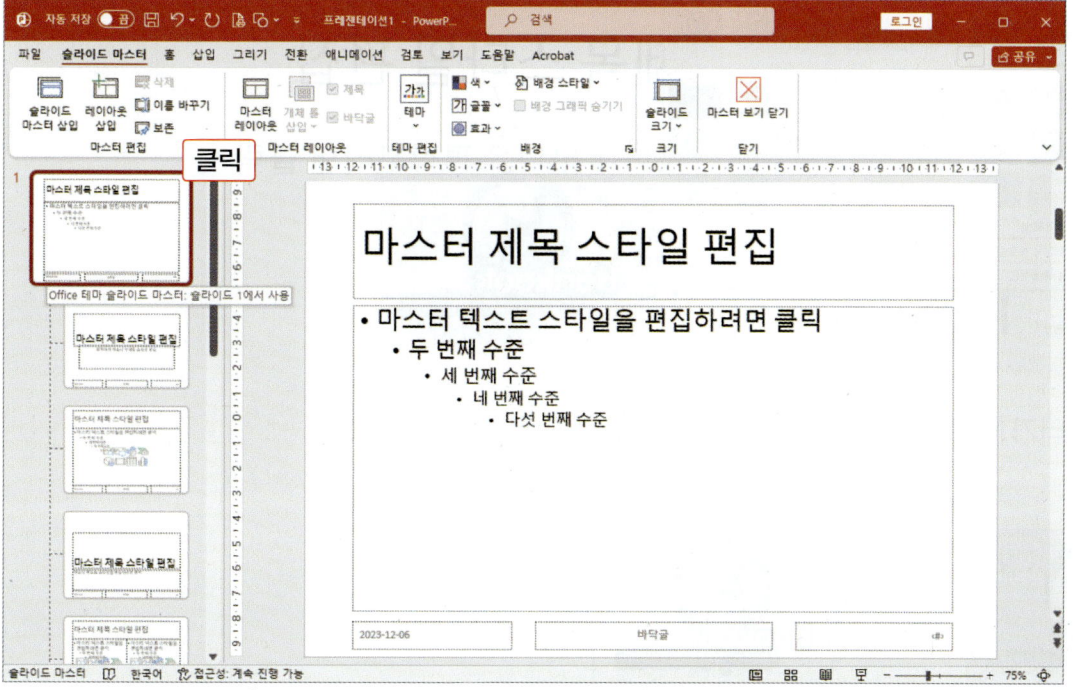

③ [삽입] 탭–[이미지] 그룹–[그림](📷)에서 [이 디바이스](🖥)를 클릭한다.
   → [그림 삽입] 대화상자가 나타나면 '내 PC\문서\ITQ\Picture'에서 그림 파일 '로고3.jpg'를 선택하고 [삽입]을 클릭한다.

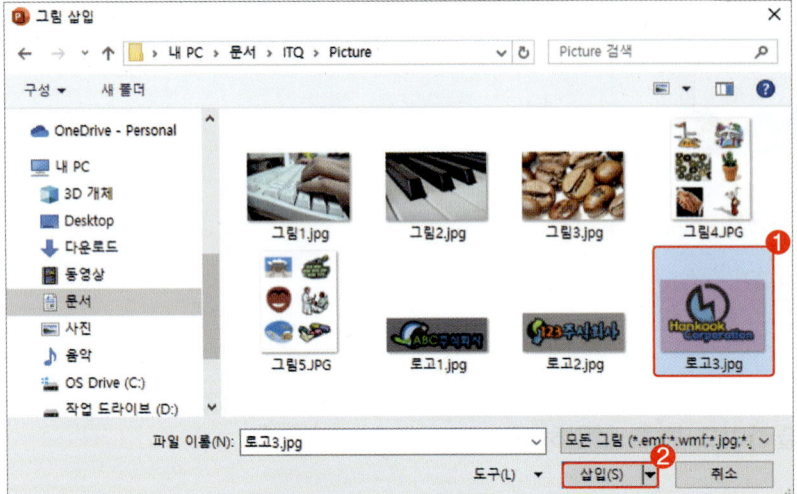

④ [그림 서식] 탭–[조정] 그룹–[색](📷)에서 [투명한 색 설정](🖌)을 클릭한다.

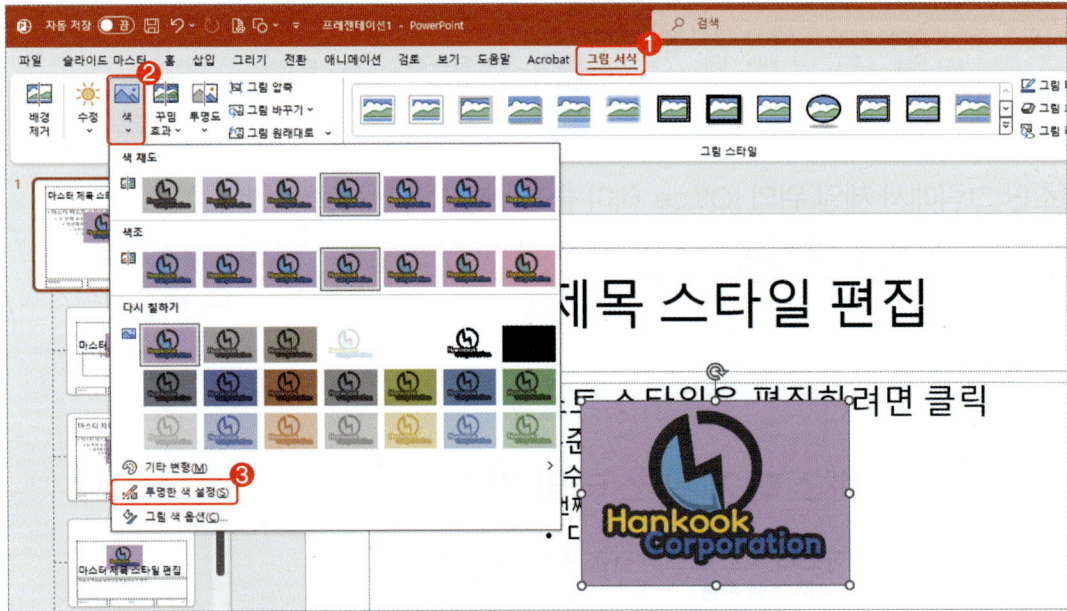

⑤ 마우스 포인터가 🖌로 변경되면 연보라색 부분을 클릭한다.

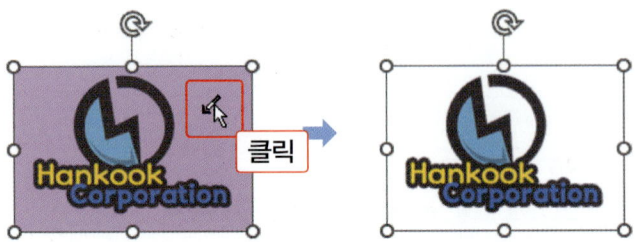

⑥ 그림의 조절점을 드래그하여 크기를 조절한 후 문제에서 제시된 위치로 이동시킨다.

⑦ [제목 및 내용 레이아웃]을 클릭한다.
→ [슬라이드 번호] 영역을 선택하여 글꼴 '16pt'를 설정하고 〈#〉 뒤에 『쪽』을 입력한다.

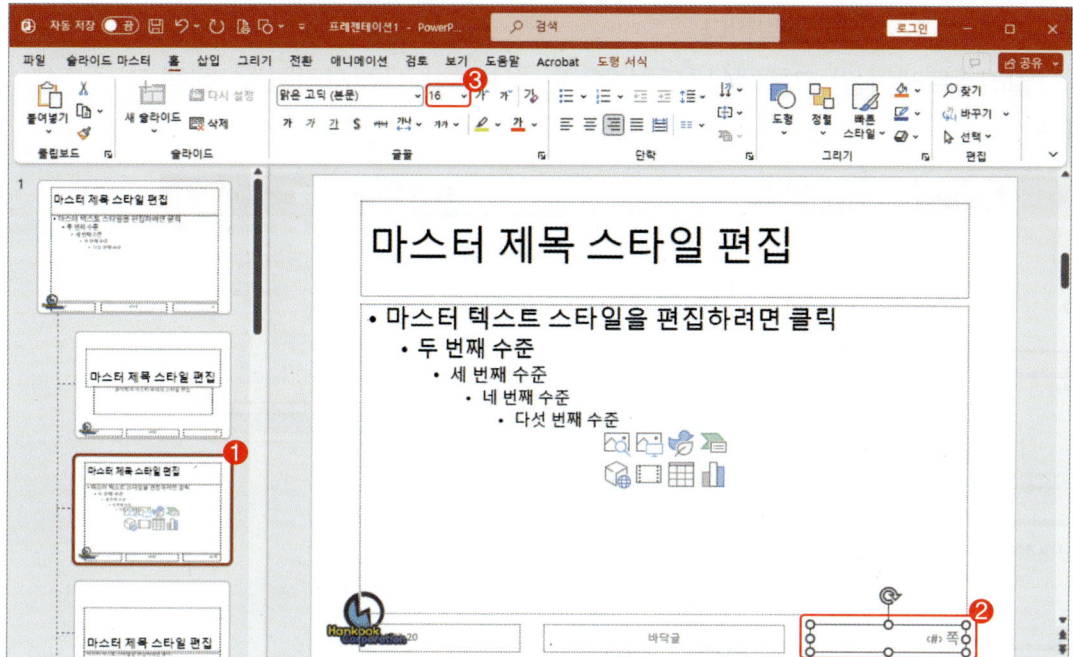

⑧ [삽입] 탭 – [텍스트] 그룹 – [머리글/바닥글](📄)을 클릭한다.

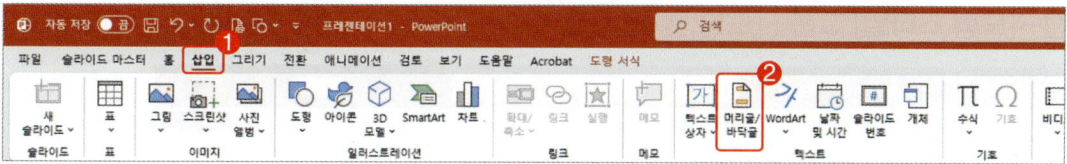

⑨ [머리글/바닥글] 대화상자에서 '슬라이드 번호', '제목 슬라이드에는 표시 안 함'에 체크하고 [모두 적용]을 클릭한다.

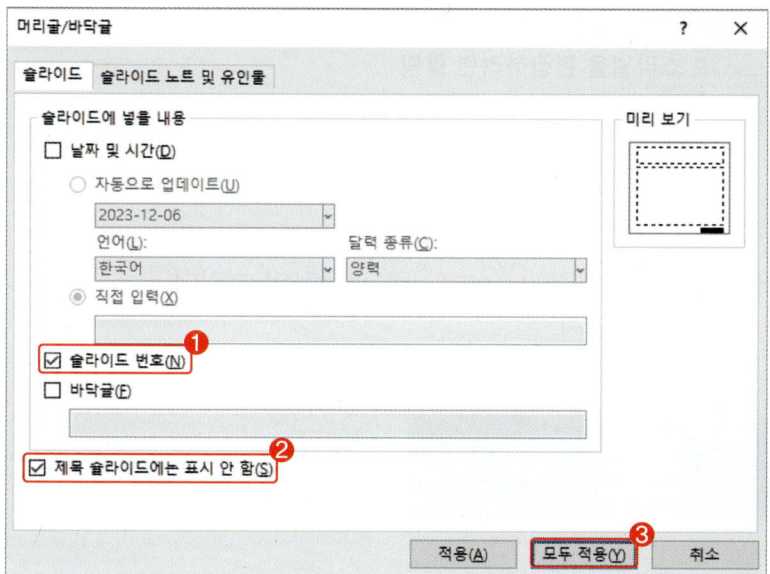

SECTION 03 슬라이드 마스터에서 제목 도형 작성

① [Office 테마 슬라이드 마스터]를 클릭한다.
→ [삽입] 탭 – [일러스트레이션] 그룹에서 [도형](🔲) – [사각형] – [직사각형]을 선택하여 그린다.

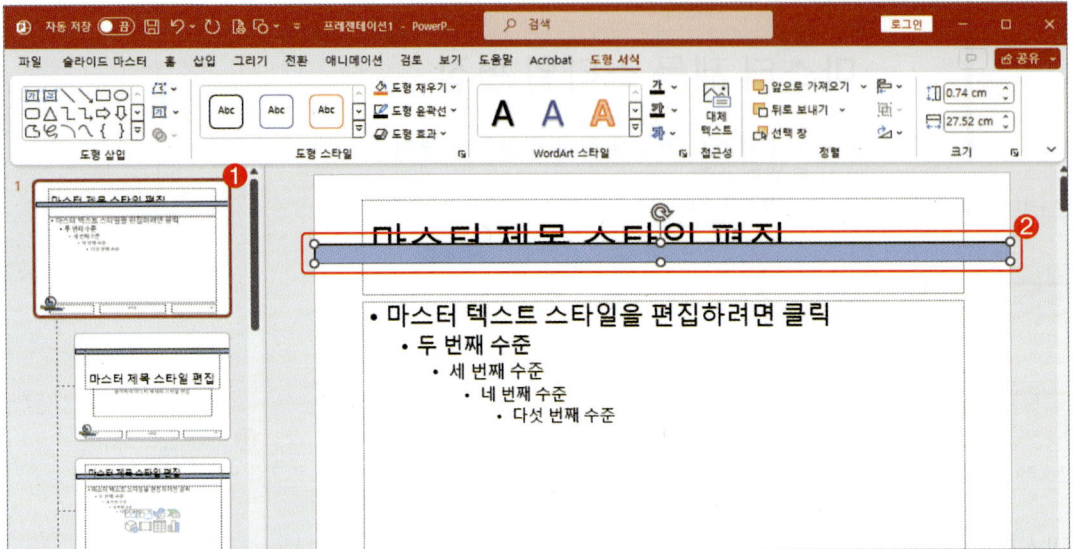

② [도형 서식] 탭 – [도형 스타일] 그룹 – [도형 윤곽선](✏️)에서 [윤곽선 없음]을 클릭한다.

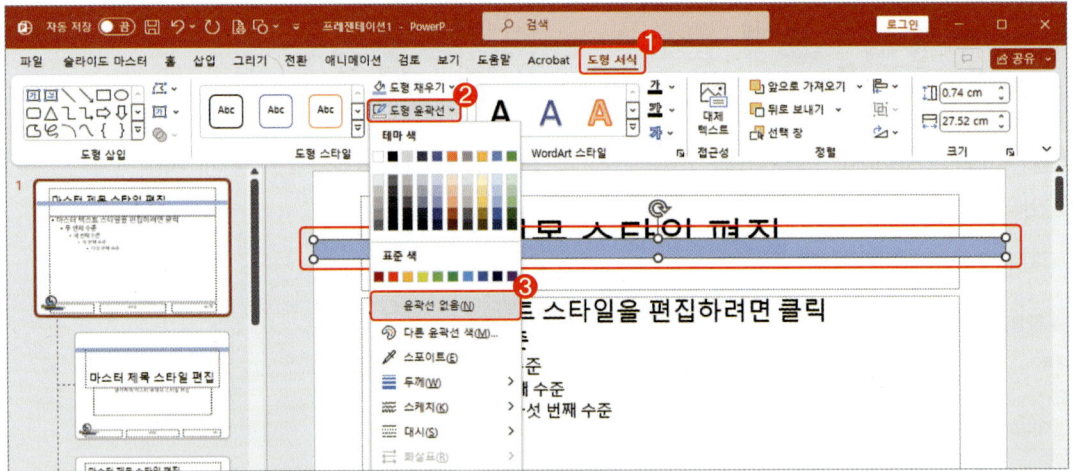

③ [삽입] 탭 – [일러스트레이션] 그룹에서 [도형](🔲) – [순서도: 카드]를 선택하여 그린다.
→ [도형 윤곽선](✏️)에서 [윤곽선 없음]으로 설정한다.

④ [도형 서식] 탭 – [정렬] 그룹에서 [회전](🔄) – [상하 대칭]을 클릭한다.

⑤ '마스터 제목 스타일 편집' 상자를 선택한다.
   → [홈] 탭 – [그리기] 그룹 – [정렬](📋)에서 [맨 앞으로 가져오기](📋)를 클릭한다.
   → 글꼴 '돋움', '40pt', 글꼴 색 '흰색', [가운데 맞춤](≡)을 설정하고 위치와 크기를 조절한다.

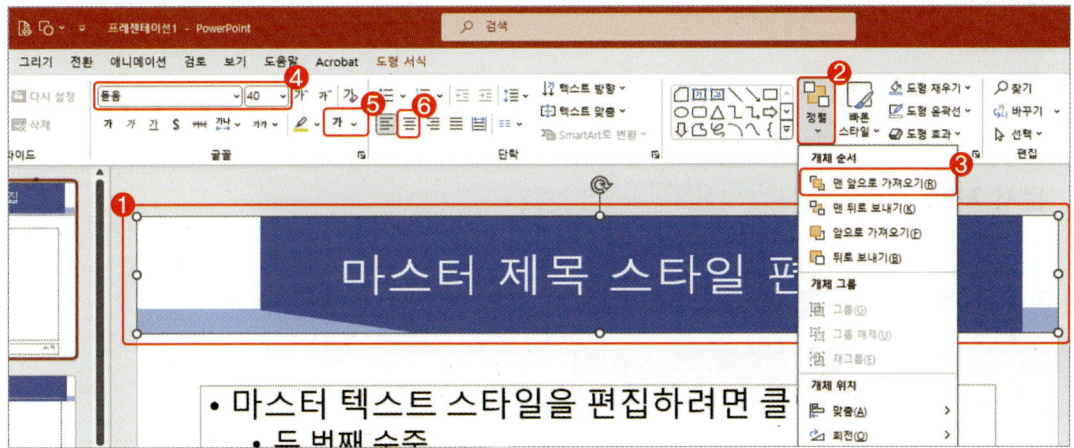

⑥ [제목 슬라이드 레이아웃]을 클릭한다.
   → [슬라이드 마스터] 탭 – [배경] 그룹 – '배경 그래픽 숨기기'에 체크한다.
   → [마스터 보기 닫기](❌)를 클릭한다.

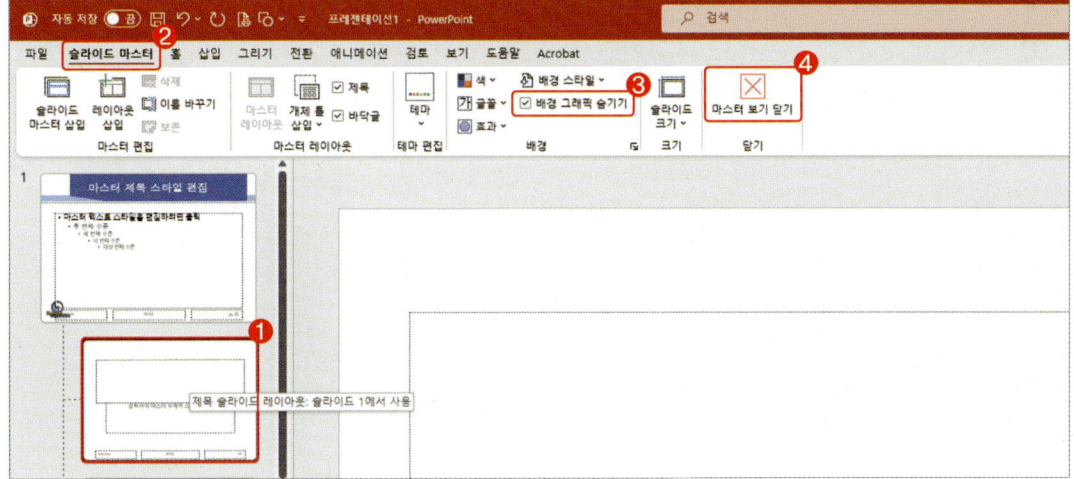

PART 02 • 137 • 대표 기출 따라하기 해설

⑦ [홈] 탭-[슬라이드] 그룹-[새 슬라이드](🔲)에서 [제목 및 내용]을 클릭한다.
→ 동일한 방법으로 총 6개의 슬라이드가 되도록 삽입한다.

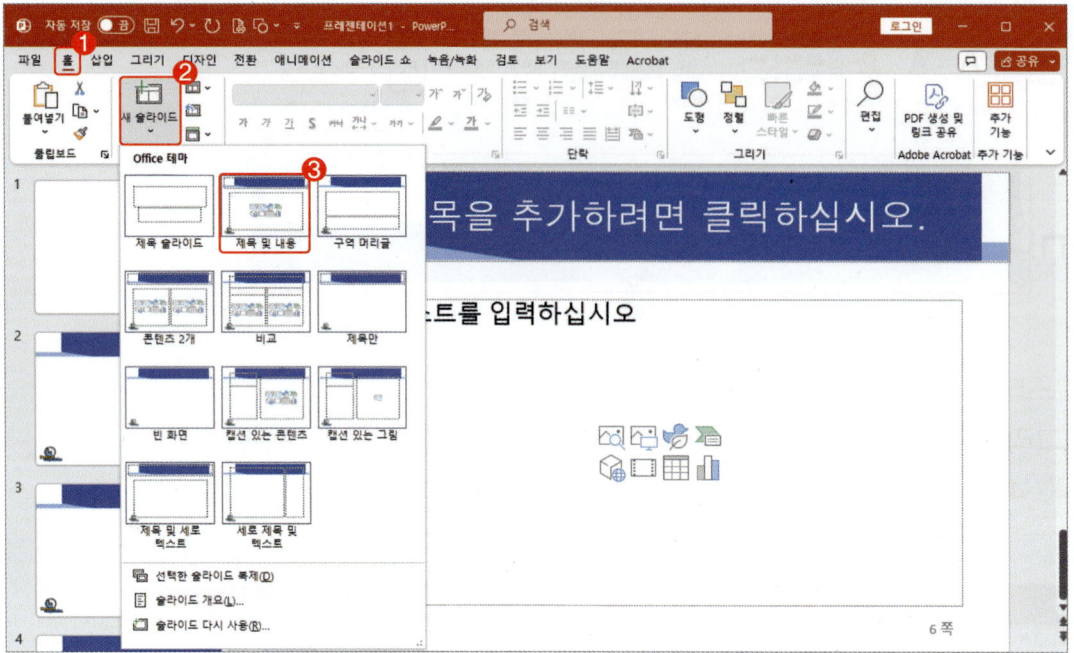

SECTION 04 　문서 저장

① 빠른 실행 도구 모음에서 [저장](🔲)을 클릭하거나 [파일] 탭-[저장]을 클릭한다.

② [찾아보기]를 클릭한다.
→ '내 PC₩문서₩ITQ'로 이동하여 파일 이름을 입력하고 [저장]을 클릭한다.

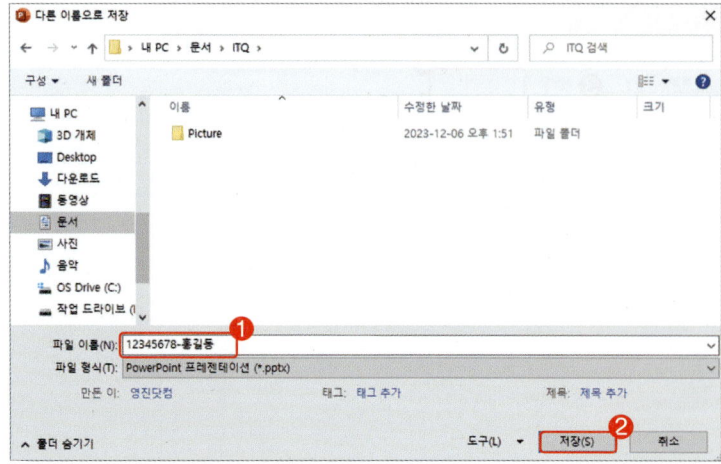

| 슬라이드 ① | 표지 디자인 | 40점 |

(1) 표지 디자인 : 도형, 워드아트 및 그림을 이용하여 작성한다.

세부조건
① 도형 편집
– 도형에 그림 채우기 : 「내 PC₩문서₩ITQ₩Picture₩그림3.jpg」, 투명도 50%
– 도형 효과 : 부드러운 가장자리 5포인트
② 워드아트 삽입
– 변환 : 곡선, 위로【휘어 올라오기】
– 글꼴 : 돋움, 굵게
– 텍스트 반사 : 근접 반사, 터치
③ 그림 삽입
– 「내 PC₩문서₩ITQ₩Picture₩로고3.jpg」
– 배경(연보라) 투명색으로 설정

SECTION 01 표지 디자인 도형 작성

① 슬라이드 1에서 '제목 텍스트 상자'와 '부제목 텍스트 상자'를 삭제한다.
   → [삽입] 탭 – [일러스트레이션] 그룹에서 [도형](🔲) – [순서도: 수동 입력]을 클릭한다.

② 마우스 포인터 모양이 ╋로 바뀌면, 슬라이드 왼쪽 상단에서 적당한 크기로 마우스 드래그하여 도형을 삽입한다.

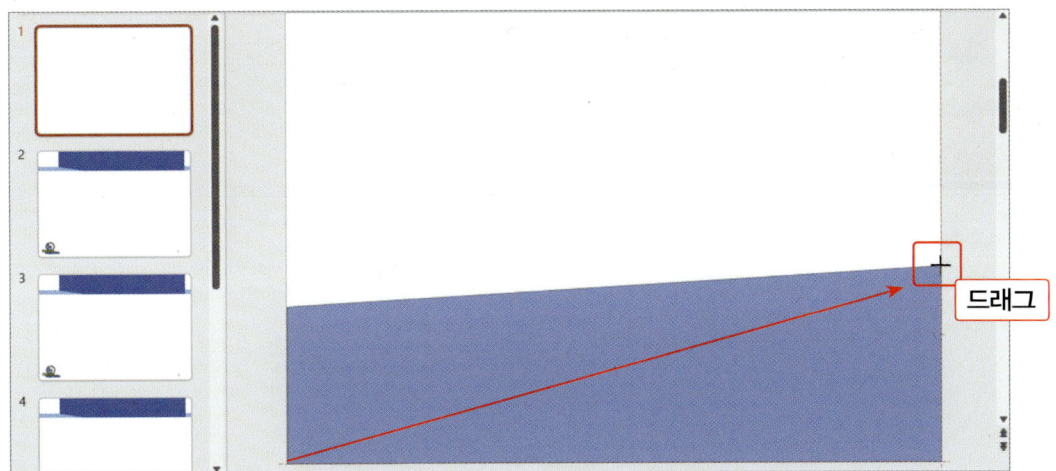

③ 도형을 선택한 후 마우스 오른쪽 클릭하고 [도형 서식](✎)을 클릭한다.
   → 도형 옵션의 [채우기 및 선](◈) – [채우기] – [그림 또는 질감 채우기]를 클릭한다.

④ [그림 원본] – [삽입]을 클릭하고 [그림 삽입] 대화상자가 나타나면 [파일에서]를 클릭한다.
   → '내 PC₩문서₩ITQ₩Picture' 폴더에서 '그림3.jpg'를 선택해 삽입한다.
   → [그림 서식]에서 [투명도]를 『50%』로 설정한다.

⑤ [효과](⬠) – [부드러운 가장자리]에서 크기 『5pt』로 설정하고 닫기(✕)를 클릭한다.

SECTION 02 워드아트 삽입

① [삽입] 탭 – [텍스트] 그룹에서 [WordArt]() – [그라데이션 채우기 – 파랑, 강조색 5, 반사]를 클릭한다.
   → 워드아트 텍스트 입력상자에 『Investment Techniques』를 입력한다.

② 워드아트 전체를 선택하고 [홈] 탭 – [글꼴] 그룹에서 글꼴 '돋움', '굵게', 글꼴 색 '검정, 텍스트 1'을 설정한다.

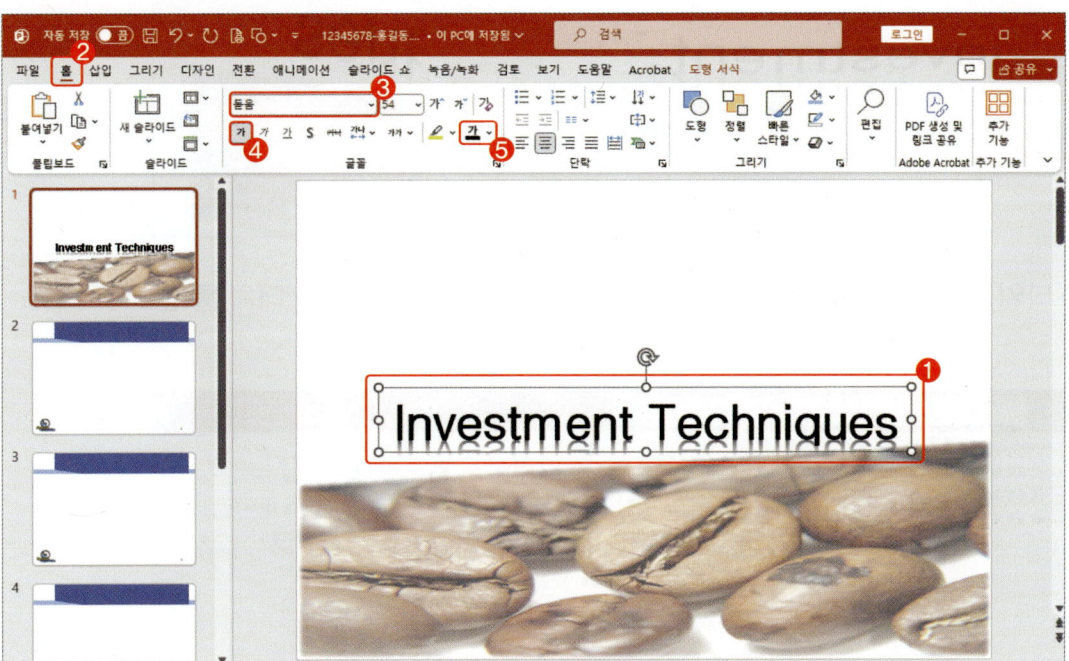

③ [도형 서식] 탭 – [WordArt 스타일] 그룹에서 [텍스트 효과](가) – [변환](가) – [곡선: 위로]를 클릭한다.

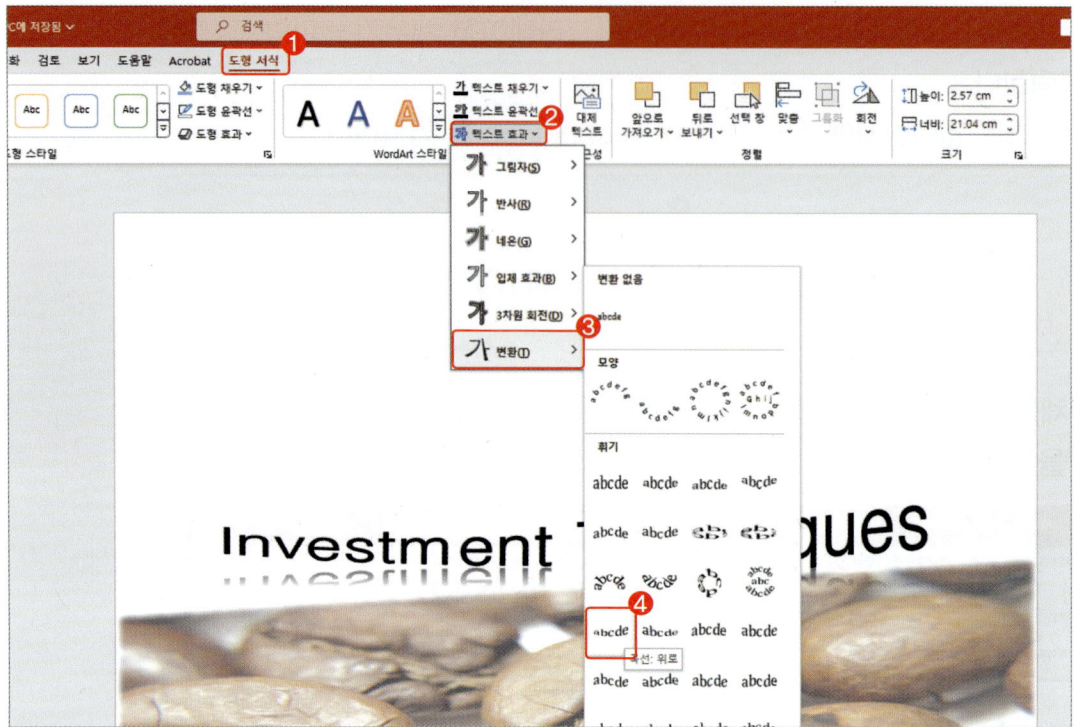

④ [WordArt 스타일] 그룹에서 [텍스트 효과](가) – [반사](가) – [근접 반사: 터치]를 클릭한다.

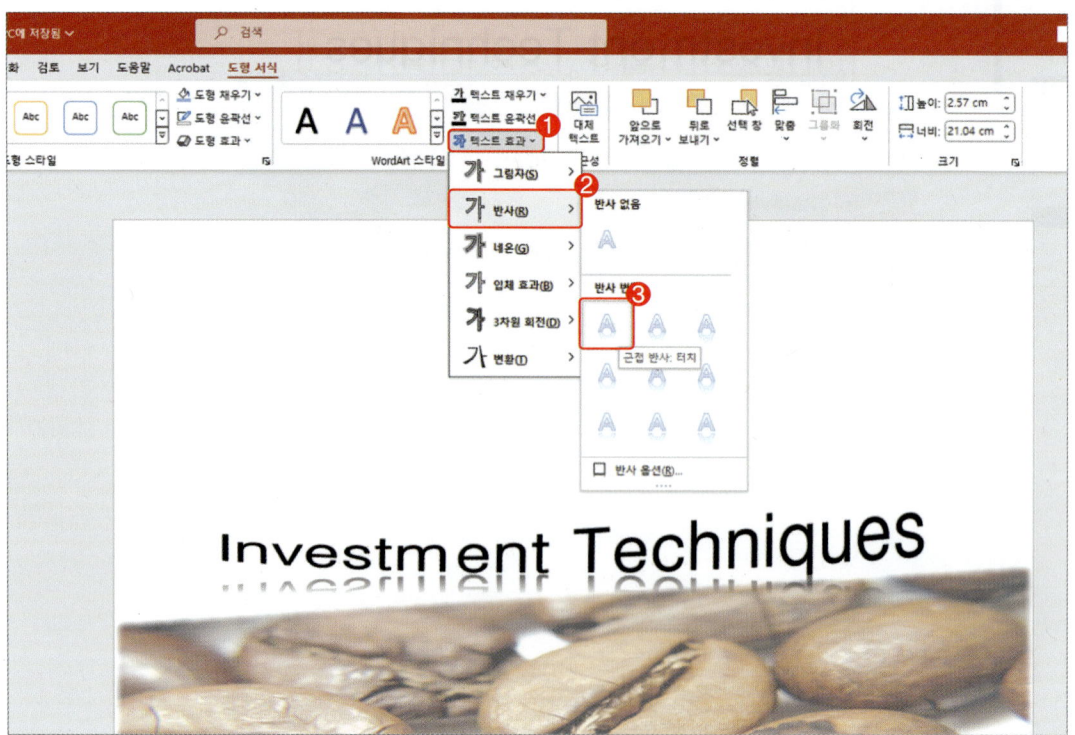

⑤ 모양 조절점과 크기 조절점을 이용해 출력형태와 비슷하게 조절한다.

SECTION 03 상단 그림 삽입

① [삽입] 탭-[이미지] 그룹-[그림](🖼)에서 [이 디바이스](🖥)를 클릭한다.
  → [그림 삽입] 대화상자가 나타나면 '내 PC₩문서₩ITQ₩Picture'에서 그림 파일 '로고3.jpg'를 선택하고 [삽입]을 클릭한다.

② [그림 서식] 탭-[조정] 그룹-[색](🖼)에서 [투명한 색 설정](🖌)을 클릭한다.
  → 마우스 포인터가 🖌로 변경되면 연보라색 부분을 클릭하여 투명하게 만든다.

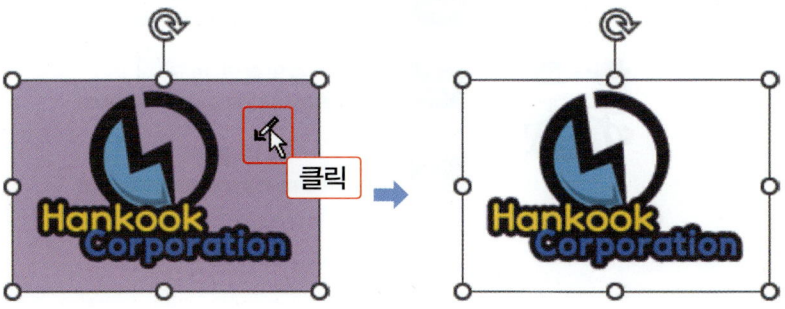

③ 그림의 크기를 조절점으로 조절하고, 문제에 제시된 위치로 그림을 이동시킨다.

슬라이드 ❷ 목차 슬라이드 60점

(1) 출력형태와 같이 도형을 이용하여 목차를 작성한다(글꼴 : 굴림, 24pt).
(2) 도형 : 선 없음

세부조건	
① 텍스트에 링크【하이퍼링크】 적용 → '슬라이드 5' ② 그림 삽입 -「내 PC\문서\ITQ\Picture\그림4.jpg」 - 자르기 기능 이용	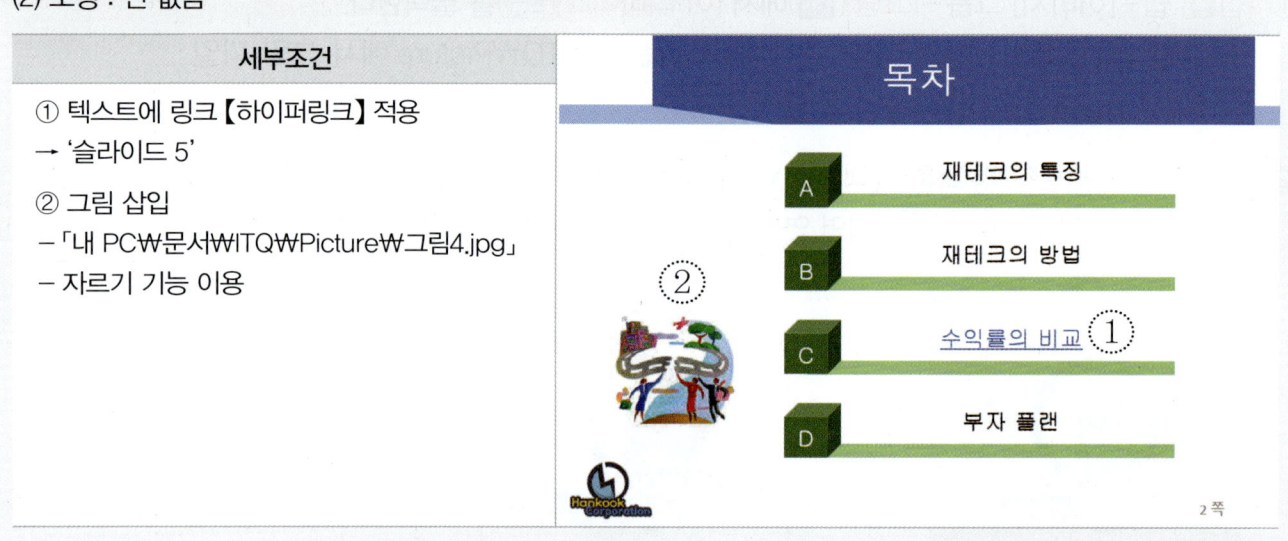

SECTION 01　목차 작성

① 슬라이드 2를 선택하고 슬라이드 제목 『목차』를 입력한다.
　→ '텍스트를 입력하십시오' 상자를 삭제한다.

② [삽입] 탭 – [일러스트레이션] 그룹에서 [도형](📷) – [사각형] – [직사각형]을 선택하여 그리고 [기본 도형] – [정육면체]를 그린다.
　→ [도형 서식] 탭 – [도형 스타일] 그룹에서 [도형 채우기](🎨)에 임의의 색을 설정하고 [도형 윤곽선](✏️)은 [윤곽선 없음]을 설정한다.

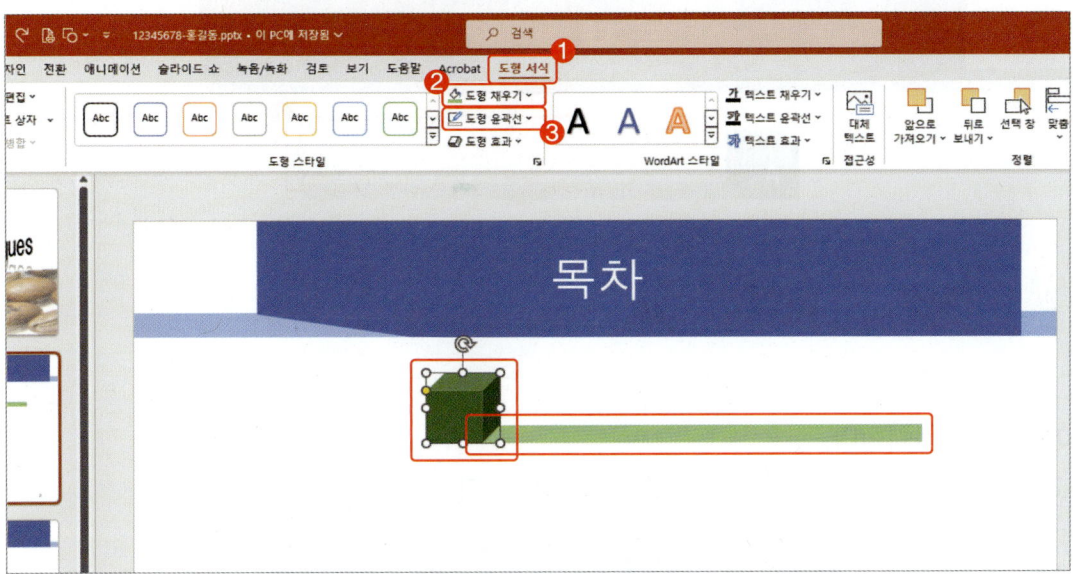

③ 목차 번호가 들어갈 도형에 『A』를 입력한다.
　→ [홈] 탭 – [글꼴] 그룹에서 글꼴 '굴림', '24pt', 글꼴 색 '흰색'을 설정한다.

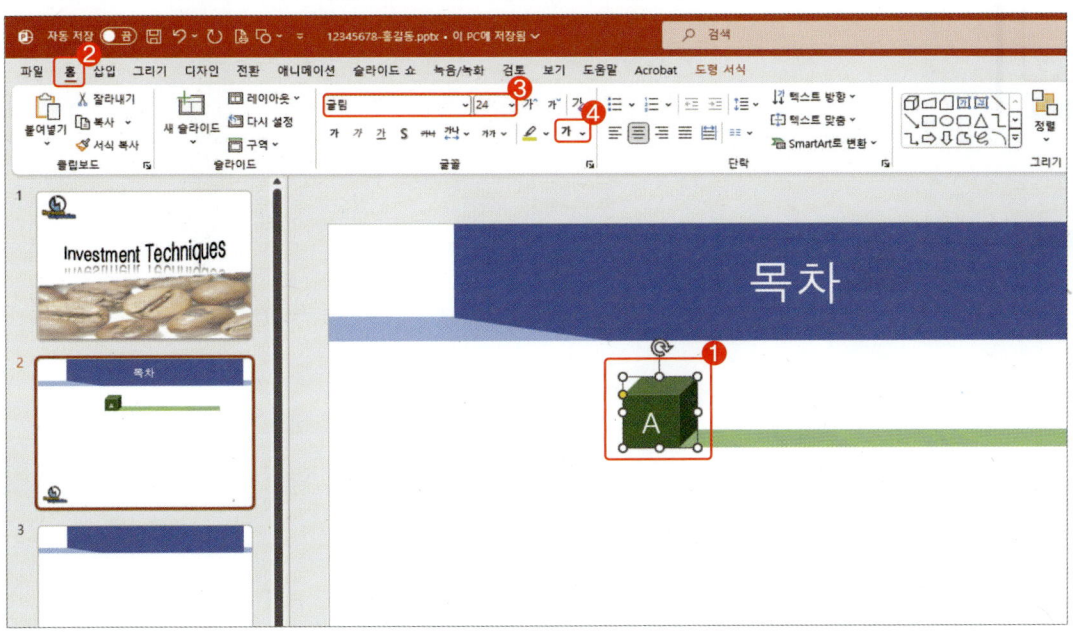

④ [삽입] 탭 – [텍스트] 그룹 – [텍스트 상자](가) – [가로 텍스트 상자 그리기]를 클릭하고 마우스 드래그하여 배치한다.
  → [홈] 탭 – [글꼴] 그룹에서 글꼴 '굴림', '24pt', 글꼴 색 '검정', [가운데 맞춤](≡)을 설정한다.

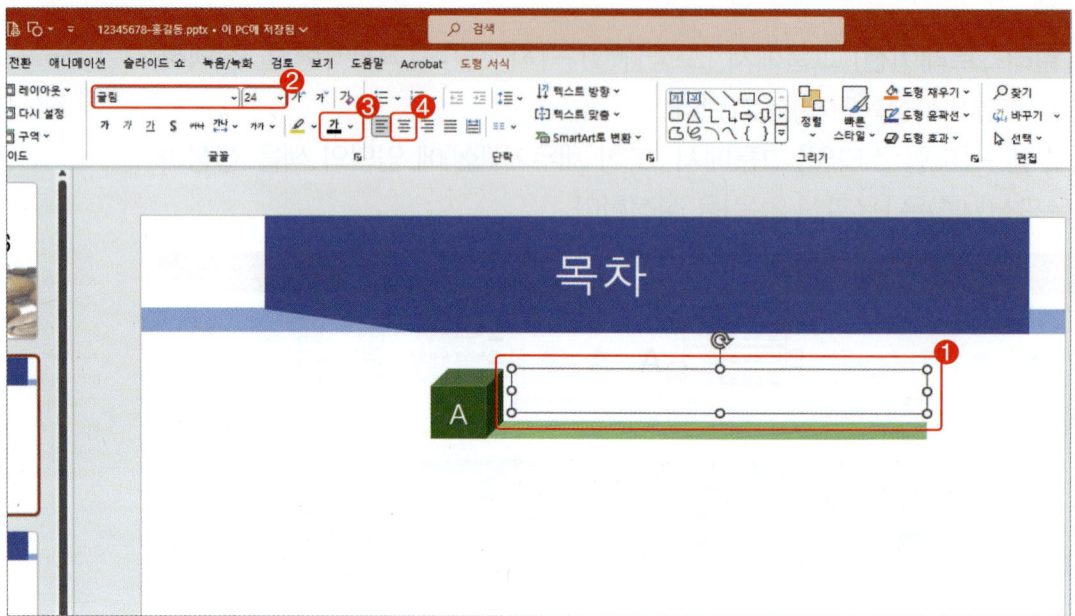

⑤ 텍스트 상자에 내용을 입력한다.
  → 마우스 드래그하여 도형들과 텍스트 상자를 모두 선택한다.

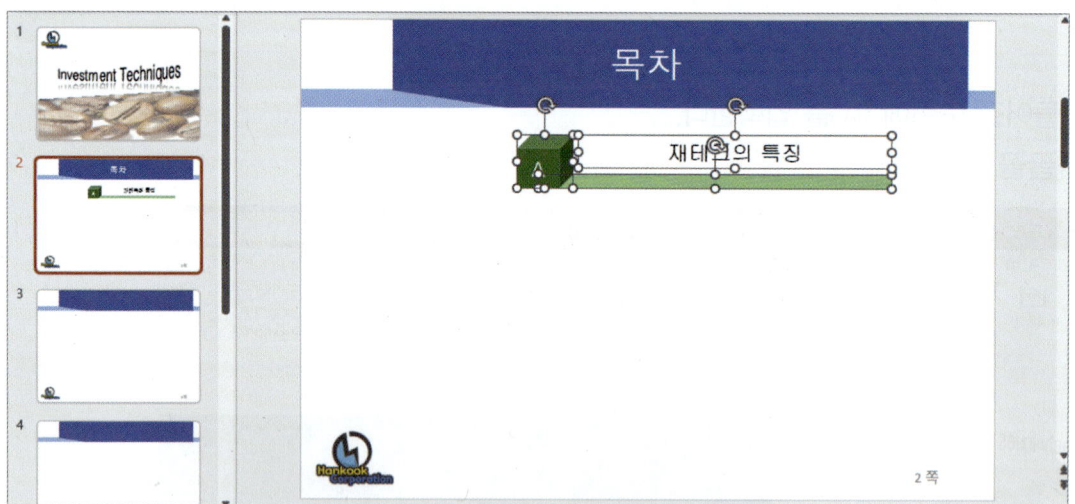

⑥ Ctrl + Shift 를 누른 채 아래로 드래그하여 복사하여 다음과 같이 배치한다.

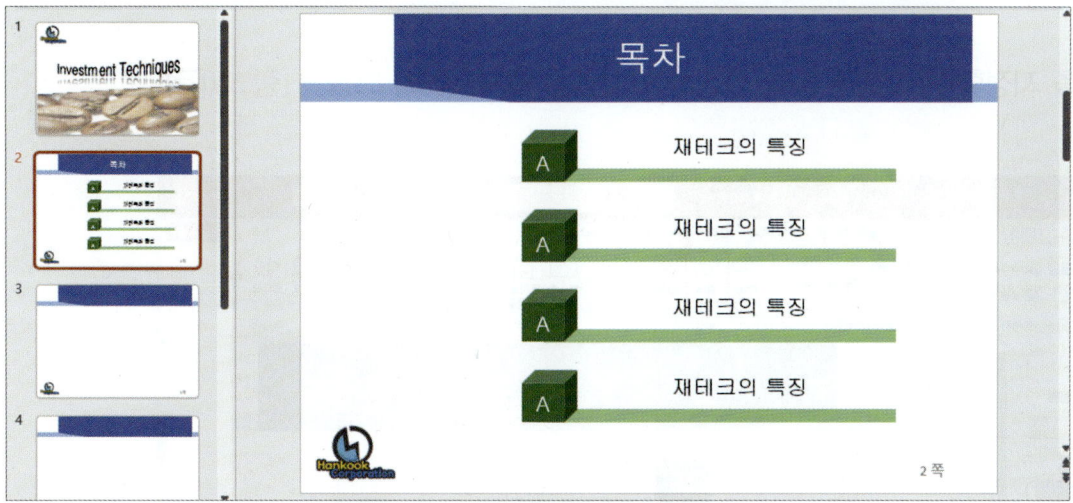

⑦ 출력형태를 참고하여 텍스트를 수정한다.

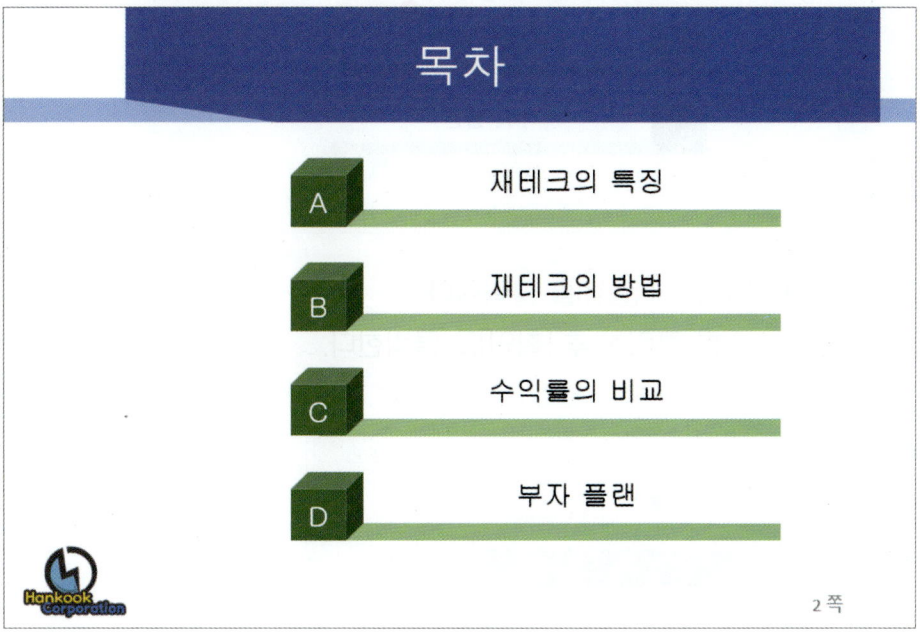

SECTION 02　하이퍼링크 설정

① 하이퍼링크를 지정할 텍스트를 블록 설정하고, [삽입] 탭 – [링크] 그룹 – [링크](🔗)를 클릭한다.

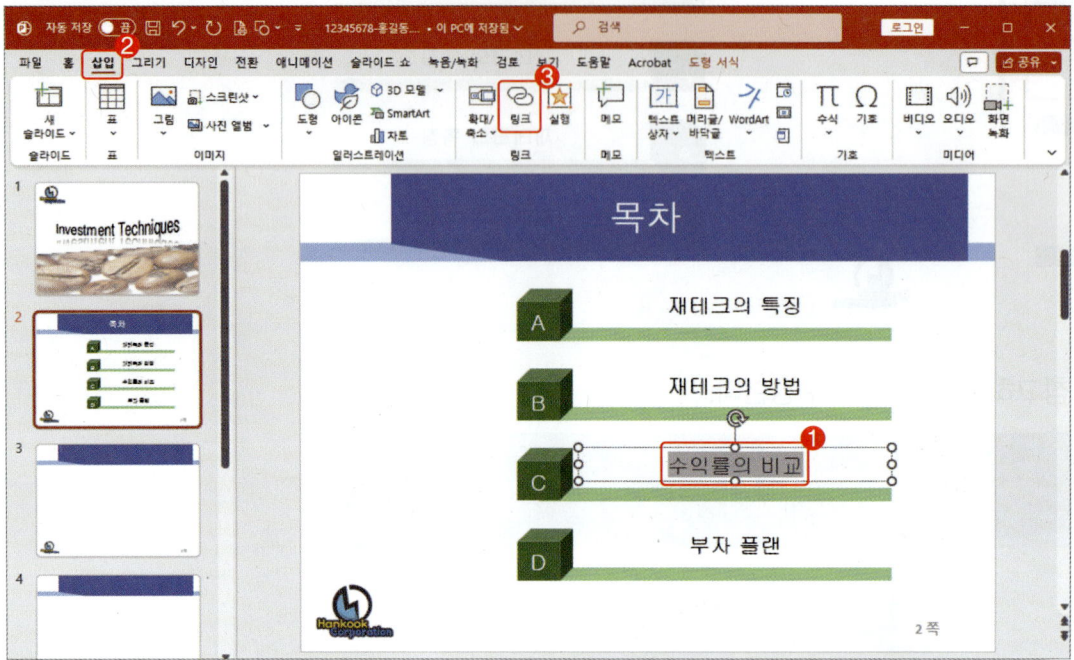

② [하이퍼링크 삽입] 대화상자가 나타나면 [현재 문서]를 클릭한다.
→ 이 문서에서 위치 선택 – '슬라이드 5'를 클릭한 후 [확인]을 클릭한다.

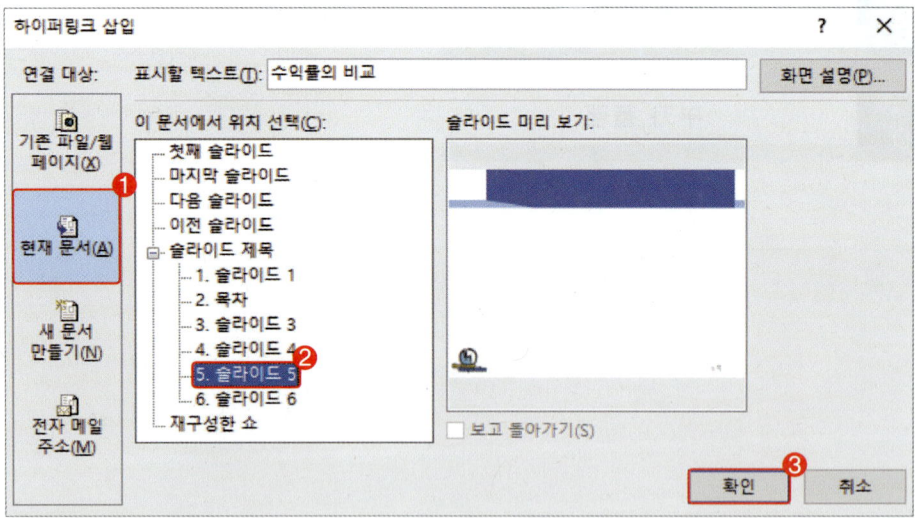

③ 하이퍼링크를 Ctrl+클릭하여 올바르게 작동하는지 확인한다.

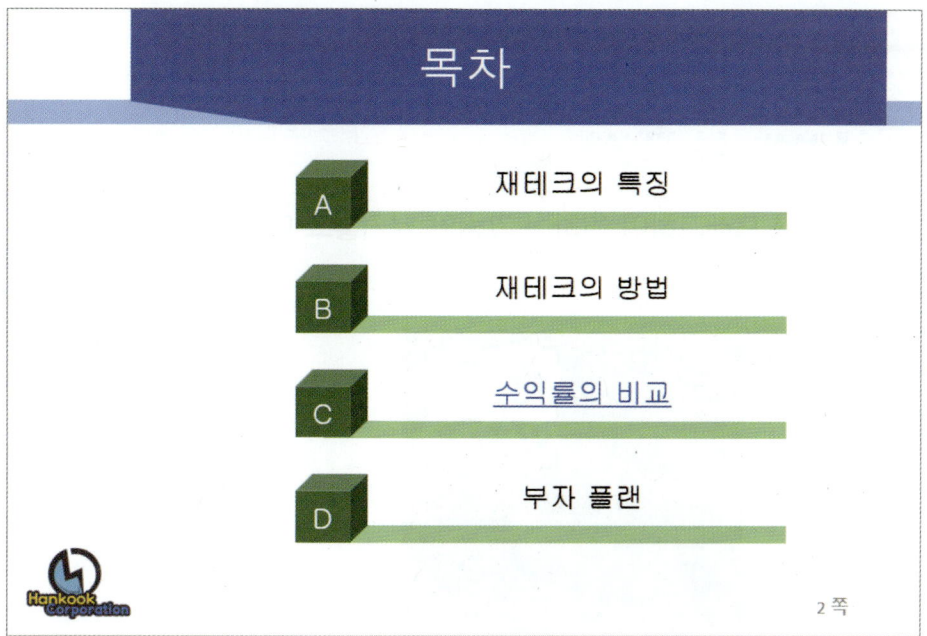

SECTION 03 그림 삽입 및 자르기

① [삽입] 탭 – [이미지] 그룹 – [그림](　)에서 [이 디바이스](　)를 클릭한다.
　→ [그림 삽입] 대화상자가 나타나면 '내 PC₩문서₩ITQ₩Picture' 폴더에서 그림 파일 '그림4.jpg'를 선택하고 [삽입]을 클릭한다.

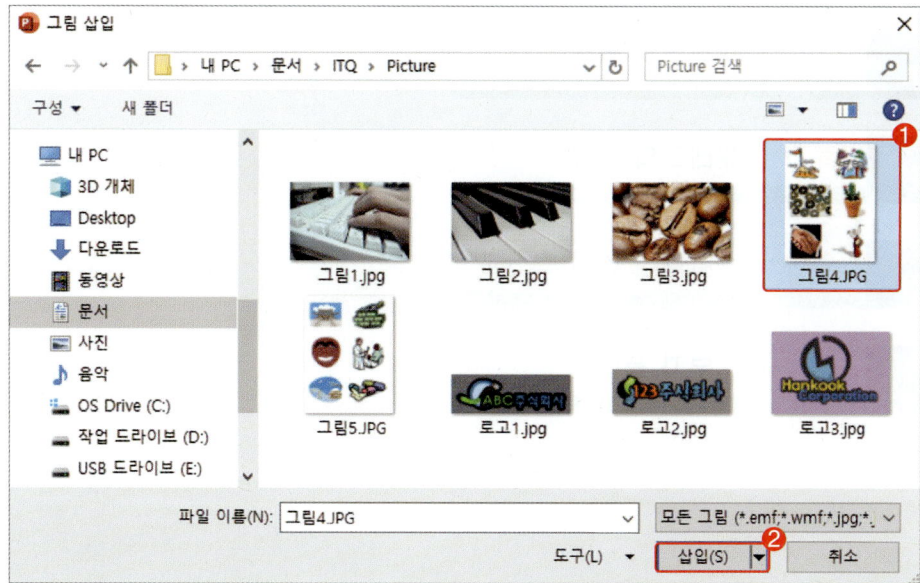

② 그림이 삽입되면 [그림 서식] 탭 – [크기] 그룹에서 [자르기](⬚)를 클릭한다.

③ 그림의 모서리의 자르기 조절점들을 드래그하여 원하는 그림만 남겨놓고 다시 [자르기]를 클릭하여 그림을 자른다.

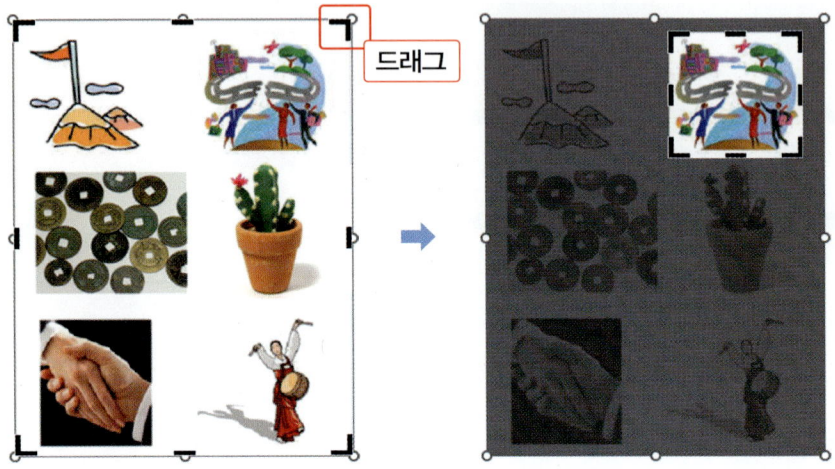

④ 그림의 크기와 위치를 조절한다.

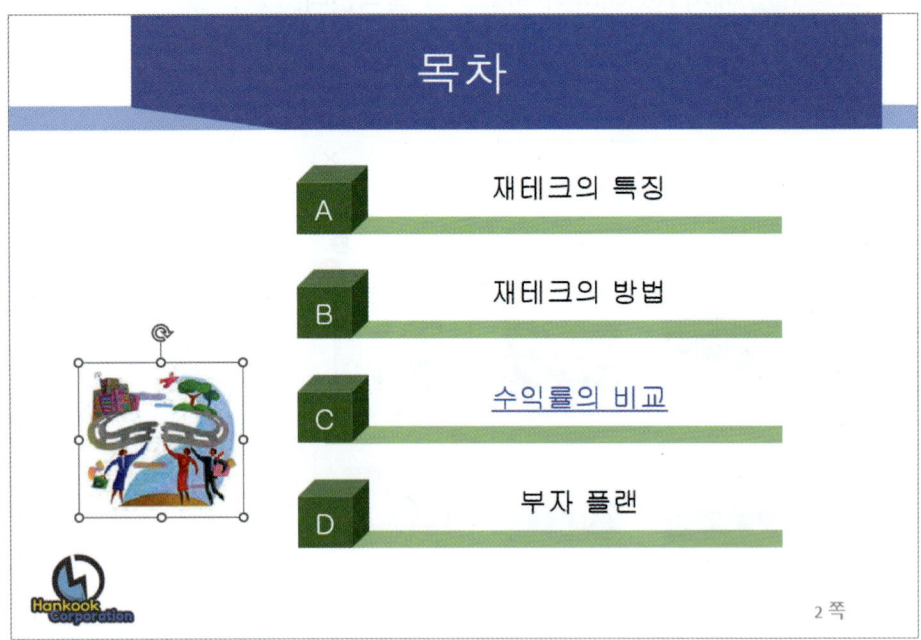

| 슬라이드 ❸ | 텍스트/동영상 슬라이드 | 60점 |

(1) 텍스트 작성 : 글머리 기호 사용(◆, ➢)
  ◆문단(돋움, 24pt, 굵게, 줄간격 : 1.5줄), ➢문단(돋움, 20pt, 줄간격 : 1.5줄)

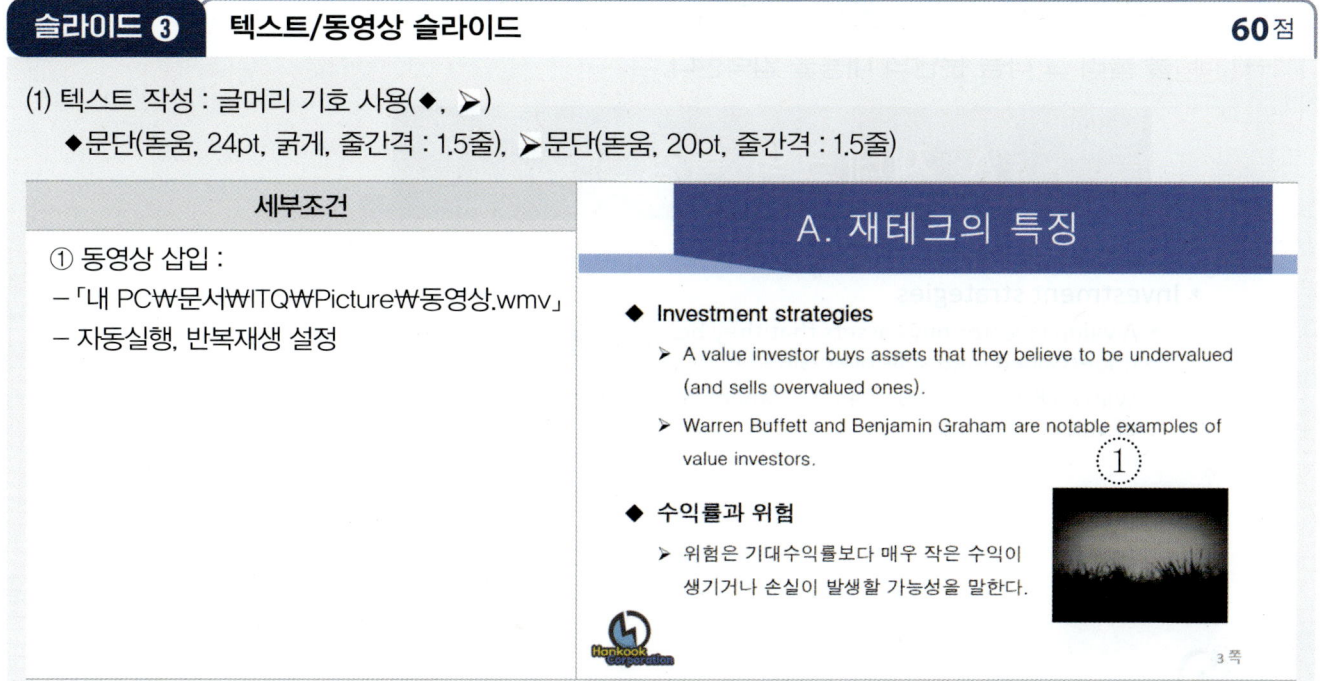

SECTION 01 텍스트 입력 및 글머리 기호 지정

① 슬라이드 3을 선택하고 슬라이드 제목 『A. 재테크의 특징』을 입력한다.

② 텍스트 상자에서 마우스 오른쪽 버튼을 클릭하여 [도형 서식] 탭을 연다.
  → [텍스트 옵션] – [텍스트 상자] – [자동 맞춤 안 함]에 체크하고 닫는다.

③ 텍스트 상자에 첫 번째 문단의 내용을 입력하고 Enter 를 누른다.
→ Tab 을 눌러 그 다음 문단의 내용을 입력한다.

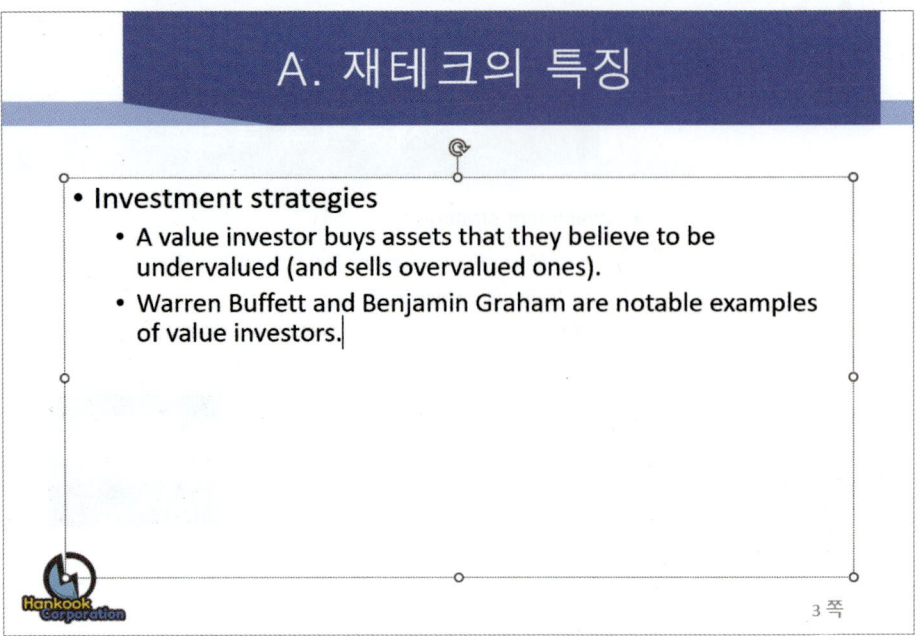

④ 『◆』이 들어갈 문단을 마우스 드래그하여 블록 설정한다.
→ [홈] 탭 - [단락] 그룹에서 [글머리 기호](≡) - [속이 찬 다이아몬드형 글머리 기호]를 선택한다.

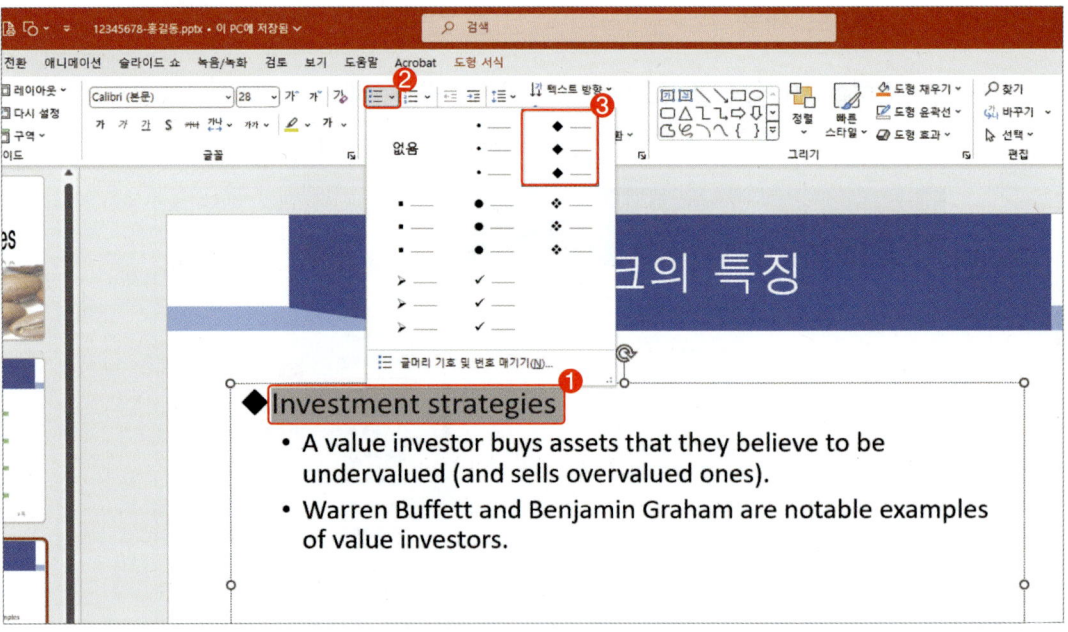

⑤ ◆ 문단이 블록 설정된 상태에서 [글꼴] 그룹의 글꼴 '돋움', '24pt', '굵게'를 설정한다.
→ [단락] 그룹에서 [줄 간격](≡) – [1.5]를 클릭한다.

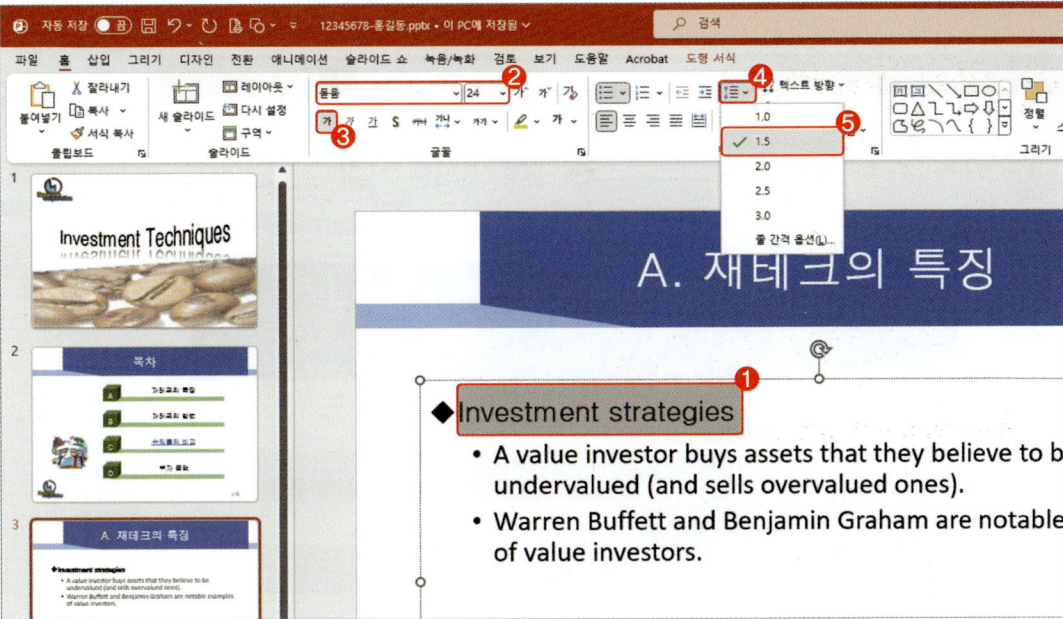

⑥ 나머지 문단을 블록 설정한다.
→ [홈] 탭 – [단락] 그룹에서 [글머리 기호](≡) – [화살표 글머리 기호]를 설정한다.

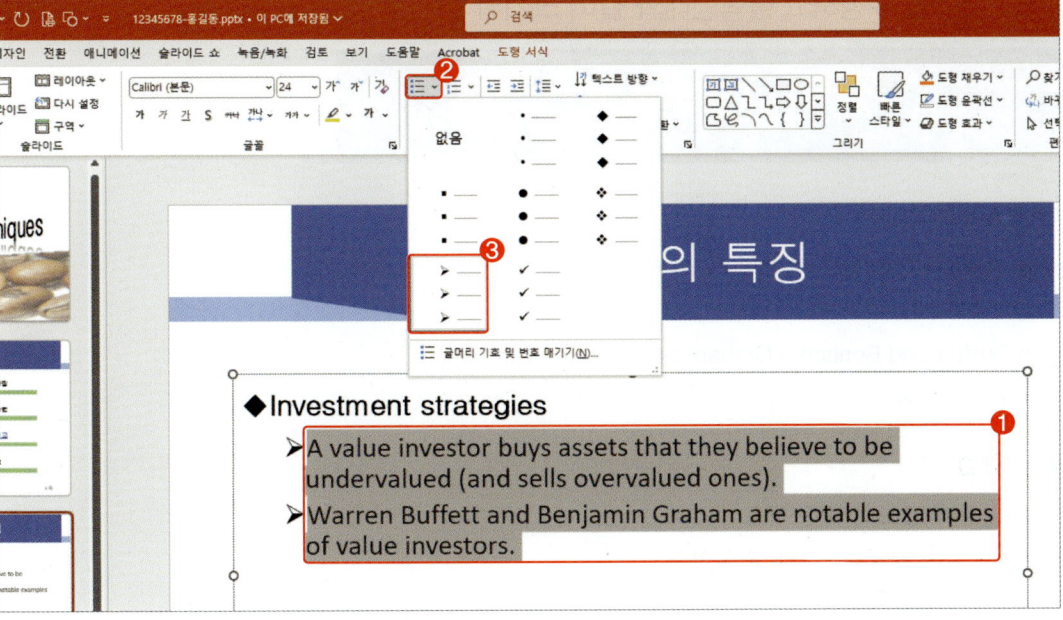

⑦ ➤ 문단이 블록 설정된 상태에서 [글꼴] 그룹의 글꼴 '돋움', '20pt'를 설정한다.
　→ [단락] 그룹에서 [줄 간격](≡) − [1.5]를 클릭한 다음 텍스트 상자의 크기와 위치를 조절한다.

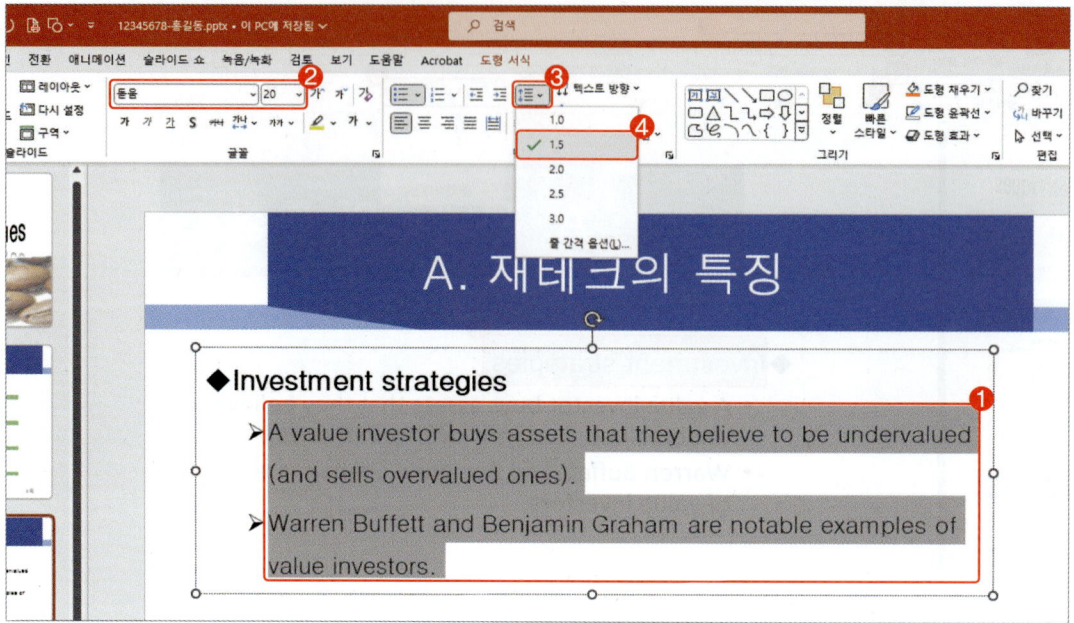

⑧ 텍스트 상자를 Ctrl + Shift 를 누른 채 아래로 드래그하여 복사한다.
　→ 텍스트 상자의 내용을 수정하고 출력형태와 같이 크기와 위치를 맞춘다.

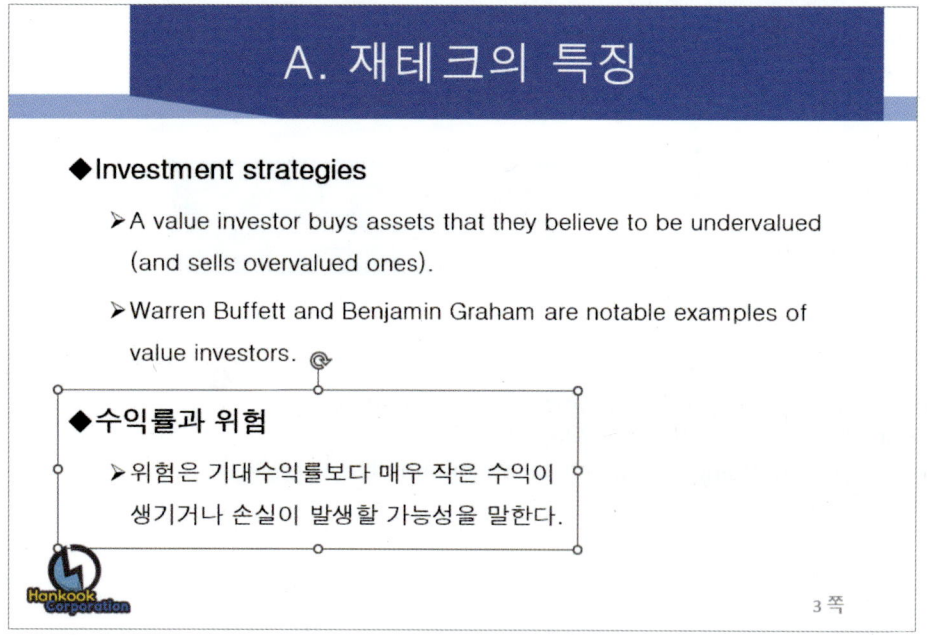

⑨ [보기] 탭 – [표시] 그룹에서 [눈금자]를 체크한다.
　→ ◆ 문단에 해당하는 내용을 블록 설정한다.
　→ 왼쪽 들여쓰기 표식의 뾰족한 부분을 드래그하여 텍스트의 시작 위치를 조정한다.

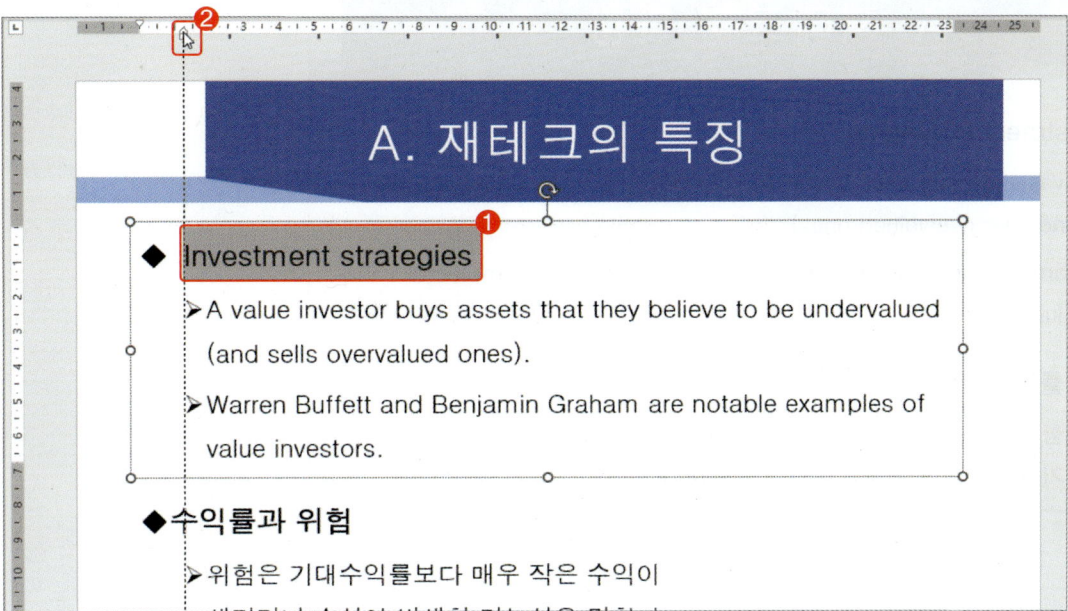

⑩ ➤ 문단도 동일한 방법으로 시작 위치를 맞춘다.

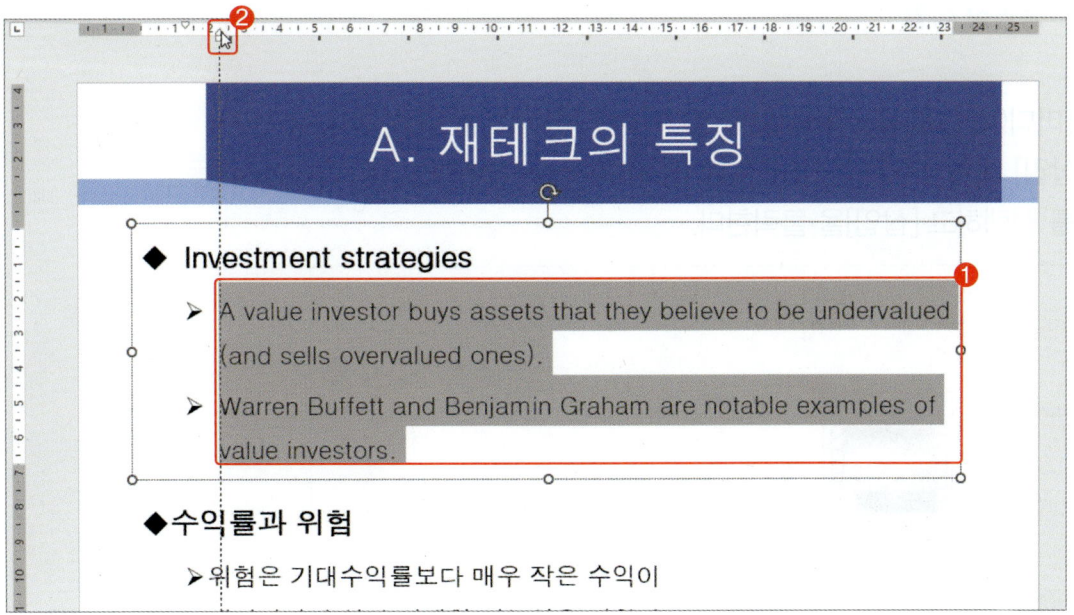

⑪ 두 번째 텍스트 상자의 문단들도 같은 방법으로 시작 위치를 맞춘다.
→ 작업을 마치면 [보기] 탭 – [표시] 그룹에서 [눈금자] 체크를 해제한다.

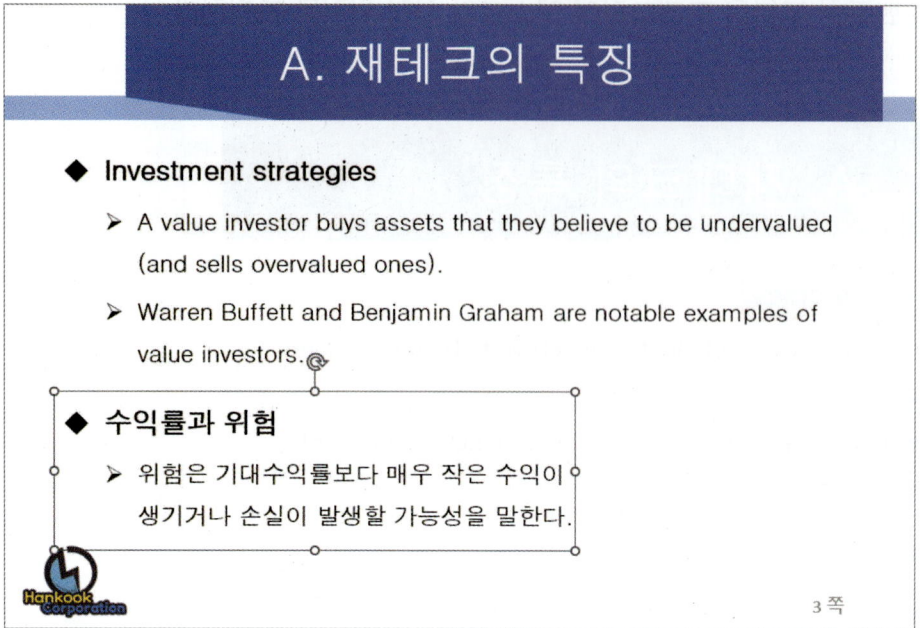

SECTION 02 동영상 삽입

① [삽입] 탭 – [미디어] 그룹에서 [비디오](▭) – [이 디바이스]를 클릭한다.
→ [비디오 삽입] 대화상자가 나타나면 '내 PC₩문서₩ITQ₩Picture' 폴더에서 '동영상.wmv'를 선택하고 [삽입]을 클릭한다.

② 슬라이드에 삽입된 동영상의 크기와 위치를 조절한다.

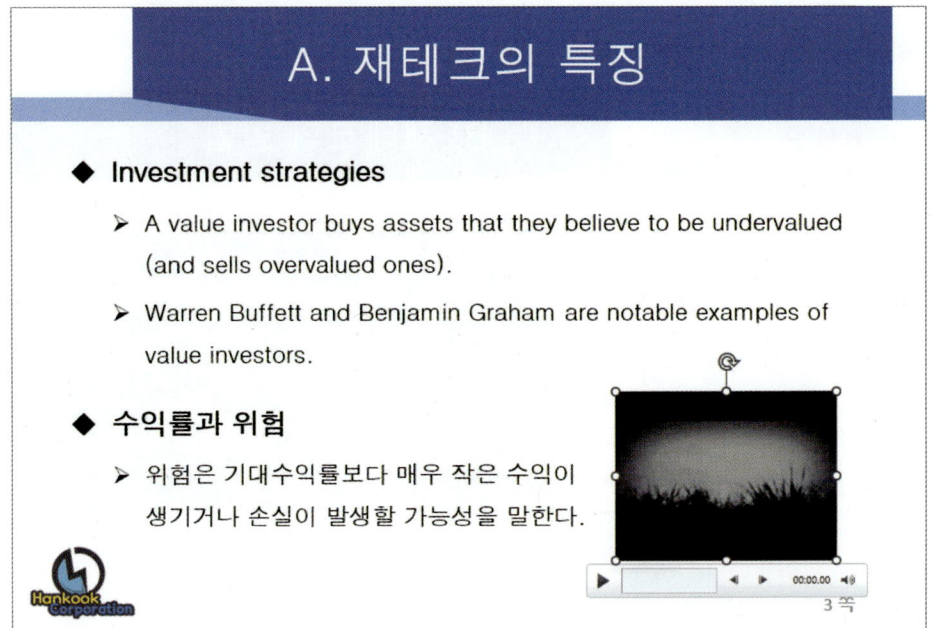

③ [재생] 탭 – [비디오 옵션] 그룹에서 [시작](▶) – [자동 실행]으로 선택한다.
→ [반복 재생]에 체크한다.

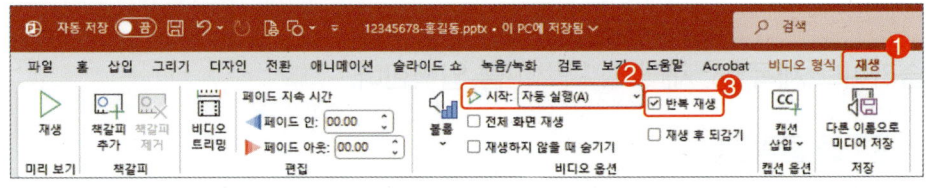

기적의 TIP

실제 시험에서는 슬라이드를 완성할 때마다 [답안 전송]을 하는 것이 좋다.
시험은 최종 전송한 파일로 제출된다.

슬라이드 ④   표 슬라이드   80점

(1) 도형과 표 작성 기능을 이용하여 슬라이드를 작성한다(글꼴 : 굴림, 18pt)

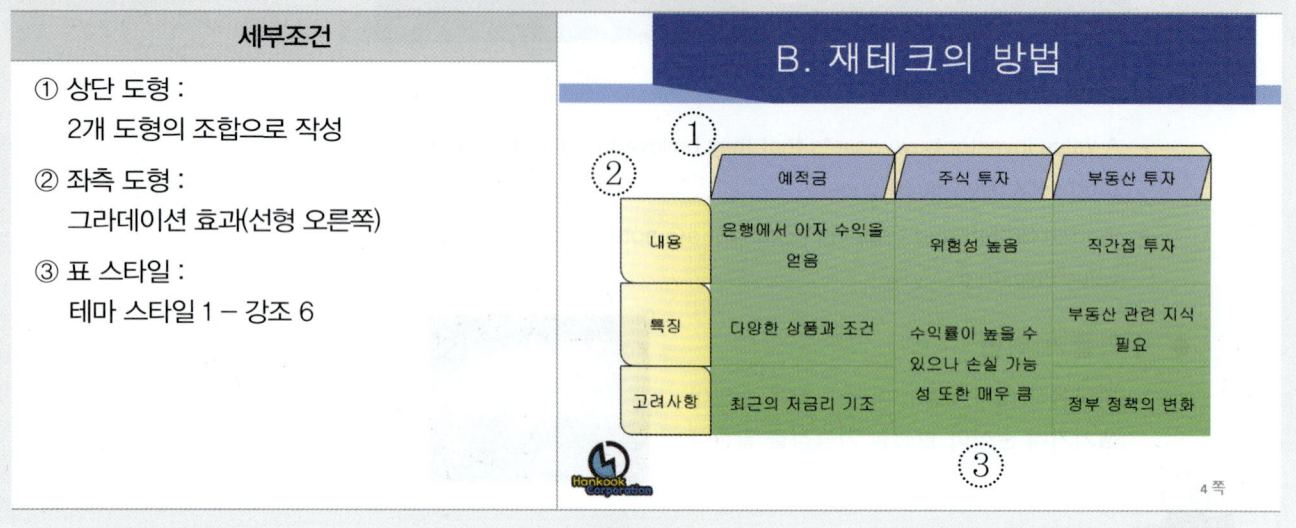

세부조건

① 상단 도형 :
  2개 도형의 조합으로 작성

② 좌측 도형 :
  그라데이션 효과(선형 오른쪽)

③ 표 스타일 :
  테마 스타일 1 – 강조 6

SECTION 01   표 삽입

① 슬라이드 4를 선택하고 슬라이드 제목 『B. 재테크의 방법』을 입력한다.

② 텍스트 상자에서 [표 삽입](▦)을 클릭한다.
  → 표 삽입 대화상자가 나타나면 열 개수 『3』, 행 개수 『3』 입력 후 [확인]을 클릭한다.

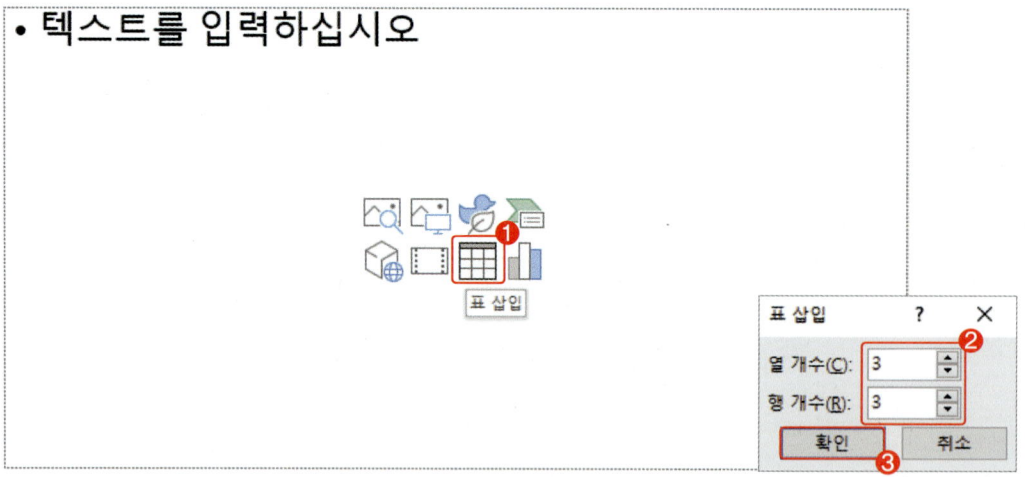

③ 표를 선택하고 [테이블 디자인] 탭 – [표 스타일 옵션] 그룹에서 [머리글 행]과 [줄무늬 행]을 선택 해제한다.

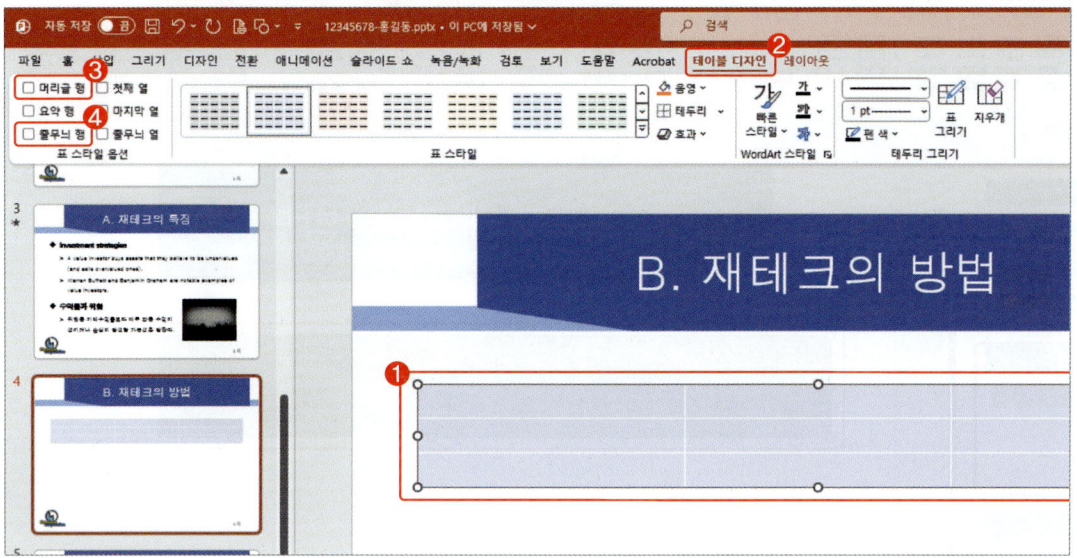

④ [테이블 디자인] 탭 – [표 스타일] 그룹에서 [빠른 스타일]( ) – [테마 스타일 1 – 강조 6]을 선택한다.

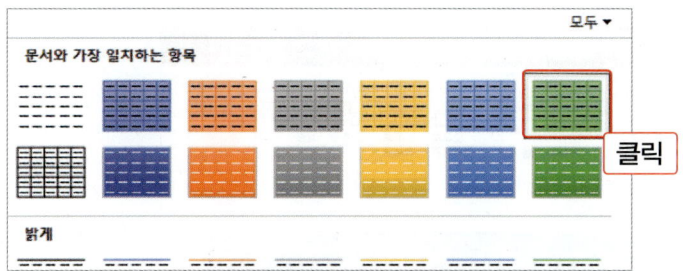

⑤ 마우스 드래그로 표 전체를 블록 설정한다.
→ [홈] 탭 – [글꼴] 그룹의 글꼴 '굴림', '18pt'를 설정한다.
→ [단락] 그룹에서 [가운데 맞춤]( ), [줄 간격]( ) – [1.5]를 설정한다.

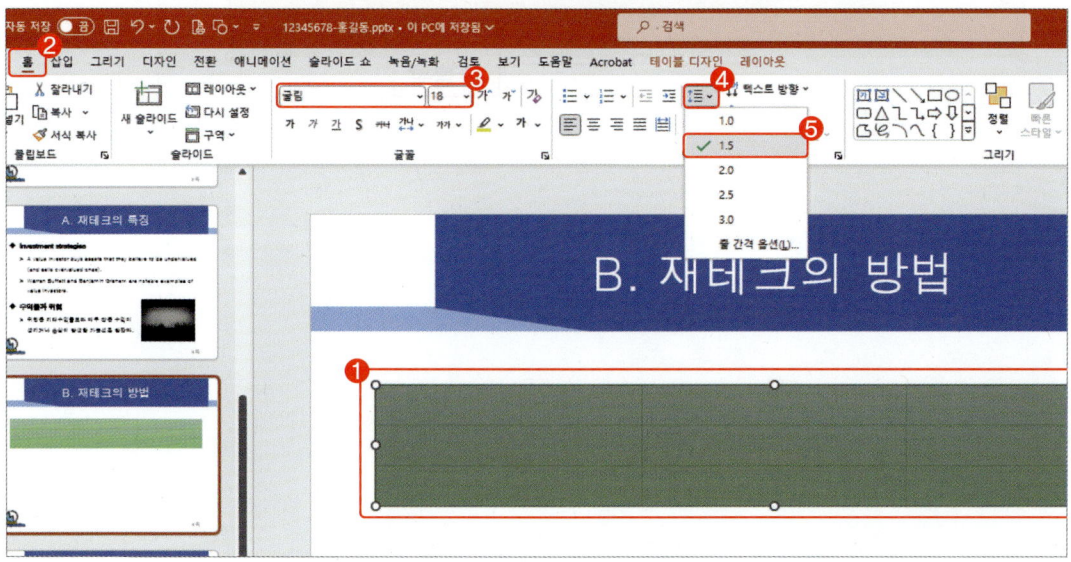

⑥ [레이아웃] 탭 – [맞춤] 그룹 – [세로 가운데 맞춤](☰)을 클릭한다.

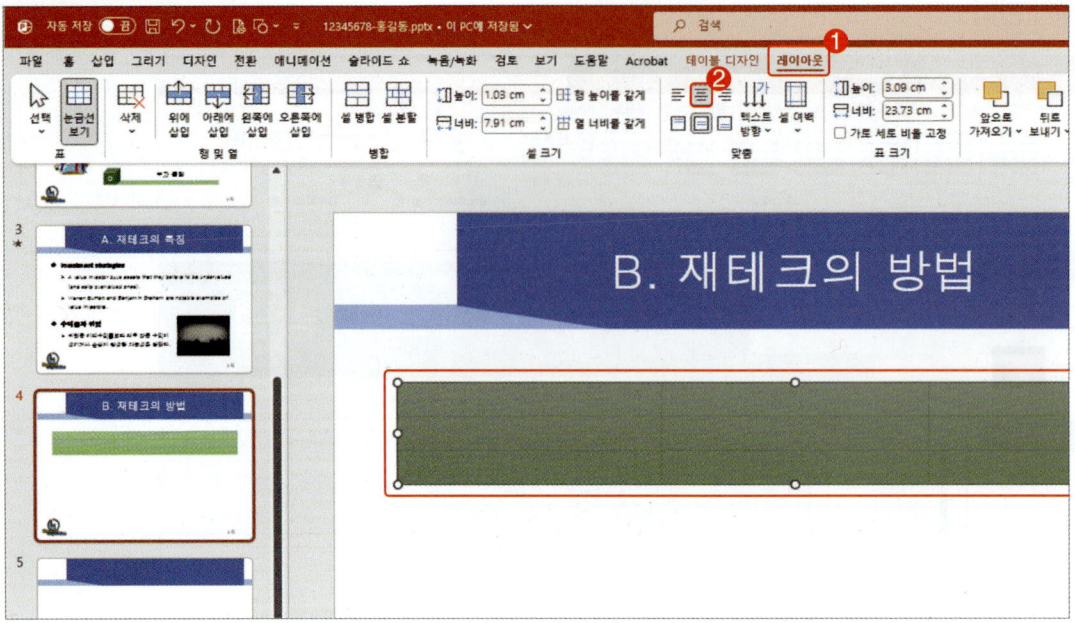

⑦ 2열의 2행과 3행을 블록 설정한다.
　→ [레이아웃] 탭 – [병합] 그룹에서 [셀 병합]을 클릭한다.

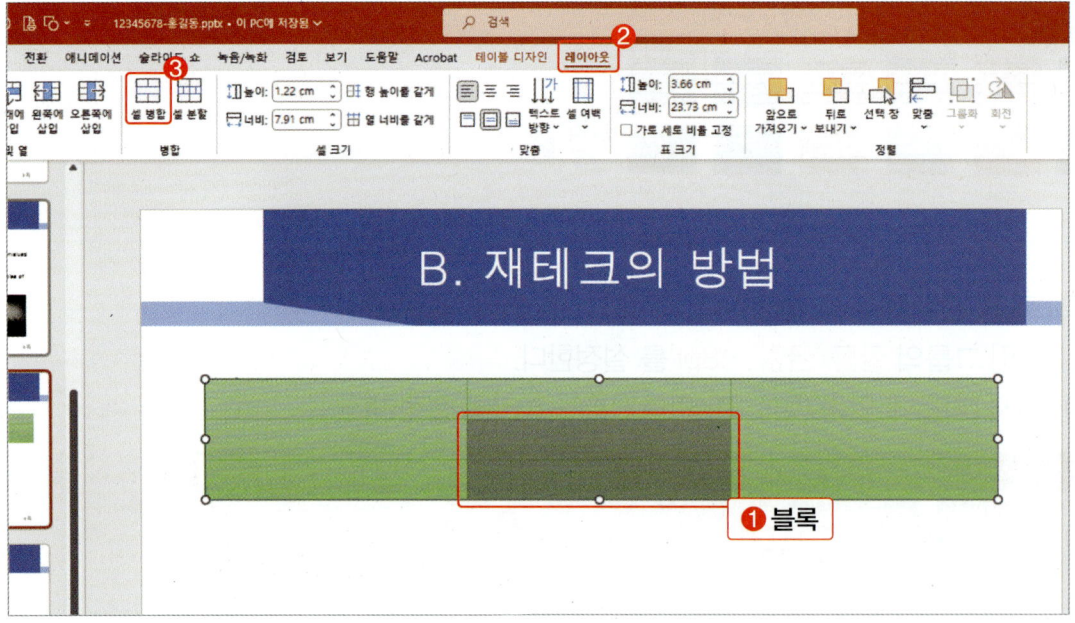

⑧ 출력형태를 참고하여 내용을 입력하고 마우스로 표의 크기와 위치를 조절한다.

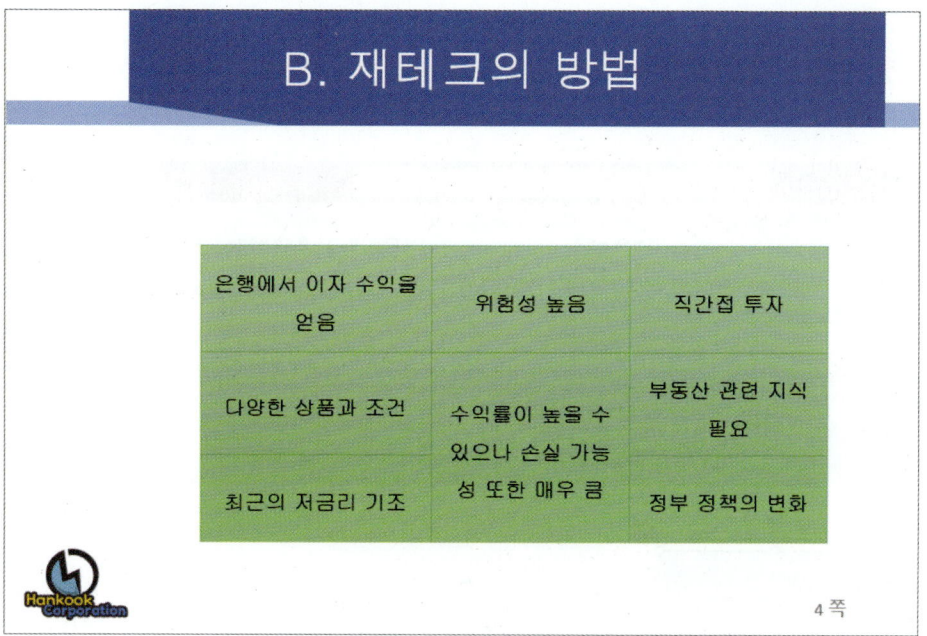

SECTION 02 상단 도형 작성

① [삽입] 탭 – [일러스트레이션] 그룹 – [도형]( )에서 [사각형: 잘린 위쪽 모서리]를 선택하여 표 위쪽에 그린다.
→ [도형 서식] 탭 – [도형 스타일] 그룹의 [도형 채우기]( )와 [도형 윤곽선]( )을 임의로 설정한다.

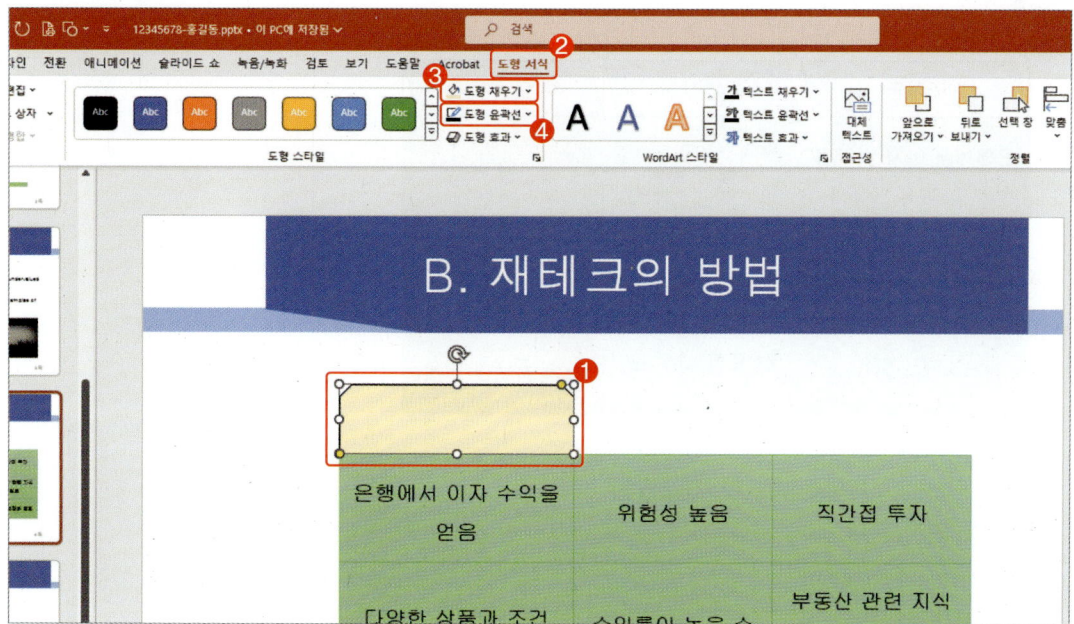

② [삽입] 탭 – [일러스트레이션] 그룹 – [도형]( )에서 [기본 도형] – [평행 사변형]을 선택하고 겹치게 그린다.
→ [도형 채우기]( )와 [도형 윤곽선]( )을 임의로 설정하고 글꼴 '굴림', '18pt'를 설정하여 텍스트를 입력한다.

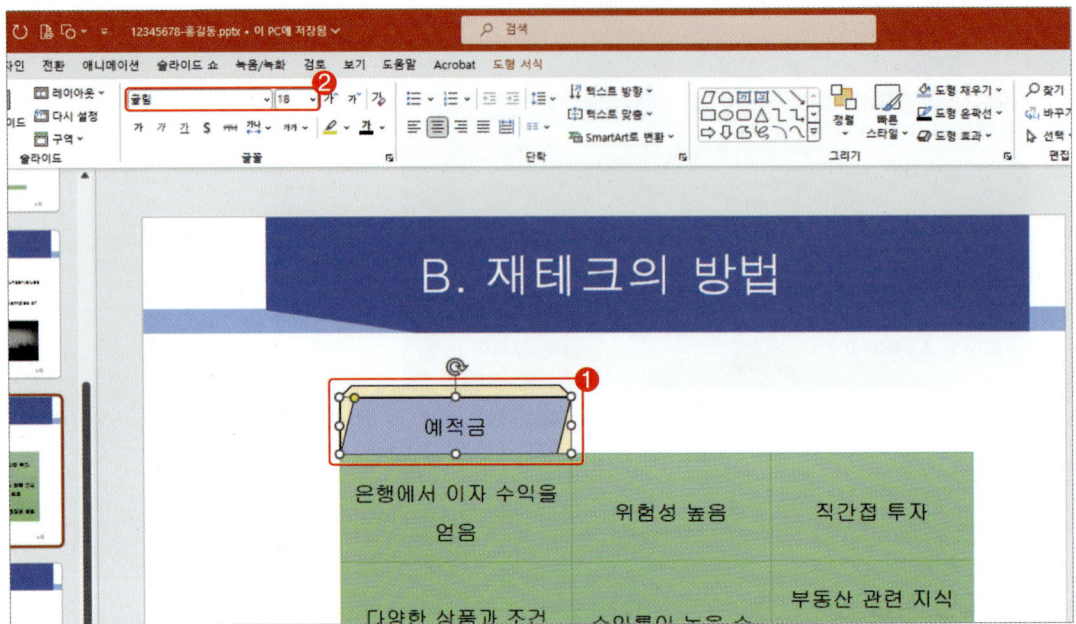

③ 도형을 모두 선택하여 Ctrl + Shift 를 누른 채 오른쪽으로 복사하고 크기와 텍스트를 수정한다.

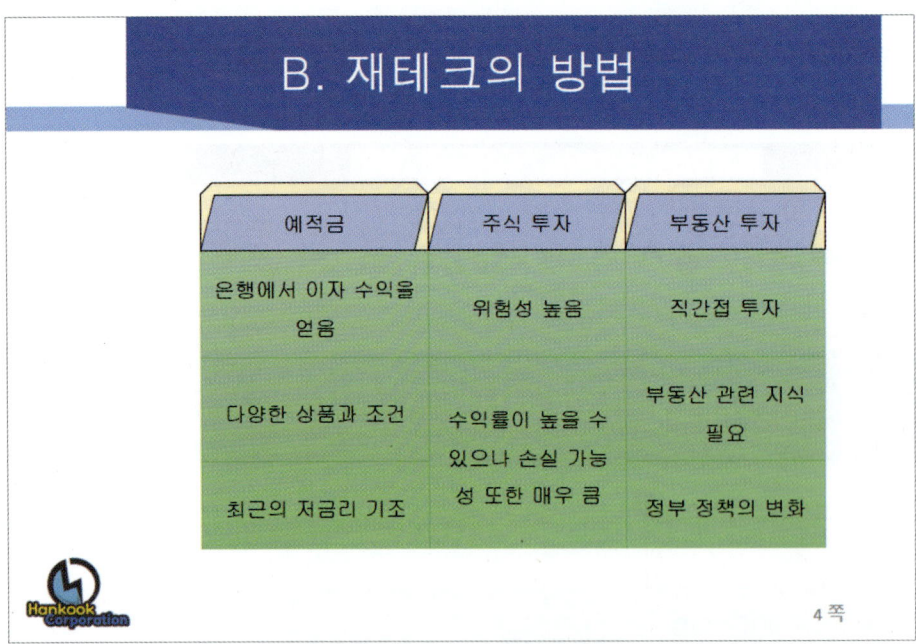

SECTION 03　좌측 도형 작성

① [삽입] 탭-[일러스트레이션] 그룹-[도형]()에서 [사각형: 둥근 대각선 방향 모서리]를 선택하여 표 왼쪽에 그린다.

② [도형 서식] 탭 – [정렬] 그룹에서 [회전]() – [좌우 대칭]을 클릭한다.
　→ [도형 채우기]()와 [도형 윤곽선]()을 임의로 설정한다.

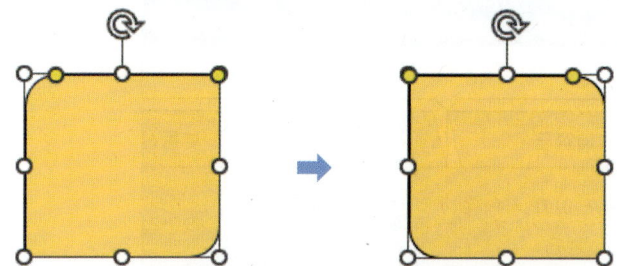

③ 다시 [도형 채우기]를 클릭하고 [그라데이션]() – [선형 오른쪽]을 클릭한다.

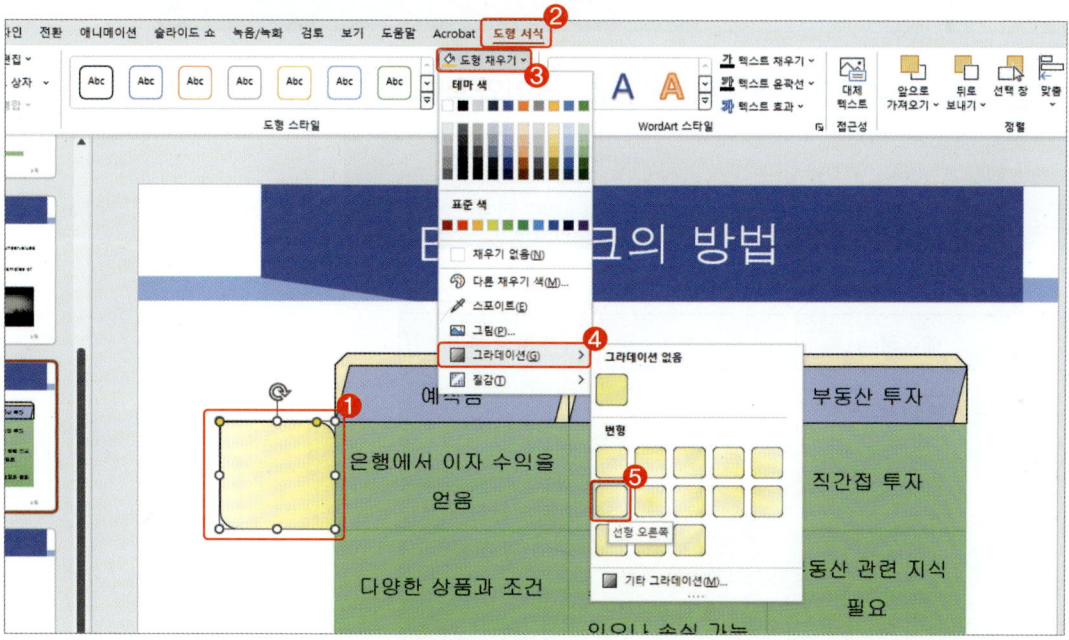

④ 도형에 [홈] 탭 – [글꼴] 그룹의 글꼴 '굴림', '18pt', 글꼴 색 '검정, 텍스트 1'을 설정하고 『내용』을 입력한다.

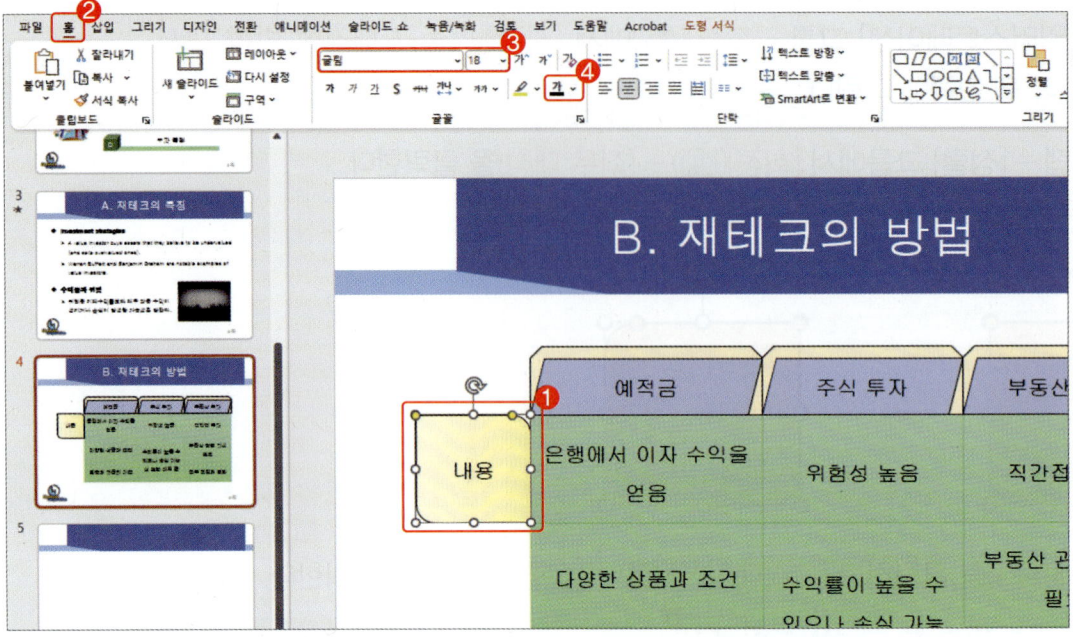

⑤ 도형을 Ctrl + Shift 를 누른 채 아래쪽으로 복사하고 크기와 텍스트를 수정한다.

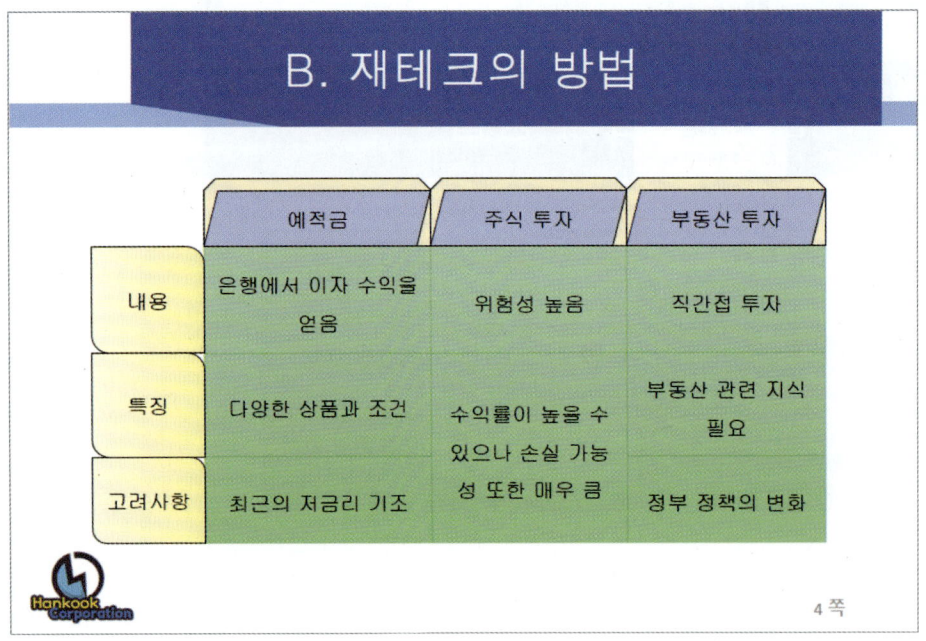

| 슬라이드 ❺ | 차트 슬라이드 | 100점 |

(1) 차트 작성 기능을 이용하여 슬라이드를 작성한다.
(2) 차트 : 종류(묶은 세로 막대형), 글꼴(돋움, 16pt), 외곽선

세부조건

※ 차트설명
- 차트제목 : 궁서, 24pt, 굵게, 채우기(흰색), 테두리, 그림자(오프셋 아래쪽)
- 차트영역 : 채우기(노랑)
- 그림영역 : 채우기(흰색)
- 데이터 서식 : KOSPI 계열을 표식이 있는 꺾은선형으로 변경 후 보조축으로 지정
- 값 표시 : 2020년 1월의 KOSPI 계열만

① 도형 삽입
- 스타일 : 미세 효과 – 파랑, 강조 1
- 글꼴 : 굴림, 18pt

SECTION 01 차트 작성

① 슬라이드 5를 선택하고 슬라이드 제목 『C. 수익률의 비교』를 입력한다.

② 텍스트 상자에서 [차트 삽입](📊)을 클릭하고 대화상자가 나타나면 [혼합]을 클릭한다.
→ 계열2를 '표식이 있는 꺾은선형' 설정하고 [보조 축]에 체크한 후 [확인]을 클릭한다.

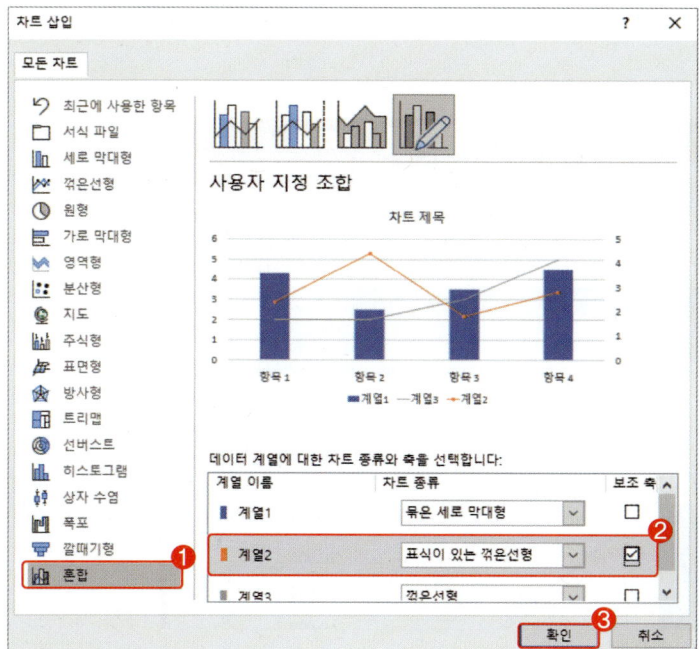

③ 데이터 시트 창이 열리면 내용을 입력한 후 데이터 범위를 지정한다.

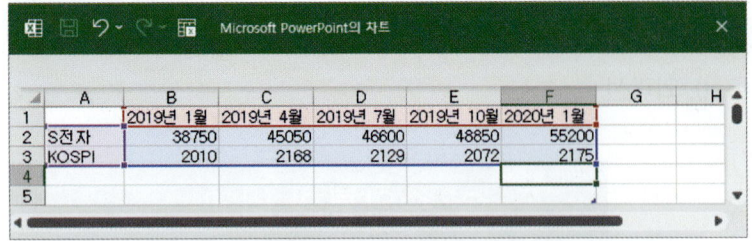

④ 숫자 데이터가 입력된 「B2:F3」 영역을 블록 설정한다.
　→ 마우스 오른쪽 클릭하여 [셀 서식]을 클릭한다.

⑤ [셀 서식] 대화상자 – [표시 형식] 탭의 범주에서 '회계'를 클릭한다.
　→ 기호 '없음'을 설정하고 [확인]을 클릭한다.

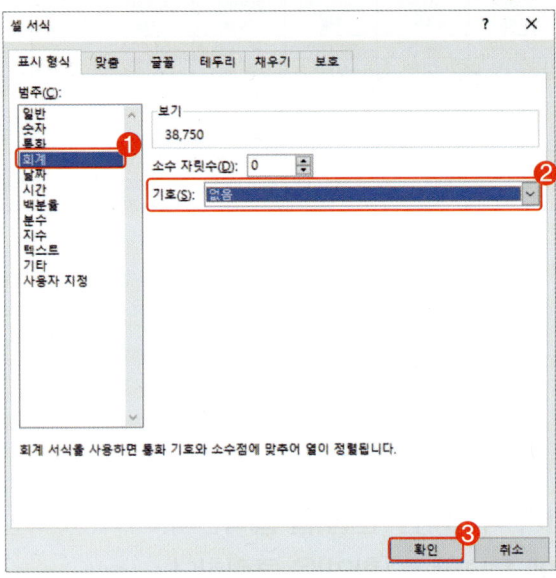

⑥ 데이터 시트를 닫고, [홈] 탭 – [글꼴] 그룹에서 글꼴 '돋움', '16pt', 글꼴 색 '검정'을 설정한다.

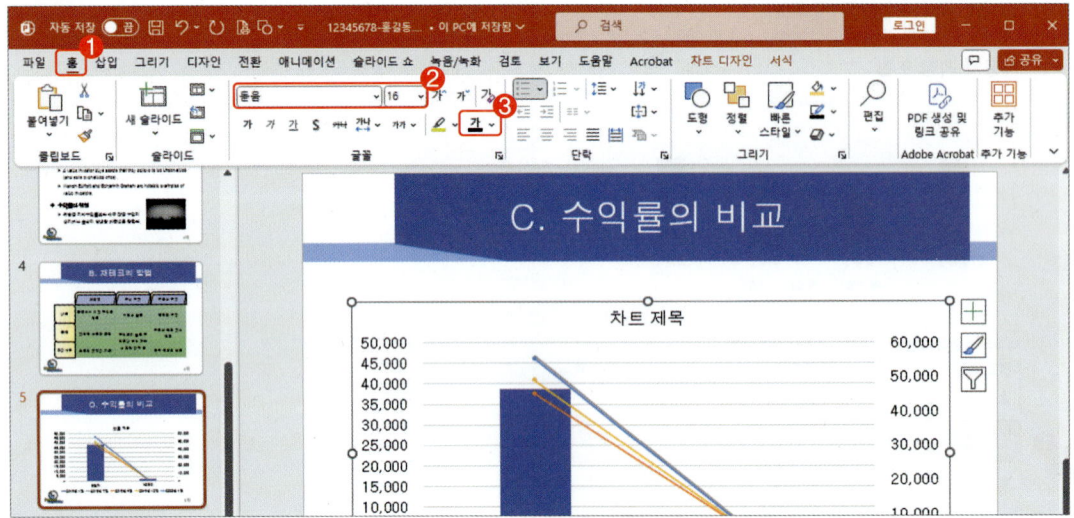

⑦ [차트 디자인] 탭 – [데이터] 그룹에서 [데이터 선택]( )을 클릭한다.
  → [데이터 원본 선택] 대화상자가 나타나면 [행/열 전환]( )을 클릭하고 [확인]을 클릭한다.
  → 데이터 시트를 닫는다.

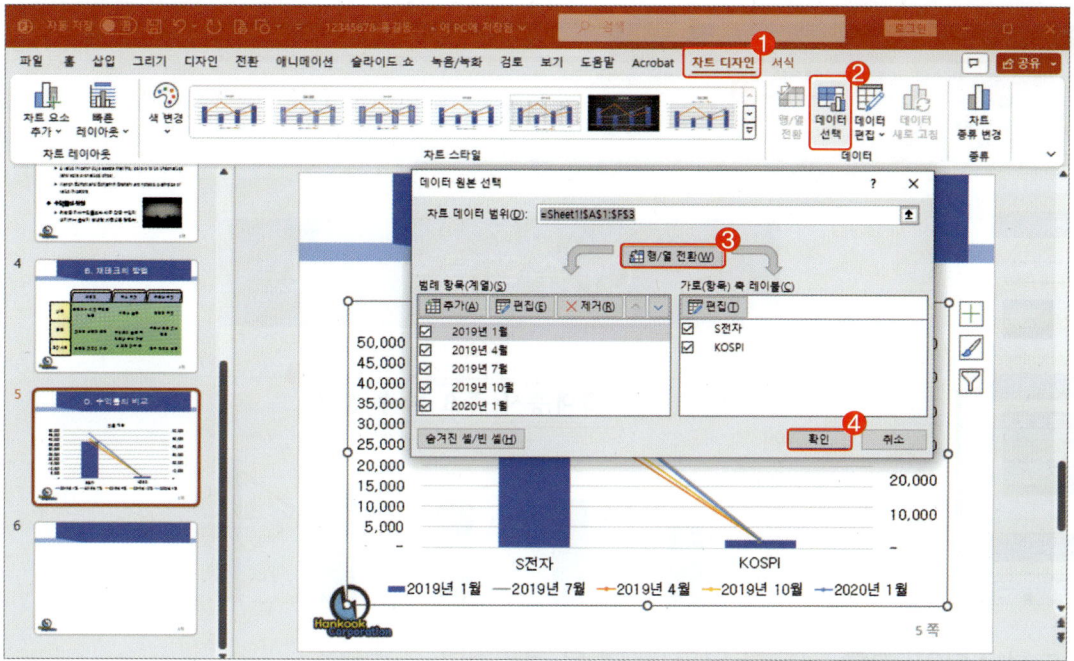

⑧ [서식] 탭 – [도형 스타일] 그룹 – [도형 윤곽선]( )을 클릭한다.
  → [색] – [검정], [두께] – [3/4pt]를 설정하여 외곽선을 지정해준다.

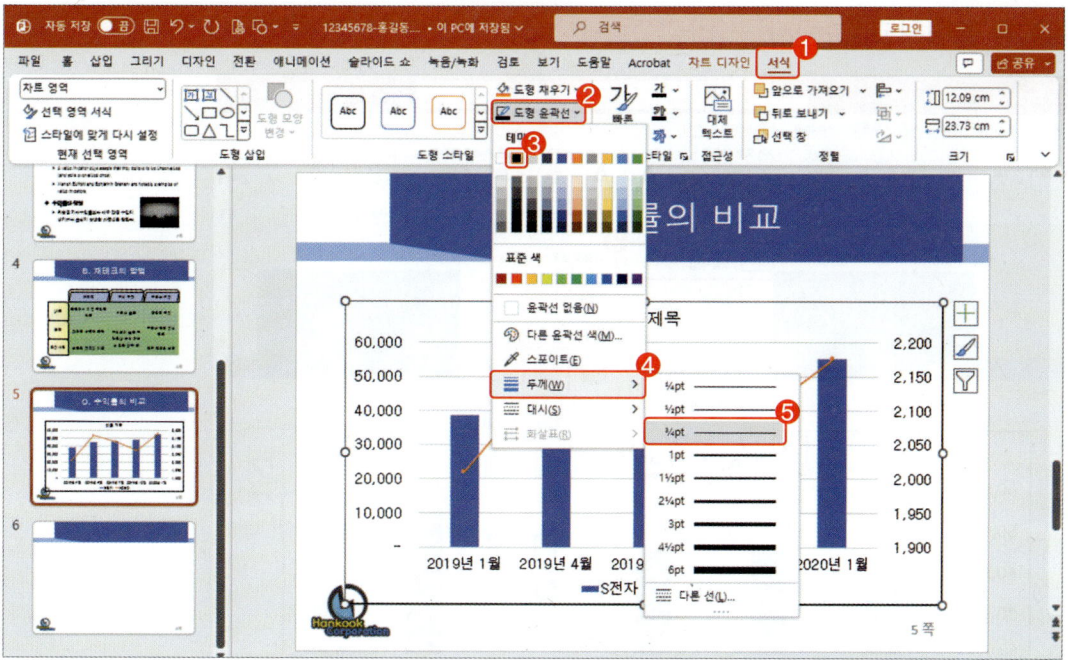

SECTION 02 　차트 제목

① 차트 제목 상자를 클릭하고『국내증시 주요 지수 분석』을 입력한다.
　→ [홈] 탭 – [글꼴] 그룹에서 글꼴 '궁서', '24pt', '굵게' 설정을 한다.

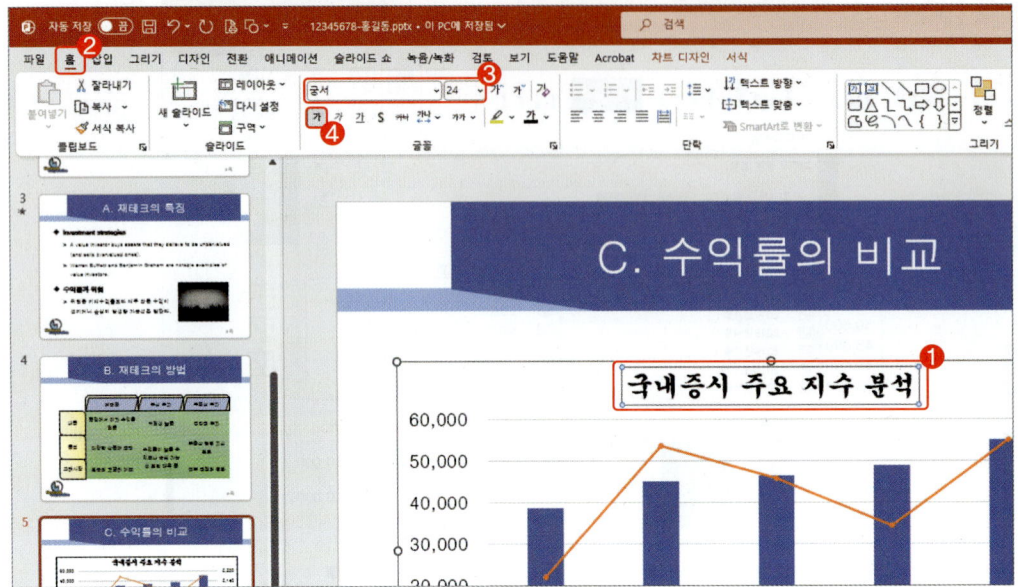

② [서식] 탭 – [도형 스타일] 그룹 – [도형 윤곽선]( )을 클릭한다.
　→ [색] – [검정], [두께] – [3/4pt]를 설정한다.
　→ [도형 채우기]( )를 클릭하여 '흰색'을 설정한다.

③ [도형 효과]( )를 클릭하고 [그림자] – [바깥쪽] – [오프셋: 아래쪽]으로 설정한다.

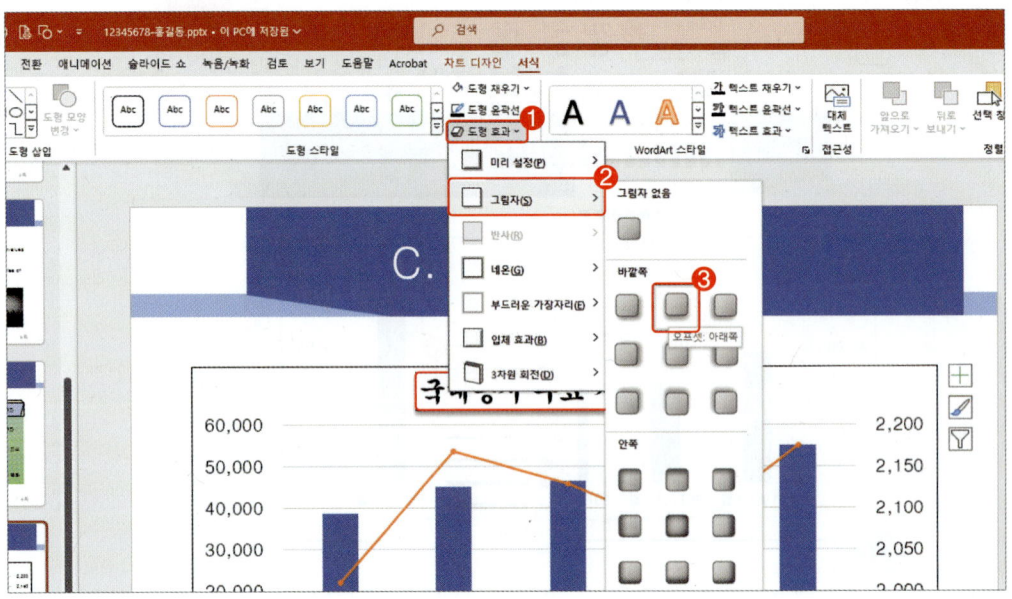

SECTION 03 · 차트 영역, 그림 영역

① '차트 영역'을 선택하고 [서식] 탭 – [도형 스타일] 그룹 – [도형 채우기](🎨)를 클릭한다.
   → [색] – [노랑]을 설정한다.

② '그림 영역'을 선택하고 [서식] 탭 – [도형 스타일] 그룹 – [도형 채우기](🎨)를 클릭한다.
   → [색] – [흰색]을 설정한다.

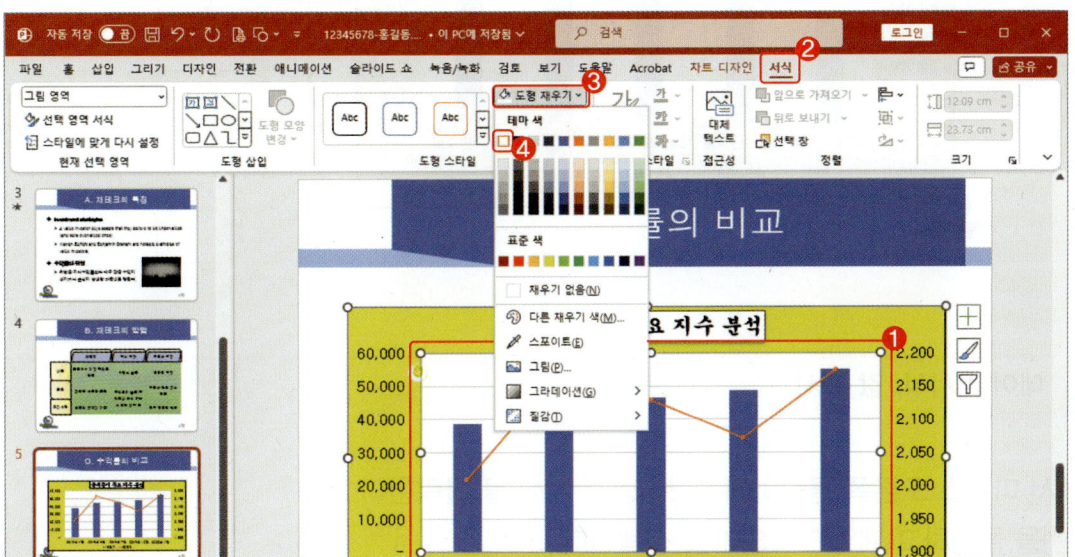

③ '차트 영역'을 선택하고 [차트 디자인] 탭 – [차트 레이아웃] 그룹 – [차트 요소 추가](📊)를 클릭한다.
   → [데이터 테이블](📊) – [범례 표지 포함]을 클릭한다.

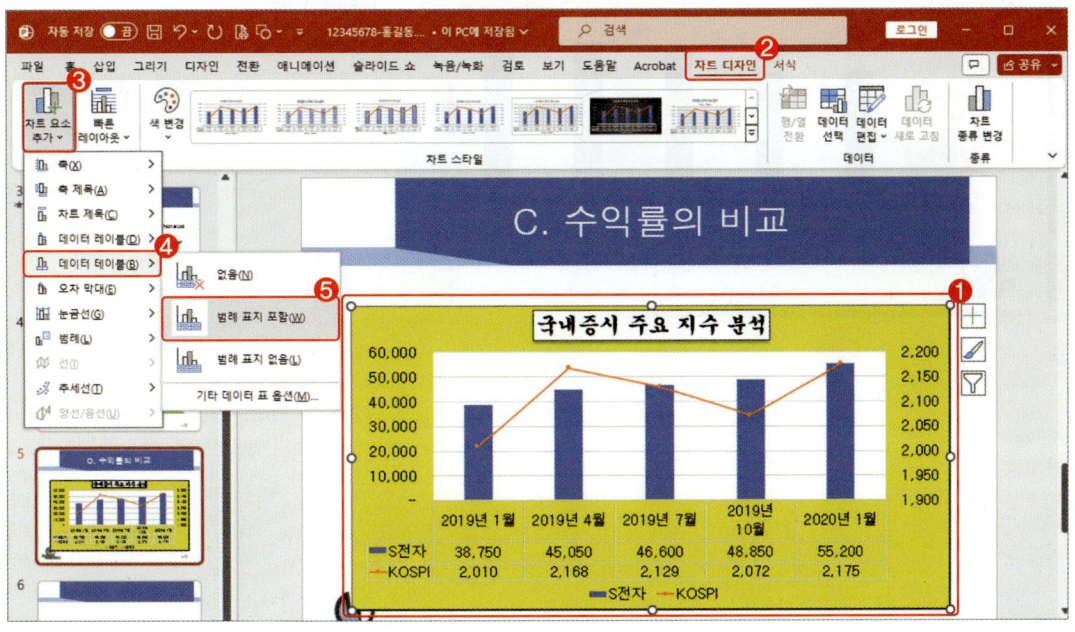

④ 차트 오른쪽 상단의 [차트 요소](⊞) 아이콘을 클릭하여 [눈금선]과 [범례]를 체크 해제한다.

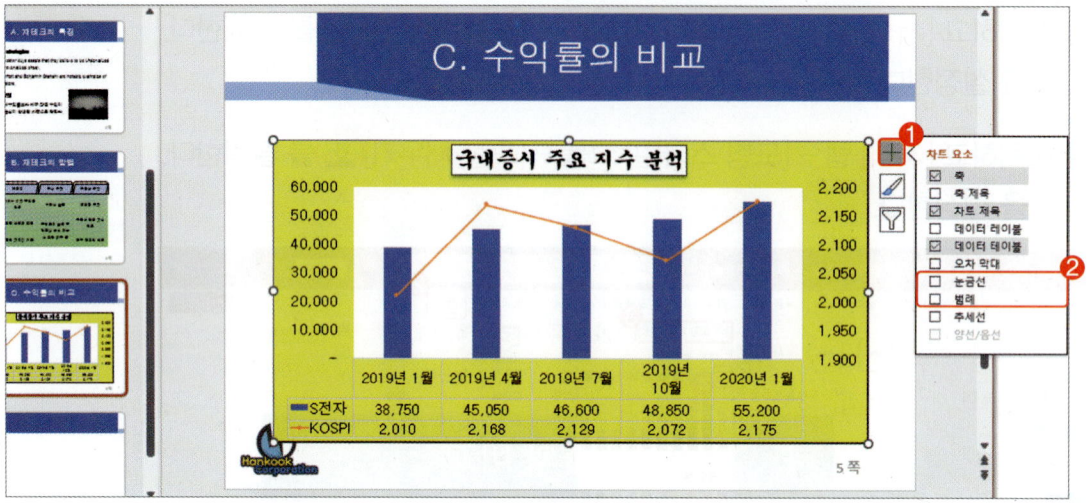

SECTION 04 데이터 서식, 값 표시

① '차트 영역'에서 마우스 오른쪽 클릭하여 [차트 영역 서식]을 클릭한다.
　→ [차트 옵션]을 클릭하고 계열 "KOSPI"를 선택한다.

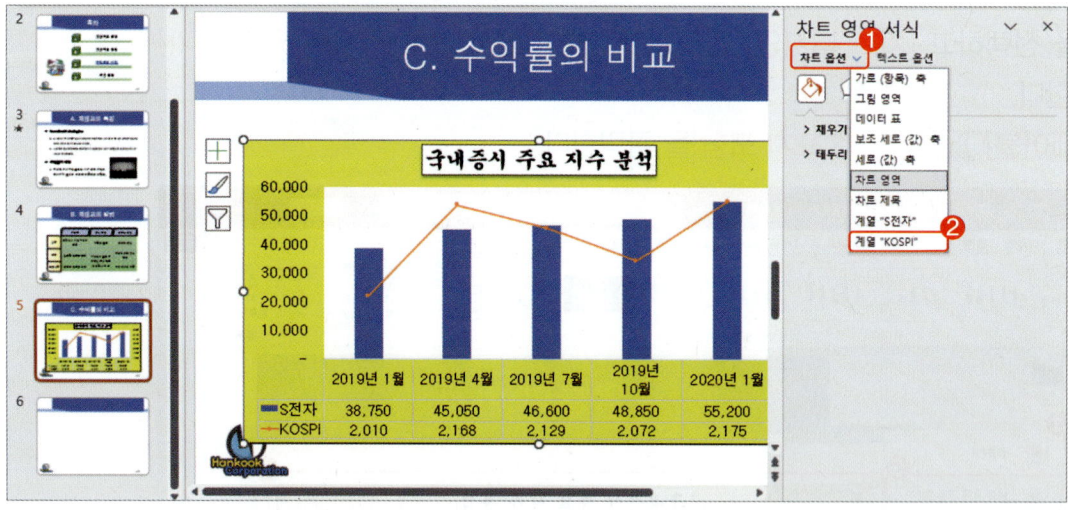

② [데이터 계열 서식] 탭에서 [표식] – [표식 옵션]을 클릭한다.
　→ 기본 제공을 선택하고 형식 '네모', 크기 '10'으로 설정한다.

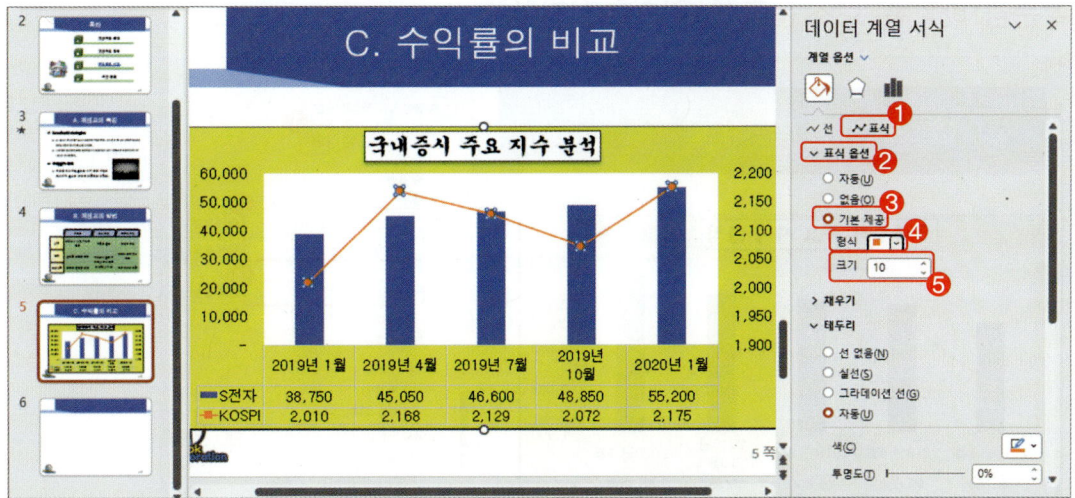

③ [계열 옵션]을 클릭하고 보조 세로 (값) 축을 선택한다.

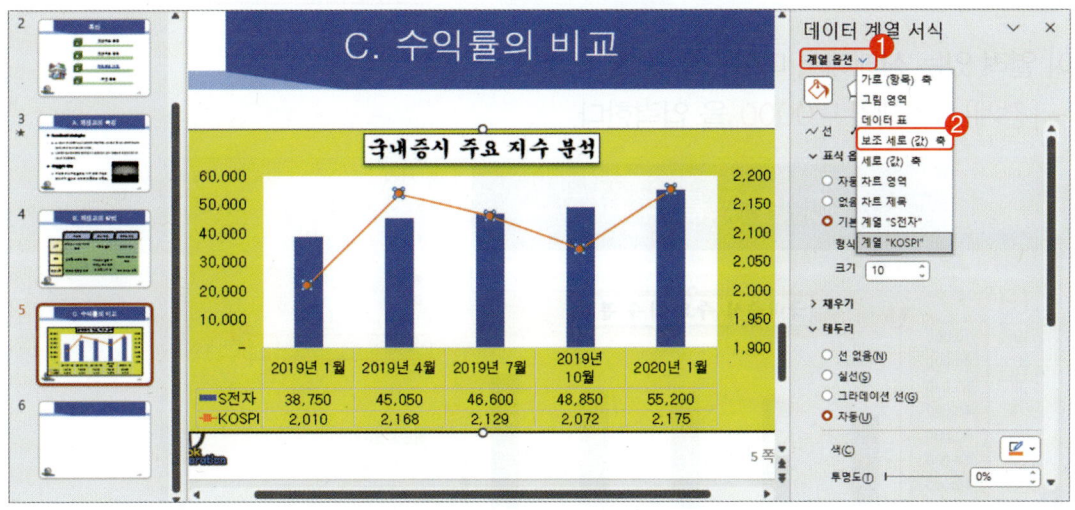

④ [축 옵션](📊)을 클릭하고 [경계] – 최소값 『1900』, 최대값 『2300』, [단위] – 기본 『100』을 입력한다.
　→ [눈금] – 주 눈금 '바깥쪽', 보조 눈금 '없음'으로 설정한다.

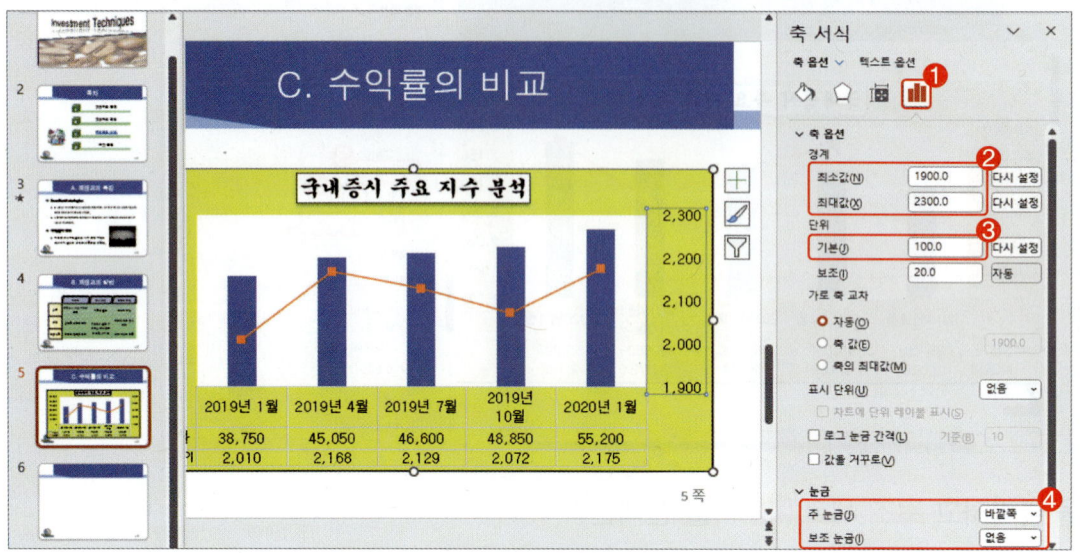

⑤ [축 서식] 탭이 열려 있는 상태에서 마우스로 '세로 (값) 축'을 클릭한다.
　→ [축 옵션] – [경계] – 최대값 『70000』을 입력한다.

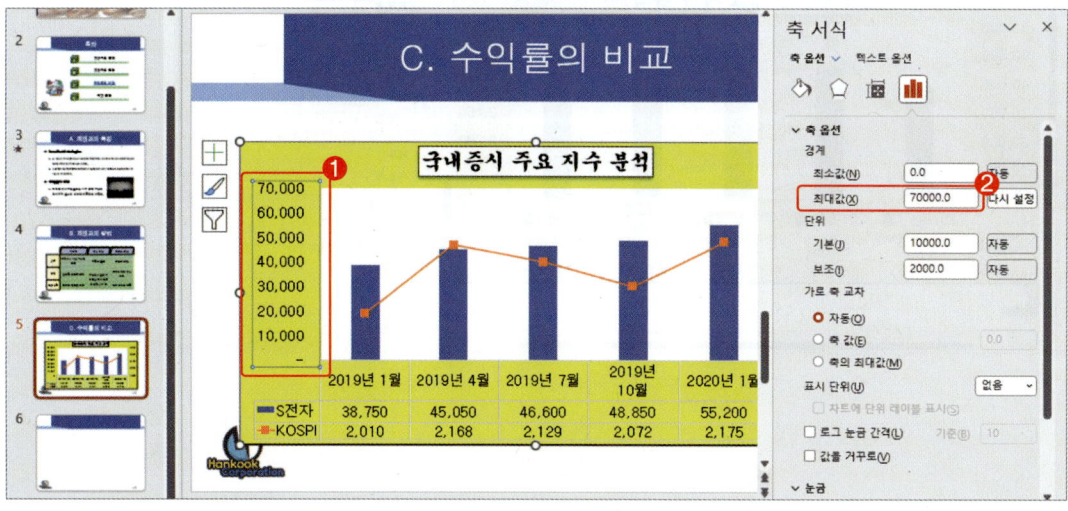

⑥ [서식] 탭 – [도형 스타일] 그룹 – [도형 윤곽선](📝)을 설정한다.
→ '세로 (값) 축', '데이터 테이블'에 같은 방법으로 [도형 윤곽선](📝)을 설정한다.

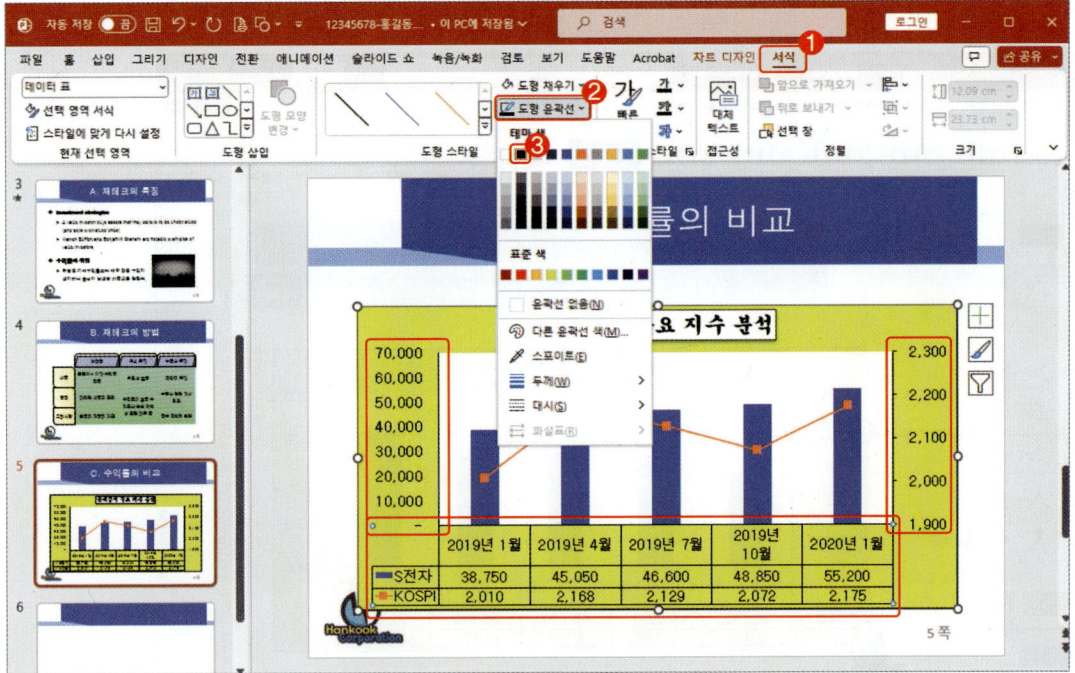

⑦ 'S전자' 계열 차트에 마우스 오른쪽 클릭하여 [데이터 계열 서식]을 클릭한다.
→ [계열 옵션]에서 간격 너비 '150%'로 설정한다.

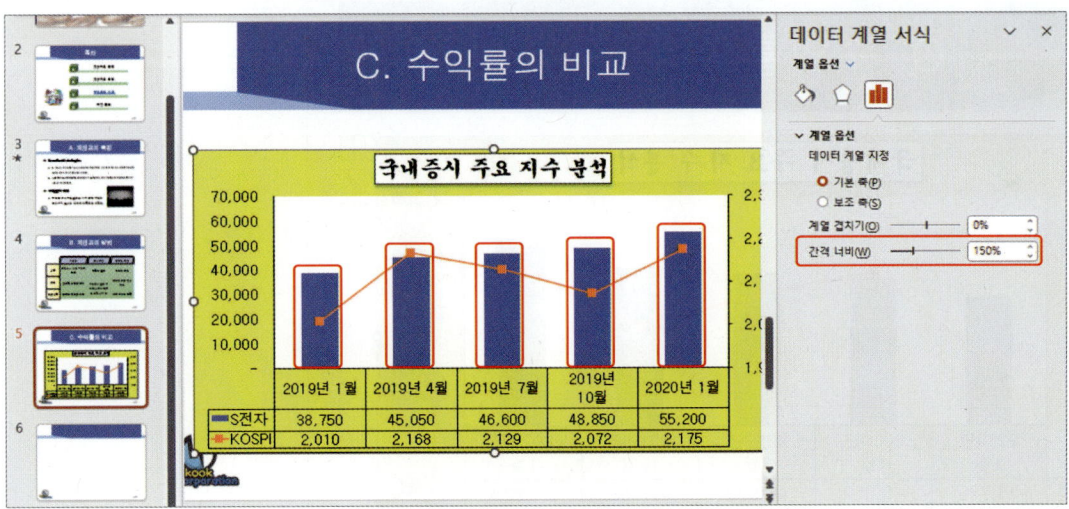

⑧ 값을 표시하기 위해 꺾은선형 차트인 'KOSPI' 계열에서 '2020년 1월 표식'만 마우스로 선택한다.

→ [차트 디자인] 탭의 [차트 요소 추가](📊) – [데이터 레이블] – [위쪽]을 클릭한다.

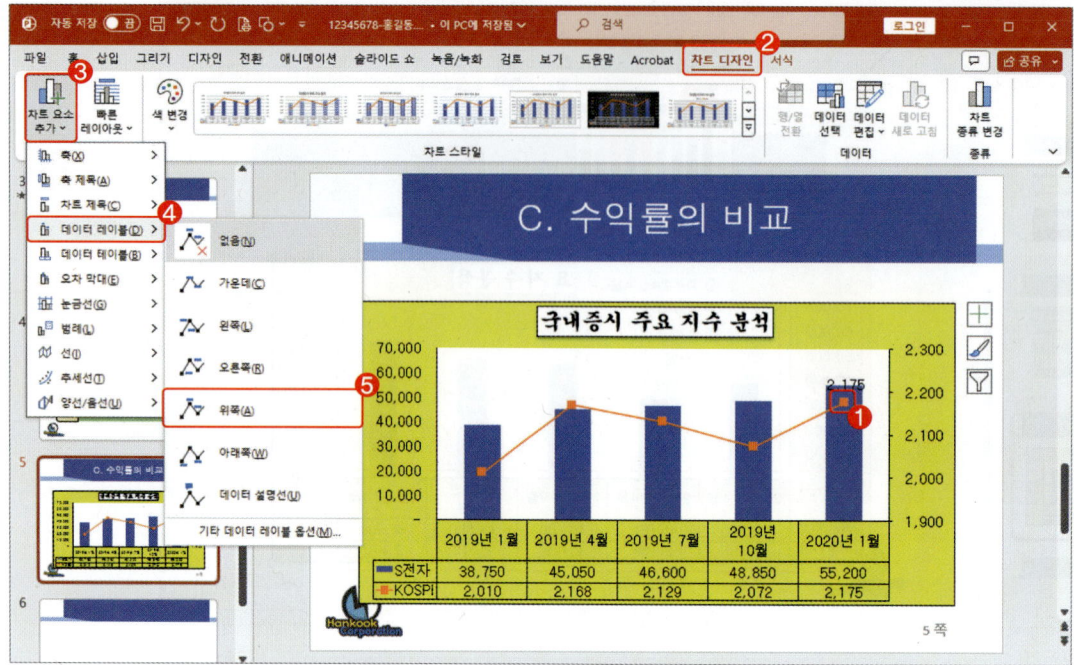

⑨ 출력형태를 참고하여 차트영역의 크기와 위치 등을 조절한다.

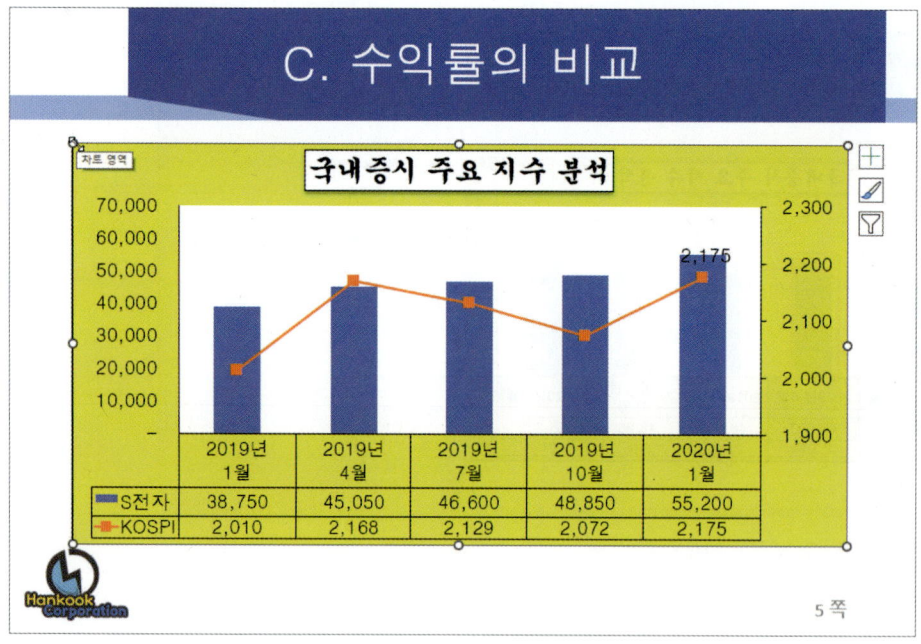

SECTION 05 도형 삽입

① [삽입] 탭 – [일러스트레이션] 그룹 – [도형](🔲)에서 [블록 화살표] – [화살표: 오각형]을 클릭한다.
   → 적당한 크기로 그린 후 [도형 스타일] 그룹에서 [빠른 스타일](▽)을 클릭한다.
   → [테마 스타일]에서 '미세 효과 – 파랑, 강조 1'을 선택한다.

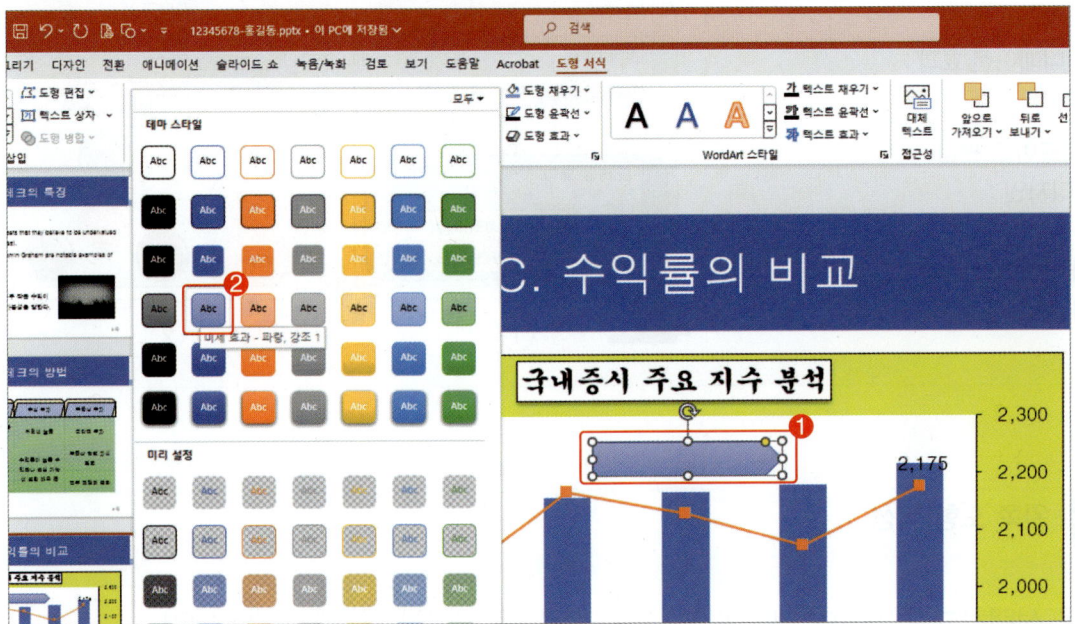

② 도형에 『장기적 우상향』을 입력한다.
   → [홈] 탭 – [글꼴] 그룹에서 글꼴 '굴림', '18pt', [단락] 그룹에서 [가운데 맞춤](≡)을 설정한다.

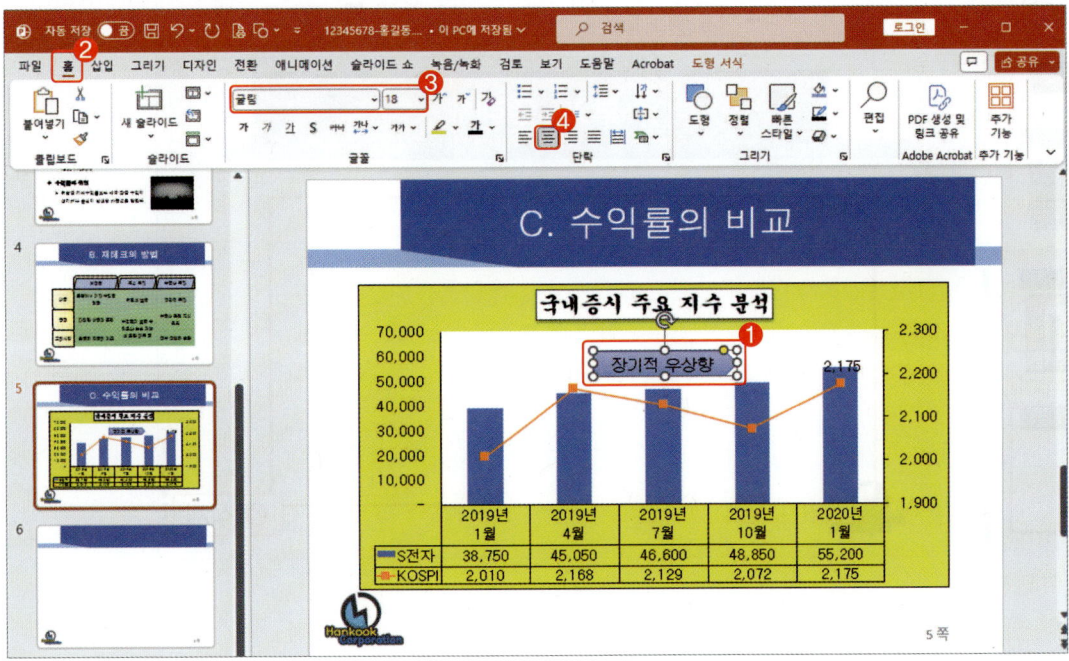

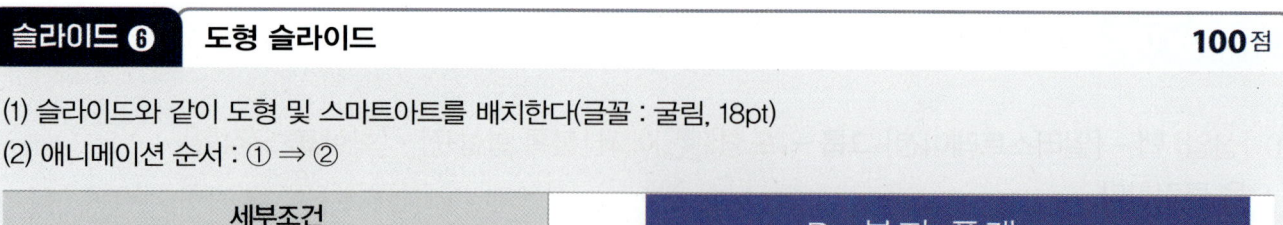

(1) 슬라이드와 같이 도형 및 스마트아트를 배치한다(글꼴 : 굴림, 18pt)
(2) 애니메이션 순서 : ① ⇒ ②

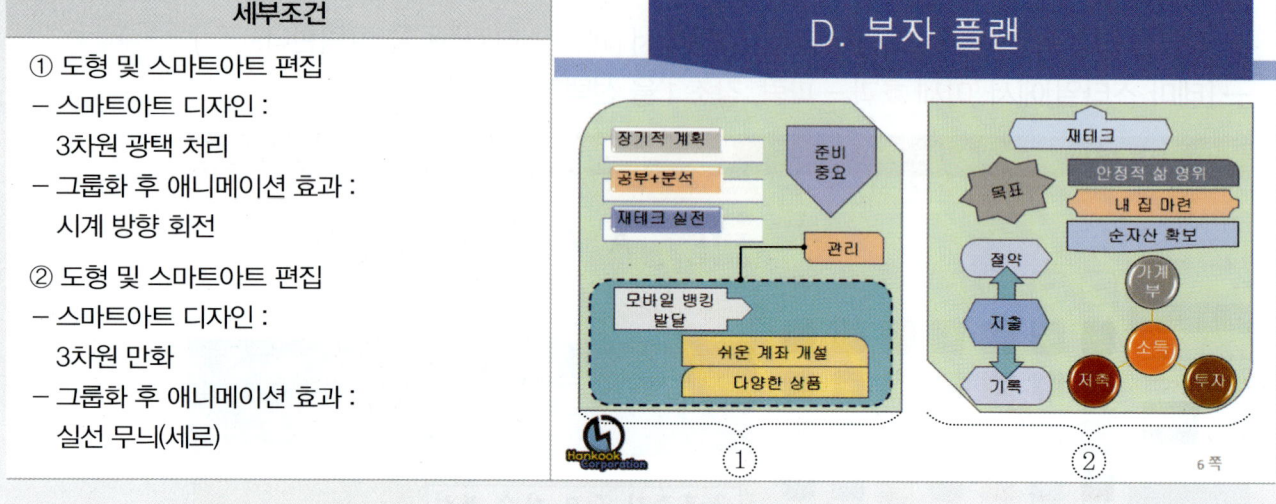

SECTION 01 왼쪽 도형 작성

① 슬라이드 6을 선택하고 슬라이드 제목에 『D. 부자 플랜』을 입력한 후 '텍스트를 입력하십시오' 상자를 삭제한다.

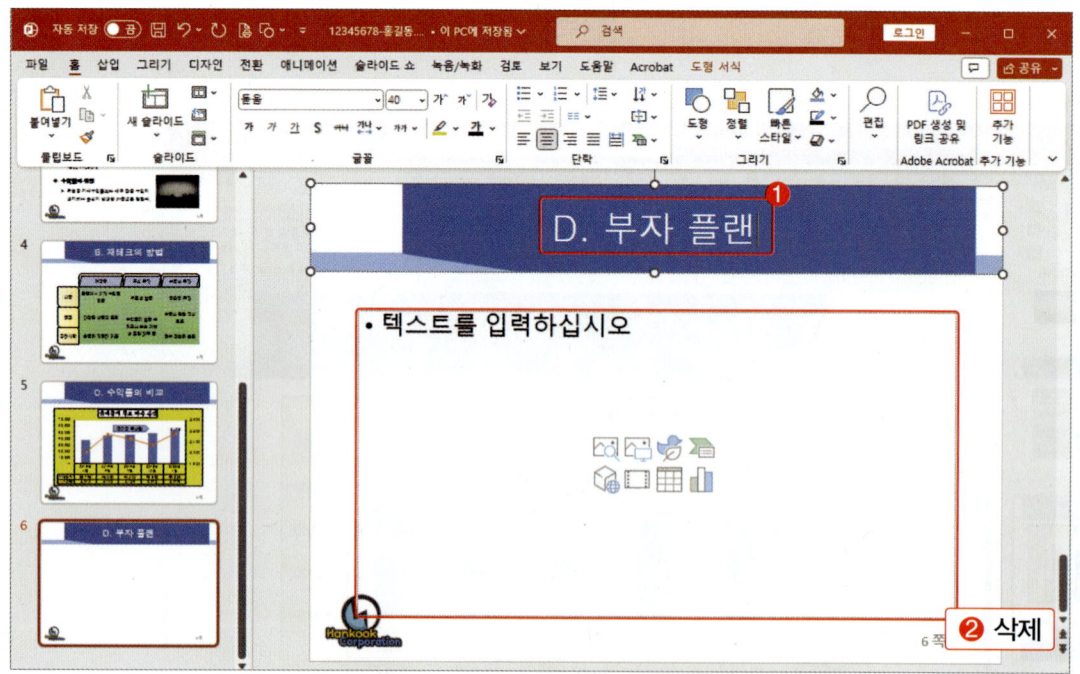

② [삽입] 탭 – [일러스트레이션] 그룹에서 [도형](📷) – [사각형: 위쪽 모서리의 한쪽은 둥글고 다른 한쪽은 잘림]을 선택하여 도형을 그린다.
   → [도형 서식] 탭 – [도형 스타일] 그룹에서 [도형 채우기](🎨)로 임의의 색을 지정한다.

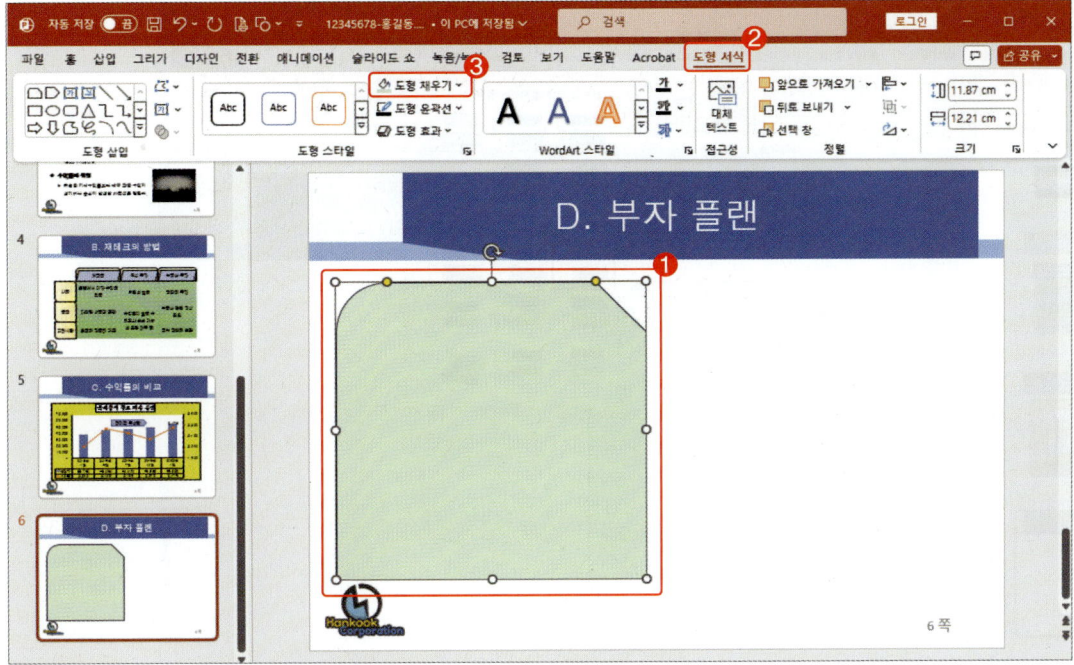

③ [삽입] 탭 – [일러스트레이션] 그룹 – [SmartArt](📷)를 클릭한다.
   → [SmartArt 그래픽 선택] 대화상자가 나타나면 [목록형] – [세로 상자 목록형]을 선택하고 [확인]을 클릭한다.

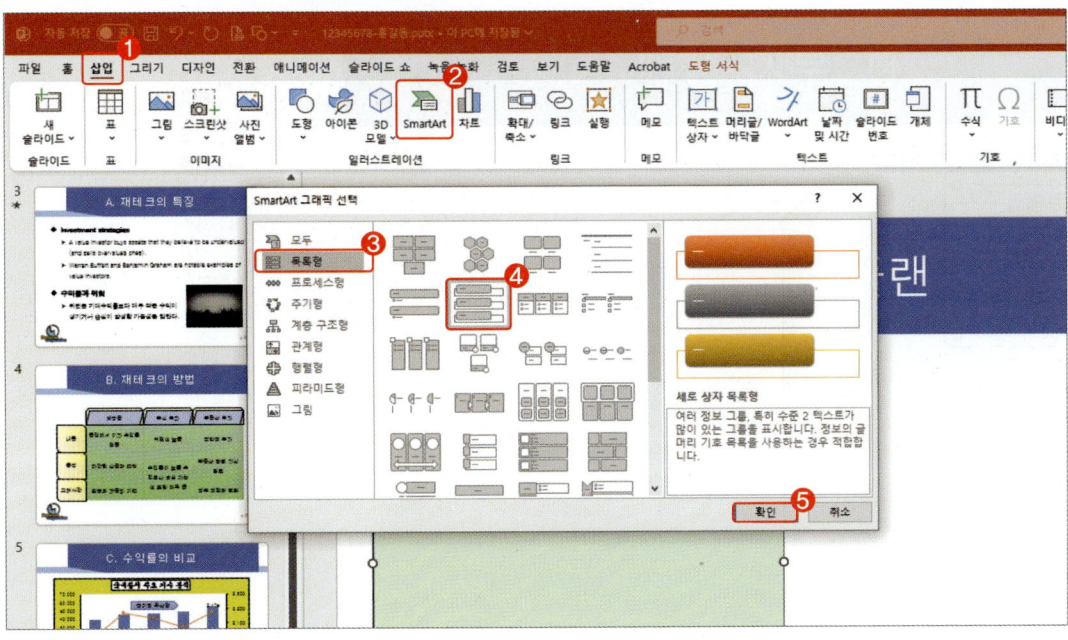

④ 크기와 위치를 조절하고 [SmartArt 디자인] 탭 – [SmartArt 스타일] 그룹 – [빠른 스타일](▽)을 클릭한다.
→ [3차원] – [광택 처리]를 클릭한다.

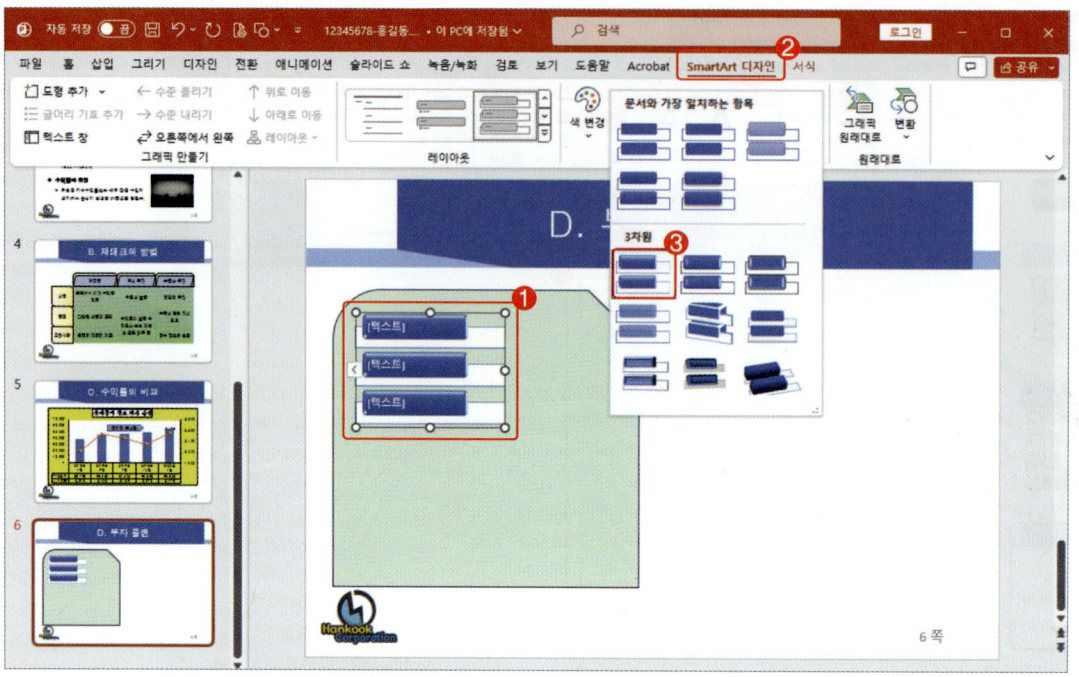

⑤ SmartArt에 [홈] 탭 – [글꼴] 그룹의 글꼴 '굴림', '18pt', '검정'을 설정하고 내용을 입력한다.
→ [서식] 탭 – [도형 채우기]를 이용하여 도형에 서로 구분되는 색을 적용한다.

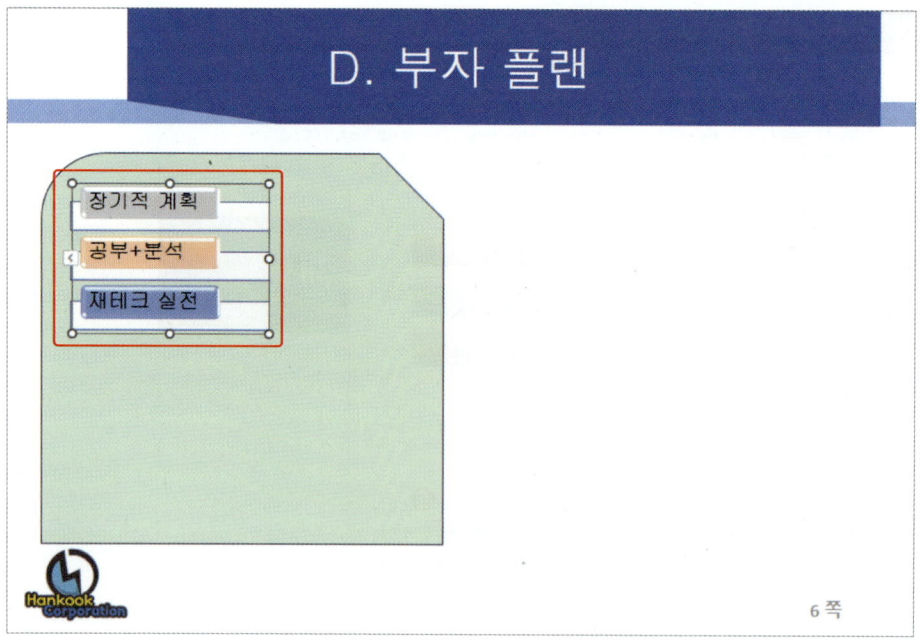

⑥ [삽입] 탭 – [일러스트레이션] 그룹에서 [도형](🔲) – [블록 화살표] – [화살표: 오각형]을 선택하여 그린다.
  → [도형 서식] 탭 – [정렬] 그룹 – [회전](🔄)에서 [오른쪽으로 90도 회전]을 클릭한다.
  → [삽입] 탭 – [텍스트] 그룹 – [텍스트 상자](가)를 도형 위에 배치하고 글꼴 '굴림', '18pt'로 입력한다.

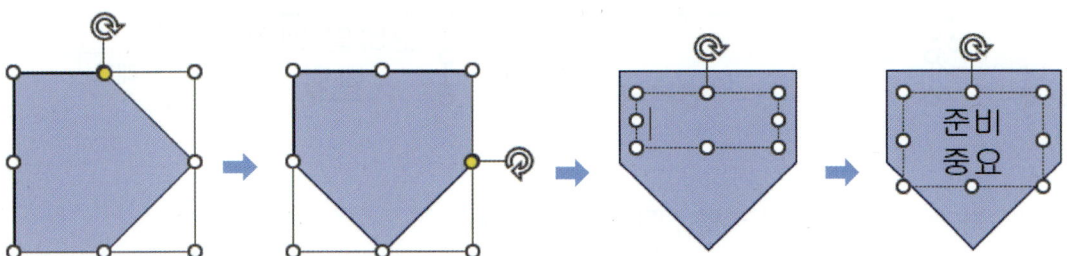

⑦ [삽입] 탭 – [일러스트레이션] 그룹에서 [도형](🔲) – [사각형: 둥근 모서리]를 선택해 그린다.
  → 도형에서 마우스 오른쪽 클릭하여 [도형 서식] 탭을 연다.
  → [선] – 대시 종류 '파선', 너비 '2pt'로 설정한다.

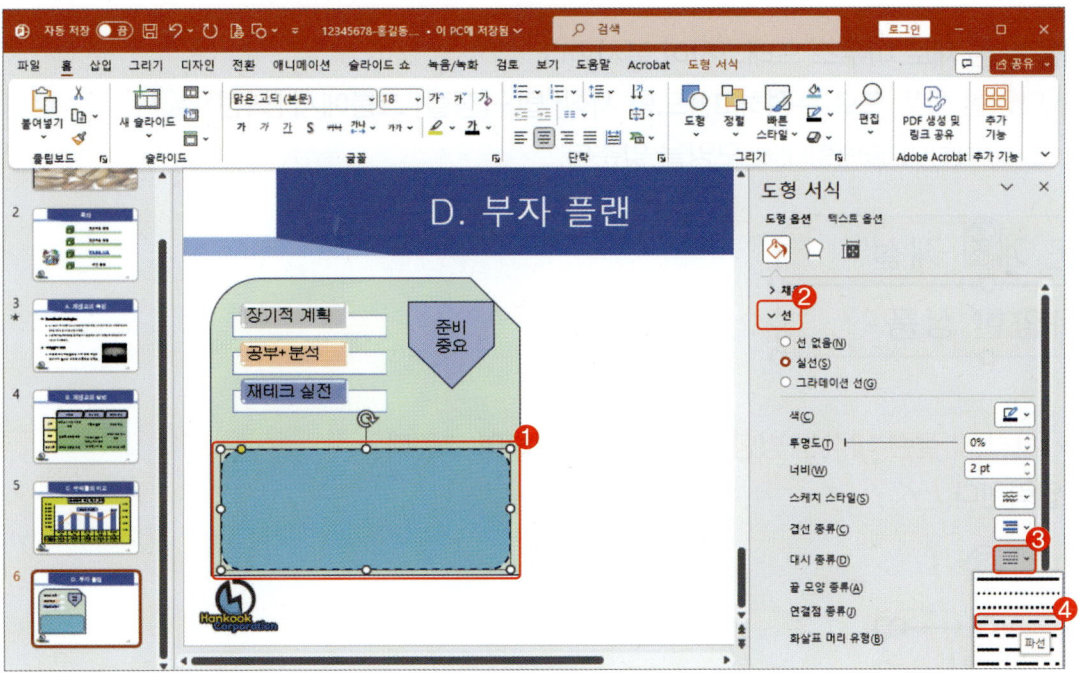

⑧ [삽입] 탭 – [일러스트레이션] 그룹에서 [도형](📷) – [블록 화살표] – [설명선: 오른쪽 화살표]를 선택하여 그린다.
　→ '모양 조절 핸들'을 드래그하여 출력형태처럼 조절하고 글꼴 '굴림', '18pt'로 텍스트를 입력한다.

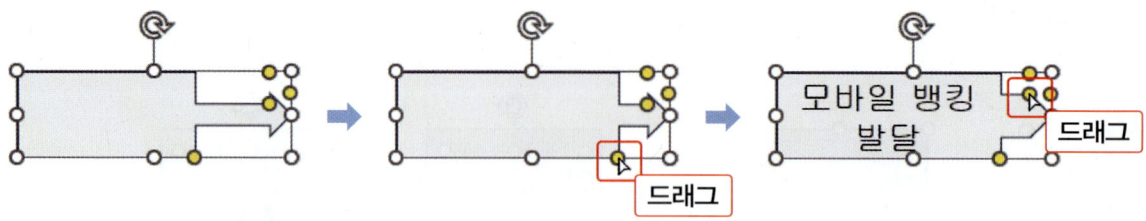

⑨ [도형](📷) – [사각형: 둥근 한쪽 모서리]를 선택하여 그린다.
　→ '모양 조절 핸들'을 드래그하여 곡선을 더 크게 하고 『쉬운 계좌 개설』을 입력한다.

⑩ 도형을 Ctrl 을 누른 채로 마우스 드래그하여 복사한다.
　→ 텍스트를 『다양한 상품』으로 수정하고, [도형 서식] 탭 – [정렬] 그룹에서 [회전](📷) – [좌우 대칭]을 클릭하여 출력형태와 모양을 맞춘다.

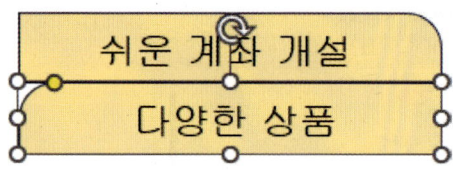

⑪ [도형](📷) – [사각형: 잘린 대각선 방향 모서리]를 선택하여 그린다.
　→ 『관리』를 입력한다.

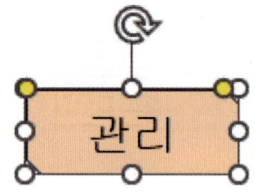

⑫ [도형](🔲) – [선] – [연결선: 꺾임]을 선택하여 연결하려는 도형에 마우스를 위치한다.
→ 연결점(●)이 생기면 클릭하고 연결하려는 다음 도형까지 드래그한다.

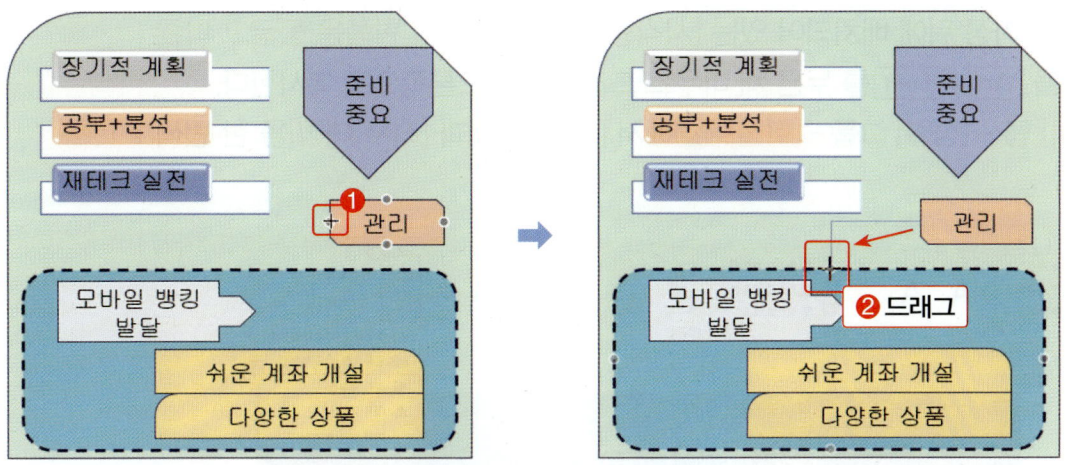

⑬ [도형 서식] 탭 – [도형 스타일] 그룹 – [도형 윤곽선](🖉)을 클릭한다.
→ 색과 두께는 출력형태와 가장 유사하게 설정하고 [화살표] – [화살표 스타일 11]을 설정한다.

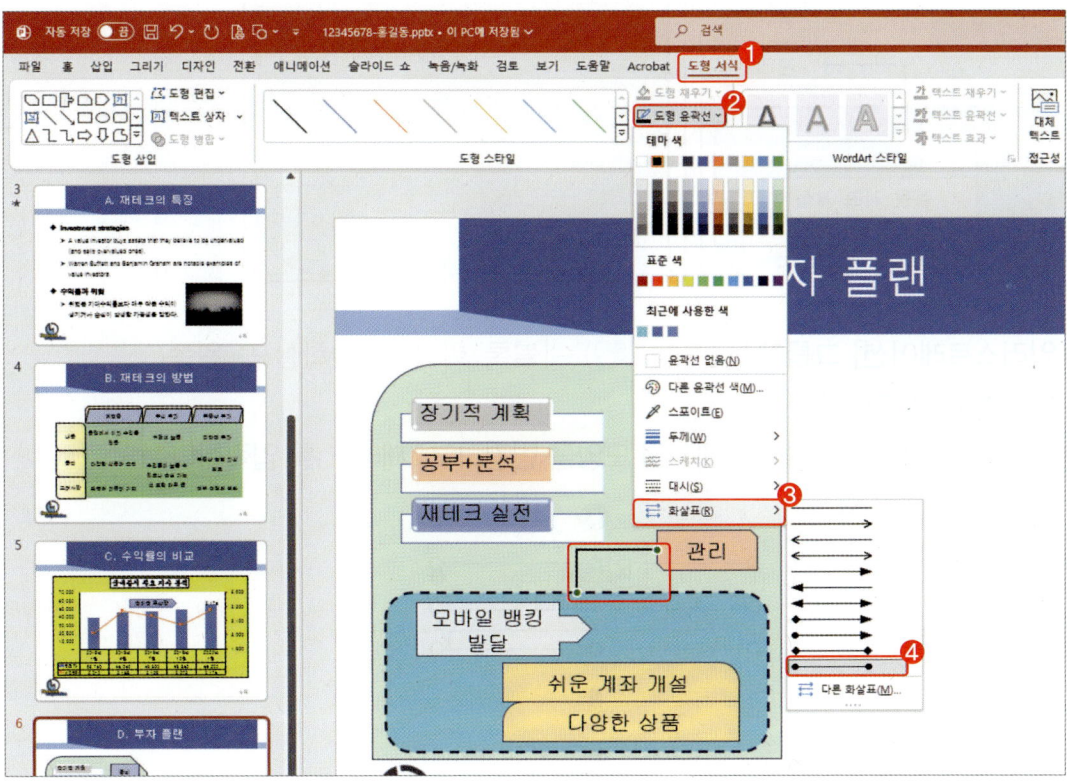

SECTION 02 　오른쪽 도형 작성

① 왼쪽 도형들 중 가장 뒤에 배치되어 있는 [사각형: 위쪽 모서리의 한쪽은 둥글고 다른 한쪽은 잘림]을 Ctrl + Shift 를 누른 채 마우스 드래그하여 오른쪽으로 복사한다.
→ [도형 서식] 탭 – [정렬] 그룹 – [회전]( )에서 [상하 대칭]과 [좌우 대칭]을 한 번씩 클릭한다.

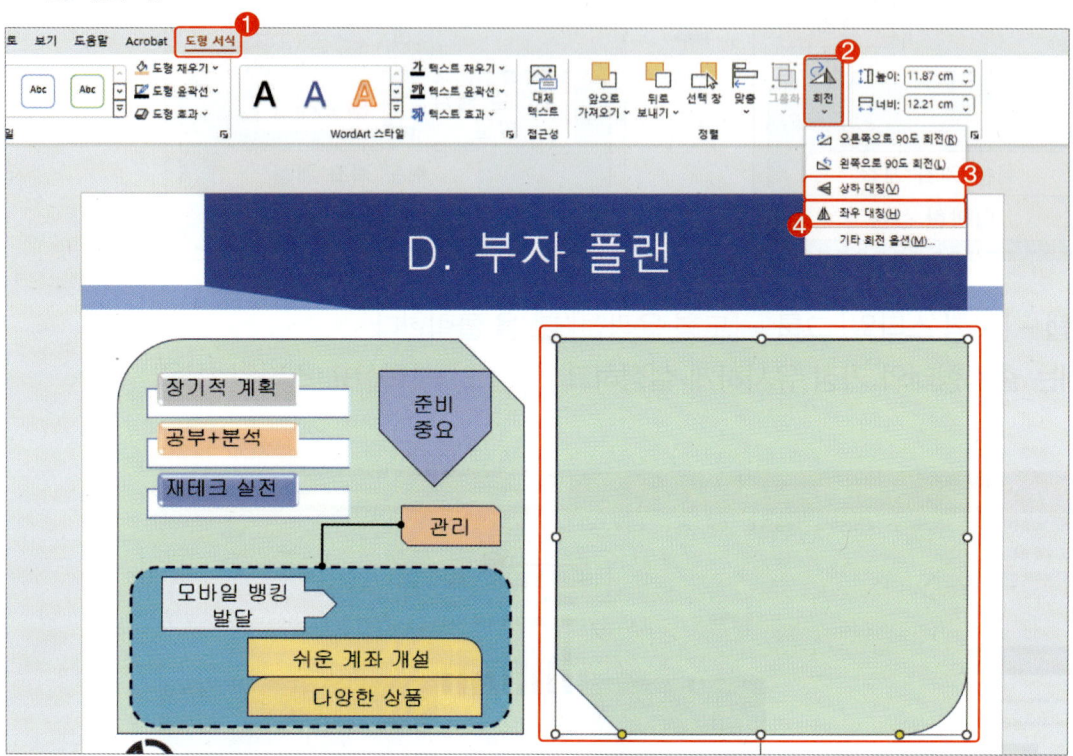

② [삽입] 탭 – [일러스트레이션] 그룹에서 [도형]( ) – [블록 화살표] – [화살표: 왼쪽/오른쪽/위쪽]을 선택하여 그린다.
→ '모양 조절 핸들'을 드래그하여 출력형태처럼 모양을 변경하고 『재테크』를 입력한다.

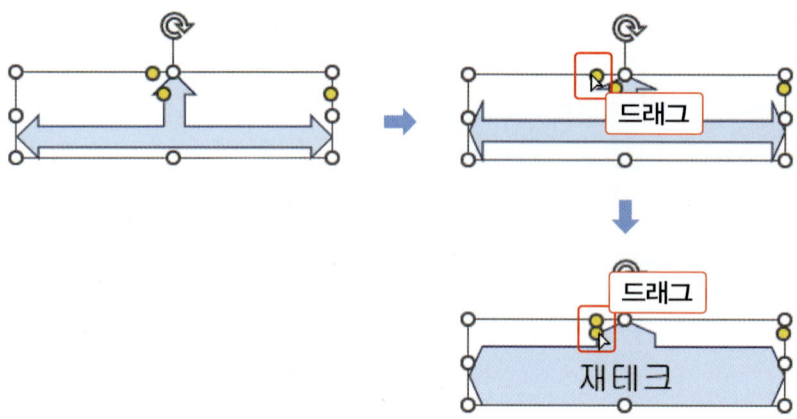

③ [도형](🔲) – [별 및 현수막] – [별: 꼭짓점 8개]를 선택하여 그리고 『목표』를 입력한다.
  → '회전 핸들'을 마우스 드래그하여 출력형태처럼 왼쪽으로 회전시킨다.

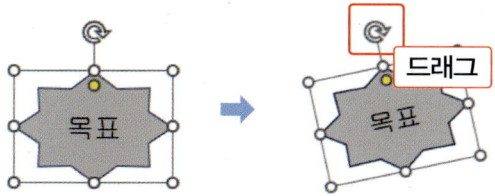

④ [도형](🔲) – [사각형: 둥근 한쪽 모서리]를 선택하여 그린다.
  → '모양 조절 핸들'을 드래그하여 곡선을 더 크게 하고 『안정적 삶 영위』를 입력한다.

⑤ [도형](🔲) – [기본 도형] – [배지]를 선택하여 그린다.
  → '모양 조절 핸들'을 드래그하여 곡선을 조절하고 『내 집 마련』을 입력한다.

⑥ [도형](🔲) – [순서도: 문서]를 선택하여 그리고 『순자산 확보』를 입력한다.

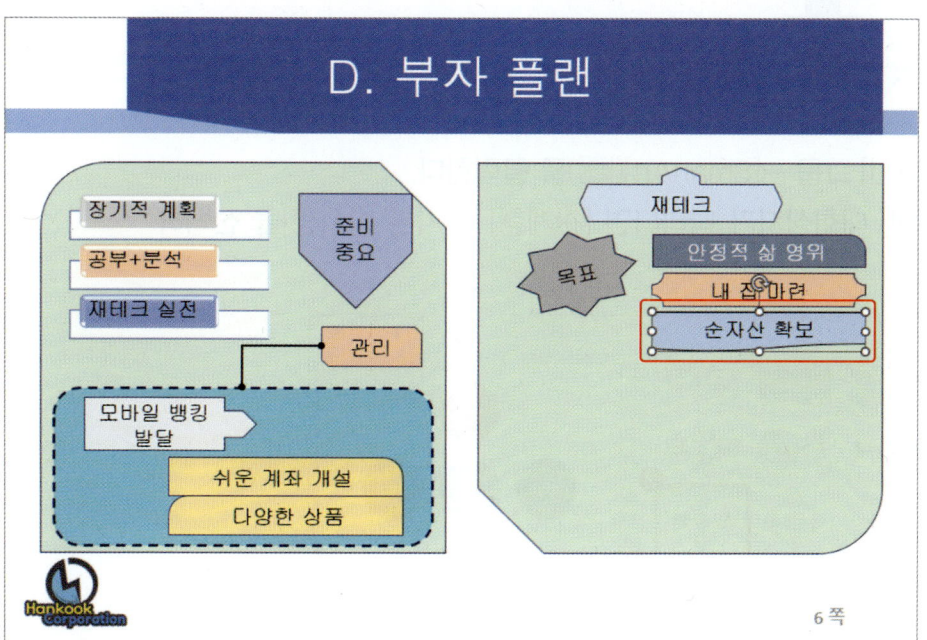

⑦ [도형](📷) – [순서도: 화면 표시]를 선택하여 그리고『기록』을 입력한다.
   → Ctrl +드래그로 복사하고 [도형 서식] 탭 – [정렬] 그룹 – [회전](📷)에서 [좌우 대칭]을 클릭한다.
   → 텍스트를『절약』으로 수정한다.

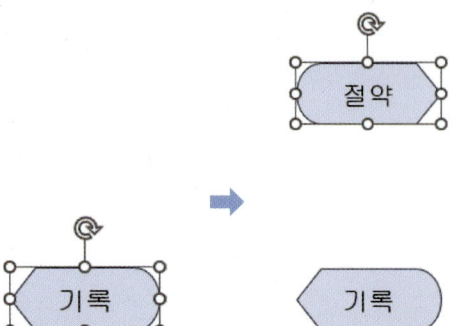

⑧ [도형](📷) – [블록 화살표] – [화살표: 위쪽/아래쪽]을 선택하여 그린다.
   → [기본 도형] – [육각형]을 위에 그리고『지출』을 입력한다.

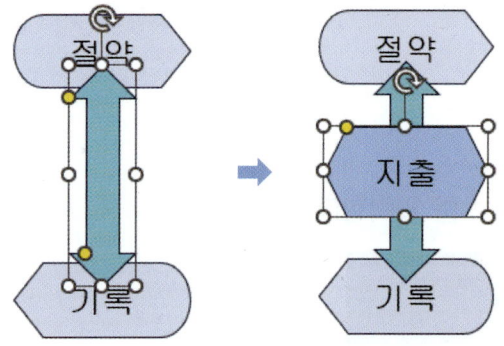

⑨ [삽입] 탭 – [일러스트레이션] 그룹 – [SmartArt](📷)를 클릭한다.
   → [SmartArt 그래픽 선택] 대화상자가 나타나면 [관계형] – [기본 방사형]을 선택하고 [확인]을 클릭한다.

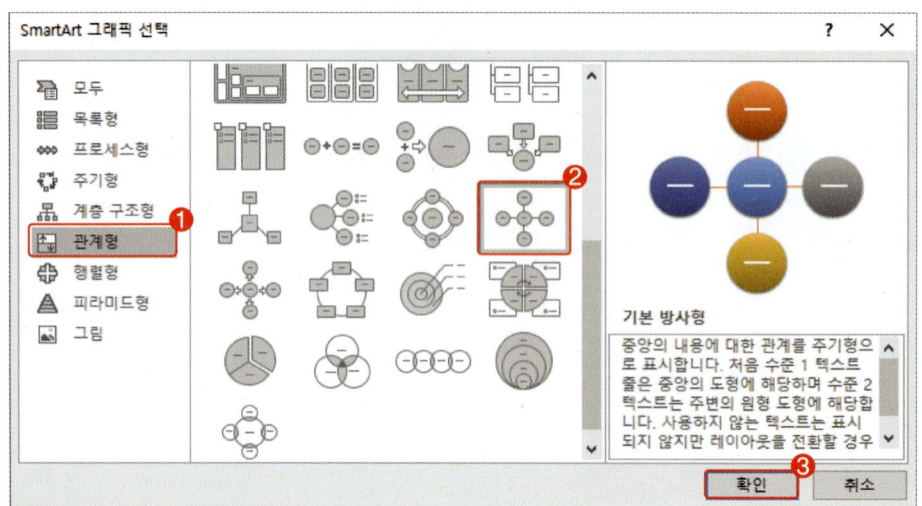

⑩ 중앙에 위치하지 않은 도형 중 하나를 삭제한다.
→ [SmartArt 디자인] 탭에서 [SmartArt 스타일] 그룹 – [색 변경](🎨)을 클릭한다.
→ [색상형] 중 도형들이 서로 구분되는 색을 선택하여 적용한다.

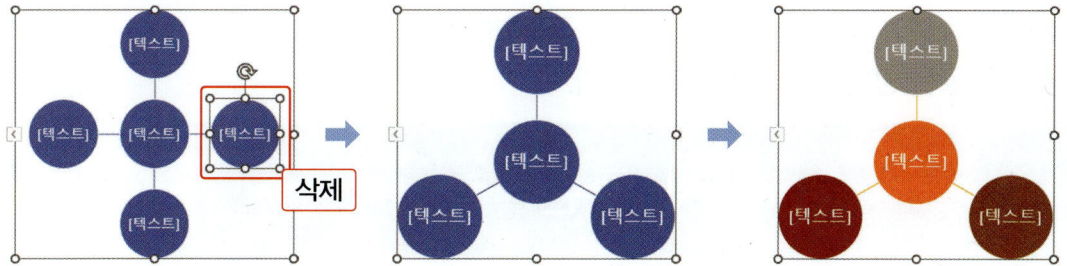

⑪ SmartArt에 글꼴 '굴림', '18pt'로 텍스트를 입력하고 크기를 조절한다.
→ [SmartArt 디자인] 탭 – [SmartArt 스타일] 그룹 – [빠른 스타일](▼)을 클릭한다.
→ [3차원] – [만화]를 클릭한다.

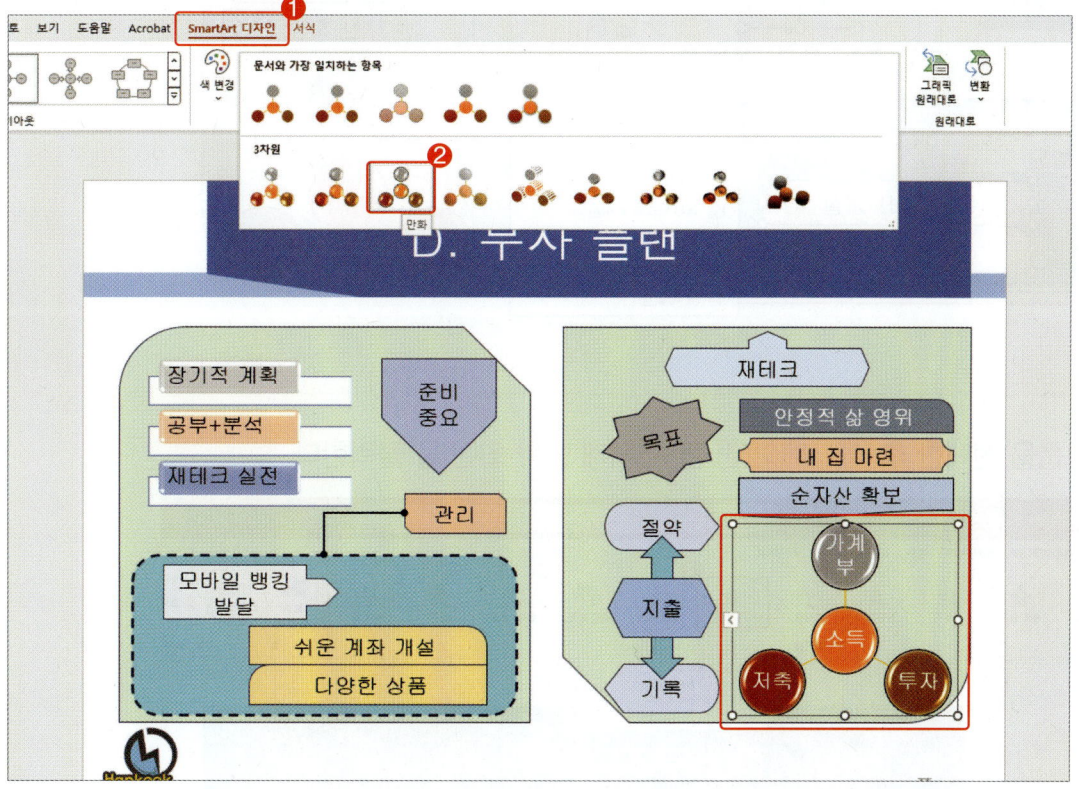

SECTION 03 그룹화 후 애니메이션 효과

① 마우스를 드래그하여 왼쪽 도형들을 모두 선택한다.
→ 마우스 오른쪽 클릭하여 [그룹화](🔲)-[그룹]을 클릭한다.
→ 오른쪽 도형들도 같은 방법으로 그룹을 지정한다.

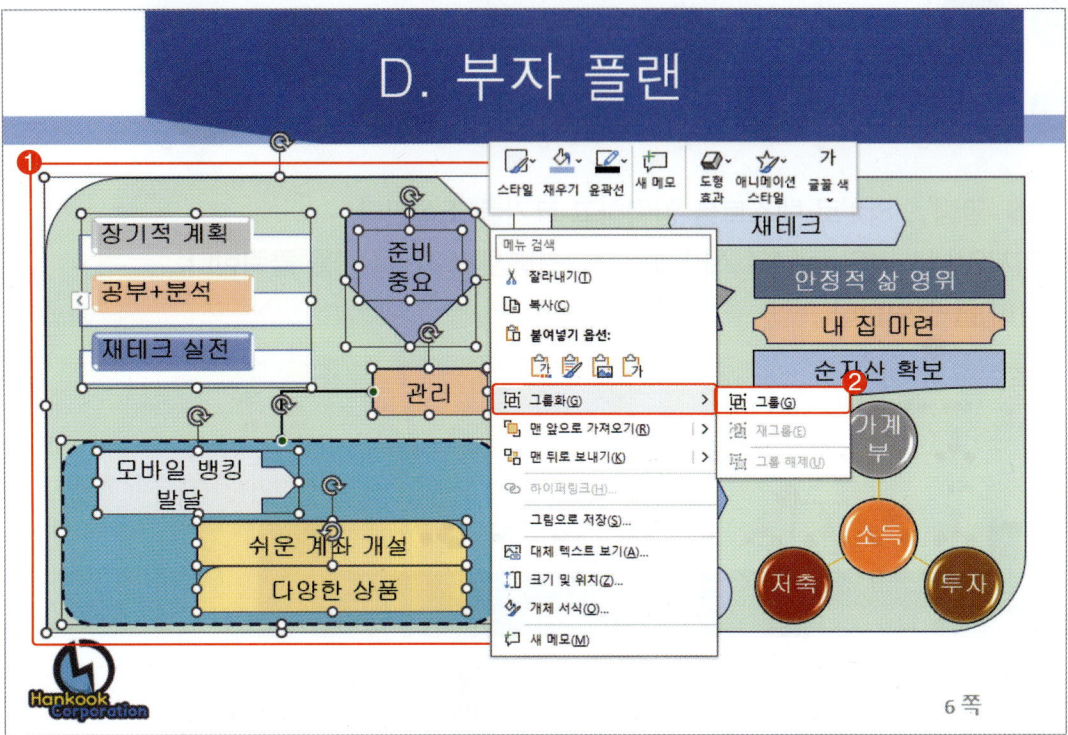

② 왼쪽 도형 그룹을 선택한 후 [애니메이션] 탭 – [시계 방향 회전]을 클릭한다.

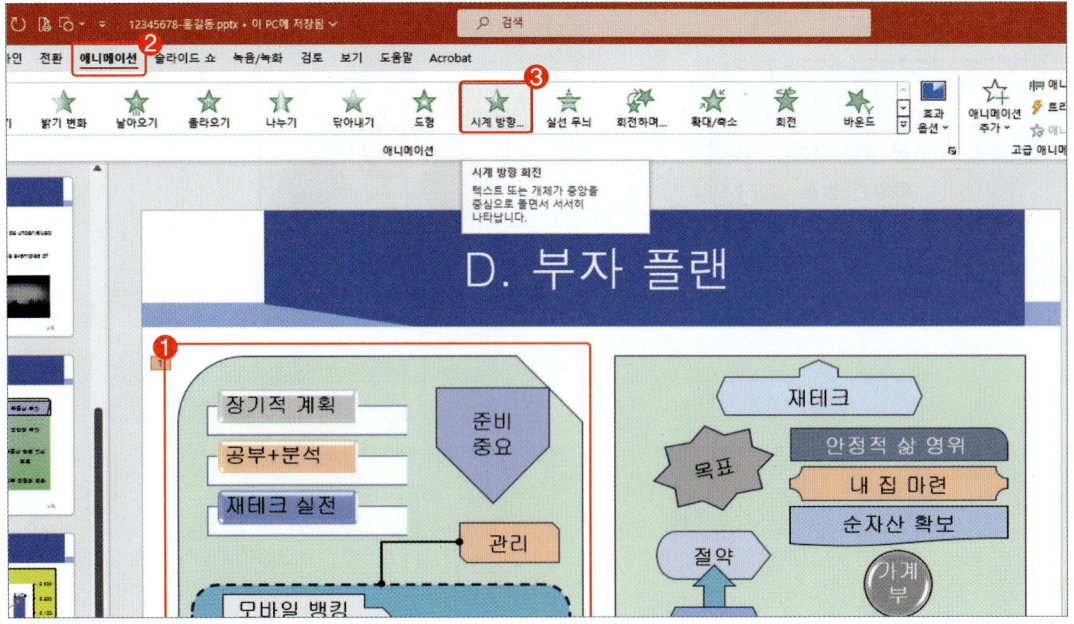

③ 오른쪽 도형 그룹을 선택한 후 [애니메이션] 탭 – [실선 무늬]를 클릭한다.

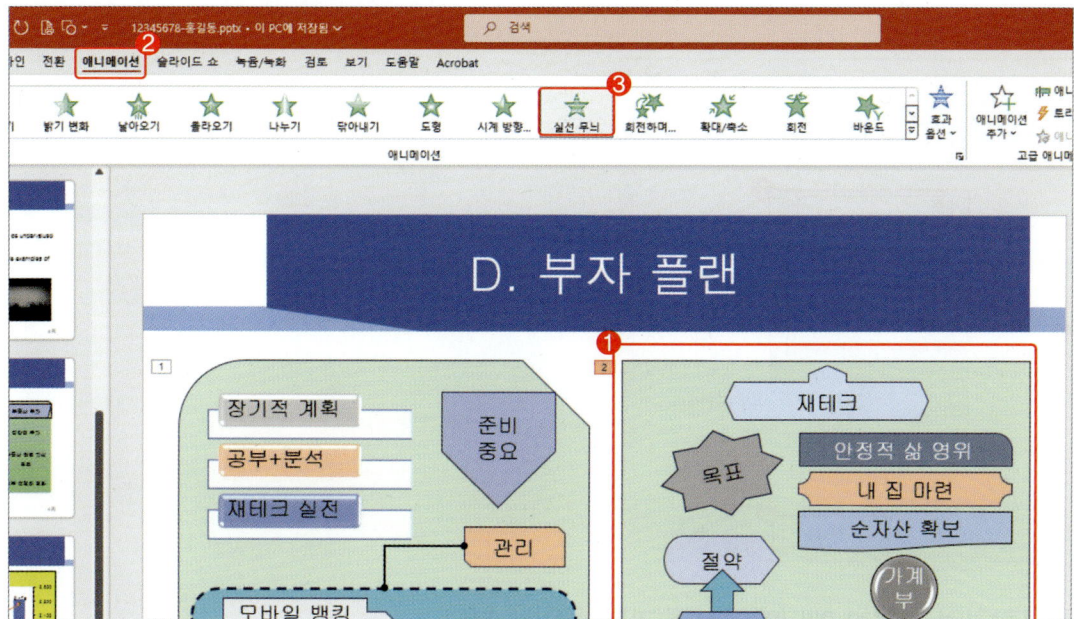

④ [애니메이션] 그룹의 오른쪽 하단에 [추가 효과 옵션 표시](▧)가 활성화되면 클릭한다.

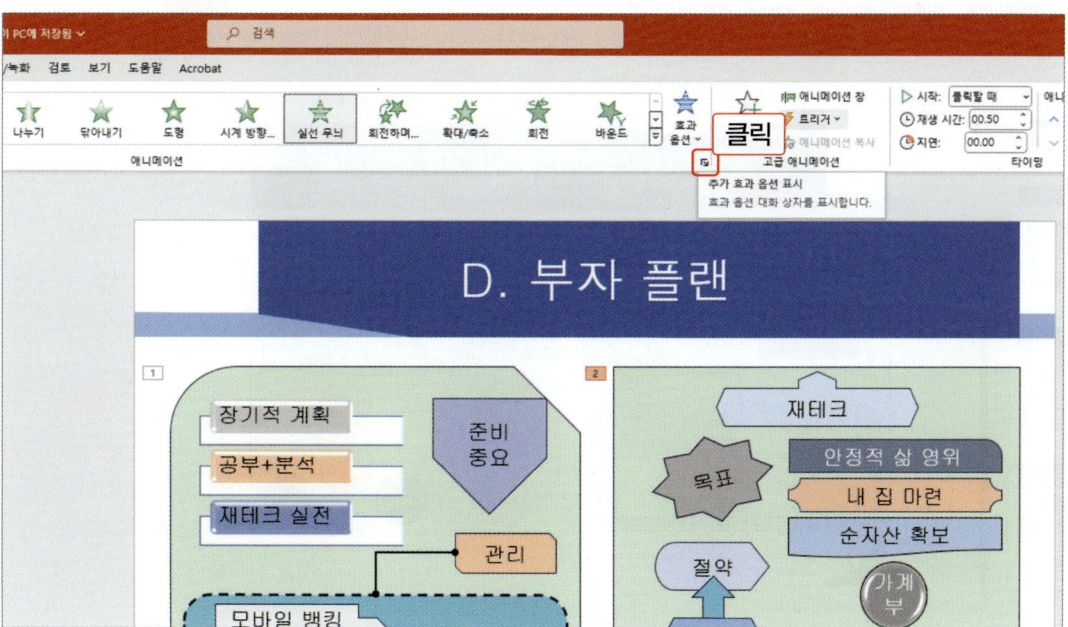

⑤ [실선 무늬] 대화상자가 나타나면 [효과] 탭에서 방향 '세로'를 설정한 후 [확인]을 클릭한다.

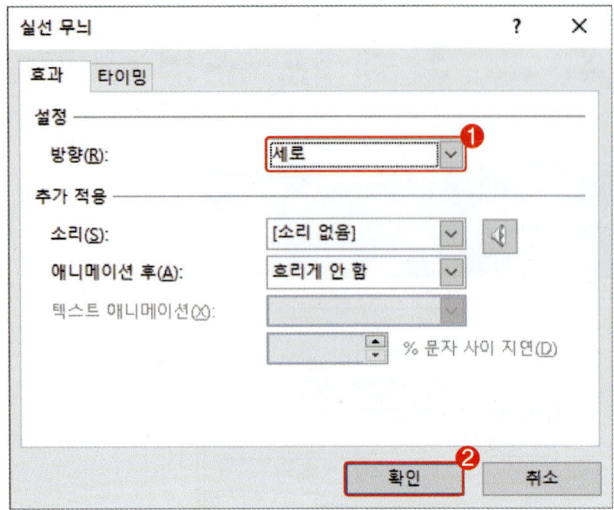

⑥ [미리 보기]를 클릭하여 적용한 애니메이션 효과를 확인해 본다.

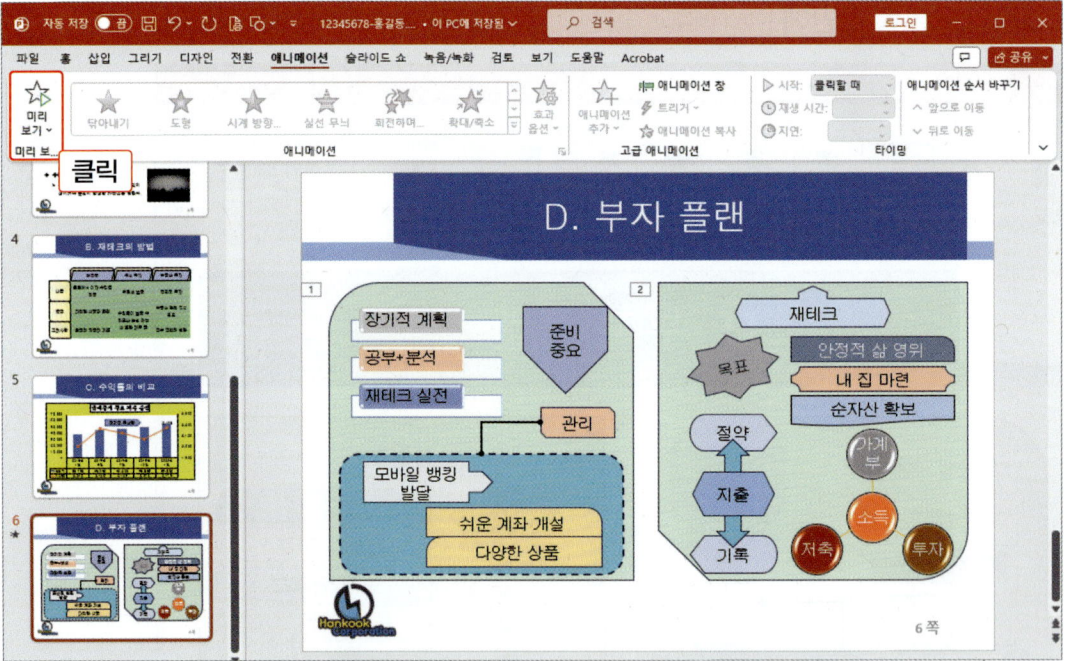

PART 03

최신 기출문제

최신 기출문제 01회	191
최신 기출문제 02회	194
최신 기출문제 03회	197
최신 기출문제 04회	200
최신 기출문제 05회	203
최신 기출문제 06회	206
최신 기출문제 07회	209
최신 기출문제 08회	212
최신 기출문제 09회	215
최신 기출문제 10회	218

정보기술자격(ITQ) 시험

MS오피스

과목	코드	문제유형	시험시간	수험번호	성명
한글파워포인트	1142	A	60분		

※ 최신 기출문제 01~10회 학습 시 답안 작성요령을 동일하게 적용하세요.

수험자 유의사항

- 수험자는 문제지를 받는 즉시 문제지와 **수험표상의 시험과목(프로그램)이 동일한지 반드시 확인**하여야 합니다.
- 파일명은 본인의 "수험번호-성명"으로 입력하여 답안폴더(내 PC₩문서₩ITQ)에 하나의 파일로 저장해야 하며, 답안문서 파일명이 "수험번호-성명"과 일치하지 않거나, 답안파일을 전송하지 않아 미제출로 처리될 경우 실격 처리합니다(예: 12345678-홍길동.pptx).
- 답안 작성을 마치면 파일을 저장하고, '답안 전송' 버튼을 선택하여 감독위원 PC로 답안을 전송하십시오. 수험생 정보와 저장한 파일명이 다를 경우 전송되지 않으므로 주의하시기 바랍니다.
- 답안 작성 중에도 **주기적으로 저장하고, '답안 전송'**하여야 문제 발생을 줄일 수 있습니다. 작업한 내용을 저장하지 않고 전송할 경우 이전에 저장된 내용이 전송되니 이점 유의하시기 바랍니다.
- 답안문서는 지정된 경로 외의 다른 보조기억장치에 저장하는 경우, 지정된 시험 시간 외에 작성된 파일을 활용할 경우, 기타 통신수단(이메일, 메신저, 네트워크 등)을 이용하여 타인에게 전달 또는 외부 반출하는 경우는 부정 처리합니다.
- 시험 중 부주의 또는 고의로 시스템을 파손한 경우는 수험자가 변상해야 하며, 〈수험자 유의사항〉에 기재된 방법대로 이행하지 않아 생기는 불이익은 수험생 당사자의 책임임을 알려 드립니다.
- 문제의 조건은 MS오피스 2021 버전으로 설정되어 있으며 MS오피스 2016은 【 】에 표기되어 있습니다. 이와 관련하여 작성한 답안의 출력형태가 문제지와 다를 수 있습니다.
- 시험을 완료한 수험자는 답안파일이 전송되었는지 확인한 후 감독위원의 지시에 따라 문제지를 제출하고 퇴실합니다.

답안 작성요령

- 온라인 답안 작성 절차
  수험자 등록 ⇒ 시험 시작 ⇒ 답안파일 저장 ⇒ 답안 전송 ⇒ 시험 종료
- 슬라이드의 크기는 A4 Paper로 설정하여 작성합니다.
- 슬라이드의 총 개수는 6개로 구성되어 있으며 슬라이드 1부터 순서대로 작업하고 반드시 문제와 세부 조건대로 합니다.
- 별도의 지시사항이 없는 경우 출력형태를 참조하여 글꼴색은 검정 또는 흰색으로 작성하고, 기타사항은 전체적인 균형을 고려하여 작성합니다.
- 슬라이드 도형 및 개체에 출력형태와 다른 스타일(그림자, 외곽선 등)을 적용했을 경우 감점처리 됩니다.
- 슬라이드 번호를 작성합니다(슬라이드 1에는 생략).
- 2~6번 슬라이드 제목 도형과 하단 로고는 슬라이드 마스터를 이용하여 출력형태와 동일하게 작성합니다(슬라이드 1에는 생략).
- 문제와 세부조건, 세부조건 번호 ○(점선원)는 입력하지 않습니다.
- 각 개체의 위치는 오른쪽의 슬라이드와 동일하게 구성합니다.
- 그림 삽입 문제의 경우 반드시 「내 PC₩문서₩ITQ₩Picture」 폴더에서 정확한 파일을 선택하여 삽입하십시오.
- 각 슬라이드를 각각의 파일로 작업해서 저장할 경우 실격 처리됩니다.

최신 기출문제 01회

수험번호 20262001　　**정답파일** PART 03 최신 기출문제₩최신01회_정답.pptx

전체구성　　　　　　　　　　　　　　　　　　　　　　　60점

(1) 슬라이드 크기 및 순서 : 크기를 A4 용지로 설정하고 슬라이드 순서에 맞게 작성한다.
(2) 슬라이드 마스터 : 2~6슬라이드의 제목, 하단 로고, 슬라이드 번호는 슬라이드 마스터를 이용하여 작성한다.
- 제목 글꼴(굴림, 40pt, 흰색), 가운데 맞춤, 도형(선 없음)
- 하단 로고(「내 PC₩문서₩ITQ₩Picture₩로고1.jpg」, 배경(회색) 투명색으로 설정)

슬라이드 ❶　표지 디자인　　　　　　　　　　　　　　　40점

(1) 표지 디자인 : 도형, 워드아트 및 그림을 이용하여 작성한다.

세부조건	
① 도형 편집 - 도형에 그림 채우기 : 「내 PC₩문서₩ITQ₩Picture₩그림3.jpg」, 투명도 50% - 도형 효과 : 부드러운 가장자리 5포인트 ② 워드아트 삽입 - 변환 : 갈매기형 수장, 아래로【역갈매기형 수장】 - 글꼴 : 궁서, 굵게 - 텍스트 반사 : 전체 반사, 터치 ③ 그림 삽입 -「내 PC₩문서₩ITQ₩Picture₩로고1.jpg」 - 배경(회색) 투명색으로 설정	

슬라이드 ❷　목차 슬라이드　　　　　　　　　　　　　　60점

(1) 출력형태와 같이 도형을 이용하여 목차를 작성한다(글꼴 : 굴림, 24pt).　　(2) 도형 : 선 없음

세부조건	
① 텍스트에 링크【하이퍼링크】적용 → '슬라이드 6' ② 그림 삽입 -「내 PC₩문서₩ITQ₩Picture₩그림4.jpg」 - 자르기 기능 이용	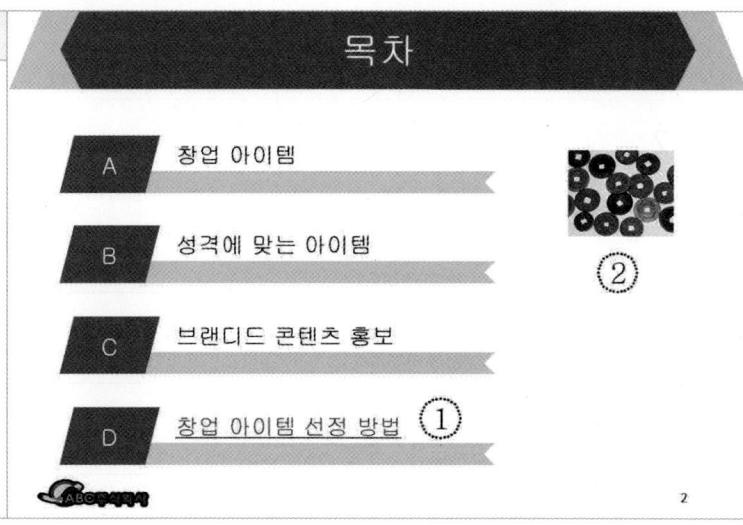

슬라이드 ❸   텍스트/동영상 슬라이드   60점

(1) 텍스트 작성 : 글머리 기호 사용(◆, ➢)
◆문단(돋움, 24pt, 굵게, 줄간격 : 1.5줄), ➢문단(돋움, 20pt, 줄간격 : 1.5줄)

세부조건	

① 동영상 삽입 :
– 「내 PC₩문서₩ITQ₩Picture₩동영상.wmv」
– 자동실행, 반복재생 설정
	A. 창업 아이템
	
	◆ **Startup item**
	  ➢ A good items increases the chances of success in business
	  ➢ Items are selected by analyzing business feasibility in consideration of fund size, age, and aptitude
	
	◆ **창업 아이템**
	  ➢ 좋은 아이템은 사업의 성공 가능성과 발전성을 높임
	  ➢ 자금 규모, 나이, 적성 등을 고려하여 사업성을 분석한 후 타당성이 높은 아이템을 선정함 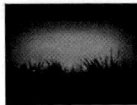

슬라이드 ❹   표 슬라이드   80점

(1) 도형과 표 작성 기능을 이용하여 슬라이드를 작성한다(글꼴 : 굴림, 18pt).

세부조건	

① 상단 도형 :
  2개 도형의 조합으로 작성
② 좌측 도형 :
  그라데이션 효과(선형 아래쪽)
③ 표 스타일 :
  테마 스타일 1 – 강조 5
	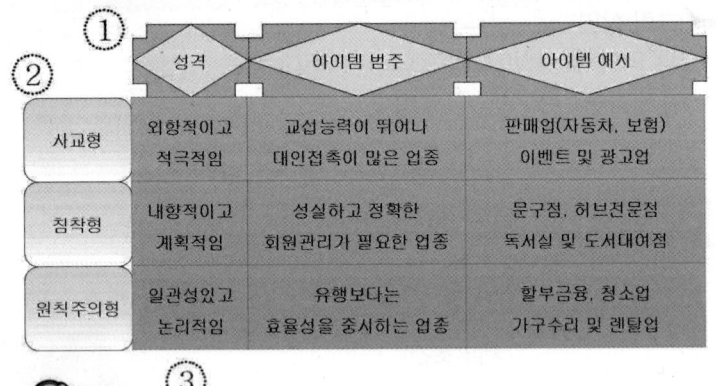

슬라이드 ❺ 차트 슬라이드 100점

(1) 차트 작성 기능을 이용하여 슬라이드를 작성한다.
(2) 차트 : 종류(묶은 세로 막대형), 글꼴(돋움, 16pt), 외곽선

세부조건	
※ 차트설명 • 차트제목 : 궁서, 24pt, 굵게, 　채우기(흰색), 테두리, 그림자(오프셋 오른쪽) • 차트영역 : 채우기(노랑) 　그림영역 : 채우기(흰색) • 데이터 서식 : 선호도 계열을 표식이 있는 꺾은 　선형으로 변경 후 보조축으로 지정 • 값 표시 : SNS의 인지도 계열만 ① 도형 삽입 – 스타일 : 미세 효과 – 파랑, 강조 1 – 글꼴 : 굴림, 18pt	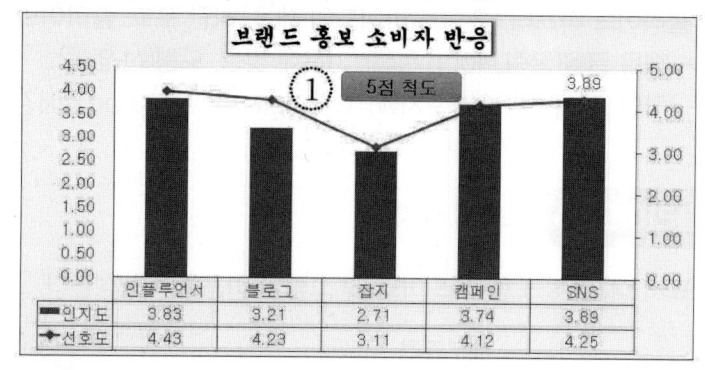

슬라이드 ❻ 도형 슬라이드 100점

(1) 슬라이드와 같이 도형 및 스마트아트를 배치한다(글꼴 : 굴림, 18pt).
(2) 애니메이션 순서 : ① ⇒ ②

세부조건	
① 도형 및 스마트아트 편집 – 스마트아트 디자인 : 　3차원 벽돌, 　3차원 만화 – 그룹화 후 애니메이션 효과 : 　나누기(가로 바깥쪽으로) ② 도형 편집 – 그룹화 후 애니메이션 효과 : 　바운드	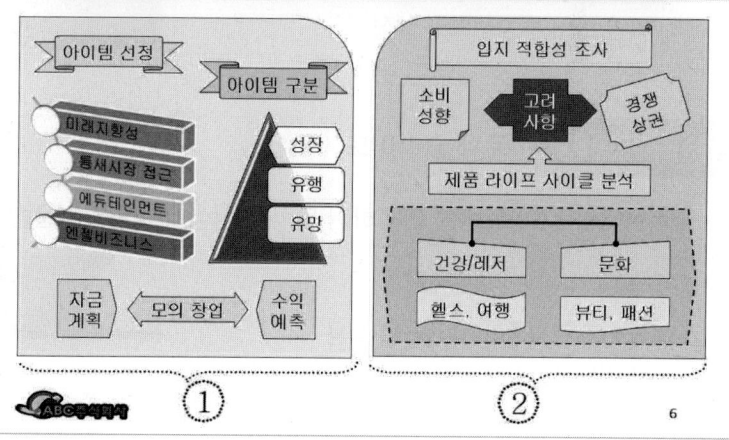

최신 기출문제 02회

수험번호 20262002　　**정답파일** PART 03 최신 기출문제\최신02회_정답.pptx

전체구성　　60점

(1) 슬라이드 크기 및 순서 : 크기를 A4 용지로 설정하고 슬라이드 순서에 맞게 작성한다.
(2) 슬라이드 마스터 : 2~6슬라이드의 제목, 하단 로고, 슬라이드 번호는 슬라이드 마스터를 이용하여 작성한다.
　　- 제목 글꼴(굴림, 40pt, 흰색), 가운데 맞춤, 도형(선 없음)
　　- 하단 로고(「내 PC\문서\ITQ\Picture\로고3.jpg」, 배경(연보라) 투명색으로 설정)

슬라이드 ❶　표지 디자인　　40점

(1) 표지 디자인 : 도형, 워드아트 및 그림을 이용하여 작성한다.

세부조건	
① 도형 편집 - 도형에 그림 채우기 : 「내 PC\문서\ITQ\Picture\그림1.jpg」, 투명도 50% - 도형 효과 : 부드러운 가장자리 5포인트 ② 워드아트 삽입 - 변환 : 기울기, 위로【위로기울기】 - 글꼴 : 궁서, 굵게 - 텍스트 반사 : 전체 반사, 터치 ③ 그림 삽입 -「내 PC\문서\ITQ\Picture\로고3.jpg」 - 배경(연보라) 투명색으로 설정	

슬라이드 ❷　목차 슬라이드　　60점

(1) 출력형태와 같이 도형을 이용하여 목차를 작성한다(글꼴 : 굴림, 24pt).　　(2) 도형 : 선 없음

세부조건	
① 텍스트에 링크【하이퍼링크】 적용 → '슬라이드 4' ② 그림 삽입 -「내 PC\문서\ITQ\Picture\그림4.jpg」 - 자르기 기능 이용	

슬라이드 ❸ 텍스트/동영상 슬라이드 60점

(1) 텍스트 작성 : 글머리 기호 사용(➢, ■)
　➢ 문단(굴림, 24pt, 굵게, 줄간격 : 1.5줄), ■ 문단(굴림, 20pt, 줄간격 : 1.5줄)

세부조건	
① 동영상 삽입 : -「내 PC\문서\ITQ\Picture\동영상.wmv」 - 자동실행, 반복재생 설정	1. 이러닝(전자학습) ➢ e-learning 　■ e-learning offers various forms of learning materials and interactions 　■ Through this, students have the advantage of being able to learn without being restricted by time and place ➢ 이러닝이란 　■ 이러닝은 전자적 방법을 통해 이루어지는 학습으로 인터넷, 컴퓨터, 모바일 기기 등을 활용하여 교육 콘텐츠를 제공하며 수업, 퀴즈, 과제 등을 온라인으로 진행 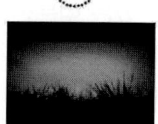

슬라이드 ❹ 표 슬라이드 80점

(1) 도형과 표 작성 기능을 이용하여 슬라이드를 작성한다(글꼴 : 굴림, 18pt).

세부조건	
① 상단 도형 : 　2개 도형의 조합으로 작성 ② 좌측 도형 : 　그라데이션 효과(선형 아래쪽) ③ 표 스타일 : 　테마 스타일 1 - 강조 6	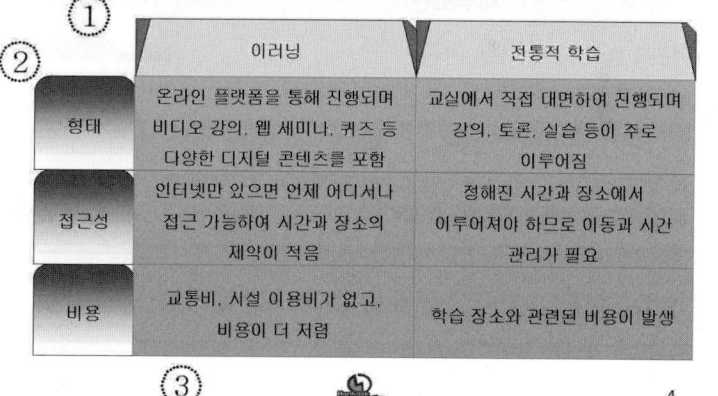

슬라이드 ❺ 차트 슬라이드 100점

(1) 차트 작성 기능을 이용하여 슬라이드를 작성한다.
(2) 차트 : 종류(묶은 세로 막대형), 글꼴(굴림, 16pt), 외곽선

세부조건

※ 차트설명
- 차트제목 : 궁서, 24pt, 굵게,
  채우기(흰색), 테두리, 그림자(오프셋 아래쪽)
- 차트영역 : 채우기(노랑)
  그림영역 : 채우기(흰색)
- 데이터 서식 : 정부/공공기관 계열을 표식(◆)이 있는 꺾은선형으로 변경 후 보조축으로 지정
- 값 표시 : 2023년의 정규교육 기관 계열만

① 도형 삽입
- 스타일 : 미세 효과 - 파랑, 강조 1
- 글꼴 : 굴림, 18pt

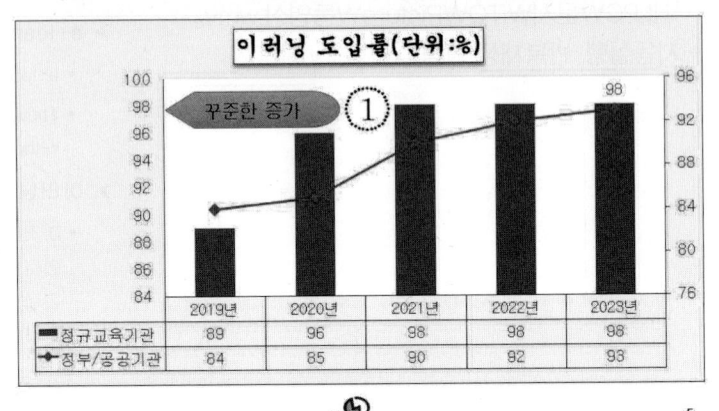

슬라이드 ❻ 도형 슬라이드 100점

(1) 슬라이드와 같이 도형 및 스마트아트를 배치한다(글꼴 : 굴림, 18pt).
(2) 애니메이션 순서 : ① ⇒ ②

세부조건

① 도형 및 스마트아트 편집
- 스마트아트 디자인 :
  3차원 벽돌,
  3차원 경사
- 그룹화 후 애니메이션 효과 :
  실선무늬(세로)

② 도형 편집
- 그룹화 후 애니메이션 효과 :
  회전

최신 기출문제 03회

수험번호 20262003　**정답파일** PART 03 최신 기출문제₩최신03회_정답.pptx

전체구성　　　　　　　　　　　　　　　　　　　　　　　　　　60점

(1) 슬라이드 크기 및 순서 : 크기를 A4 용지로 설정하고 슬라이드 순서에 맞게 작성한다.
(2) 슬라이드 마스터 : 2~6슬라이드의 제목, 하단 로고, 슬라이드 번호는 슬라이드 마스터를 이용하여 작성한다.
　　- 제목 글꼴(굴림, 40pt, 흰색), 가운데 맞춤, 도형(선 없음)
　　- 하단 로고(「내 PC₩문서₩ITQ₩Picture₩로고1.jpg」, 배경(회색) 투명색으로 설정)

슬라이드 ❶　표지 디자인　　　　　　　　　　　　　　　　　　40점

(1) 표지 디자인 : 도형, 워드아트 및 그림을 이용하여 작성한다.

세부조건	
① 도형 편집 - 도형에 그림 채우기 : 「내 PC₩문서₩ITQ₩Picture₩그림1.jpg」, 투명도 50% - 도형 효과 : 부드러운 가장자리 5포인트 ② 워드아트 삽입 - 변환 : 삼각형, 위로【삼각형】 - 글꼴 : 궁서, 굵게 - 텍스트 반사 : 근접 반사, 4pt 오프셋 ③ 그림 삽입 -「내 PC₩문서₩ITQ₩Picture₩로고1.jpg」 - 배경(회색) 투명색으로 설정	

슬라이드 ❷　목차 슬라이드　　　　　　　　　　　　　　　　　60점

(1) 출력형태와 같이 도형을 이용하여 목차를 작성한다(글꼴 : 굴림, 24pt).　　(2) 도형 : 선 없음

세부조건	
① 텍스트에 링크【하이퍼링크】적용 → '슬라이드 5' ② 그림 삽입 -「내 PC₩문서₩ITQ₩Picture₩그림4.jpg」 - 자르기 기능 이용	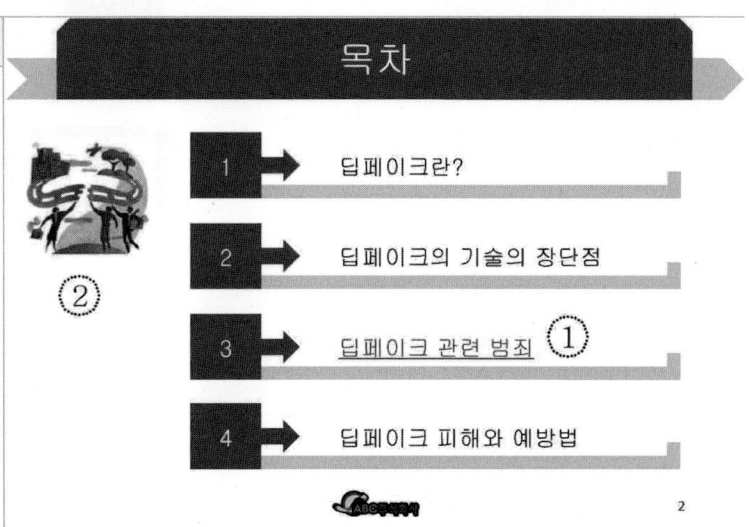

슬라이드 ③ 텍스트/동영상 슬라이드　　60점

(1) 텍스트 작성 : 글머리 기호 사용(➢, ■)
　➢ 문단(굴림, 24pt, 굵게, 줄간격 : 1.5줄), ■ 문단(굴림, 20pt, 줄간격 : 1.5줄)

세부조건	
① 동영상 삽입 : －「내 PC\문서\ITQ\Picture\동영상.wmv」 － 자동실행, 반복재생 설정	**1. 딥페이크란?** ➢ Deepfake 　■ Deepfake is a technology that uses artificial intelligence technology to synthesize a specific person's face or voice into another video or voice ➢ 딥페이크 　■ 존재하지 않는 가짜 영상이나 음성을 만들어내는 것 　■ 특정 인물 얼굴이나 신체 부위를 기존 사진이나 영상에 합성 하는 인공지능 이미지 합성 기술 

슬라이드 ④ 표 슬라이드　　80점

(1) 도형과 표 작성 기능을 이용하여 슬라이드를 작성한다(글꼴 : 돋움, 18pt).

세부조건	
① 상단 도형 : 　2개 도형의 조합으로 작성 ② 좌측 도형 : 　그라데이션 효과(선형 아래쪽) ③ 표 스타일 : 　테마 스타일 1 – 강조 6	**2. 딥페이크 기술의 장단점** 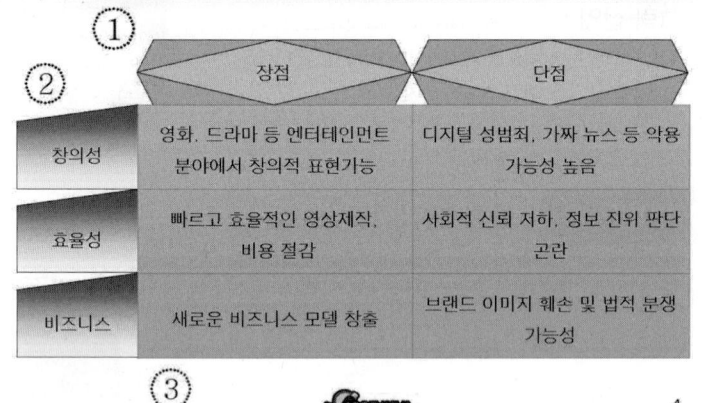

슬라이드 ❺ 차트 슬라이드   100점

(1) 차트 작성 기능을 이용하여 슬라이드를 작성한다.
(2) 차트 : 종류(묶은 세로 막대형), 글꼴(돋움, 16pt), 외곽선

세부조건
※ 차트설명 • 차트제목 : 굴림, 24pt, 굵게, 　채우기(흰색), 테두리, 그림자(오프셋 오른쪽) • 차트영역 : 채우기(노랑) 　그림영역 : 채우기(흰색) • 데이터 서식 : 10대 피의자 비율 계열을 표식이 　있는 꺾은선형으로 변경 후 보조축으로 지정 • 값 표시 : 2023년의 10대 피의자 비율 계열만 ① 도형 삽입 　- 스타일 : 미세효과 - 파랑, 강조1 　- 글꼴 : 굴림, 18pt

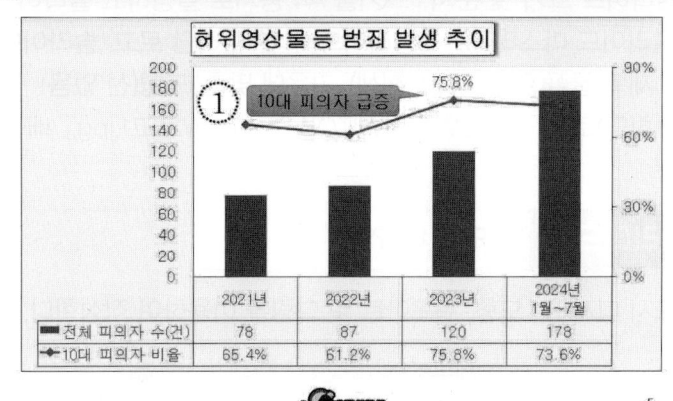

슬라이드 ❻ 도형 슬라이드   100점

(1) 슬라이드와 같이 도형 및 스마트아트를 배치한다(글꼴 : 굴림, 18pt).
(2) 애니메이션 순서 : ① ⇒ ②

세부조건
① 도형 및 스마트아트 편집 　- 스마트아트 디자인: 　　3차원 만화, 　　3차원 벽돌 　- 그룹화 후 애니메이션 효과 : 　　날아오기(위에서) ② 도형 편집 　- 그룹화 후 애니메이션 효과 : 　　회전

최신 기출문제 04회

수험번호 20262004　　**정답파일** PART 03 최신 기출문제\최신04회_정답.pptx

전체구성　　　　　　　　　　　　　　　　　　　　　　　　60점

(1) 슬라이드 크기 및 순서 : 크기를 A4 용지로 설정하고 슬라이드 순서에 맞게 작성한다.
(2) 슬라이드 마스터 : 2~6슬라이드의 제목, 하단 로고, 슬라이드 번호는 슬라이드 마스터를 이용하여 작성한다.
　- 제목 글꼴(굴림, 40pt, 흰색), 가운데 맞춤, 도형(선 없음)
　- 하단 로고(「내 PC\문서\ITQ\Picture\로고1.jpg」, 배경(회색) 투명색으로 설정)

슬라이드 ❶　표지 디자인　　　　　　　　　　　　　　　40점

(1) 표지 디자인 : 도형, 워드아트 및 그림을 이용하여 작성한다.

세부조건
① 도형 편집 - 도형에 그림 채우기 : 「내 PC\문서\ITQ\Picture\그림3.jpg」, 투명도 50% - 도형 효과 : 부드러운 가장자리 5포인트 ② 워드아트 삽입 - 변환 : 갈매기형 수장, 아래로【역갈매기형 수장】 - 글꼴 : 궁서, 굵게 - 텍스트 반사 : 전체 반사, 터치 ③ 그림 삽입 -「내 PC\문서\ITQ\Picture\로고1.jpg」 - 배경(회색) 투명색으로 설정

슬라이드 ❷　목차 슬라이드　　　　　　　　　　　　　　60점

(1) 출력형태와 같이 도형을 이용하여 목차를 작성한다(글꼴 : 굴림, 24pt).　　(2) 도형 : 선 없음

세부조건
① 텍스트에 링크【하이퍼링크】 적용 → '슬라이드 6' ② 그림 삽입 -「내 PC\문서\ITQ\Picture\그림4.jpg」 - 자르기 기능 이용

슬라이드 ❸ 텍스트/동영상 슬라이드   60점

(1) 텍스트 작성 : 글머리 기호 사용(◆, ➢)

◆문단(돋움, 24pt, 굵게, 줄간격 : 1.5줄), ➢문단(돋움, 20pt, 줄간격 : 1.5줄)

세부조건
① 동영상 삽입 : – 「내 PC₩문서₩ITQ₩Picture₩동영상.wmv」 – 자동실행, 반복재생 설정

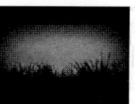

슬라이드 ❹ 표 슬라이드   80점

(1) 도형과 표 작성 기능을 이용하여 슬라이드를 작성한다(글꼴 : 굴림, 18pt).

세부조건

① 상단 도형 :
  2개 도형의 조합으로 작성
② 좌측 도형 :
  그라데이션 효과(선형 아래쪽)
③ 표 스타일 :
  테마 스타일 1 – 강조 5

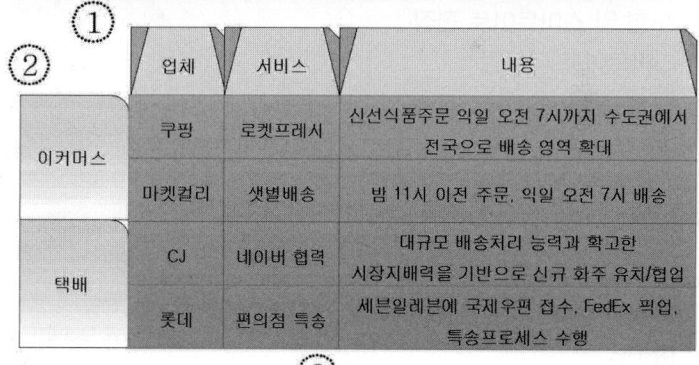

| 슬라이드 ❺ | 차트 슬라이드 | 100점 |

(1) 차트 작성 기능을 이용하여 슬라이드를 작성한다.
(2) 차트 : 종류(묶은 세로 막대형), 글꼴(돋움, 16pt), 외곽선

| 세부조건 |

※ 차트설명
• 차트제목 : 궁서, 24pt, 굵게,
  채우기(흰색), 테두리, 그림자(오프셋 오른쪽)
• 차트영역 : 채우기(노랑)
  그림영역 : 채우기(흰색)
• 데이터 서식 : 모바일 계열을 표식이 있는 꺾은
  선형으로 변경 후 보조축으로 지정
• 값 표시 : 2024년의 PC 계열만
① 도형 삽입
 – 스타일 : 미세효과 – 파랑, 강조1
 – 글꼴 : 굴림, 18pt

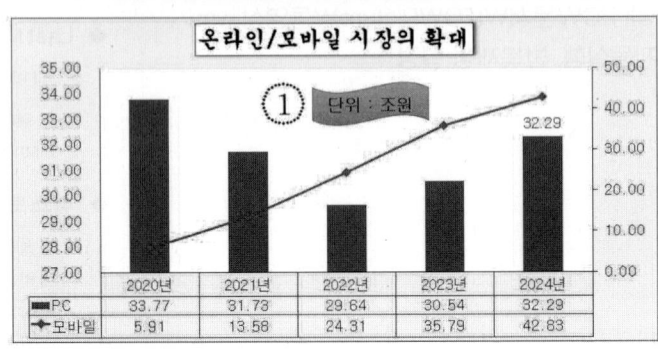

| 슬라이드 ❻ | 도형 슬라이드 | 100점 |

(1) 슬라이드와 같이 도형 및 스마트아트를 배치한다(글꼴 : 굴림, 18pt).
(2) 애니메이션 순서 : ① ⇒ ②

| 세부조건 |

① 도형 및 스마트아트 편집
 – 스마트아트 디자인 :
   3차원 벽돌,
   3차원 만화
 – 그룹화 후 애니메이션 효과 :
   나누기(가로 바깥쪽으로)
② 도형 편집
 – 그룹화 후 애니메이션 효과 :
   바운드

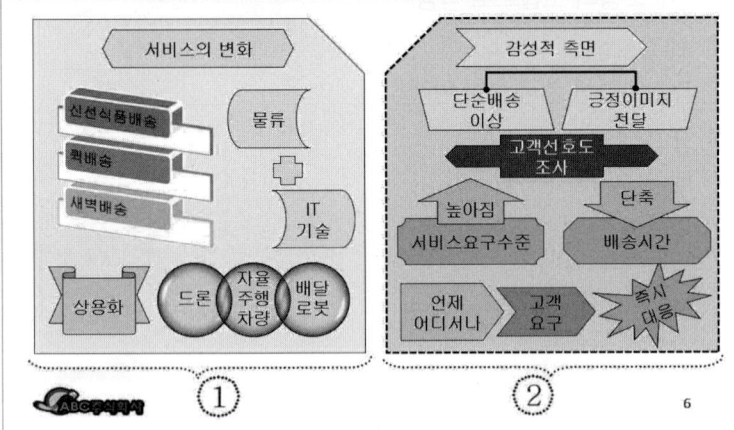

최신 기출문제 05회

수험번호 20262005　　**정답파일** PART 03 최신 기출문제\최신05회_정답.pptx

전체구성　　　　　　　　　　　　　　　　　　　　　　　　　60점

(1) 슬라이드 크기 및 순서 : 크기를 A4 용지로 설정하고 슬라이드 순서에 맞게 작성한다.
(2) 슬라이드 마스터 : 2~6슬라이드의 제목, 하단 로고, 슬라이드 번호는 슬라이드 마스터를 이용하여 작성한다.
　　- 제목 글꼴(굴림, 40pt, 흰색), 가운데 맞춤, 도형(선 없음)
　　- 하단 로고(「내 PC\문서\ITQ\Picture\로고3.jpg」, 배경(연보라) 투명색으로 설정)

슬라이드 ❶　표지 디자인　　　　　　　　　　　　　　　　40점

(1) 표지 디자인 : 도형, 워드아트 및 그림을 이용하여 작성한다.

세부조건

① 도형 편집
- 도형에 그림 채우기 : 「내 PC\문서\ITQ\Picture\그림1.jpg」, 투명도 50%
- 도형 효과 : 부드러운 가장자리 5포인트

② 워드아트 삽입
- 변환 : 기울기, 위로【위로기울기】
- 글꼴 : 궁서, 굵게
- 텍스트 반사 : 전체 반사, 터치

③ 그림 삽입
- 「내 PC\문서\ITQ\Picture\로고3.jpg」
- 배경(연보라) 투명색으로 설정

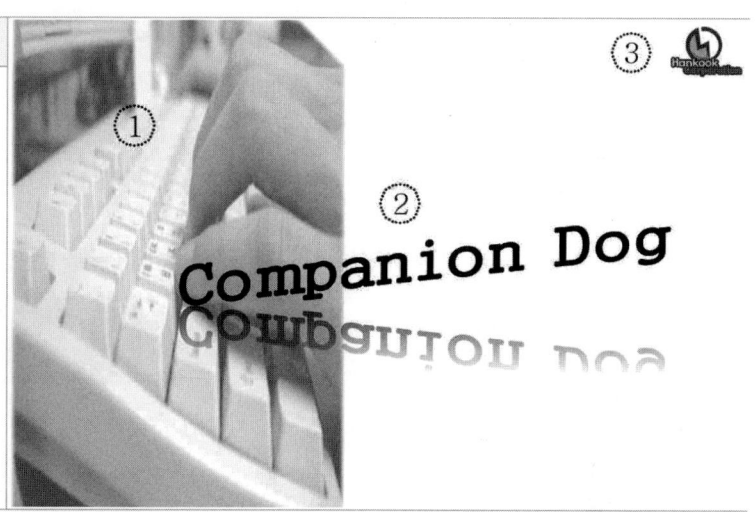

슬라이드 ❷　목차 슬라이드　　　　　　　　　　　　　　　60점

(1) 출력형태와 같이 도형을 이용하여 목차를 작성한다(글꼴 : 굴림, 24pt).　　(2) 도형 : 선 없음

세부조건

① 텍스트에 링크【하이퍼링크】 적용
→ '슬라이드 4'

② 그림 삽입
- 「내 PC\문서\ITQ\Picture\그림4.jpg」
- 자르기 기능 이용

슬라이드 ❸ 텍스트/동영상 슬라이드   60점

(1) 텍스트 작성 : 글머리 기호 사용(➢ , ■)
   ➢ 문단(굴림, 24pt, 굵게, 줄간격 : 1.5줄), ■ 문단(굴림, 20pt, 줄간격 : 1.5줄)

세부조건	

① 동영상 삽입 :
– 「내 PC₩문서₩ITQ₩Picture₩동영상.wmv」
– 자동실행, 반복재생 설정
	1. 반려견을 기르는 것의 장점
	
	➢ Companion dog
	   ■ Dogs provide emotional support to their owners, helping to reduce stress and alleviate feelings of depression
	   ■ Caring for a dog teaches responsibility and commitment
	➢ 반려견을 기르는 것의 장점
	   ■ 반려견은 사람에게 큰 정서적 안정감을 주면서 스트레스를 줄이고 우울증 예방에 도움이 되며 반려견을 통해 다른 사람과의 대화나 교류가 증가하여 사회적 관계를 넓히는데 기여함 

슬라이드 ❹ 표 슬라이드   80점

(1) 도형과 표 작성 기능을 이용하여 슬라이드를 작성한다(글꼴 : 굴림, 18pt).

세부조건	

① 상단 도형 :
  2개 도형의 조합으로 작성
② 좌측 도형 :
  그라데이션 효과(선형 아래쪽)
③ 표 스타일 :
  테마 스타일 1 – 강조 6
	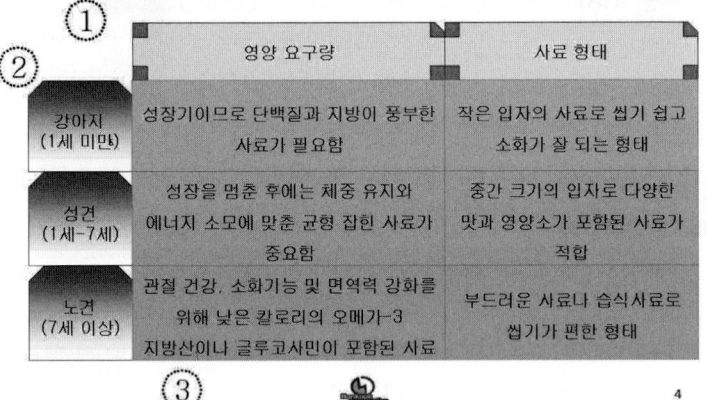

슬라이드 ❺ 차트 슬라이드 100점

(1) 차트 작성 기능을 이용하여 슬라이드를 작성한다.
(2) 차트 : 종류(묶은 세로 막대형), 글꼴(굴림, 16pt), 외곽선

세부조건	

※ 차트설명
• 차트제목 : 궁서, 24pt, 굵게,
  채우기(흰색), 테두리, 그림자(오프셋 아래쪽)
• 차트영역 : 채우기(노랑)
  그림영역 : 채우기(흰색)
• 데이터 서식 : 고양이 계열을 표식(◆)이 있는
  꺾은선형으로 변경 후 보조축으로 지정
• 값 표시 : 기타의 개 계열만
① 도형 삽입
- 스타일 : 미세 효과 - 파랑, 강조 1
- 글꼴 : 굴림, 18pt
	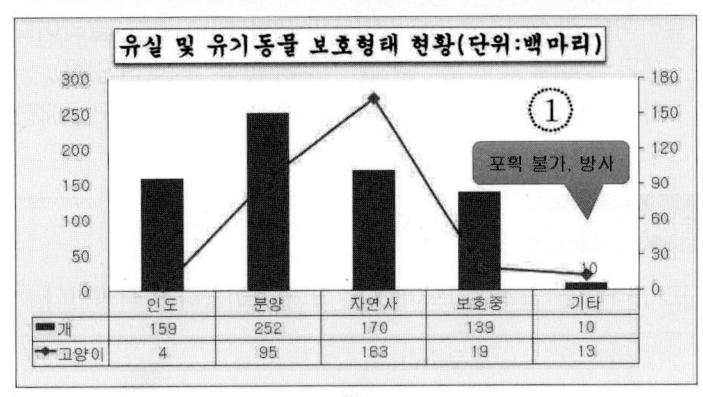

슬라이드 ❻ 도형 슬라이드 100점

(1) 슬라이드와 같이 도형 및 스마트아트를 배치한다(글꼴 : 굴림, 18pt).
(2) 애니메이션 순서 : ① ⇒ ②

세부조건	

① 도형 및 스마트아트 편집
- 스마트아트 디자인 :
  3차원 만화,
  3차원 경사
- 그룹화 후 애니메이션 효과 :
  실선무늬(세로)
② 도형 편집
- 그룹화 후 애니메이션 효과 :
  회전
	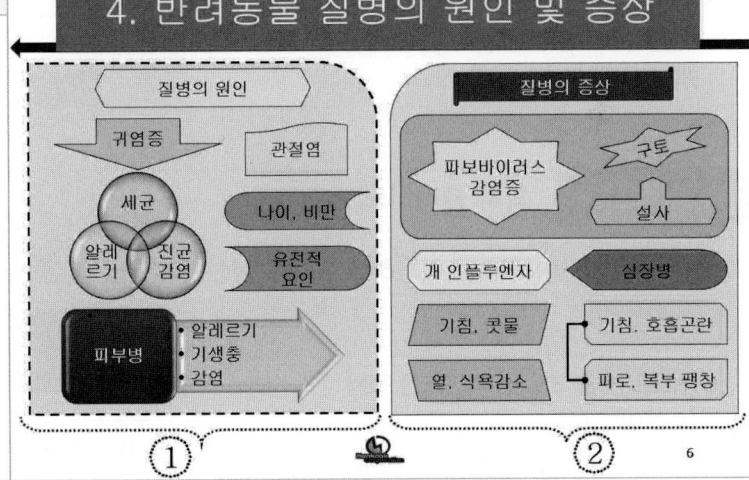

최신 기출문제 06회

수험번호 20262006　**정답파일** PART 03 최신 기출문제\최신06회_정답.pptx

전체구성　　　　　　　　　　　　　　　　　　　　　60점

(1) 슬라이드 크기 및 순서 : 크기를 A4 용지로 설정하고 슬라이드 순서에 맞게 작성한다.
(2) 슬라이드 마스터 : 2~6슬라이드의 제목, 하단 로고, 슬라이드 번호는 슬라이드 마스터를 이용하여 작성한다.
　　- 제목 글꼴(굴림, 40pt, 흰색), 가운데 맞춤, 도형(선 없음)
　　- 하단 로고(「내 PC\문서\ITQ\Picture\로고1.jpg」, 배경(회색) 투명색으로 설정)

슬라이드 ❶　표지 디자인　　　　　　　　　　　　　40점

(1) 표지 디자인 : 도형, 워드아트 및 그림을 이용하여 작성한다.

세부조건	
① 도형 편집 - 도형에 그림 채우기 : 「내 PC\문서\ITQ\Picture\그림1.jpg」, 투명도 50% - 도형 효과 : 부드러운 가장자리 5포인트 ② 워드아트 삽입 - 변환 : 삼각형, 위로【삼각형】 - 글꼴 : 궁서, 굵게 - 텍스트 반사 : 근접 반사, 4pt 오프셋 ③ 그림 삽입 -「내 PC\문서\ITQ\Picture\로고1.jpg」 - 배경(회색) 투명색으로 설정	

슬라이드 ❷　목차 슬라이드　　　　　　　　　　　　60점

(1) 출력형태와 같이 도형을 이용하여 목차를 작성한다(글꼴 : 굴림, 24pt).　　(2) 도형 : 선 없음

세부조건	
① 텍스트에 링크【하이퍼링크】적용 → '슬라이드 5' ② 그림 삽입 -「내 PC\문서\ITQ\Picture\그림4.jpg」 - 자르기 기능 이용	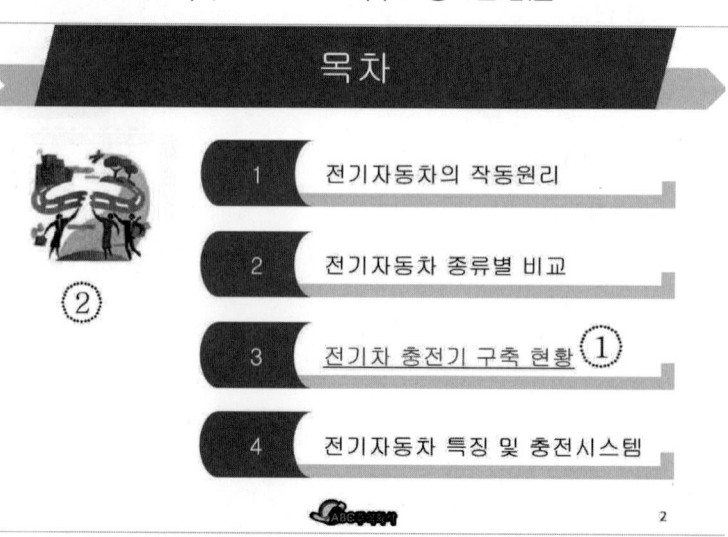

슬라이드 ❸ 텍스트/동영상 슬라이드   60점

(1) 텍스트 작성 : 글머리 기호 사용(➢, ▪)
  ➢ 문단(굴림, 24pt, 굵게, 줄간격 : 1.5줄), ▪ 문단(굴림, 20pt, 줄간격 : 1.5줄)

세부조건	
① 동영상 삽입 : －「내 PC₩문서₩ITQ₩Picture₩동영상.wmv」 － 자동실행, 반복재생 설정	**1. 전기자동차의 작동원리** ➢ Electric Vehicles ▪ An electric vehicle, also called an EV, uses one or more electric motors. An electric vehicle may be powered through a collector system by electricity from off-vehicle sources 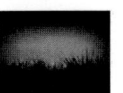 ➢ 전기자동차의 작동원리 ▪ 내연기관 엔진 없이 충전된 고전압 배터리에서 전기에너지를 전기모터로 공급하여 구동력을 발생시키는 차량 ▪ 화석연료를 전혀 사용하지 않는 무공해 차량

슬라이드 ❹ 표 슬라이드   80점

(1) 도형과 표 작성 기능을 이용하여 슬라이드를 작성한다(글꼴 : 돋움, 18pt).

세부조건	

① 상단 도형 :
  2개 도형의 조합으로 작성
② 좌측 도형 :
  그라데이션 효과(선형 아래쪽)
③ 표 스타일 :
  테마 스타일 1 – 강조 6
	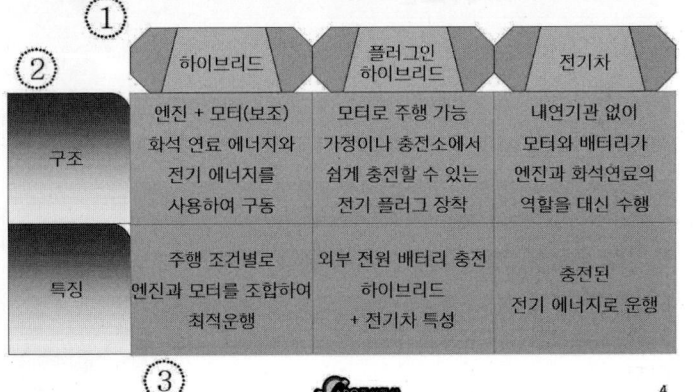

슬라이드 ❺ 차트 슬라이드   100점

(1) 차트 작성 기능을 이용하여 슬라이드를 작성한다.
(2) 차트 : 종류(묶은 세로 막대형), 글꼴(돋움, 16pt), 외곽선

세부조건	
※ 차트설명 • 차트제목 : 굴림, 24pt, 굵게, 　채우기(흰색), 테두리, 그림자(오프셋 오른쪽) • 차트영역 : 채우기(노랑) 　그림영역 : 채우기(흰색) • 데이터 서식 : 2023년 계열을 표식이 있는 꺾은 　선형으로 변경 후 보조축으로 지정 • 값 표시 : 경기의 2024년 계열만 ① 도형 삽입 　- 스타일 : 미세 효과 - 파랑, 강조 1 　- 글꼴 : 굴림, 18pt	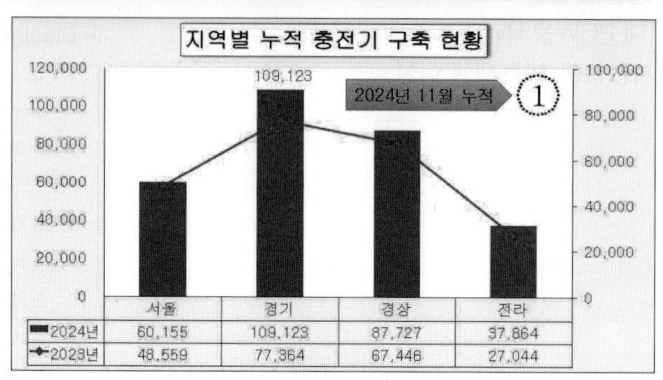

슬라이드 ❻ 도형 슬라이드   100점

(1) 슬라이드와 같이 도형 및 스마트아트를 배치한다(글꼴 : 굴림, 18pt).
(2) 애니메이션 순서 : ① ⇒ ②

세부조건

① 도형 및 스마트아트 편집
　- 스마트아트 디자인 :
　　3차원 만화,
　　3차원 경사
　- 그룹화 후 애니메이션 효과 :
　　날아오기(위에서)
② 도형 편집
　- 그룹화 후 애니메이션 효과 :
　　회전

최신 기출문제 07회

수험번호 20262007　　정답파일 PART 03 최신 기출문제\최신07회_정답.pptx

전체구성　　　　　　　　　　　　　　　　　　　　　　　　　60점

(1) 슬라이드 크기 및 순서 : 크기를 A4 용지로 설정하고 슬라이드 순서에 맞게 작성한다.
(2) 슬라이드 마스터 : 2~6슬라이드의 제목, 하단 로고, 슬라이드 번호는 슬라이드 마스터를 이용하여 작성한다.
　　- 제목 글꼴(굴림, 40pt, 흰색), 가운데 맞춤, 도형(선 없음)
　　- 하단 로고(「내 PC\문서\ITQ\Picture\로고1.jpg」, 배경(회색) 투명색으로 설정)

슬라이드 ❶　표지 디자인　　　　　　　　　　　　　　　　40점

(1) 표지 디자인 : 도형, 워드아트 및 그림을 이용하여 작성한다.

세부조건

① 도형 편집
　- 도형에 그림 채우기 :「내 PC\문서\ITQ\Picture\그림1.jpg」, 투명도 50%
　- 도형 효과 : 부드러운 가장자리 5포인트
② 워드아트 삽입
　- 변환 : 팽창
　- 글꼴 : 굴림, 굵게
　- 텍스트 반사 : 근접 반사, 터치
③ 그림 삽입
　-「내 PC\문서\ITQ\Picture\로고1.jpg」
　- 배경(회색) 투명색으로 설정

슬라이드 ❷　목차 슬라이드　　　　　　　　　　　　　　　60점

(1) 출력형태와 같이 도형을 이용하여 목차를 작성한다(글꼴 : 돋움, 24pt).　　　(2) 도형 : 선 없음

세부조건

① 텍스트에 링크【하이퍼링크】적용
　→ '슬라이드 6'
② 그림 삽입
　-「내 PC\문서\ITQ\Picture\그림5.jpg」
　- 자르기 기능 이용

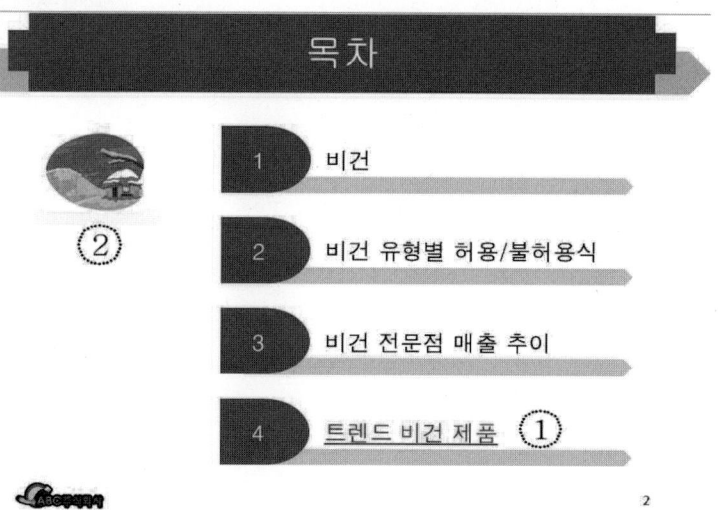

슬라이드 ❸ 텍스트/동영상 슬라이드   60점

(1) 텍스트 작성 : 글머리 기호 사용(➢, ✓)
  ➢ 문단(굴림, 24pt, 굵게, 줄간격 : 1.5줄), ✓ 문단(굴림, 20pt, 줄간격 : 1.5줄)

세부조건	
① 동영상 삽입 : – 「내 PC\문서\ITQ\Picture\동영상.wmv」 – 자동실행, 반복재생 설정	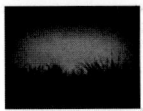

슬라이드 ❹ 표 슬라이드   80점

(1) 도형과 표 작성 기능을 이용하여 슬라이드를 작성한다(글꼴 : 돋움, 18pt).

세부조건	

① 상단 도형 :
  2개 도형의 조합으로 작성
② 좌측 도형 :
  그라데이션 효과(선형 아래쪽)
③ 표 스타일 :
  테마 스타일 1 – 강조 6
	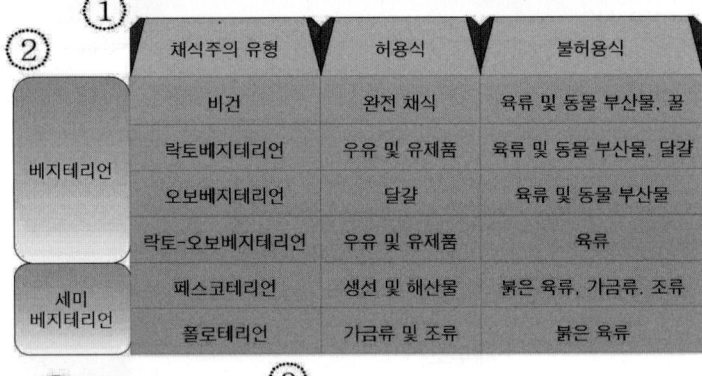

슬라이드 ❺ 차트 슬라이드 100점

(1) 차트 작성 기능을 이용하여 슬라이드를 작성한다.
(2) 차트 : 종류(묶은 세로 막대형), 글꼴(돋움, 16pt), 외곽선

세부조건

※ 차트설명
• 차트제목 : 궁서, 24pt, 굵게,
  채우기(흰색), 테두리, 그림자(오프셋 오른쪽)
• 차트영역 : 채우기(노랑)
  그림영역 : 채우기(흰색)
• 데이터 서식 : 베이커리 계열을 표식이 있는 꺾은선형으로 변경 후 보조축으로 지정
• 값 표시 : 2022년의 베이커리 계열만
① 도형 삽입
– 스타일 : 미세 효과 – 파랑, 강조 1
– 글꼴 : 굴림, 18pt

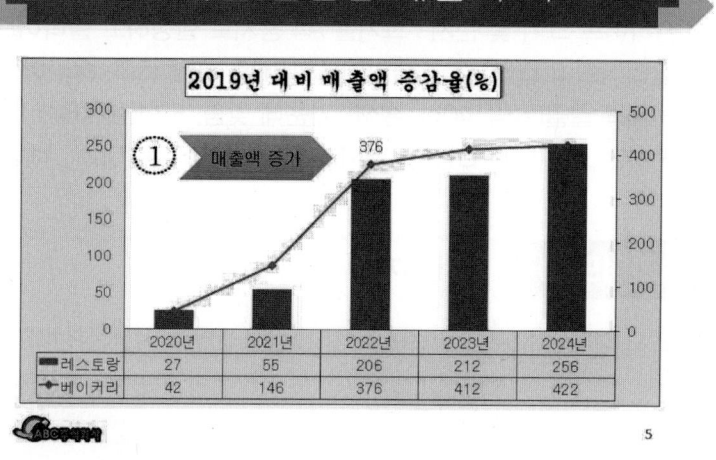

슬라이드 ❻ 도형 슬라이드 100점

(1) 슬라이드와 같이 도형 및 스마트아트를 배치한다(글꼴 : 돋움, 18pt).
(2) 애니메이션 순서 : ① ⇒ ②

세부조건

① 도형 및 스마트아트 편집
– 스마트아트 디자인 :
  3차원 만화,
  3차원 경사
– 그룹화 후 애니메이션 효과 :
  바운드
② 도형 편집
– 그룹화 후 애니메이션 효과 :
  날아오기(오른쪽에서)

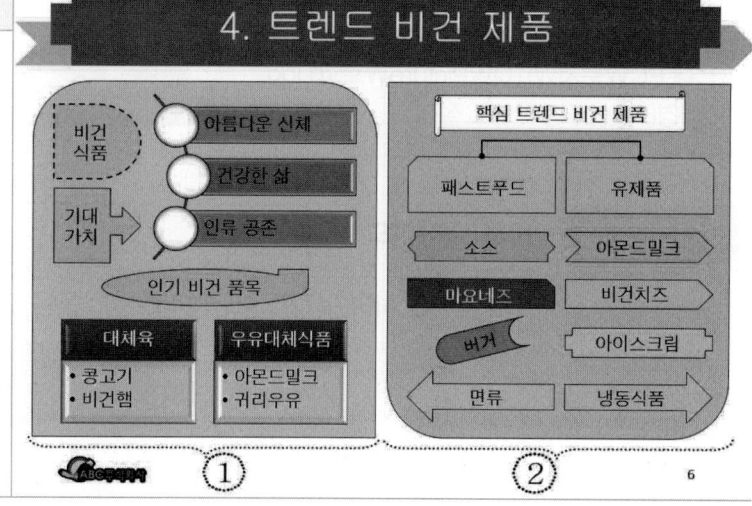

최신 기출문제 08회

수험번호 20262008 **정답파일** PART 03 최신 기출문제\최신08회_정답.pptx

전체구성   60점

(1) 슬라이드 크기 및 순서 : 크기를 A4 용지로 설정하고 슬라이드 순서에 맞게 작성한다.
(2) 슬라이드 마스터 : 2~6슬라이드의 제목, 하단 로고, 슬라이드 번호는 슬라이드 마스터를 이용하여 작성한다.
　　– 제목 글꼴(굴림, 40pt, 흰색), 가운데 맞춤, 도형(선 없음)
　　– 하단 로고(「내 PC\문서\ITQ\Picture\로고1.jpg」, 배경(회색) 투명색으로 설정)

슬라이드 ❶ 표지 디자인   40점

(1) 표지 디자인 : 도형, 워드아트 및 그림을 이용하여 작성한다.

세부조건	
① 도형 편집 – 도형에 그림 채우기 : 「내 PC\문서\ITQ\Picture\그림1.jpg」, 투명도 50% – 도형 효과 : 부드러운 가장자리 5포인트 ② 워드아트 삽입 – 변환 : 갈매기형 수장, 위로【갈매기형 수장】 – 글꼴 : 굴림, 굵게 – 텍스트 반사 : 근접 반사, 터치 ③ 그림 삽입 –「내 PC\문서\ITQ\Picture\로고1.jpg」 – 배경(회색) 투명색으로 설정	

슬라이드 ❷ 목차 슬라이드   60점

(1) 출력형태와 같이 도형을 이용하여 목차를 작성한다(글꼴 : 돋움, 24pt).　　(2) 도형 : 선 없음

세부조건	
① 텍스트에 링크【하이퍼링크】적용 → '슬라이드 6' ② 그림 삽입 –「내 PC\문서\ITQ\Picture\그림4.jpg」 – 자르기 기능 이용	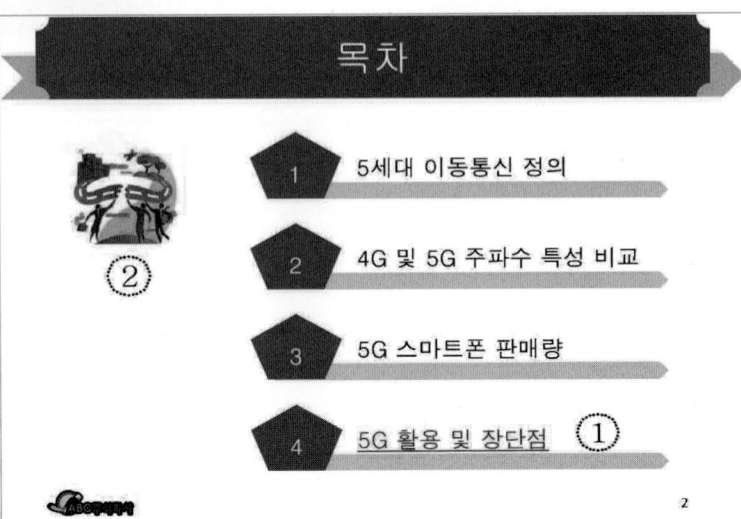

슬라이드 ❸ 텍스트/동영상 슬라이드 60점

(1) 텍스트 작성 : 글머리 기호 사용(➤ , ✓)
   ➤ 문단(굴림, 24pt, 굵게, 줄간격 : 1.5줄), ✓ 문단(굴림, 20pt, 줄간격 : 1.5줄)

세부조건	
① 동영상 삽입 : - 「내 PC₩문서₩ITQ₩Picture₩동영상.wmv」 - 자동실행, 반복재생 설정	**1. 5세대 이동통신 정의** ➤ 5th Generation 　✓ Intensive development of 5G has been pushed forward worldwide as an extensive advancement of the existing mobile communication systems ➤ 5G(5세대 이동통신) 　✓ 4세대 이동통신에 비해 20배 빠른 차세대 이동통신 　✓ 초저지연성과 초연결성을 통해 4차 산업혁명의 핵심 기술인 가상현실, 사물인터넷 기술, 자율주행 등 구현 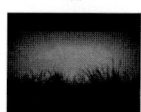

슬라이드 ❹ 표 슬라이드 80점

(1) 도형과 표 작성 기능을 이용하여 슬라이드를 작성한다(글꼴 : 돋움, 18pt).

세부조건	
① 상단 도형 : 　2개 도형의 조합으로 작성 ② 좌측 도형 : 　그라데이션 효과(선형 아래쪽) ③ 표 스타일 : 　테마 스타일 1 – 강조 6	**2. 4G 및 5G 주파수 특성 비교** 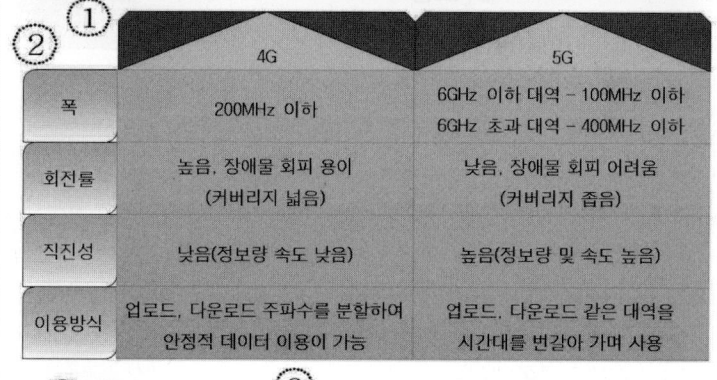

슬라이드 ❺ 차트 슬라이드 … 100점

(1) 차트 작성 기능을 이용하여 슬라이드를 작성한다.
(2) 차트 : 종류(묶은 세로 막대형), 글꼴(돋움, 16pt), 외곽선

세부조건

※ 차트설명
• 차트제목 : 궁서, 24pt, 굵게,
  채우기(흰색), 테두리, 그림자(오프셋 오른쪽)
• 차트영역 : 채우기(노랑)
  그림영역 : 채우기(흰색)
• 데이터 서식 : 점유율(%) 계열을 표식이 있는 꺾은선형으로 변경 후 보조축으로 지정
• 값 표시 : 2021년의 점유율(%) 계열만
① 도형 삽입
 – 스타일 : 미세 효과 – 파랑, 강조 1
 – 글꼴 : 굴림, 18pt

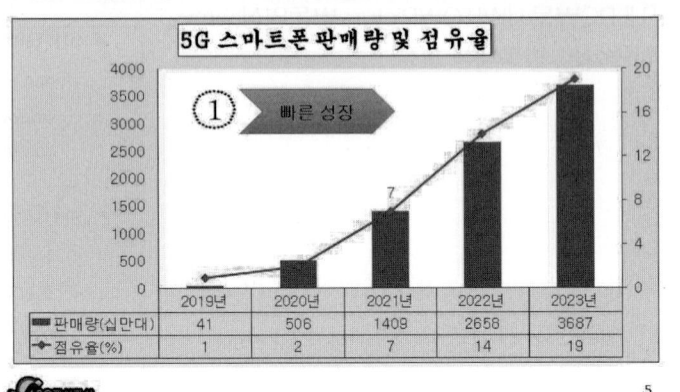

슬라이드 ❻ 도형 슬라이드 … 100점

(1) 슬라이드와 같이 도형 및 스마트아트를 배치한다(글꼴 : 돋움, 18pt).
(2) 애니메이션 순서 : ① ⇒ ②

세부조건

① 도형 및 스마트아트 편집
 – 스마트아트 디자인 :
   3차원 만화,
   3차원 경사
 – 그룹화 후 애니메이션 효과 :
   바운드
② 도형 편집
 – 그룹화 후 애니메이션 효과 :
   날아오기(오른쪽에서)

최신 기출문제 09회

수험번호 20262009　　정답파일 PART 03 최신 기출문제₩최신09회_정답.pptx

전체구성　　60점

(1) 슬라이드 크기 및 순서 : 크기를 A4 용지로 설정하고 슬라이드 순서에 맞게 작성한다.
(2) 슬라이드 마스터 : 2~6슬라이드의 제목, 하단 로고, 슬라이드 번호는 슬라이드 마스터를 이용하여 작성한다.
　　－ 제목 글꼴(굴림, 40pt, 흰색), 가운데 맞춤, 도형(선 없음)
　　－ 하단 로고(「내 PC₩문서₩ITQ₩Picture₩로고3.jpg」, 배경(연보라) 투명색으로 설정)

슬라이드 ❶　표지 디자인　　40점

(1) 표지 디자인 : 도형, 워드아트 및 그림을 이용하여 작성한다.

세부조건
① 도형 편집 － 도형에 그림 채우기 : 「내 PC₩문서₩ITQ₩Picture₩그림1.jpg」, 투명도 50% － 도형 효과 : 부드러운 가장자리 5포인트 ② 워드아트 삽입 － 변환 : 기울기, 위로【위로 기울기】 － 글꼴 : 궁서, 굵게 － 텍스트 반사 : 전체 반사, 터치 ③ 그림 삽입 － 「내 PC₩문서₩ITQ₩Picture₩로고3.jpg」 － 배경(연보라) 투명색으로 설정

슬라이드 ❷　목차 슬라이드　　60점

(1) 출력형태와 같이 도형을 이용하여 목차를 작성한다(글꼴 : 굴림, 24pt).　　(2) 도형 : 선 없음

세부조건
① 텍스트에 링크【하이퍼링크】 적용 → '슬라이드 4' ② 그림 삽입 － 「내 PC₩문서₩ITQ₩Picture₩그림4.jpg」 － 자르기 기능 이용

슬라이드 ❸ 텍스트/동영상 슬라이드   60점

(1) 텍스트 작성 : 글머리 기호 사용(➤ , ▪)
   ➤ 문단(굴림, 24pt, 굵게, 줄간격 : 1.5줄), ▪ 문단(굴림, 20pt, 줄간격 : 1.5줄)

세부조건

① 동영상 삽입 :
  - 「내 PC₩문서₩ITQ₩Picture₩동영상.wmv」
  - 자동실행, 반복재생 설정

슬라이드 ❹ 표 슬라이드   80점

(1) 도형과 표 작성 기능을 이용하여 슬라이드를 작성한다(글꼴 : 굴림, 18pt).

세부조건

① 상단 도형 :
  2개 도형의 조합으로 작성
② 좌측 도형 :
  그라데이션 효과(선형 아래쪽)
③ 표 스타일 :
  테마 스타일 1 - 강조 6

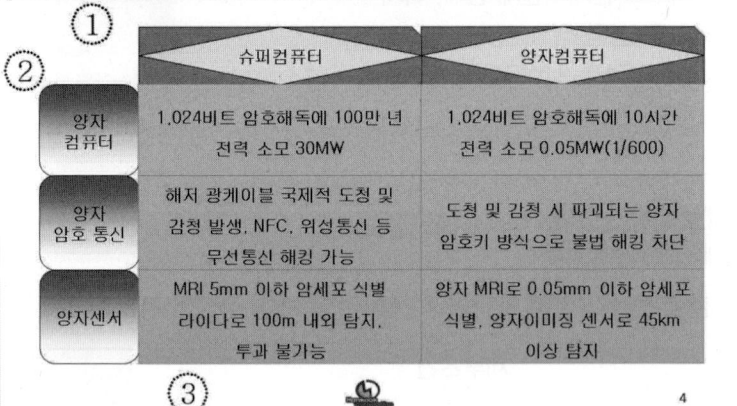

슬라이드 ❺ 차트 슬라이드   100점

(1) 차트 작성 기능을 이용하여 슬라이드를 작성한다.
(2) 차트 : 종류(묶은 세로 막대형), 글꼴(굴림, 16pt), 외곽선

세부조건

※ 차트설명
- 차트제목 : 궁서, 24pt, 굵게,
  채우기(흰색), 테두리, 그림자(오프셋 아래쪽)
- 차트영역 : 채우기(노랑)
  그림영역 : 채우기(흰색)
- 데이터 서식 : 스타트업(개) 계열을 표식(◆)이
  있는 꺾은선형으로 변경 후 보조축으로 지정
- 값 표시 : 중국의 정부투자(억달러) 계열만

① 도형 삽입
 - 스타일 : 미세 효과 - 파랑, 강조 1
 - 글꼴 : 굴림, 18pt

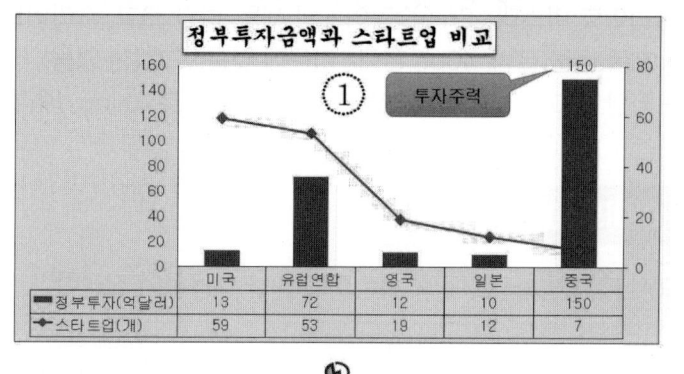

슬라이드 ❻ 도형 슬라이드   100점

(1) 슬라이드와 같이 도형 및 스마트아트를 배치한다(글꼴 : 굴림, 18pt).
(2) 애니메이션 순서 : ① ⇒ ②

세부조건

① 도형 및 스마트아트 편집
 - 스마트아트 디자인 :
   3차원 벽돌,
   3차원 경사
 - 그룹화 후 애니메이션 효과 :
   실선무늬(세로)

② 도형 편집
 - 그룹화 후 애니메이션 효과 :
   회전

최신 기출문제 10회

수험번호 20262010　**정답파일** PART 03 최신 기출문제\최신10회_정답.pptx

전체구성　60점

(1) 슬라이드 크기 및 순서 : 크기를 A4 용지로 설정하고 슬라이드 순서에 맞게 작성한다.
(2) 슬라이드 마스터 : 2~6슬라이드의 제목, 하단 로고, 슬라이드 번호는 슬라이드 마스터를 이용하여 작성한다.
　　－ 제목 글꼴(굴림, 40pt, 흰색), 가운데 맞춤, 도형(선 없음)
　　－ 하단 로고(「내 PC\문서\ITQ\Picture\로고1.jpg」, 배경(회색) 투명색으로 설정)

슬라이드 ❶　표지 디자인　40점

(1) 표지 디자인 : 도형, 워드아트 및 그림을 이용하여 작성한다.

세부조건
① 도형 편집 － 도형에 그림 채우기 : 「내 PC\문서\ITQ\Picture\그림1.jpg」, 투명도 50% － 도형 효과 : 부드러운 가장자리 5포인트 ② 워드아트 삽입 － 변환 : 갈매기형 수장, 위로【갈매기형 수장】 － 글꼴 : 굴림, 굵게 － 텍스트 반사 : 근접 반사, 터치 ③ 그림 삽입 － 「내 PC\문서\ITQ\Picture\로고1.jpg」 － 배경(회색) 투명색으로 설정

슬라이드 ❷　목차 슬라이드　60점

(1) 출력형태와 같이 도형을 이용하여 목차를 작성한다(글꼴 : 돋움, 24pt).　　(2) 도형 : 선 없음

세부조건
① 텍스트에 링크【하이퍼링크】 적용 → '슬라이드 6' ② 그림 삽입 － 「내 PC\문서\ITQ\Picture\그림4.jpg」 － 자르기 기능 이용

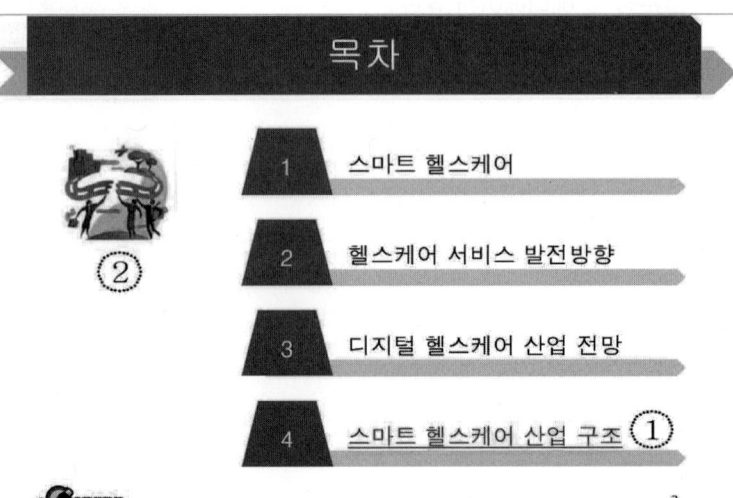

슬라이드 ❸ 텍스트/동영상 슬라이드   60점

(1) 텍스트 작성 : 글머리 기호 사용(➢, ✓)
  ➢ 문단(굴림, 24pt, 굵게, 줄간격 : 1.5줄), ✓ 문단(굴림, 20pt, 줄간격 : 1.5줄)

세부조건	

① 동영상 삽입 :
 - 「내 PC\문서\ITQ\Picture\동영상.wmv」
 - 자동실행, 반복재생 설정
	1. 스마트 헬스케어
	
	 ➢ Smart Health Definitions
	   ✓ Technology that provides customized health and medical services such as disease prevention, health damage, diagnosis, treatment, prognosis, health and life care
	
	 ➢ 스마트 헬스케어
	   ✓ 개인의 건강과 의료에 관한 정보, 기기, 시스템, 플랫폼을 다루는 산업분야
	   ✓ 건강 관련 서비스와 의료IT가 융합된 종합 의료서비스
	
	  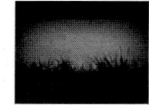

슬라이드 ❹ 표 슬라이드   80점

(1) 도형과 표 작성 기능을 이용하여 슬라이드를 작성한다(글꼴 : 돋움, 18pt).

세부조건	

① 상단 도형 :
  2개 도형의 조합으로 작성
 ② 좌측 도형 :
  그라데이션 효과(선형 아래쪽)
 ③ 표 스타일 :
  테마 스타일 1 – 강조 6
	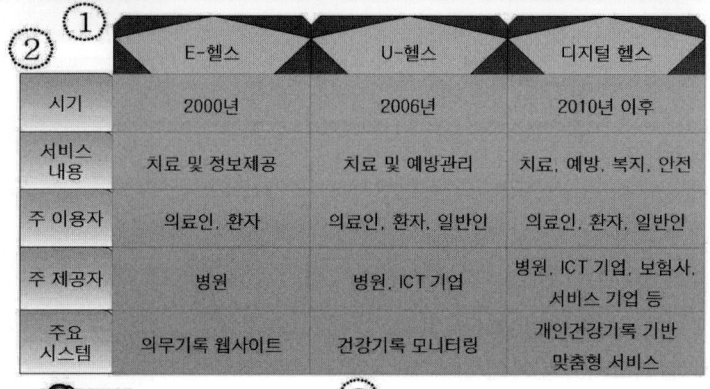

| 슬라이드 ❺ | 차트 슬라이드 | 100점 |

(1) 차트 작성 기능을 이용하여 슬라이드를 작성한다.
(2) 차트 : 종류(묶은 세로 막대형), 글꼴(돋움, 16pt), 외곽선

세부조건
※ 차트설명 • 차트제목 : 궁서, 24pt, 굵게, 　채우기(흰색), 테두리, 그림자(오프셋 오른쪽) • 차트영역 : 채우기(노랑) 　그림영역 : 채우기(흰색) • 데이터 서식 : 2027년 계열을 표식이 있는 꺾은 　선형으로 변경 후 보조축으로 지정 • 값 표시 : 아태지역의 2027년 계열만 ① 도형 삽입 　- 스타일 : 미세 효과 - 파랑, 강조 1 　- 글꼴 : 굴림, 18pt

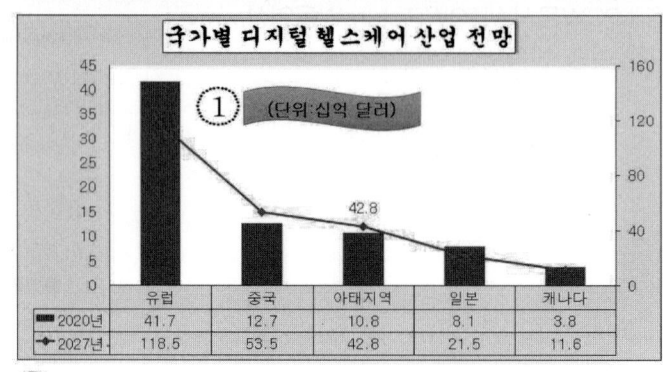

| 슬라이드 ❻ | 도형 슬라이드 | 100점 |

(1) 슬라이드와 같이 도형 및 스마트아트를 배치한다(글꼴 : 돋움, 18pt).
(2) 애니메이션 순서 : ① ⇒ ②

세부조건
① 도형 및 스마트아트 편집 　- 스마트아트 디자인 : 　　3차원 만화, 　　3차원 경사 　- 그룹화 후 애니메이션 효과 : 　　바운드 ② 도형 편집 　- 그룹화 후 애니메이션 효과 : 　　날아오기(오른쪽에서)

PART 04

실전 모의고사

실전 모의고사 01회	223
실전 모의고사 02회	226
실전 모의고사 03회	229
실전 모의고사 04회	232
실전 모의고사 05회	235
실전 모의고사 06회	238
실전 모의고사 07회	241
실전 모의고사 08회	244
실전 모의고사 09회	247
실전 모의고사 10회	250

정보기술자격(ITQ) 시험

과목	코드	문제유형	시험시간	수험번호	성명
한글파워포인트	1142	A	60분		

MS오피스

※ 최신 기출문제 01~10회 학습 시 답안 작성요령을 동일하게 적용하세요.

수험자 유의사항

- 수험자는 문제지를 받는 즉시 문제지와 **수험표상의 시험과목(프로그램)이 동일한지 반드시 확인**하여야 합니다.
- 파일명은 본인의 "수험번호-성명"으로 입력하여 답안폴더(내 PC\문서\ITQ)에 하나의 파일로 저장해야 하며, 답안문서 파일명이 "수험번호-성명"과 일치하지 않거나, 답안파일을 전송하지 않아 미제출로 처리될 경우 실격 처리합니다(예: 12345678-홍길동.pptx).
- 답안 작성을 마치면 파일을 저장하고, '답안 전송' 버튼을 선택하여 감독위원 PC로 답안을 전송하십시오. 수험생 정보와 저장한 파일명이 다를 경우 전송되지 않으므로 주의하시기 바랍니다.
- 답안 작성 중에도 **주기적으로 저장하고, '답안 전송'**하여야 문제 발생을 줄일 수 있습니다. 작업한 내용을 저장하지 않고 전송할 경우 이전에 저장된 내용이 전송되니 이점 유의하시기 바랍니다.
- 답안문서는 지정된 경로 외의 다른 보조기억장치에 저장하는 경우, 지정된 시험 시간 외에 작성된 파일을 활용할 경우, 기타 통신수단(이메일, 메신저, 네트워크 등)을 이용하여 타인에게 전달 또는 외부 반출하는 경우는 부정 처리합니다.
- 시험 중 부주의 또는 고의로 시스템을 파손한 경우는 수험자가 변상해야 하며, 〈수험자 유의사항〉에 기재된 방법대로 이행하지 않아 생기는 불이익은 수험생 당사자의 책임임을 알려 드립니다.
- 문제의 조건은 MS오피스 2021 버전으로 설정되어 있으며 MS오피스 2016은 【 】에 표기되어 있습니다. 이와 관련하여 작성한 답안의 출력형태가 문제지와 다를 수 있습니다.
- 시험을 완료한 수험자는 답안파일이 전송되었는지 확인한 후 감독위원의 지시에 따라 문제지를 제출하고 퇴실합니다.

답안 작성요령

- 온라인 답안 작성 절차
  수험자 등록 ⇒ 시험 시작 ⇒ 답안파일 저장 ⇒ 답안 전송 ⇒ 시험 종료
- 슬라이드의 크기는 A4 Paper로 설정하여 작성합니다.
- 슬라이드의 총 개수는 6개로 구성되어 있으며 슬라이드 1부터 순서대로 작업하고 반드시 문제와 세부 조건대로 합니다.
- 별도의 지시사항이 없는 경우 출력형태를 참조하여 글꼴색은 검정 또는 흰색으로 작성하고, 기타사항은 전체적인 균형을 고려하여 작성합니다.
- 슬라이드 도형 및 개체에 출력형태와 다른 스타일(그림자, 외곽선 등)을 적용했을 경우 감점처리 됩니다.
- 슬라이드 번호를 작성합니다(슬라이드 1에는 생략).
- 2~6번 슬라이드 제목 도형과 하단 로고는 슬라이드 마스터를 이용하여 출력형태와 동일하게 작성합니다(슬라이드 1에는 생략).
- 문제와 세부조건, 세부조건 번호 ○(점선원)는 입력하지 않습니다.
- 각 개체의 위치는 오른쪽의 슬라이드와 동일하게 구성합니다.
- 그림 삽입 문제의 경우 반드시 「내 PC\문서\ITQ\Picture」 폴더에서 정확한 파일을 선택하여 삽입하십시오.
- 각 슬라이드를 각각의 파일로 작업해서 저장할 경우 실격 처리됩니다.

실전 모의고사 01회

수험번호 20262011　　**정답파일** PART 04 실전 모의고사₩실전01회_정답.pptx

전체구성　　60점

(1) 슬라이드 크기 및 순서 : 크기를 A4 용지로 설정하고 슬라이드 순서에 맞게 작성한다.
(2) 슬라이드 마스터 : 2~6슬라이드의 제목, 하단 로고, 슬라이드 번호는 슬라이드 마스터를 이용하여 작성한다.
　　– 제목 글꼴(돋움, 40pt, 흰색), 가운데 맞춤, 도형(선 없음)
　　– 하단 로고(「내 PC₩문서₩ITQ₩Picture₩로고1.jpg」, 배경(회색) 투명색으로 설정)

슬라이드 ❶　표지 디자인　　40점

(1) 표지 디자인 : 도형, 워드아트 및 그림을 이용하여 작성한다.

세부조건	
① 도형 편집 – 도형에 그림 채우기 :「내 PC₩문서₩ITQ₩Picture₩그림1.jpg」, 투명도 50% – 도형 효과 : 부드러운 가장자리 5포인트 ② 워드아트 삽입 – 변환 : 삼각형, 위로【삼각형】 – 글꼴 : 굴림, 굵게 – 텍스트 반사 : 1/2 반사, 4pt 오프셋 ③ 그림 삽입 –「내 PC₩문서₩ITQ₩Picture₩로고1.jpg」 – 배경(회색) 투명색으로 설정	

슬라이드 ❷　목차 슬라이드　　60점

(1) 출력형태와 같이 도형을 이용하여 목차를 작성한다(글꼴 : 돋움, 24pt).　　(2) 도형 : 선 없음

세부조건	
① 텍스트에 링크【하이퍼링크】 적용 → '슬라이드 6' ② 그림 삽입 –「내 PC₩문서₩ITQ₩Picture₩그림4.jpg」 – 자르기 기능 이용	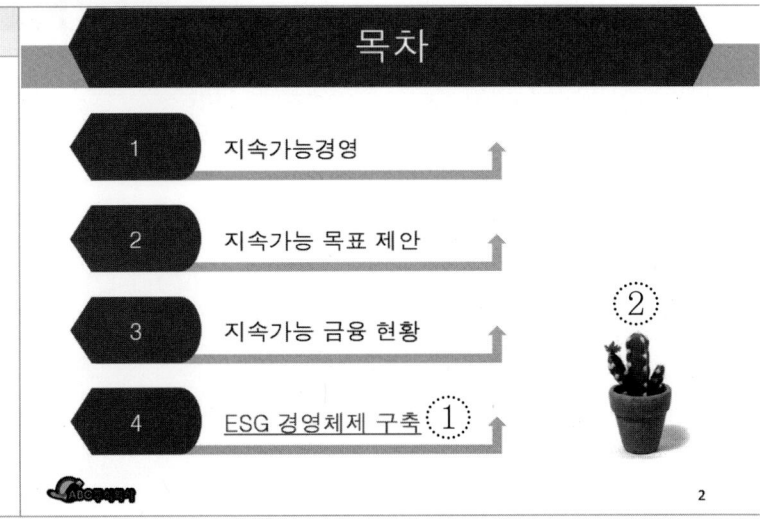

슬라이드 ❸ 텍스트/동영상 슬라이드   60점

(1) 텍스트 작성 : 글머리 기호 사용(◆, ✓)
　　◆문단(굴림, 24pt, 굵게, 줄간격 : 1.5줄), ✓문단(굴림, 20pt, 줄간격 : 1.5줄)

세부조건
① 동영상 삽입 : – 「내 PC₩문서₩ITQ₩Picture₩동영상.wmv」 – 자동실행, 반복재생 설정

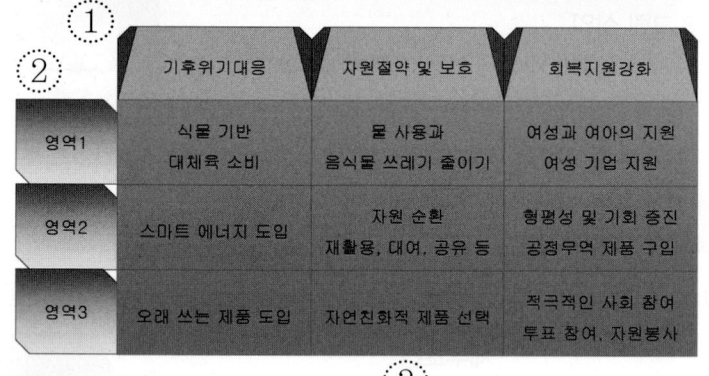

슬라이드 ❹ 표 슬라이드   80점

(1) 도형과 표 작성 기능을 이용하여 슬라이드를 작성한다(글꼴 : 굴림, 18pt).

세부조건
① 상단 도형 : 　2개 도형의 조합으로 작성 ② 좌측 도형 : 　그라데이션 효과(선형 아래쪽) ③ 표 스타일 : 　테마 스타일 1 – 강조 1

슬라이드 ❺ 차트 슬라이드 100점

(1) 차트 작성 기능을 이용하여 슬라이드를 작성한다.
(2) 차트 : 종류(묶은 세로 막대형), 글꼴(돋움, 16pt), 외곽선

세부조건	
※ 차트설명 • 차트제목 : 궁서, 24pt, 굵게, 　채우기(흰색), 테두리, 그림자(오프셋 오른쪽) • 차트영역 : 채우기(노랑) 　그림영역 : 채우기(흰색) • 데이터 서식 : 글로벌 계열을 표식이 있는 꺾은 　선형으로 변경 후 보조축으로 지정 • 값 표시 : C금융그룹의 글로벌 계열만 ① 도형 삽입 　- 스타일 : 미세 효과 – 파랑, 강조 1 　- 글꼴 : 굴림, 18pt	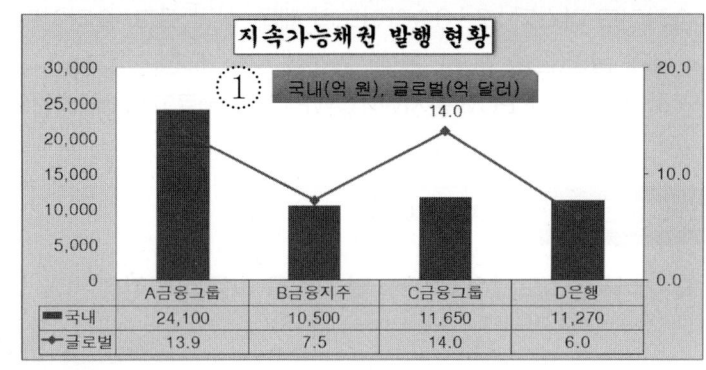

슬라이드 ❻ 도형 슬라이드 100점

(1) 슬라이드와 같이 도형 및 스마트아트를 배치한다(글꼴 : 돋움, 18pt).
(2) 애니메이션 순서 : ① ⇒ ②

세부조건	
① 도형 및 스마트아트 편집 　- 스마트아트 디자인 : 　　3차원 경사, 　　3차원 만화 　- 그룹화 후 애니메이션 효과 : 　　닦아내기(위에서) ② 도형 편집 　- 그룹화 후 애니메이션 효과 : 　　회전	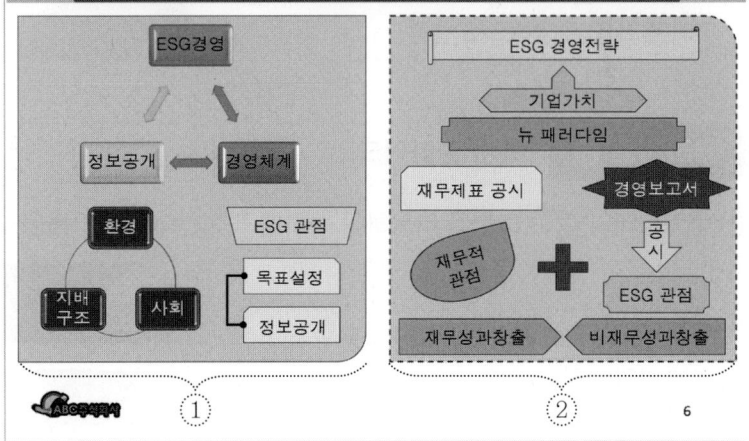

실전 모의고사 02회

수험번호 20262012　　**정답파일** PART 04 실전 모의고사₩실전02회_정답.pptx

전체구성　　　　　　　　　　　　　　　　　　　　　　　　　　60점

(1) 슬라이드 크기 및 순서 : 크기를 A4 용지로 설정하고 슬라이드 순서에 맞게 작성한다.
(2) 슬라이드 마스터 : 2~6슬라이드의 제목, 하단 로고, 슬라이드 번호는 슬라이드 마스터를 이용하여 작성한다.
　　– 제목 글꼴(돋움, 40pt, 흰색), 가운데 맞춤, 도형(선 없음)
　　– 하단 로고(「내 PC₩문서₩ITQ₩Picture₩로고1.jpg」, 배경(회색) 투명색으로 설정)

슬라이드 ❶　표지 디자인　　　　　　　　　　　　　　　　　40점

(1) 표지 디자인 : 도형, 워드아트 및 그림을 이용하여 작성한다.

세부조건

① 도형 편집
– 도형에 그림 채우기 : 「내 PC₩문서₩ITQ₩Picture₩그림1.jpg」, 투명도 50%
– 도형 효과 : 부드러운 가장자리 5포인트
② 워드아트 삽입
– 변환 : 삼각형, 위로【삼각형】
– 글꼴 : 굴림, 굵게
– 텍스트 반사 : 1/2 반사, 4pt 오프셋
③ 그림 삽입
– 「내 PC₩문서₩ITQ₩Picture₩로고1.jpg」
– 배경(회색) 투명색으로 설정

슬라이드 ❷　목차 슬라이드　　　　　　　　　　　　　　　60점

(1) 출력형태와 같이 도형을 이용하여 목차를 작성한다(글꼴 : 돋움, 24pt).　　(2) 도형 : 선 없음

세부조건

① 텍스트에 링크【하이퍼링크】 적용
→ '슬라이드 6'
② 그림 삽입
– 「내 PC₩문서₩ITQ₩Picture₩그림4.jpg」
– 자르기 기능 이용

슬라이드 ❸ 텍스트/동영상 슬라이드   60점

(1) 텍스트 작성 : 글머리 기호 사용(◆, ✓)
  ◆문단(굴림, 24pt, 굵게, 줄간격 : 1.5줄), ✓ 문단(굴림, 20pt, 줄간격 : 1.5줄)

세부조건
① 동영상 삽입 : - 「내 PC\문서\ITQ\Picture\동영상.wmv」 - 자동실행, 반복재생 설정

슬라이드 ❹ 표 슬라이드   80점

(1) 도형과 표 작성 기능을 이용하여 슬라이드를 작성한다(글꼴 : 굴림, 18pt).

세부조건

① 상단 도형 :
  2개 도형의 조합으로 작성
② 좌측 도형 :
  그라데이션 효과(선형 아래쪽)
③ 표 스타일 :
  테마 스타일 1 – 강조 1

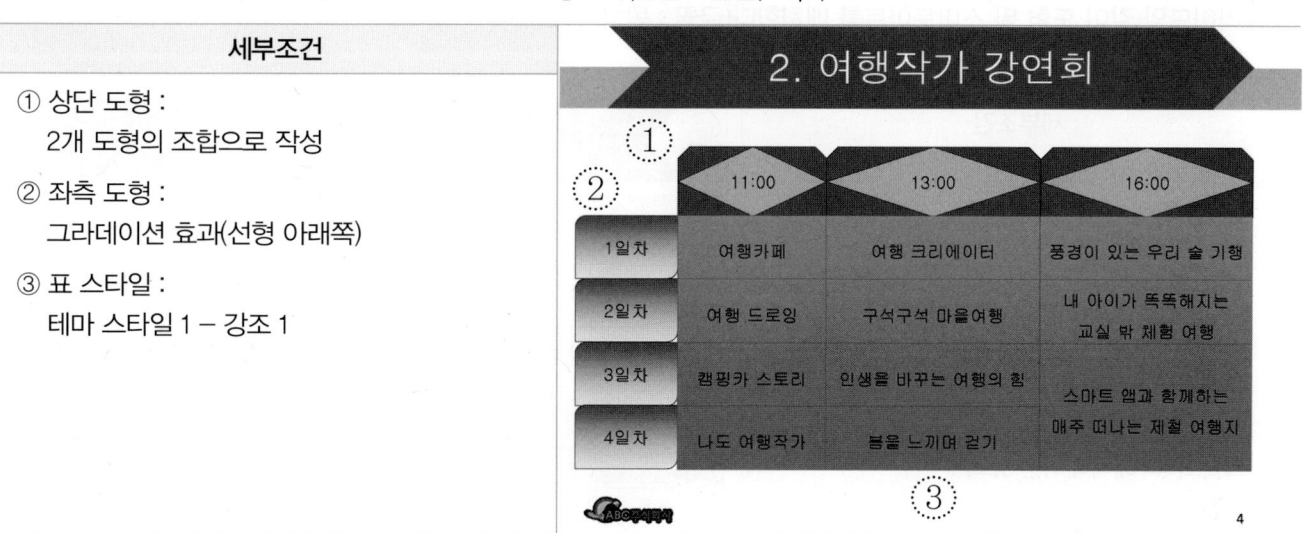

슬라이드 ❺ 차트 슬라이드   100점

(1) 차트 작성 기능을 이용하여 슬라이드를 작성한다.
(2) 차트 : 종류(묶은 세로 막대형), 글꼴(돋움, 16pt), 외곽선

세부조건

※ 차트설명
• 차트제목 : 궁서, 24pt, 굵게,
  채우기(흰색), 테두리, 그림자(오프셋 오른쪽)
• 차트영역 : 채우기(노랑)
  그림영역 : 채우기(흰색)
• 데이터 서식 : 부스수 계열을 표식이 있는 꺾은
  선형으로 변경 후 보조축으로 지정
• 값 표시 : 메인무대의 단체수 계열만
① 도형 삽입
– 스타일 : 미세 효과 – 파랑, 강조 1
– 글꼴 : 굴림, 18pt

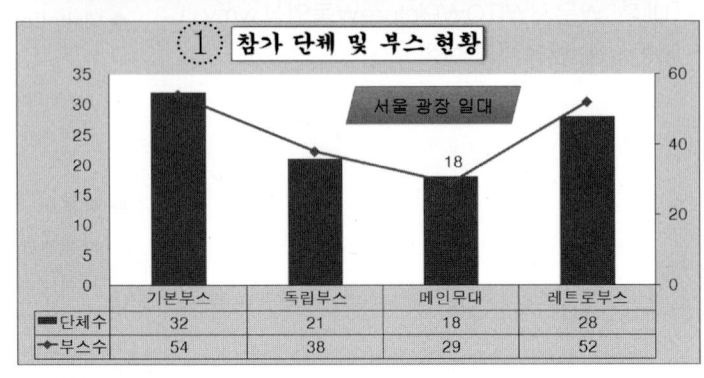

슬라이드 ❻ 도형 슬라이드   100점

(1) 슬라이드와 같이 도형 및 스마트아트를 배치한다(글꼴 : 돋움, 18pt).
(2) 애니메이션 순서 : ① ⇒ ②

세부조건

① 도형 및 스마트아트 편집
– 스마트아트 디자인 :
  3차원 경사,
  3차원 만화
– 그룹화 후 애니메이션 효과 :
  닦아내기(위에서)
② 도형 편집
– 그룹화 후 애니메이션 효과 :
  회전

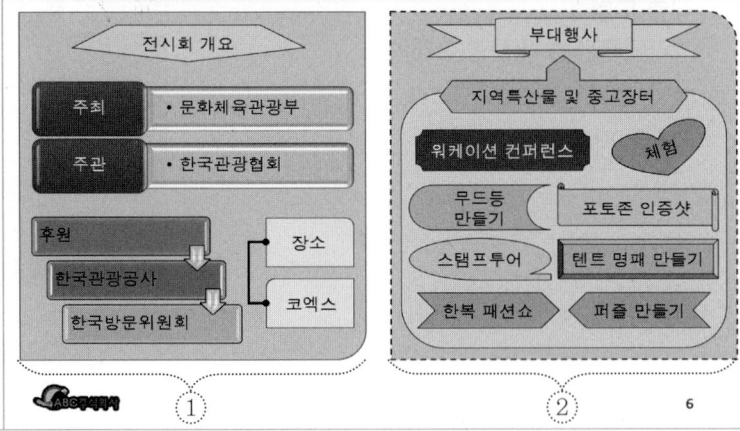

실전 모의고사 03회

수험번호 20262013　**정답파일** PART 04 실전 모의고사₩실전03회_정답.pptx

전체구성　　　　　　　　　　　　　　　　　　　　　60점

(1) 슬라이드 크기 및 순서 : 크기를 A4 용지로 설정하고 슬라이드 순서에 맞게 작성한다.
(2) 슬라이드 마스터 : 2~6슬라이드의 제목, 하단 로고, 슬라이드 번호는 슬라이드 마스터를 이용하여 작성한다.
　- 제목 글꼴(궁서, 40pt, 흰색), 가운데 맞춤, 도형(선 없음)
　- 하단 로고(「내 PC₩문서₩ITQ₩Picture₩로고2.jpg」, 배경(회색) 투명색으로 설정)

슬라이드 ❶　표지 디자인　　　　　　　　　　　　　40점

(1) 표지 디자인 : 도형, 워드아트 및 그림을 이용하여 작성한다.

세부조건

① 도형 편집
　- 도형에 그림 채우기 : 「내 PC₩문서₩ITQ₩Picture₩그림3.jpg」, 투명도 50%
　- 도형 효과 : 부드러운 가장자리 5포인트
② 워드아트 삽입
　- 변환 : 중지
　- 글꼴 : 돋움, 굵게
　- 텍스트 반사 : 근접 반사, 터치
③ 그림 삽입
　- 「내 PC₩문서₩ITQ₩Picture₩로고2.jpg」
　- 배경(회색) 투명색으로 설정

슬라이드 ❷　목차 슬라이드　　　　　　　　　　　　60점

(1) 출력형태와 같이 도형을 이용하여 목차를 작성한다(글꼴 : 굴림, 24pt).　　(2) 도형 : 선 없음

세부조건

① 텍스트에 링크【하이퍼링크】적용
　→ '슬라이드 4'
② 그림 삽입
　- 「내 PC₩문서₩ITQ₩Picture₩그림4.jpg」
　- 자르기 기능 이용

슬라이드 ❸ 텍스트/동영상 슬라이드 60점

(1) 텍스트 작성 : 글머리 기호 사용(◆, ✓)
　　◆문단(돋움, 24pt, 굵게, 줄간격 : 1.5줄), ✓문단(돋움, 20pt, 줄간격 : 1.5줄)

세부조건	
① 동영상 삽입 : －「내 PC\문서\ITQ\Picture\동영상.wmv」 － 자동실행, 반복재생 설정	**1. 다문화가족 실태 조사 목적** ◆ Purpose of investigation 　✓ To understand the economic status, family relationships, and lifestyle of multicultural families 　✓ Necessary for establishing policies for multicultural families ◆ 조사 목적 　✓ 다문화가족에 대한 경제상태, 가족관계, 생활양식 등을 파악하여 다문화가족 정책수립에 필요한 기초 자료를 수집 

슬라이드 ❹ 표 슬라이드 80점

(1) 도형과 표 작성 기능을 이용하여 슬라이드를 작성한다(글꼴 : 굴림, 18pt).

세부조건	
① 상단 도형 : 　2개 도형의 조합으로 작성 ② 좌측 도형 : 　그라데이션 효과(선형 아래쪽) ③ 표 스타일 : 　테마 스타일 1 – 강조 3	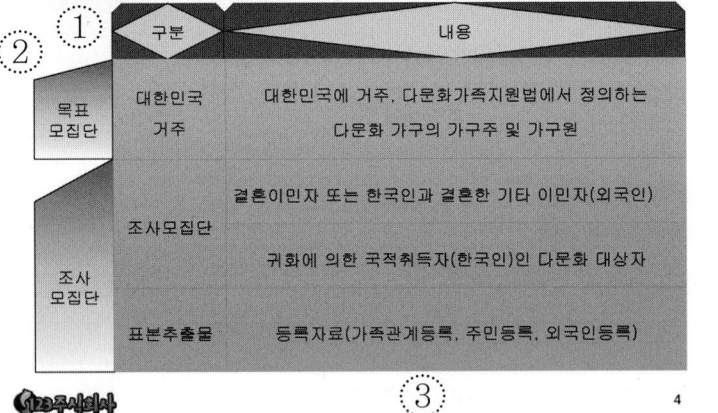

슬라이드 ❺ 차트 슬라이드   100점

(1) 차트 작성 기능을 이용하여 슬라이드를 작성한다.
(2) 차트 : 종류(묶은 세로 막대형), 글꼴(굴림, 16pt), 외곽선

세부조건

※ 차트설명
- 차트제목 : 궁서, 24pt, 굵게,
  채우기(흰색), 테두리, 그림자(오프셋 아래쪽)
- 차트영역 : 채우기(노랑)
  그림영역 : 채우기(흰색)
- 데이터 서식 : 비율 계열을 표식이 있는 꺾은선형으로 변경 후 보조축으로 지정
- 값 표시 : 모국인모임의 비율 계열만

① 도형 삽입
- 스타일 : 미세 효과 – 파랑, 강조 1
- 글꼴 : 돋움, 18pt

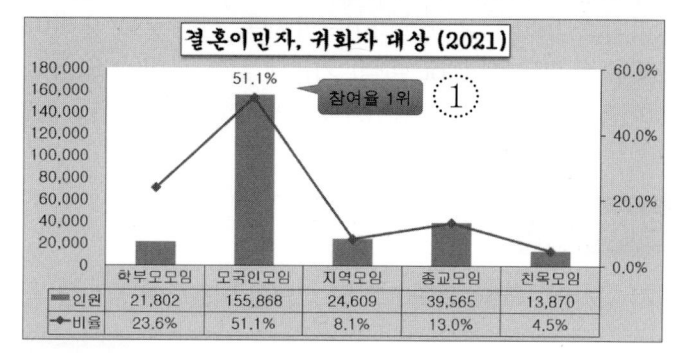

슬라이드 ❻ 도형 슬라이드   100점

(1) 슬라이드와 같이 도형 및 스마트아트를 배치한다(글꼴 : 돋움, 18pt).
(2) 애니메이션 순서 : ① ⇒ ②

세부조건

① 도형 및 스마트아트 편집
- 스마트아트 디자인 :
  3차원 만화,
  강한 효과
- 그룹화 후 애니메이션 효과 :
  실선 무늬(세로)

② 도형 편집
- 그룹화 후 애니메이션 효과 :
  회전

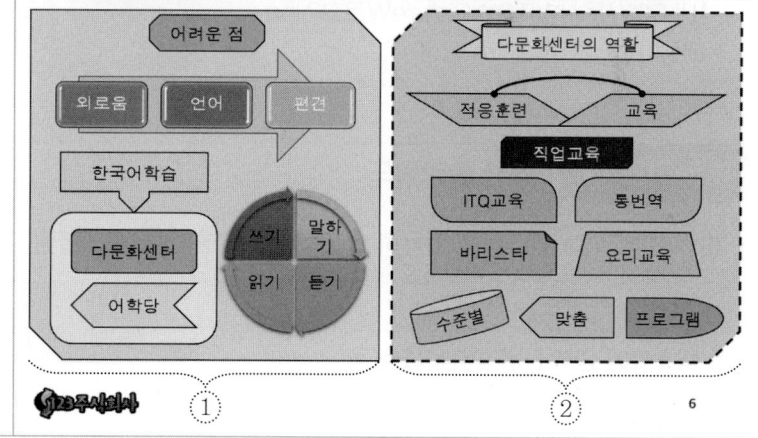

실전 모의고사 04회

수험번호 20262014 **정답파일** PART 04 실전 모의고사₩실전04회_정답.pptx

전체구성 — 60점

(1) 슬라이드 크기 및 순서 : 크기를 A4 용지로 설정하고 슬라이드 순서에 맞게 작성한다.
(2) 슬라이드 마스터 : 2~6슬라이드의 제목, 하단 로고, 슬라이드 번호는 슬라이드 마스터를 이용하여 작성한다.
　－ 제목 글꼴(궁서, 40pt, 흰색), 가운데 맞춤, 도형(선 없음)
　－ 하단 로고(「내 PC₩문서₩ITQ₩Picture₩로고2.jpg」, 배경(회색) 투명색으로 설정)

슬라이드 ❶ 표지 디자인 — 40점

(1) 표지 디자인 : 도형, 워드아트 및 그림을 이용하여 작성한다.

세부조건	
① 도형 편집 － 도형에 그림 채우기 : 「내 PC₩문서₩ITQ₩Picture₩그림3.jpg」, 투명도 50% － 도형 효과 : 부드러운 가장자리 5포인트 ② 워드아트 삽입 － 변환 : 중지 － 글꼴 : 돋움, 굵게 － 텍스트 반사 : 근접 반사, 터치 ③ 그림 삽입 － 「내 PC₩문서₩ITQ₩Picture₩로고2.jpg」 － 배경(회색) 투명색으로 설정	

슬라이드 ❷ 목차 슬라이드 — 60점

(1) 출력형태와 같이 도형을 이용하여 목차를 작성한다(글꼴 : 굴림, 24pt).　　(2) 도형 : 선 없음

세부조건	
① 텍스트에 링크【하이퍼링크】 적용 → '슬라이드 4' ② 그림 삽입 － 「내 PC₩문서₩ITQ₩Picture₩그림4.jpg」 － 자르기 기능 이용	목차 1　가스안전점검 2　가스안전 행동요령 3　형태별 가스사고 현황 4　안전관리 및 유통체계

슬라이드 ❸　텍스트/동영상 슬라이드　　　60점

(1) 텍스트 작성 : 글머리 기호 사용(◆, ✓)
　◆문단(돋움, 24pt, 굵게, 줄간격 : 1.5줄), ✓문단(돋움, 20pt, 줄간격 : 1.5줄)

세부조건	
① 동영상 삽입 : －「내 PC₩문서₩ITQ₩Picture₩동영상.wmv」 － 자동실행, 반복재생 설정	**1. 가스안전점검** ◆ Quantitative Risk Assessment 　✓ QRA is a method which enables to calculate the potential level of gas incident quantitatively by analyzing the facility, operation, work condition of the process ◆ 가스안전점검 　✓ 가스렌지 : 가스누설여부, 퓨즈콕 설치여부, 호스길이(3m이내)상태 등 　✓ 보일러 연결부 가스누출여부, 고시기준 미달여부 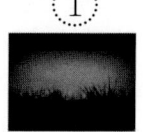

슬라이드 ❹　표 슬라이드　　　80점

(1) 도형과 표 작성 기능을 이용하여 슬라이드를 작성한다(글꼴 : 굴림, 18pt).

세부조건	
① 상단 도형 : 　2개 도형의 조합으로 작성 ② 좌측 도형 : 　그라데이션 효과(선형 아래쪽) ③ 표 스타일 : 　테마 스타일 1 - 강조 3	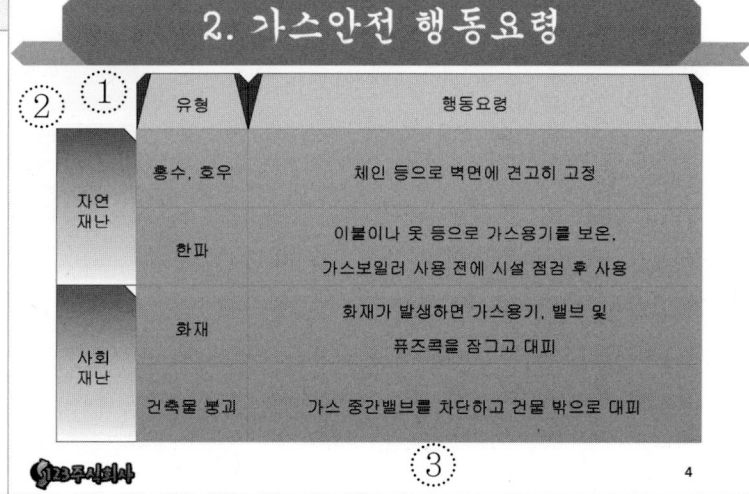

| 슬라이드 ❺ | 차트 슬라이드 | 100점 |

(1) 차트 작성 기능을 이용하여 슬라이드를 작성한다.
(2) 차트 : 종류(묶은 세로 막대형), 글꼴(굴림, 16pt), 외곽선

세부조건

※ 차트설명
• 차트제목 : 궁서, 24pt, 굵게,
  채우기(흰색), 테두리, 그림자(오프셋 아래쪽)
• 차트영역 : 채우기(노랑)
  그림영역 : 채우기(흰색)
• 데이터 서식 : 누출 계열을 표식이 있는 꺾은선형으로 변경 후 보조축으로 지정
• 값 표시 : 2020년의 폭발 계열만
① 도형 삽입
– 스타일 : 미세 효과 – 파랑, 강조 1
– 글꼴 : 돋움, 18pt

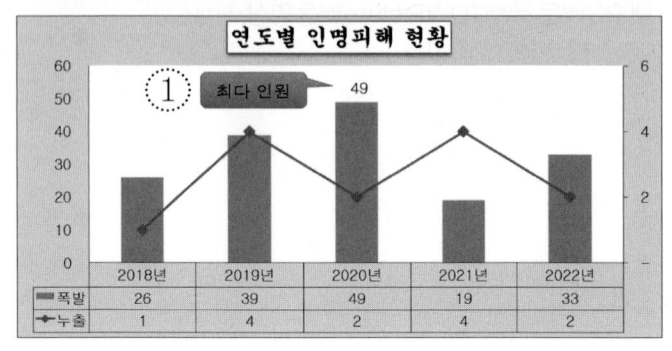

| 슬라이드 ❻ | 도형 슬라이드 | 100점 |

(1) 슬라이드와 같이 도형 및 스마트아트를 배치한다(글꼴 : 돋움, 18pt).
(2) 애니메이션 순서 : ① ⇒ ②

세부조건

① 도형 및 스마트아트 편집
– 스마트아트 디자인 :
   3차원 만화,
   3차원 벽돌
– 그룹화 후 애니메이션 효과 :
   실선 무늬(세로)
② 도형 편집
– 그룹화 후 애니메이션 효과 :
   회전

실전 모의고사 05회

수험번호 20262015　**정답파일** PART 04 실전 모의고사₩실전05회_정답.pptx

전체구성　　　　　　　　　　　　　　　　　　　　　　　　　　60점

(1) 슬라이드 크기 및 순서 : 크기를 A4 용지로 설정하고 슬라이드 순서에 맞게 작성한다.
(2) 슬라이드 마스터 : 2~6슬라이드의 제목, 하단 로고, 슬라이드 번호는 슬라이드 마스터를 이용하여 작성한다.
  - 제목 글꼴(돋움, 40pt, 흰색), 가운데 맞춤, 도형(선 없음)
  - 하단 로고(「내 PC₩문서₩ITQ₩Picture₩로고2.jpg」, 배경(회색) 투명색으로 설정)

슬라이드 ❶　표지 디자인　　　　　　　　　　　　　　　40점

(1) 표지 디자인 : 도형, 워드아트 및 그림을 이용하여 작성한다.

세부조건
① 도형 편집
- 도형에 그림 채우기 : 「내 PC₩문서₩ITQ₩Picture₩그림1.jpg」, 투명도 50%
- 도형 효과 : 부드러운 가장자리 5포인트
② 워드아트 삽입
- 변환 : 삼각형, 아래로【역삼각형】
- 글꼴 : 굴림, 굵게
- 텍스트 반사 : 전체 반사, 8pt 오프셋
③ 그림 삽입
- 「내 PC₩문서₩ITQ₩Picture₩로고2.jpg」
- 배경(회색) 투명색으로 설정

슬라이드 ❷　목차 슬라이드　　　　　　　　　　　　　　60점

(1) 출력형태와 같이 도형을 이용하여 목차를 작성한다(글꼴 : 굴림, 24pt).　　(2) 도형 : 선 없음

세부조건
① 텍스트에 링크【하이퍼링크】 적용
→ '슬라이드 5'
② 그림 삽입
- 「내 PC₩문서₩ITQ₩Picture₩그림4.jpg」
- 자르기 기능 이용

슬라이드 ③ 텍스트/동영상 슬라이드 — 60점

(1) 텍스트 작성 : 글머리 기호 사용(◆, ✓)
  ◆문단(돋움, 24pt, 굵게, 줄간격 : 1.5줄), ✓문단(돋움, 20pt, 줄간격 : 1.5줄)

세부조건	

① 동영상 삽입 :
- 「내 PC₩문서₩ITQ₩Picture₩동영상.wmv」
- 자동실행, 반복재생 설정
	A. 당구 게임
	
	◆ Billiard game
	  ✓ It is a sport in which several balls are placed on a standardized table and hit with a long stick to determine the game according to the rules
	
	◆ 당구 게임
	  ✓ 규격화된 테이블 위에 여러 개의 공을 놓고 긴 막대기로 쳐서 룰에 따라 승부를 가리는 스포츠
	  ✓ 당구공 재질은 나무, 점토, 상아를 거쳐 현재 플라스틱으로 제작 

슬라이드 ④ 표 슬라이드 — 80점

(1) 도형과 표 작성 기능을 이용하여 슬라이드를 작성한다(글꼴 : 굴림, 18pt).

세부조건	

① 상단 도형 :
  2개 도형의 조합으로 작성
② 좌측 도형 :
  그라데이션 효과(선형 아래쪽)
③ 표 스타일 :
  테마 스타일 1 – 강조 5
	B. 프로대회 경기 규칙
	
		구분	내용	비고

---	---	---
경기 방식	PBA 세트제	7전 4선승제(4강 이상) 5전 3선승제(32강 이상) 3전 2선승제(128강 이상)	세트 스코어 동률 시 승부치기
	LPBA 점수제	25점 점수/50분 제한 세트제 경기 방식과 병행	시간 도달 시 자동 종료 위반 시 페널티 부여
공격 규칙	PBA 세트제 및 LPBA 점수제	공격 시간은 35초 주어짐	파이널 투어 참가 승강제 실시 와일드 카드 운영	

슬라이드 ❺ 차트 슬라이드   100점

(1) 차트 작성 기능을 이용하여 슬라이드를 작성한다.
(2) 차트 : 종류(묶은 세로 막대형), 글꼴(돋움, 16pt), 외곽선

세부조건	

※ 차트설명
• 차트제목 : 궁서, 24pt, 굵게,
  채우기(흰색), 테두리, 그림자(오프셋 아래쪽)
• 차트영역 : 채우기(노랑)
  그림영역 : 채우기(흰색)
• 데이터 서식 : 근사각 계열을 표식이 있는 꺾은
  선형으로 변경 후 보조축으로 지정
• 값 표시 : 장2의 계산각 계열만
① 도형 삽입
 – 스타일 : 미세 효과 – 파랑, 강조 1
 – 글꼴 : 굴림, 18pt
	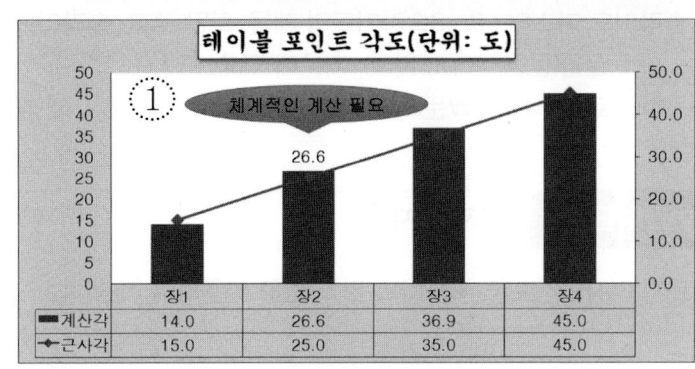

슬라이드 ❻ 도형 슬라이드   100점

(1) 슬라이드와 같이 도형 및 스마트아트를 배치한다(글꼴 : 굴림, 18pt).
(2) 애니메이션 순서 : ① ⇒ ②

세부조건	

① 도형 및 스마트아트 편집
 – 스마트아트 디자인 :
   3차원 벽돌,
   3차원 경사
 – 그룹화 후 애니메이션 효과 :
   올라오기(서서히 아래로)
② 도형 편집
 – 그룹화 후 애니메이션 효과 :
   밝기 변화
	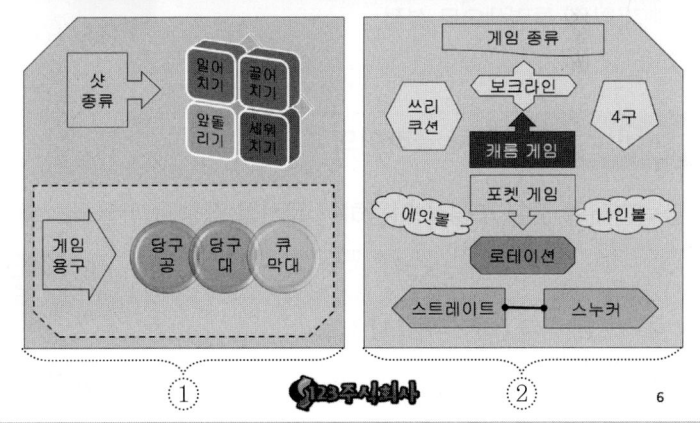

실전 모의고사 06회

수험번호 20262016 **정답파일** PART 04 실전 모의고사\실전06회_정답.pptx

전체구성 — 60점

(1) 슬라이드 크기 및 순서 : 크기를 A4 용지로 설정하고 슬라이드 순서에 맞게 작성한다.
(2) 슬라이드 마스터 : 2~6슬라이드의 제목, 하단 로고, 슬라이드 번호는 슬라이드 마스터를 이용하여 작성한다.
  - 제목 글꼴(돋움, 40pt, 흰색), 가운데 맞춤, 도형(선 없음)
  - 하단 로고(「내 PC\문서\ITQ\Picture\로고2.jpg」, 배경(회색) 투명색으로 설정)

슬라이드 ❶ 표지 디자인 — 40점

(1) 표지 디자인 : 도형, 워드아트 및 그림을 이용하여 작성한다.

세부조건	
① 도형 편집 - 도형에 그림 채우기 : 「내 PC\문서\ITQ\Picture\그림1.jpg」, 투명도 50% - 도형 효과 : 부드러운 가장자리 5포인트 ② 워드아트 삽입 - 변환 : 삼각형, 아래로【역삼각형】 - 글꼴 : 굴림, 굵게 - 텍스트 반사 : 전체 반사, 8pt 오프셋 ③ 그림 삽입 - 「내 PC\문서\ITQ\Picture\로고2.jpg」 - 배경(회색) 투명색으로 설정	

슬라이드 ❷ 목차 슬라이드 — 60점

(1) 출력형태와 같이 도형을 이용하여 목차를 작성한다(글꼴 : 굴림, 24pt).　　(2) 도형 : 선 없음

세부조건	
① 텍스트에 링크【하이퍼링크】 적용 → '슬라이드 5' ② 그림 삽입 - 「내 PC\문서\ITQ\Picture\그림4.jpg」 - 자르기 기능 이용	

슬라이드 ❸ 텍스트/동영상 슬라이드   60점

(1) 텍스트 작성 : 글머리 기호 사용(◆, ✓)
    ◆문단(돋움, 24pt, 굵게, 줄간격 : 1.5줄), ✓문단(돋움, 20pt, 줄간격 : 1.5줄)

세부조건	

① 동영상 삽입 :
-「내 PC₩문서₩ITQ₩Picture₩동영상.wmv」
- 자동실행, 반복재생 설정
	A. 국토지리정보원 소개
	
	◆ About NGII
	  ✓ Under our slogan, "Homeland love in our mind, geospatial information in daily life", we are devoting our sincere effort to make contribution to enhancing national prestige in the international society
	
	◆ 국토지리정보원
	  ✓ 국가기본도를 지속적으로 혁신하고 신속하게 제공
	  ✓ 자율주행차, 스마트시티 등 미래의 성장 동력에 필요한 차세대 공간정보를 구축하며 4차 산업혁명 주도 ①

슬라이드 ❹ 표 슬라이드   80점

(1) 도형과 표 작성 기능을 이용하여 슬라이드를 작성한다(글꼴 : 굴림, 18pt).

세부조건	

① 상단 도형 :
  2개 도형의 조합으로 작성
② 좌측 도형 :
  그라데이션 효과(선형 아래쪽)
③ 표 스타일 :
  테마 스타일 1 - 강조 5
	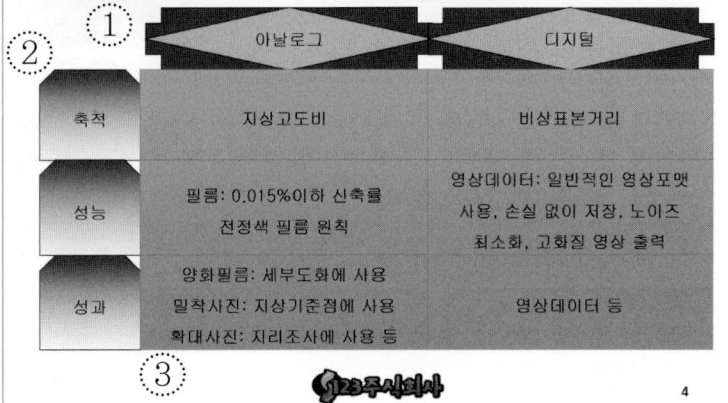

슬라이드 ❺ 차트 슬라이드 100점

(1) 차트 작성 기능을 이용하여 슬라이드를 작성한다.
(2) 차트 : 종류(묶은 세로 막대형), 글꼴(돋움, 16pt), 외곽선

세부조건

※ 차트설명
- 차트제목 : 궁서, 24pt, 굵게,
  채우기(흰색), 테두리, 그림자(오프셋 아래쪽)
- 차트영역 : 채우기(노랑)
  그림영역 : 채우기(흰색)
- 데이터 서식 : 업종수 계열을 표식이 있는 꺾은
  선형으로 변경 후 보조축으로 지정
- 값 표시 : 2023년의 업체수 계열만

① 도형 삽입
- 스타일 : 미세 효과 – 파랑, 강조 1
- 글꼴 : 굴림, 18pt

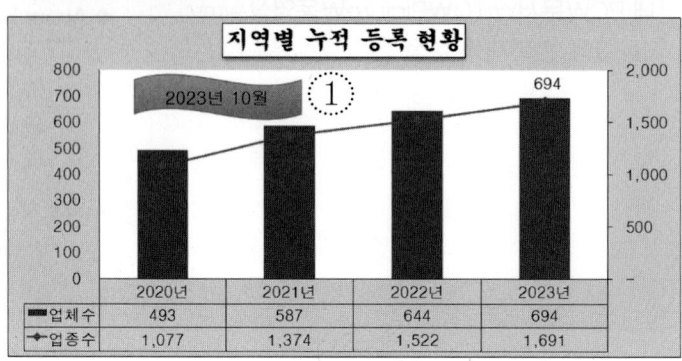

슬라이드 ❻ 도형 슬라이드 100점

(1) 슬라이드와 같이 도형 및 스마트아트를 배치한다(글꼴 : 굴림, 18pt).
(2) 애니메이션 순서 : ① ⇒ ②

세부조건

① 도형 및 스마트아트 편집
- 스마트아트 디자인 :
  3차원 만화,
  3차원 경사
- 그룹화 후 애니메이션 효과 :
  올라오기(서서히 아래로)

② 도형 편집
- 그룹화 후 애니메이션 효과 :
  밝기 변화

실전 모의고사 07회

수험번호 20262017 **정답파일** PART 04 실전 모의고사₩실전07회_정답.pptx

전체구성 60점

(1) 슬라이드 크기 및 순서 : 크기를 A4 용지로 설정하고 슬라이드 순서에 맞게 작성한다.
(2) 슬라이드 마스터 : 2~6슬라이드의 제목, 하단 로고, 슬라이드 번호는 슬라이드 마스터를 이용하여 작성한다.
  - 제목 글꼴(돋움, 40pt, 흰색), 가운데 맞춤, 도형(선 없음)
  - 하단 로고(「내 PC₩문서₩ITQ₩Picture₩로고1.jpg」, 배경(회색) 투명색으로 설정)

슬라이드 ❶ 표지 디자인 40점

(1) 표지 디자인 : 도형, 워드아트 및 그림을 이용하여 작성한다.

세부조건
① 도형 편집 - 도형에 그림 채우기 :「내 PC₩문서₩ITQ₩Picture₩그림2.jpg」, 투명도 50% - 도형 효과 : 부드러운 가장자리 5포인트 ② 워드아트 삽입 - 변환 : 갈매기형 수장, 위로【갈매기형 수장】 - 글꼴 : 돋움, 굵게 - 텍스트 반사 : 근접 반사, 4pt 오프셋 ③ 그림 삽입 -「내 PC₩문서₩ITQ₩Picture₩로고1.jpg」 - 배경(회색) 투명색으로 설정

슬라이드 ❷ 목차 슬라이드 60점

(1) 출력형태와 같이 도형을 이용하여 목차를 작성한다(글꼴 : 굴림, 24pt).   (2) 도형 : 선 없음

세부조건
① 텍스트에 링크【하이퍼링크】적용 → '슬라이드 6' ② 그림 삽입 -「내 PC₩문서₩ITQ₩Picture₩그림4.jpg」 - 자르기 기능 이용

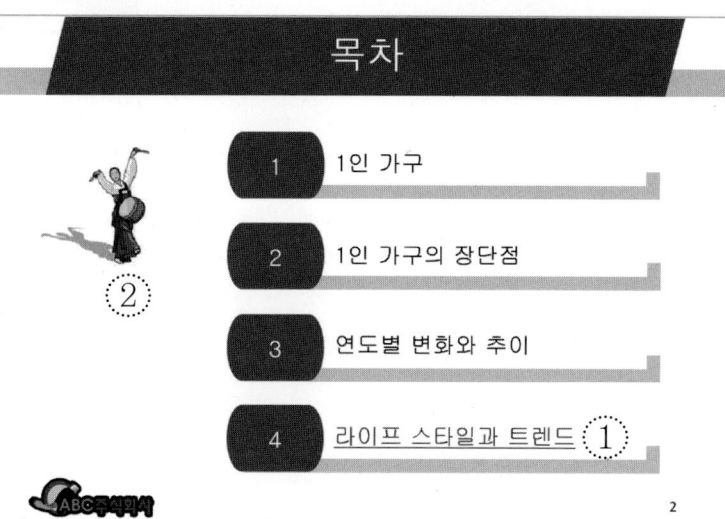

슬라이드 ❸ 텍스트/동영상 슬라이드   60점

(1) 텍스트 작성 : 글머리 기호 사용(❖, ➢)
  ❖문단(굴림, 24pt, 굵게, 줄간격 : 1.5줄), ➢ 문단(굴림, 20pt, 줄간격 : 1.5줄)

세부조건	
① 동영상 삽입 : - 「내 PC₩문서₩ITQ₩Picture₩동영상.wmv」 - 자동실행, 반복재생 설정	

슬라이드 ❹ 표 슬라이드   80점

(1) 도형과 표 작성 기능을 이용하여 슬라이드를 작성한다(글꼴 : 돋움, 18pt).

세부조건	
① 상단 도형 : 　2개 도형의 조합으로 작성 ② 좌측 도형 : 　그라데이션 효과(선형 아래쪽) ③ 표 스타일 : 　테마 스타일 1 - 강조 5	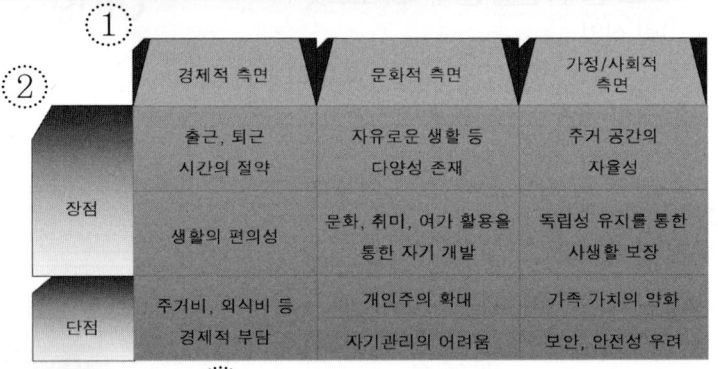

슬라이드 ❺ 차트 슬라이드 100점

(1) 차트 작성 기능을 이용하여 슬라이드를 작성한다.
(2) 차트 : 종류(묶은 세로 막대형), 글꼴(돋움, 16pt), 외곽선

세부조건	

※ 차트설명
• 차트제목 : 궁서, 24pt, 굵게,
  채우기(흰색), 테두리, 그림자(오프셋 아래쪽)
• 차트영역 : 채우기(노랑)
  그림영역 : 채우기(흰색)
• 데이터 서식 : 1인 가구비율 계열을 표식이 있는
  꺾은선형으로 변경 후 보조축으로 지정
• 값 표시 : 2021년의 1인 가구수 계열만
① 도형 삽입
– 스타일 : 미세 효과 – 파랑, 강조 1
– 글꼴 : 굴림, 18pt
	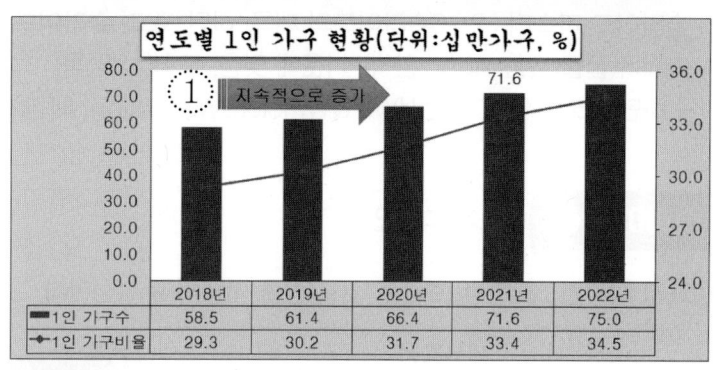

슬라이드 ❻ 도형 슬라이드 100점

(1) 슬라이드와 같이 도형 및 스마트아트를 배치한다(글꼴 : 굴림, 18pt).
(2) 애니메이션 순서 : ① ⇒ ②

세부조건	

① 도형 편집
– 그룹화 후 애니메이션 효과 :
  나누기(가로 바깥쪽으로)
② 도형 및 스마트아트 편집
– 스마트아트 디자인 :
  3차원 만화,
  3차원 벽돌
– 그룹화 후 애니메이션 효과 :
  바운드
	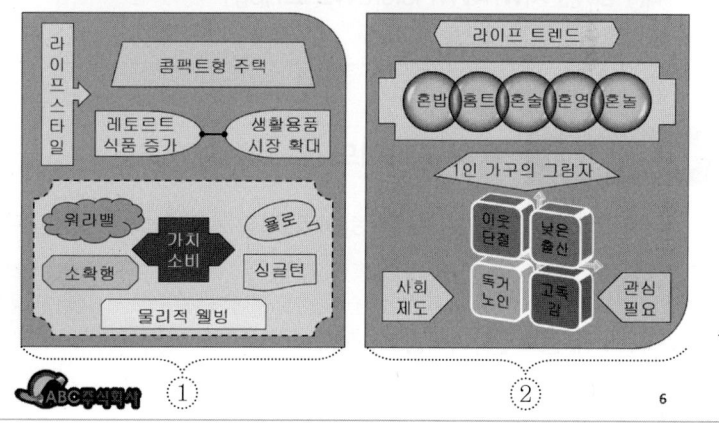

실전 모의고사 08회

수험번호 20262018　　**정답파일** PART 04 실전 모의고사₩실전08회_정답.pptx

전체구성　　　　　　　　　　　　　　　　　　　　　　　　　　　60점

(1) 슬라이드 크기 및 순서 : 크기를 A4 용지로 설정하고 슬라이드 순서에 맞게 작성한다.
(2) 슬라이드 마스터 : 2~6슬라이드의 제목, 하단 로고, 슬라이드 번호는 슬라이드 마스터를 이용하여 작성한다.
　　- 제목 글꼴(돋움, 40pt, 흰색), 가운데 맞춤, 도형(선 없음)
　　- 하단 로고(「내 PC₩문서₩ITQ₩Picture₩로고1.jpg」, 배경(회색) 투명색으로 설정)

슬라이드 ❶　표지 디자인　　　　　　　　　　　　　　　　　40점

(1) 표지 디자인 : 도형, 워드아트 및 그림을 이용하여 작성한다.

세부조건
① 도형 편집 - 도형에 그림 채우기 : 「내 PC₩문서₩ITQ₩Picture₩그림2.jpg」, 투명도 50% - 도형 효과 : 부드러운 가장자리 5포인트 ② 워드아트 삽입 - 변환 : 갈매기형 수장, 위로【갈매기형 수장】 - 글꼴 : 돋움, 굵게 - 텍스트 반사 : 근접 반사, 4pt 오프셋 ③ 그림 삽입 - 「내 PC₩문서₩ITQ₩Picture₩로고1.jpg」 - 배경(회색) 투명색으로 설정

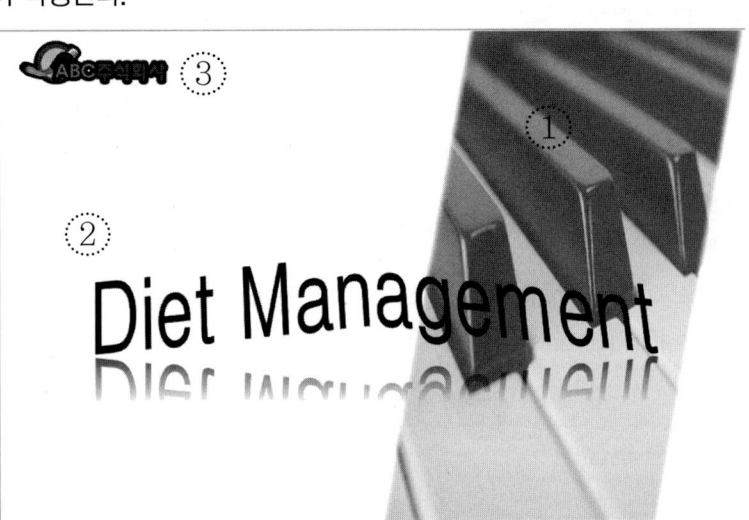

슬라이드 ❷　목차 슬라이드　　　　　　　　　　　　　　　　60점

(1) 출력형태와 같이 도형을 이용하여 목차를 작성한다(글꼴 : 굴림, 24pt).　　(2) 도형 : 선 없음

세부조건
① 텍스트에 링크【하이퍼링크】 적용 → '슬라이드 6' ② 그림 삽입 - 「내 PC₩문서₩ITQ₩Picture₩그림4.jpg」 - 자르기 기능 이용

목차

1　다이어트의 의미
2　체형별 다이어트 방법
3　청소년 비만율
4　다이어트 원리

슬라이드 ③ 텍스트/동영상 슬라이드 — 60점

(1) 텍스트 작성 : 글머리 기호 사용(❖, ➢)
   ❖문단(굴림, 24pt, 굵게, 줄간격 : 1.5줄), ➢문단(굴림, 20pt, 줄간격 : 1.5줄)

세부조건	
① 동영상 삽입 : －「내 PC₩문서₩ITQ₩Picture₩동영상.wmv」 － 자동실행, 반복재생 설정	**1. 다이어트의 의미** ❖ Diet 　➢ The word diet often implies the use of specific intake of nutrition for health or weight-management reasons with the two often being related ❖ 다이어트란 　➢ 식이조절과 운동을 통해 체지방을 분해시키고 에너지를 소모시키는 일 　➢ 생활패턴을 지속하려는 의지와 꾸준한 노력이 필요함 

슬라이드 ④ 표 슬라이드 — 80점

(1) 도형과 표 작성 기능을 이용하여 슬라이드를 작성한다(글꼴 : 돋움, 18pt).

세부조건	
① 상단 도형 : 　2개 도형의 조합으로 작성 ② 좌측 도형 : 　그라데이션 효과(선형 아래쪽) ③ 표 스타일 : 　테마 스타일 1 – 강조 5	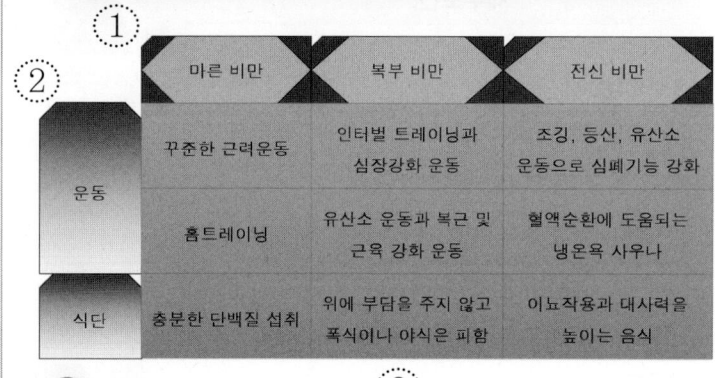

슬라이드 ❺ 차트 슬라이드 100점

(1) 차트 작성 기능을 이용하여 슬라이드를 작성한다.
(2) 차트 : 종류(묶은 세로 막대형), 글꼴(돋움, 16pt), 외곽선

세부조건

※ 차트설명
• 차트제목 : 궁서, 24pt, 굵게,
  채우기(흰색), 테두리, 그림자(오프셋 아래쪽)
• 차트영역 : 채우기(노랑)
  그림영역 : 채우기(흰색)
• 데이터 서식 : 여학생 계열을 표식이 있는 꺾은
  선형으로 변경 후 보조축으로 지정
• 값 표시 : 인천의 남학생 계열만
① 도형 삽입
– 스타일 : 미세 효과 – 파랑, 강조 1
– 글꼴 : 굴림, 18pt

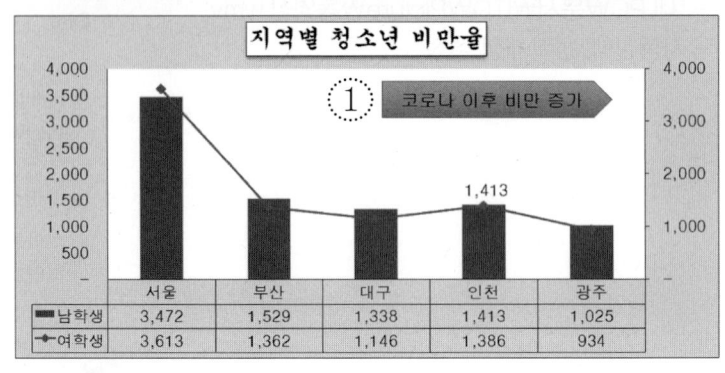

슬라이드 ❻ 도형 슬라이드 100점

(1) 슬라이드와 같이 도형 및 스마트아트를 배치한다(글꼴 : 굴림, 18pt).
(2) 애니메이션 순서 : ① ⇒ ②

세부조건

① 도형 편집
– 그룹화 후 애니메이션 효과 :
  나누기(가로 바깥쪽으로)
② 도형 및 스마트아트 편집
– 스마트아트 디자인 :
  3차원 만화,
  3차원 경사
– 그룹화 후 애니메이션 효과 :
  바운드

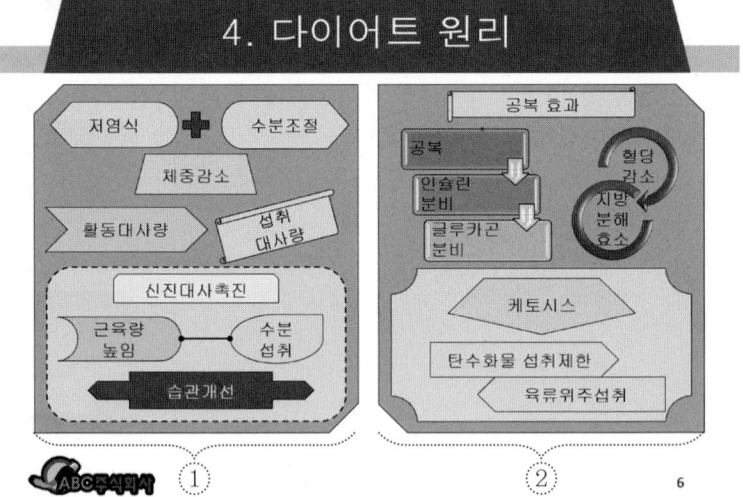

실전 모의고사 09회

수험번호 20262019　**정답파일** PART 04 실전 모의고사\실전09회_정답.pptx

전체구성　　　　　　　　　　　　　　　　　　　　　　60점

(1) 슬라이드 크기 및 순서 : 크기를 A4 용지로 설정하고 슬라이드 순서에 맞게 작성한다.
(2) 슬라이드 마스터 : 2~6슬라이드의 제목, 하단 로고, 슬라이드 번호는 슬라이드 마스터를 이용하여 작성한다.
　　- 제목 글꼴(돋움, 40pt, 흰색), 가운데 맞춤, 도형(선 없음)
　　- 하단 로고(「내 PC\문서\ITQ\Picture\로고2.jpg」, 배경(회색) 투명색으로 설정)

슬라이드 ❶　표지 디자인　　　　　　　　　　　　　40점

(1) 표지 디자인 : 도형, 워드아트 및 그림을 이용하여 작성한다.

세부조건	
① 도형 편집 - 도형에 그림 채우기 : 「내 PC\문서\ITQ\Picture\그림1.jpg」, 투명도 50% - 도형 효과 : 부드러운 가장자리 5포인트 ② 워드아트 삽입 - 변환 : 물결, 아래로【물결 1】 - 글꼴 : 돋움, 굵게 - 텍스트 반사 : 근접 반사, 4pt 오프셋 ③ 그림 삽입 - 「내 PC\문서\ITQ\Picture\로고2.jpg」 - 배경(회색) 투명색으로 설정	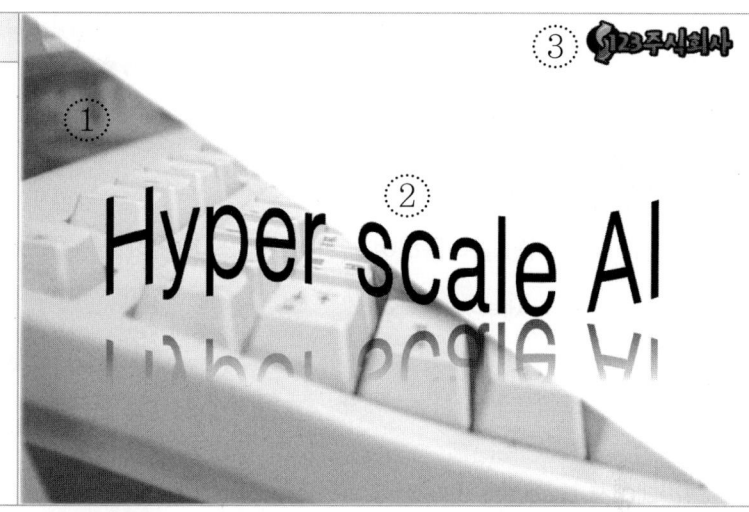

슬라이드 ❷　목차 슬라이드　　　　　　　　　　　　60점

(1) 출력형태와 같이 도형을 이용하여 목차를 작성한다(글꼴 : 굴림, 24pt).　　(2) 도형 : 선 없음

세부조건	
① 텍스트에 링크【하이퍼링크】 적용 → '슬라이드 6' ② 그림 삽입 - 「내 PC\문서\ITQ\Picture\그림5.jpg」 - 자르기 기능 이용	목차 1　초거대 인공지능 2　국내 초거대 AI 보유기업 3　초거대 AI 특허 출원 동향 4　초거대 AI 챗GPT

슬라이드 ❸ 텍스트/동영상 슬라이드 60점

(1) 텍스트 작성 : 글머리 기호 사용(❖, ■)
❖문단(굴림, 24pt, 굵게, 줄간격 : 1.5줄), ■문단(굴림, 20pt, 줄간격 : 1.5줄)

세부조건	
① 동영상 삽입 : -「내 PC₩문서₩ITQ₩Picture₩동영상.wmv」 - 자동실행, 반복재생 설정	**1. 초거대 인공지능** ❖ Hyper scale AI 　■ Artificial intelligence comparable to the human brain structure that thinks, learns, judges, and acts comprehensively and autonomously ❖ 초거대 인공지능 　■ 초거대 인공지능은 데이터 분석과 학습을 넘어 인간의 뇌처럼 스스로 추론할 수 있음 　■ 방대한 데이터와 파라미터(매개변수)를 활용하여 창작이 가능한 인공지능 모델을 의미 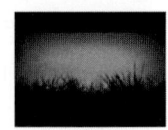

슬라이드 ❹ 표 슬라이드 80점

(1) 도형과 표 작성 기능을 이용하여 슬라이드를 작성한다(글꼴 : 궁서, 18pt).

세부조건	
① 상단 도형 : 　2개 도형의 조합으로 작성 ② 좌측 도형 : 　그라데이션 효과(선형 아래쪽) ③ 표 스타일 : 　테마 스타일 1 - 강조 5	**2. 국내 초거대 AI 보유기업** 

| 슬라이드 ❺ | 차트 슬라이드 | 100점 |

(1) 차트 작성 기능을 이용하여 슬라이드를 작성한다.
(2) 차트 : 종류(묶은 세로 막대형), 글꼴(돋움, 16pt), 외곽선

세부조건
※ 차트설명 • 차트제목 : 궁서, 24pt, 굵게, 　채우기(흰색), 테두리, 그림자(오프셋 오른쪽) • 차트영역 : 채우기(노랑) 　그림영역 : 채우기(흰색) • 데이터 서식 : 한국 계열을 표식이 있는 꺾은선 　형으로 변경 후 보조축으로 지정 • 값 표시 : 2020년의 전체 계열만 ① 도형 삽입 – 스타일 : 미세 효과 – 파랑, 강조 1 – 글꼴 : 굴림, 18pt

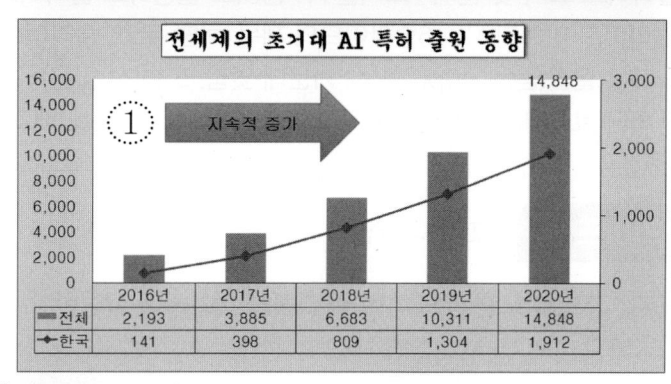

| 슬라이드 ❻ | 도형 슬라이드 | 100점 |

(1) 슬라이드와 같이 도형 및 스마트아트를 배치한다(글꼴 : 굴림, 18pt).
(2) 애니메이션 순서 : ① ⇒ ②

세부조건
① 도형 및 스마트아트 편집 – 스마트아트 디자인 : 　3차원 만화, 　강한 효과 – 그룹화 후 애니메이션 효과 : 　닦아내기(위에서) ② 도형 편집 – 그룹화 후 애니메이션 효과 : 　바운드

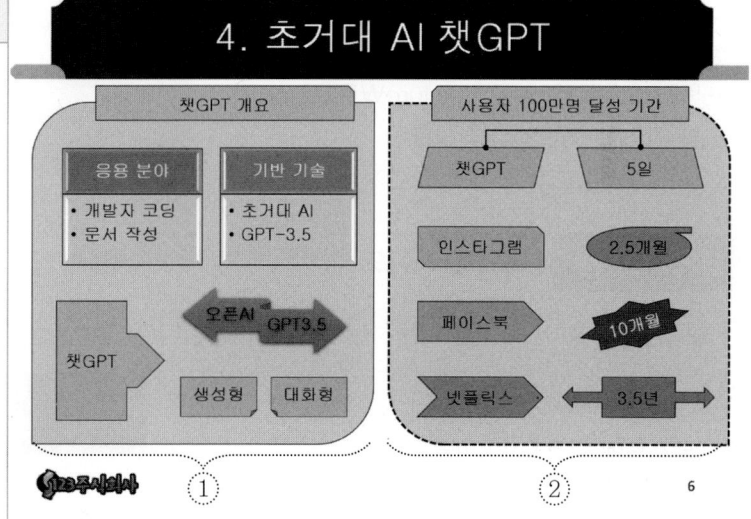

실전 모의고사 10회

수험번호 20262020　**정답파일** PART 04 실전 모의고사₩실전10회_정답.pptx

전체구성　60점

(1) 슬라이드 크기 및 순서 : 크기를 A4 용지로 설정하고 슬라이드 순서에 맞게 작성한다.
(2) 슬라이드 마스터 : 2~6슬라이드의 제목, 하단 로고, 슬라이드 번호는 슬라이드 마스터를 이용하여 작성한다.
　– 제목 글꼴(돋움, 40pt, 흰색), 가운데 맞춤, 도형(선 없음)
　– 하단 로고(「내 PC₩문서₩ITQ₩Picture₩로고2.jpg」, 배경(회색) 투명색으로 설정)

슬라이드 ❶　표지 디자인　40점

(1) 표지 디자인 : 도형, 워드아트 및 그림을 이용하여 작성한다.

세부조건

① 도형 편집
– 도형에 그림 채우기 : 「내 PC₩문서₩ITQ₩Picture₩그림1.jpg」, 투명도 50%
– 도형 효과 : 부드러운 가장자리 5포인트
② 워드아트 삽입
– 변환 : 물결, 아래로【물결 1】
– 글꼴 : 돋움, 굵게
– 텍스트 반사 : 근접 반사, 4pt 오프셋
③ 그림 삽입
– 「내 PC₩문서₩ITQ₩Picture₩로고2.jpg」
– 배경(회색) 투명색으로 설정

슬라이드 ❷　목차 슬라이드　60점

(1) 출력형태와 같이 도형을 이용하여 목차를 작성한다(글꼴 : 굴림, 24pt).　(2) 도형 : 선 없음

세부조건

① 텍스트에 링크【하이퍼링크】적용
→ '슬라이드 6'
② 그림 삽입
– 「내 PC₩문서₩ITQ₩Picture₩그림5.jpg」
– 자르기 기능 이용

슬라이드 ❸ 텍스트/동영상 슬라이드 60점

(1) 텍스트 작성 : 글머리 기호 사용(❖, ■)

❖문단(굴림, 24pt, 굵게, 줄간격 : 1.5줄), ■문단(굴림, 20pt, 줄간격 : 1.5줄)

세부조건	
① 동영상 삽입 : –「내 PC₩문서₩ITQ₩Picture₩동영상.wmv」 – 자동실행, 반복재생 설정	**1. 우리나라 단풍** ❖ Autumnal Colors 　■ Autumnal colors turn shades of red, yellow, and orange in autumn, and residents enjoy taking trips to see the striking colors ❖ 우리나라 단풍 　■ 우리나라는 아름다운 단풍이 들기 좋은 최적의 기후 조건을 갖고 있어 설악산, 지리산, 내장산 등의 단풍이 세계적으로 유명 　■ 9월말 설악산, 금강산을 시작으로 중부지방, 지리산, 남부지방 순으로 단풍물이 들며 절정시기는 10월 말임 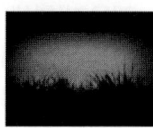

슬라이드 ❹ 표 슬라이드 80점

(1) 도형과 표 작성 기능을 이용하여 슬라이드를 작성한다(글꼴 : 돋움, 18pt).

세부조건	
① 상단 도형 : 　2개 도형의 조합으로 작성 ② 좌측 도형 : 　그라데이션 효과(선형 아래쪽) ③ 표 스타일 : 　테마 스타일 1 – 강조 5	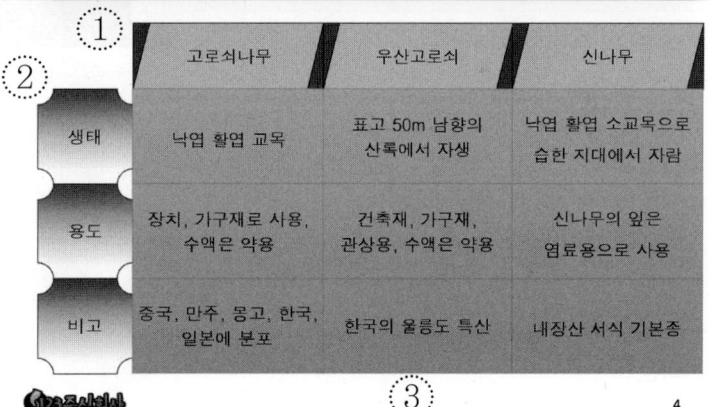

| 슬라이드 ❺ | 차트 슬라이드 | 100점 |

(1) 차트 작성 기능을 이용하여 슬라이드를 작성한다.
(2) 차트 : 종류(묶은 세로 막대형), 글꼴(돋움, 16pt), 외곽선

| 세부조건 |

※ 차트설명
- 차트제목 : 궁서, 24pt, 굵게,
  채우기(흰색), 테두리, 그림자(오프셋 오른쪽)
- 차트영역 : 채우기(노랑)
  그림영역 : 채우기(흰색)
- 데이터 서식 : 남자 계열을 표식이 있는 꺾은선 형으로 변경 후 보조축으로 지정
- 값 표시 : 화담숲의 여자 계열만

① 도형 삽입
  - 스타일 : 미세 효과 – 파랑, 강조 1
  - 글꼴 : 굴림, 18pt

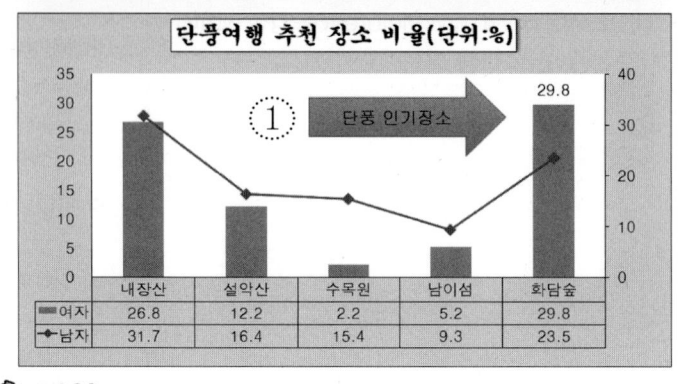

| 슬라이드 ❻ | 도형 슬라이드 | 100점 |

(1) 슬라이드와 같이 도형 및 스마트아트를 배치한다(글꼴 : 굴림, 18pt).
(2) 애니메이션 순서 : ① ⇒ ②

| 세부조건 |

① 도형 및 스마트아트 편집
  - 스마트아트 디자인 :
    3차원 만화,
    강한 효과
  - 그룹화 후 애니메이션 효과 :
    닦아내기(위에서)

② 도형 편집
  - 그룹화 후 애니메이션 효과 :
    바운드

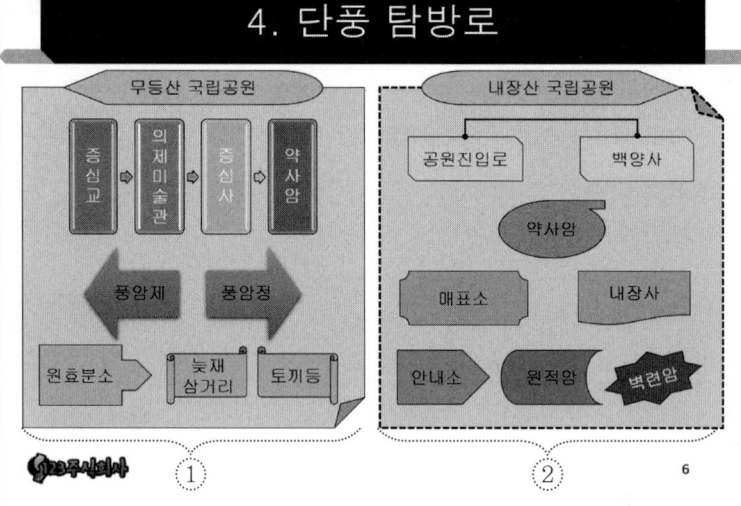

MEMO

MEMO

MEMO